명리 혁명 기초편

The Revolution

명리 혁명(The Revolution) 기초 편

발행일   2020년 6월 22일

지은이   허주(虛舟) 김성재
펴낸이   손형국
펴낸곳   (주)북랩
편집인   선일영   편집   강대건, 최예은, 최승헌, 김경무, 이예지
디자인   이현수, 김민하, 한수희, 김윤주, 허지혜   제작   박기성, 황동현, 구성우, 권태련
마케팅   김회란, 박진관, 장은별
출판등록 2004. 12. 1(제2012-000051호)
주소   서울특별시 금천구 가산디지털 1로 168, 우림라이온스밸리 B동 B113~114호, C동 B101호
홈페이지 www.book.co.kr
전화번호 (02)2026-5777   팩스   (02)2026-5747

ISBN   979-11-6539-271-0 04180 (종이책)   979-11-6539-272-7 05180 (전자책)
         979-11-6539-270-3 04180 (세트)

이 도서의 국립중앙도서관 출판예정도서목록(CIP)은 서지정보유통지원시스템 홈페이지(http://seoji.nl.go.kr)와
국가자료공동목록시스템(http://www.nl.go.kr/kolisnet)에서 이용하실 수 있습니다.
(CIP제어번호: CIP2020025197)

명리 혁명

기초편

The Revolution

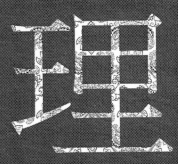

허주(虛舟) 김성재

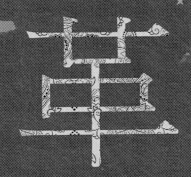

사주팔자를 다루는 학문인 명리학은 시대가 변해도 여전히 인생사의 이치를 포괄하는 우리 시대 최고의 지침서다. 코로나 바이러스 사태 이후 더욱 불투명한 개인의 처세에 대해 명리 전문가 허주 선생의 명쾌한 가르침을 들어본다.

북랩 book Lab

명리학은 자연의 이치를 바탕으로 자기 철학을 세워 자연스러운 삶을 추구하는 학문입니다. 편법이나 변칙이 아닌 자연의 법칙에 따라 살아가도록 합니다. 자연의 법칙이란 봄-여름-가을-겨울의 변화를 말합니다. 봄에서 가을로 가거나 가을에서 여름으로 갈 수는 없습니다. 사주팔자는 봄-여름-가을-겨울로 가는 자연의 법칙을 천간과 지지라는 글자로 표시하고 있습니다.

사람은 태어날 때 사주팔자라는 시간표가 주어집니다. 시간표는 학교, 학년, 학급 그리고 직장 등 모든 조직마다 다릅니다. 남의 시간표와 비교하지 말고 따라 하지도 말고 각자에게 주어진 시간표를 지킬 때 삶은 평안해지고 질서가 유지됩니다. 토끼풀은 토끼풀답게 살아야 하고, 해바라기는 해바라기답게 살아야 합니다. 아무리 노력해도 토끼풀이 해바라기가 될 수 없고, 해바라기는 토끼풀이 될 수 없습니다. 순천자(順天者)는 흥하고 역천자(逆天者)는 망한다고 했습니다. 명리학 입장에서 보면 각 개인에게 주어진 사주팔자에 순응하는 것이 순천자(順天者)입니다.

명리학은 자연의 변화를 천간과 지지라는 글자로 표시해 놓았으므로 늘 접하는 자연의 변화를 생각하면 쉽게 이해할 수 있는 데도 어렵다는 인식이 널리 퍼져 있습니다. 이는 큰 산을 보지 않고 숲속을 헤매기 때문이고, 본질을 놓치고 지엽적인 것에 매달리기 때문일 것입니다.

저는 PC 통신에서 인터넷으로 넘어가던 시절에 명리학을 접했습니다. 당시는 인터넷을 하는 사람들은 명리학을 모르고, 명리학을 하는 사람들은 인터넷을 모르던 시절이라 자료가 그렇게 많지 않았습니다. 2012년에는 사이버 대학교인 원광 디지털대학 동양학과에 편입해 공부했고, 2013년에는 서울 동방대학원대학교 평생교육원에서 처음 강의를 시작했습니다. 그동안 수업이나 상담을 하면서『나이스 사주 명리(이론편)』등 몇 권의 책도 출간했습니다.

이 과정을 거치면서 돌이켜보면 많은 명리학책이 과거에 집착하는 경향이 있었습니다. 몇백 년 전에 쓰인『적천수』나『자평진전』등 고전들을 신줏단지 모시듯이 하고 있고, 윗사람의 말을 그대로 맹종하니 더 이상 나아가지 못하고 정체된 느낌을 받았습니다. 유튜브나 인터넷 카페나 블로그 등에 올라오는 어마어마한 자료도 마찬가지입니다. 그래서는 안 됩니다. 온고이지신(溫故而知新), 즉 옛것을 바탕으로 더 나아가도록 노력해야 합니다. 이러한 과제는 아무래도 신세대들의 몫이 될 것입니다.

다행히 최근에는 20대, 30대도 명리학을 배우는 것을 쉽게 볼 수 있습니다. 명리학이 음지에서 양지로 나오면서 널리 보급될 수 있는 매우 좋은 기회를 맞았습니다. 이제는 명리학은 대학 정규 학과는 물론이고 전국의 평생교육원이나 각종 문화센터에서 쉽게 접할 수 있는 학문이 되었습니다. 또 철학원이나 사주 카페 등 새로운 직업으로도 자리매김하고 있습니다.

양이 늘어나면 학문의 질도 함께 상승해야 합니다. 질이 따라 주지 않고 양만 늘어나면 다시 부실한 뒷골목 학문으로 전락하고 말 것입니다. 새 술은 새 부대에 담아야 합니다. 더 부단히 노력하고 나아가는 젊은 후학들이 많아졌으면 좋겠습니다.

이 책의 저자 허주 김성재 님은 명리학으로 보면 신세대에 속합니다. 그동안 함께 공부하면서 지켜보니 명리학을 공부하고 설명하는 방식이 지금까지와는 다릅니다. 인터넷 명리학 카페를 운영하는 방식도 활기가 넘칩니다. 이러한 젊고 새로운 시도가 많아져서 서로 비교하고 토론하다 보면 명리학이 더욱 발전하리라 믿습니다.

이 책은 같은 내용이라도 새롭고 재미있게 설명하고 있습니다. 명리를 공부하지 않은 일반인들도 쉽고 재밌게 접할 수 있을 것 같습니다. 명리학이 딱딱하고 어렵다는 인식을 떨쳐버리고 더 많은 사람에게 편하게 보급될 기회가 될 것입니다. 이 책을 쓰신 허주 김성재 님에게 그동안의 노력에 박수를 보내고 다음 책도 기대해 봅니다.

고맙습니다.

나이스 사주명리

孟起玉

명리(命理) 혁명(革命)을 꿈꾸며

명리학을 처음 접했을 때가 생각납니다.

젊은 시절에 배운 당사주를 40년 넘게 해 오시면서 200여 개의 신살을 줄줄 외우고 계신 셋째 이모님, 옥수동에서 조그맣게 법당을 차리고 사주를 보면서 부적과 굿도 하셔서 무속인인지, 중인지 정체를 알 수 없었던 외삼촌, 본인의 이름도 개명하고 태어난 아들의 사주가 무재사주임을 알고 이름을 이룰 성, 재물 재의 성재(成財)라고 지어 개운(開運)하려고 했지만, 결국엔 39세의 젊은 나이에 사고로 떠난 아버님까지…

어릴 적에 제가 보았던 세상은 뭔가 남다르면서 특이한 세상이었습니다.

명리학이 지금보다도 더 음지였던 시절, 남에게 알리기 부끄러웠고 이모님과 외삼촌의 모습이 한심해 보였습니다. 사람의 운명이 그 여덟 글자 안에서 정해져 있다는 사실을 인정하기 싫었습니다. 이모님의 당사주 그림책도, 외삼촌이 계신 법당의 이상한 그림도 우스꽝스러웠고, 오늘날의 명리학의 모습이 아닌 명리학과 무속을 얼버무려 놓은 듯한 그런 모습이 미신처럼, 사기처럼 느껴졌습니다. 시간이 흘러 무재사주의 성향으로 이별의 아픔을 몇 번 겪고 나서야 내 인생과 내 사주에 대한 궁금증이 생겼습니다. 현업에서 활동하는 셋째 누님의 권유로 본격적으로 명리학에 입문하고 나서, 많은 시간과 궁리 끝에 내 사주의 풀리지 않은 미스터리와 흐름을 이해하게 되었습니다.

명리학은 음지(陰地)의 학문이었습니다.

송대 말 서자평 선배의 자평명리학이 생긴 이래로 천 년이 넘는 세월이 흘렀지만, 제대로 통일된 학회도, 통일된 학설도, 통일된 용어도 변변치 않은 음지(陰地)의 학문이라는 것을 알게 되어 놀랐습니다. 어떻게 천 년을 넘게 내려온 학문이 이렇게 주먹구구이고, 제각각의 이론과 학설로 중구난방일 수 있을까요?

이는 명리학을 먼저 한 선배들의 명백한 잘못입니다.

이름이 높고 유명했다면 더욱더 그렇습니다. 그들은 자신의 세계, 자기들이 만들어 놓은 영역에서 도사가 되고, 스승이 되고, 교주가 되고 싶었나 봅니다. 후학인 허주는 그런 선배들의 잘못된 길을 반복할 수는 없습니다. 새롭게 명리학에 입문하는 후학분들 역시 저와 같은 생각을 할 것이고, 그렇다면 저 역시 책임을 피할수 없습니다. 여러 명리 칼럼에서 그러한 의사를 피력한바, 2020년 여름에 출간할 책의 제목을 『명리 혁명(The Revolution) 기초 편』이라고 지었습니다. 명리에 처음 입문하는 초급자분들에게 '설명은 쉽게, 내용은 깊게, 비유는 적절하게'라는 모토로 서술했으며 시작하는 음과 양부터 마무리하는 체와 용까지 스스로 학습할 수 있도록 서술했습니다. 또한, 부록으로 넣은 명리 에피소드는 진지하고 무거운 주제에서 벗어나 가볍고 유익한 에피소드를 모아 유쾌하게 마무리했습니다.

허주 명리학 명리 시리즈는 총 4부작으로 기획되었으며 그 순서는 다음과 같습니다.

제1부. 명리 혁명(The Revolution) 기초 편+명리 에피소드(The Episode)
제2부. 명리 혁명(The Revolution) 심화 편+명리 에피소드(The Episode)
제3부. 명리 혁명 리로딩(The Reloading)+명리 에피소드(The Episode)
제4부. 명리 혁명 유토피아(The Utopia)+명리 에피소드(The Episode)

불과 5~6년 전만 해도 수백, 수천만 원의 강습비를 내면서 3개월, 6개월의 속성교육을 통해 역술가를 만들 수 있다는 신적인 능력의 역술인도 있었고, 비법을 담은 책이라고 하면서 한 권에 수백만 원을 받고 파는 마케팅의 달인인 역술인도 있었습니다. 혼탁하고 투명하지 않았던 불과 5~6년 전의 이야기입니다. 일반인 중에는 명리학과 무속을 동일시하고 미신이나 속임수로 생각하는 분들이 여전히 계신다는 것을 알고 있습니다. 그러한 세상의 평판으로 인해 명리학을 배우시는 분 중

일부는 지인 모르게 비밀리에 배운다는 말에 명리를 가르치는 사람으로서 슬픔과 비애를 감출 수가 없습니다.

허주는 명리 혁명을 준비하려고 합니다.

명리학은 보이지 않는 자연의 기운을 연구하는 학문이고 그 흐름 속에서 인간의 삶을 고찰하는 학문입니다. 이 혁명에는 총칼이 등장하지도, 피가 튀기지도 않습니다. 1688년 영국의 '명예혁명'처럼 운율도 비슷합니다. 자연과학이면서 인문학답게 그 혁명은 명리 이론의 공개와 공감, 토의와 반론 등으로 다듬어지고 공통분모를 향해 나아가야 할 것입니다.

명리 혁명은 인터넷, SNS, 유튜브의 시대를 맞이하여 열린 공간 속에서 명리학의 여러 화두를 다루고 있습니다. 시대가 바뀌고 삶의 모습이 달라졌으니 통변도 시대에 걸맞게 달라져야 합니다. 또한, 어려운 한자를 많이 쓰거나 고서를 인용하여 자신의 지식을 뽐내고 자랑하려는 동양적인 현학과 허세를 내려놓고 명리 혁명의 모토인 '내용은 깊게, 설명은 쉽게, 비유는 적절하게' 쓰려고 합니다.

최근 20~30대 젊은 분들이 명리학에 관심을 가지고 이를 배운다는 것은 명리학이 점차 양지의 학문으로 나아간다는 증거입니다. 같이 모여서 서로의 심득으로 얻어진 여러 연구를 공유하며 토론하고 이론을 정립하여 용어를 통일하면서 학문으로서의 체계를 잡아가는 길, 그리하여 중·고등학교, 대학교의 정식 과목으로 인정받아서 사람들이 자신의 팔자에 맞는 명리스러운 삶을 살아가게 만드는 것, 이것이 허주가 꿈꾸는 명리 혁명입니다.

깃발은 상관 격인 허주가 들고 가겠습니다. 첫 바람도 허주가 감당하겠습니다. 상관이라는 것이 그래서 좋습니다. 이 글을 읽는 명리 도반 여러분! 조용하지만 가슴을 뛰게 하는 명리 혁명을 함께하는 동지가 되지 않으시렵니까? 끝으로 명리학의 입문을 후원하신 건대 카르마 사주&타로 김수현 선생님과 늘 좋은 가르침을 주시는 동방대 맹기옥 교수님, 김현선 선생님, 마지막으로 책의 출간의 시작부터 끝까지 함께하며 조언과 격려를 아끼지 않았던 홍나겸 선생님께 진심으로 고마움을 전합니다.

2020년 여름
명리 거리 잔혹사를 끝내고픈
허주(虛舟) 김성재 拜上

차례

네? 명리학이 어렵다고요?

'앗! 지각이다.'

직장인 3년 차 허 대리는 아침부터 허둥지둥하며 정신이 하나도 없다. 크게 지각
한 것이다.

분명히 토(土)요일 밤부터 간만에 귀국한 친구 녀석과 부어라, 마셔라 새벽까지
소주 배틀을 벌였는데, 얼마나 퍼마신 걸까? 자정(子正)에 잠깐 깬 것 같은데, 취기
가 가시지 않아서 다시 잠들고 보니… 오 마이 갓! 월(月)요일 아침이다. 24시간을
자다 깨다 한 것이 아닌가.

허겁지겁 출근 준비를 하고 있는데, 반려견 금동이가 눈을 껌뻑거리면서 허 대
리를 바라보고 있다. '헐~! 출근도 안 하는 네가 부럽다, 인마. 개 팔자가 상팔자
라더니.'

9시 55분.

사무실 현관문을 조용히 열고 낮은 포복으로 기어들어 가는데, 동기인 박 대리
가 말을 건넨다.

"허 대리, 너 지금 뭐 하냐?"
"쉿~! 조용히 해, 부장님 알면 박살 난다."

19

"어휴⋯. 부장님 못 나오셨어. 바이어 비행기 스케줄이 앞당겨져서 아침부터 공항으로 바로 가셨어."

"정말? 휴⋯. 오늘은 운(運)이 좋은 날이네. 그런데 부장님이 직접? 왜 다른 직원이 안 가고?"

"너 홍콩 측 바이어 모르냐? 어찌나 까다로운지. 이번 홍콩 측과 진행하는 프로젝트에 회사가 사활을 걸고 있잖아. 그쪽도 그걸 알고 있는 거지. 아닌 척하면서 갑(甲)질을 하는데, 차라리 대놓고 하는 게 낫겠다."

(박 부장 전용 의자에 걸터앉으며) "아무튼 대마왕 박 부장이 없으니 회사 분위기가 환해지네."

"어이 박 대리! 오늘 동기를 위한 따끈한 커피 서비스 어때? 다방 커피 스타일로 말이야."

"어휴, 저 인간이⋯. 개념을 밥 말아 먹고 왔냐? 야, 허 대리! 정신 차려! 네 머리 위에 계신 분이 박 부장님이야! 너 오기 30분 전에 전화 왔어. 허 대리 아직 안 왔다고 하니까 오늘 여수 공장에 가서 창고 자재 목록 전부 점검하고 내일 아침까지 보고서 제출하라고 하셨다."

"뭐라고? 진짜? 지금 여수까지 가서 언제 자재 점검하고 내일 아침에 보고할 수 있겠냐? 말도 안 돼."

(박 대리가 서둘러 허 대리의 양복과 가방을 챙겨 주며) "자, 말이 되고, 안 되고는 출발하면서 생각해 보고. 이렇게 떠들 시간 없어. 내일 아침까지 보고서 제출 못 하면 그동안 지각한 것에 대해서 시말서 제출하란다. 얼른 출발해라."

"아⋯. 흑흑⋯. 아이고, 내 팔자야. 역마살이 꼈나? 지난주에 여수에 갔다 왔는데, 또 가라니⋯. 내일 우리 아빠 환갑이라서 엄마가 오늘 집에 일찍 오라고 했는데⋯ 망했네."

허 대리가 지각한 월요일의 에피소드를 살펴보면 우리는 우리도 모르는 사이에 명리학적인 환경에 놓여있다는 것을 알 수 있습니다. 일주일을 의미하는 '월화수목금토일'은 오행인 목화토금수(木火土金水)와 해와 달을 뜻하는 일(日)과 월(月)이 됩니다. 시간을 뜻하는 자정과 정오도 지지의 12지지의 자(子)시와 오(午)시에서 가져다가 쓰는 것입니다. 지명이나 동 이름, 학교도 음양오행의 명리학에서 따온 이름이 많고 많이들 쓰고 있는 망신살, 도화살, 역마살 등은 12신살의 용어가 됩니다.

본인이 명리학을 알건, 모르건, 좋아하건, 싫어하건 명리학이라는 환경 속에 놓인 것은 틀림없습니다. 우리는 사주팔자라는 여덟 글자 속의 해석과 10년에 한 번씩 바뀌는 대운, 1년에 한 번씩 바뀌는 세운, 한 달에 한 번씩 바뀌는 월운과, 매일 바뀌는 일운(또는 일진) 속에서 삶을 살아가게 됩니다.

명리학은 몰라도 사람들은 모두 자신이 태어난 해, 띠는 알고 있습니다. 1973년 계축년이면 소띠가 되고 1972년 임자년이면 쥐띠가 됩니다. 자기가 태어난 해를 시작으로 60년이 흘러가면 다시 자기의 띠가 돌아오는데, 그것을 환갑이라고 합니다. 자기가 태어났을 때 지구와 태양, 수성, 금성 등이 일정한 위치에 배치되는데, 60년이 흘러서 환갑을 맞이하면 그 별자리들이 그때와 거의 같은 위치에 배치된다고 하니 신기하지 않습니까?

명리학은 어려울 수도 있고 쉬울 수도 있습니다. 어렵게 생각하면 한없이 어렵고 쉽게 생각하면 한없이 쉽습니다. 초년-청년-중년-노년으로 흘러가는 모습이고, 봄-여름-가을-겨울로 바뀌어 가는 모습이며 아침-낮-저녁-밤이 순환하는 모습입니다. 봄이 어렵고, 저녁이 어려울 리 없습니다. 겨울이 어렵고, 아침이 어렵지 않습니다. 사주팔자의 글자는 자연의 흐름을 가져와 표시한 것이니 글자를 보면서 자연의 흐름을 살피면 의외로 명리학은 쉽습니다. 자! 다들 안전벨트를 단단히 매셨습니까? 깊으면서 쉽고, 나의 삶에 와닿는 명리학의 세계로 출발해 봅시다.

음양(陰陽), 낮과 밤의 모습

하늘과 땅에 존재하는 모든 만물에는 음과 양이 존재합니다.

명리학의 본질은 음과 양이고, 음과 양에 대한 고찰이 없다면 명리학을 이해할수 없습니다. 그만큼 중요하고 기본이 되는 음과 양인데, 쉬워서 기본이 아닙니다. 중요하기 때문에 기본이 됩니다. 명리학을 배우는 이들이나 가르치는 이들이 간단히 태극 문양만 그려놓고 음양을 설명하면서 다음 단계로 넘어가는 경우가 많다보니, 음양에 대한 기초가 허약하여 학문의 토대가 무너지는 경우가 많습니다. 그래서 오랜 시간 동안 배운 후에도 "명리학이 어렵다. 음양이 어렵다."라고 말하곤합니다. 과연 그럴까요?

음양에서 시작하여 하늘(우주)에서는 목화토금수(木火土金水)의 오행으로 나누어지고, 땅(지구)에서는 봄, 여름, 가을, 겨울의 사계절 운동으로 나누어집니다. 이렇게 우주와 지구가 다른 것은 지축의 기울기와 공전과 자전의 영향으로 우주와 같은 운동을 할 수 없기 때문입니다. 목화토금수의 각 오행을 음과 양으로 나누면갑을병정무기경신임계(甲乙丙丁戊己庚辛壬癸)의 10천간으로 세분화되고, 땅의 사계절운동을 음과 양으로 나누고 각 계절의 전환기에 토를 배치하면 해자축(亥子丑)-겨울, 인묘진(寅卯辰)-봄, 사오미(巳午未)-여름, 신유술(申酉戌)-가을의 12지지로 나누어집니다.

명리학은 동양의 학문이고, 동양의 학문은 한자를 기본으로 쓰였기 때문에 한자를 많이 알고 있으면 유리합니다만, 일단 하늘 10천간의 10글자와 땅의 12글자만 알아도 명리학을 배우는 데 큰 문제가 없습니다. 하늘의 10개의 글자를 다시 축소하면 목화토금수의 오행이 되고, 이를 다시 함축하면 음과 양이 됩니다. 땅의 12글자도 다시 함축하면 봄, 여름, 가을, 겨울의 목화금수가 되고 이들 다시 함축하면 음과 양으로 환원되니 모든 것이 음과 양에서 출발하게 됩니다.

음과 양은 추상적인 개념이기 때문에 많은 역학자가 음과 양을 남자(양)와 여자(음)나, 태양(양)과 달(음)과 같이 눈에 보이는 사물에 대비하여 설명하곤 합니다. 물론 틀린 설명은 아니지만, 정확한 설명이라고 하기는 어렵습니다. 왜 그럴까요?

남자와 여자, 태양과 달은 구체적인 사물로써 분리가 되기 때문입니다.

즉, 음과 양은 공존하는 것이고 분리될 수가 없기에 정확한 설명이라고 할 수는 없습니다. 저도 어쩔 수 없이 태극의 그림을 선보일 수밖에 없겠네요.

많은 선생님이 음양을 설명할 때 빼놓지 않고 쓰는 태극의 모습입니다.

보시다시피 분리되어 있지 않고 같은 공간, 같은 시간 속에 있으면서 양이 커지면 그만큼 음이 작아지고, 음이 커지면 역시 그만큼 양이 작아진 모습입니다. 이러한 음양의 모습을 가장 닮은 것이 낮과 밤입니다. 우리가 무수히 많은 날을 살아가면서 보는 것이 아침과 저녁, 낮과 밤의 모습입니다.

〈**그림 1**-음양을 상징하는 태극 문양〉

한번 생각해 보신 적이 있으신가요? 하루 24시간 중에서 몇 시부터가 아침일까요? 또한 몇 시부터가 저녁이 될까요? 기준이 여름인지, 겨울인지에 따라서 아침의 시작과 저녁의 시작이 달라질 것이고, 여름 안에서도 그날의 날씨가 화창한가, 비오는 날인가에 따라서 낮의 끝과 밤의 끝이 달라질 수 있습니다.

태극의 원 안에 음양이 공존하듯이, 하루 속에서 아침과 저녁, 낮과 밤이 공존하듯이, 디지털처럼 정확하게 구분하기가 어렵습니다.

양이 시작하고 음이 마무리합니다. 그리고 다시 양이 시작하는 순환 구조로 흘러갑니다. 아침과 낮은 양의 모습인데 시작하고 확산되는 기운이니 동적이며 적극적이고 남성적이며 외부지향적인 모습입니다. 저녁과 밤은 음의 모습인데 정리하고 마무리하는 기운이니 정적이며 소극적이고 내부지향적인 모습입니다. 아침에 출근하여 직장에서 열심히 일하는 모습이 양의 모습이라면 저녁에 퇴근하여 집에 들어와서 쉬는 모습은 음의 모습입니다. 열심히 일하는 모습이 양이라고 하니, 사람들이 양이 좋고 음이 안 좋은 것 아니냐고 물어봅니다. 그렇지 않습니다. 음과 양은 균등하게 쓰일 때가 가장 좋습니다. 음과 양의 균형이 잡힐 때 생명력과 활력이 충만하게 됩니다. 일만 하는 사람도, 쉬기만 하는 사람도 음과 양의 균형이 틀어져 있는 모습이니 올바른 모습이 아니고, 종국에는 건강을 잃게 됩니다.

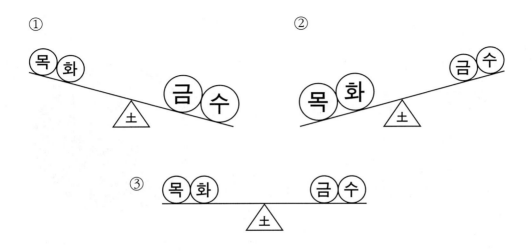

〈**그림 2**-음양의 균형이 중요하다〉

금수(음)로 쏠린 1번도, 목화(양)가 강한 2번도 삶에 불균형이 오니 어려움이 있습니다. 목화(양)와 금수(음)가 균형을 유지하면 활력이 넘치게 됩니다.

건강(體)을 잃으면 돈도, 사랑도, 명예도, 권력도 아무런 의미가 없으니 음양의 균형 잡힌 삶에 관하여 생각하고 노력하는 것은 무척 중요합니다. 여러분이 명리학을 배워야 하는 이유 중 하나가 이렇게 음과 양의 균형을 통해서 자연스럽고 평온한 삶을 살아가기 위한 것임을 잊어서는 안 됩니다.

허주는 단언합니다. "명리학은 어렵지 않다. 음양은 어렵지 않다."라고 말입니다.

아침이 어렵고, 저녁이 난해할 리가 없습니다. 낮이 어렵고 밤이 복잡할 리가 없습니다. 오늘도 자연은 단순하고 변함없이 흘러갑니다. 그 안에서 음과 양의 본질을 놓쳐버린 인간의 머리가 복잡하고 난해할 뿐입니다.

음양(陰陽) 운동, 어디까지 가 봤나?

하늘과 땅의 모든 만물은 음양 운동을 합니다. 음양 운동을 하지 않는다는 것은 이미 죽었다는 것을 의미합니다. 우리의 삶 속에서 볼 수 있는 가장 대표적인 음양 운동은 호흡입니다. 들이쉬고 내쉬고를 무한 반복합니다. 나무도 밤에는 이산화탄소를 흡입하고 낮에는 산소를 내뿜습니다. 이러한 음양 운동은 몇 가지 특징을 가지고 있는데 그 특성을 살펴보도록 하겠습니다.

1) 음양은 상생과 상극의 성향을 가진다

음양은 서로 상극하고 상생하려는 성향을 가지게 됩니다. 음양은 서로 정반대의 기운이므로 서로의 만남은 충돌을 의미하고 정반대 기운끼리의 만남, 정반대의 문화의 만남을 의미합니다. 이러한 상생과 상극을 통해서 건전하게 발전하면서 새로운 기운, 새로운 문화를 만들 수 있습니다. 음양이 만나야 활력과 생명력이 넘치게 됩니다.

상생이 좋고, 상극이 나쁘다는 이야기는 아닙니다. 아이에게 너무 칭찬만 하거나 반대로 너무 꾸중만 해도 아이는 제대로 된 인격체로 성장하기 어렵습니다. 모든 학교에는 상벌 제도가 존재합니다. 칭찬, 상장 등이 상생의 모습이라면, 꾸중, 벌점 등은 상극의 모습이 됩니다. 생해 주는 모습과 더불어 적절한 견제와 자극이 있을 때 아이는 음과 양을 이해하면서 사회의 구성원으로 잘 성장할 수 있는 것입니다.

2) 음양은 상대적이다

음양은 상대적입니다. 즉, 고정화되지 않고 상대가 무엇인가에 따라서 음양이 변함을 의미합니다.

백열등과 형광등이 있으면 백열등이 음이고, 더 밝은 형광등이 양이 됩니다. 그런데 등대 앞에서는 형광등이 음이 되고, 등대가 양이 됩니다. 달빛 아래에서는 등대가 음이 되고, 달빛이 양이 되는 것처럼 상대적으로 변화합니다. '덥다', '춥다', '좁다', '넓다'의 개념도 더 덥고, 더 춥고, 더 좁고, 더 넓은 것이 나타나면 음양이 바뀌게 됩니다.

3) 음양은 동소성(同所性)이다

음양은 한곳에서 발생하고 변화합니다. 태극이라는 원의 안에서 음양의 비율이 바뀌면서 서로 변화합니다. 겨울철에 소중한 태양이 비출 때, 고양이는 볕 좋은 곳에서 낮잠을 자지만, 태양이 조금씩 움직임에 따라서 양지였던 곳이 음지가 됩니다. 단순히 장소만을 의미하는 것이 아닙니다. 사람도, 사물도 마찬가지입니다. 한때는 뜨겁게 사랑했지만, 세월이 흘러서 원수 같은 사이가 되기도 합니다. 눈에 넣어도 안 아플 사랑스러운 자식이었건만, 장성하여 부모를 학대하는 불효자가 되기도 합니다.

낮에는 많은 사람으로 붐비던 장터가 저녁 무렵에 을씨년스러워지는 것은 양지가 음지로 바뀌었기 때문입니다. 사주에서 양이 강했던 사람도 대운이 해자축이 되면 음이 강해지면서 차분해지고, 반면에 사주에 음이 강하여 소심했던 사람도 대운이 사오미로 흐르면 활발해지게 됩니다.

이것은 음과 양이 같은 장소, 같은 사람, 같은 사물에 작용하기 때문입니다.

4) 음양은 무한 반복한다

음양은 무한 반복하고 순환합니다. 양이 시작하고 음이 마무리하며, 다시 양이 시작합니다.

음양의 반복과 순환이 멈추는 순간에는 모든 것이 소멸합니다. 들이쉬고 내쉬는 호흡이 멈추는 순간, 한 사람의 생명이 끝나듯이 말입니다.

양이 시작하고 양이 확대되고 커지면서 절정에 도달하면 그 바닥에서 음이 태동하고 조금씩 활동을 시작하게 됩니다. 양이 줄어드는 비율만큼, 음이 늘어나게 됩니다. 그러한 흐름 속에서 음과 양이 비율이 역전되고 음은 점점 강해지면서 응축되어 작고 단단해지게 됩니다.

음의 압박이 점점 강해질수록 양은 견딜 수 있는 한계에 도달하게 되고 그 한계에 도달하게 되면 양은 탈출하여 양의 운동을 시작하게 됩니다.

5) 음양의 본질적인 성향

〈표 1〉

	음(陰)-質	양(陽)-氣
본질적인 성향	- 감추고 수축하는 성향 - 물질적, 현실적이다 - 형이하학적이다 - 부드럽다 - 소극적이고 수동적이다 - 인공적이다 - 내부지향적이고 마무리에 강하다 - 섬세하고 세련됐다 - 여성적이다	- 드러나고 펼치는 성향 - 기(氣)적이며 정신적이다 - 형이상학적이다 - 거칠고 뜨겁다 - 적극적이고 능동적이다 - 자연적이다 - 외부지향적이며 시작을 잘한다 - 투박하지만, 스케일이 크다 - 남성적이다

오행(五行)이 뭔가요?

동양의 학문은 글자 속에 많은 의미를 함축하고 있는 것이 대부분인데 명리학도 그렇습니다. 우리가 명리학에서 많이 쓰는 오행은 무엇일까요? 글자 그대로 해석하자면 오행(五行), 즉 다섯 가지의 움직임을 의미합니다. 움직임을 뜻하는 행(行) 자를 썼으니 고정된 것이 아닙니다. 항상 움직인다는 것을 의미합니다. 음양도 수시로 음과 양의 비율이 변하듯이, 오행 역시 항상 움직이고 변한다는 것을 놓치시면 안 됩니다.

● 하늘=우주=천간(天干)
● 땅=지구=지지(地支)

같은 말이고 같은 뜻입니다. 다른 용어가 나온다고 해서 당황하지 마시길 바랍니다.

음양 운동이 하늘에서는 오행 운동을 하고, 땅에서는 사계절 운동을 합니다. 우리가 먼저 배울 것은 하늘에서 펼쳐지는 오행 운동입니다. 오행은 다섯 가지 기운이 움직이는 것을 의미하는데, 이는 음양이 가진 성향을 다섯 가지로 나눈 것에 불과합니다. 그러니 오행과 음양이 다르지 않습니다.

음과 양은 목(木)-화(火)-토(土)-금(金)-수(水)로 분류합니다.
우리가 달력에서 쓰는 일주일 중에서 일(日), 월(月)을 뺀 나머지 평일의 요일들입니다.

이 중에서 목화는 양의 모습을 담당하고, 금수는 음의 모습을 담당합니다. 토가 빠졌다고요? 토는 양과 음의 중간에서 양의 확장되고 커진 것을 음으로 전환하는 역할을 해 주고 있습니다. 좀 어려워지기 시작한다고요?

그렇다면 등산하는 사람의 모습에 비유하여 오행의 흐름을 살펴보도록 할까요?

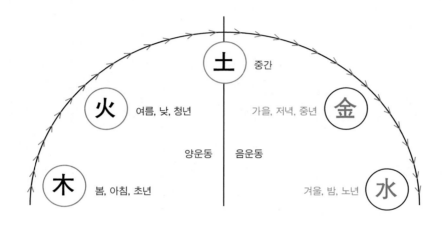

〈**그림 3**-등산의 시작 1〉

포물선 맨 왼쪽 아래의 모습이 목(木)입니다. 등산하기 전의 설렘, 시작, 출발을 의미합니다.

여행에서 느끼는 즐거움의 반은 떠나기 전의 설렘이라고 하더군요. 목의 모습에서 시작, 출발, 설렘, 희망이 느껴집니다. 봄과 아침, 삶의 초년기, 초록(청색)의 모습처럼 싱그럽습니다.

목(木)에서 출발하여 산 정상을 향해 한참 동안 올라가니 땀이 납니다. 눈을 돌려 산 아래를 내려다보니 이미 한참 올라온 모습입니다. 햇살은 더욱더 뜨겁게 나를 비추고 있고 정상이 얼마 남지 않았습니다.

목에서 시작할 때는 엄두가 안 났는데, 산 중턱을 넘어서 정상을 향해서 가다 보니 가슴속에서 뜨거운 무언가가 용솟음치는 느낌입니다. 여름, 낮, 삶의 청년기, 청춘을 상징하는 붉은색으로 화끈하고 심장이 뛰는 모습에서 젊은 날의 열정이 느껴집니다. 그 모습이 화(火)가 됩니다.

　드디어 산의 정상에 도착했습니다. 산의 정상은 늘 그 자리에 있습니다. 정상에 오르고픈 인간들이 분주히 오르락내리락하지만, 정상은 말없이 묵묵하게 존재할 뿐입니다. 그것이 토(土)의 모습입니다. 정상에 오르니 잠시 배낭을 내려놓고 물 한 모금을 마시면서 땀을 식힙니다. 산 아래를 굽어보니 힘들게 올라온 길(陽)과 내려가야 할 길(陰)이 보이는군요. 이렇듯 하늘의 토는 음과 양을 다 같이 볼 수 있으니 중립적인 모습입니다.

　목으로 시작하여 커지고 확산된 것이 화를 통해서 더 커지고 더 확산된 모습인데, 정상인 토에 다다르면 더 이상 올라갈 곳이 없습니다. 또한 정상을 향해 달려왔지만, 정상에서 오래 머무를 수도 없습니다. 왜냐하면 정상은 상당히 춥고, 바람도 강하기 때문입니다. 인생도 마찬가지라서 정상에 오르면 오래 머무를 수 없고 반드시 내려가야 합니다. 정상에서 오래 머무를 수 없으니 내려오는 모습이 금(金)이 됩니다. 올라갈 때보다는 뭔가 한결 수월합니다. 올라가는 길이나 내려가는 길이 거의 비슷한데도, 내려갈 때는 왜 그런지 빠르게 느껴집니다. 가을, 저녁, 인생의 중년기이고 사회의 중추적인 역할로 직장과 가정에서 온 힘을 다해서 활동할 때라서 그런가요? 색깔로는 하얗습니다. '회사에서 안 잘릴까?', '자라나는 애들은 어떻게 키울까?' 이런저런 고민으로 밤을 하얗게 지새울 것만 같습니다.

　등산을 마치고 내려왔는데 이는 수(水)의 모습이 됩니다. 간만에 등산하고 보니 온몸이 쑤시고 무릎이 저려와 따뜻한 욕조에 몸을 담그고 싶어집니다. 그래도 어두워지기 전에 산에서 내려와서 다행입니다. 등산하면서 좋았던 순간들을 회상하면서 하루의 일과를 마감합니다. 다음에 갈 등산을 생각하면서 등산화, 배낭, 등산 장비들을 보관해 둡니다. 겨울이자 밤이고, 인생의 노년기이고, 깊은 어둠이 깔린 것처럼 사방이 칠흑 같은 검은색이 수(水)의 모습입니다.

　이는 오행은 목화토금수로 되어 있지만, 무형의 기운을 설명하기가 어려워서 땅에서 볼 수 있는 사물로 표현한 것에 불과합니다.

시작하고 출발하며 성장하는 모습이 봄의 나무를 닮아서 목(木)이라고 이름 붙였습니다. 더 커지고, 더 확산되고, 더 솟구치는 모습이 여름의 태양을 닮아서 화(火)라고 이름 붙였습니다. 사시사철 변함이 없고 늘 그 자리에 서 있으면서 양의 뜨거움을 흡수하여 음으로 전환하는 산과 흙의 모습을 토(土)라고 이름 붙였습니다.

음 운동을 시작하면서, 응축되고 단단해지는 모습이 바위 또는 쇠의 모습을 닮아서 금(金)이라 이름 붙였습니다.

더 응축되고, 더 단단해지는 모습이 한겨울의 얼음같이 작고 단단한 결정체의 모습을 닮아 수(水)라고 이름 붙였을 뿐입니다. 무형의 기운을 쉽게 설명하기 위해 땅의 목화토금수로 표현한 것이므로 나무나 태양(불), 산이나 흙, 바위나 쇠, 물 등으로 보이는 외형에만 너무 집착하면 중요한 본질을 잃을 수 있으니 유념하시길 바랍니다. 달을 가리키는 손가락을 보지 마시고 본질인 달을 보시면 좋겠습니다.

아! 그리고 '천간=우주=하늘'이니 봄, 여름, 가을, 겨울, 아침, 낮, 저녁, 밤이 없습니다.

좀 더 쉬운 이해를 돕기 위해서 지지의 사계절과 하루를 붙인 것이니 이 점은 오해 없으시길 바랍니다.

오행도 음양으로 나누어진다(10천간)

음양에서 나누어진 것이 '목-화-토-금-수'의 오행인데, 오행을 다시 또 음양으로 나눌 수 있습니다.

목(木) 운동 하나만을 살펴보면 목 운동을 시작하는 갑(甲)목이 있고, 목 운동을 마무리하는 을(乙)목이 있습니다.

화(火) 운동 하나만을 살펴보면 화 운동을 시작하는 병(丙)화가 있고, 화 운동을 마무리하는 정(丁)화가 있습니다.

토(土) 운동 하나만을 살펴보면 토 운동을 시작하는 무(戊)토가 있고, 토 운동을 마무리하는 기(己)토가 있습니다.

금(金) 운동 하나만을 살펴보면 금 운동을 시작하는 경(庚)금이 있고, 금 운동을 마무리하는 신(辛)금이 있습니다.

수(水) 운동 하나만을 살펴보면 수 운동을 시작하는 임(壬)수가 있고, 수 운동을 마무리하는 계(癸)수가 있습니다.

각 오행을 대표하는 색상으로 표현하니 자연스럽게 오행의 색을 이해하실 수 있습니다.

목은 녹색(청색), 화는 적색(붉은색), 토는 황토색, 금은 백색, 수는 흑색(검은색)입니다. 그리고 여기서 처음으로 오행을 음양으로 나누어 10개로 된 10천간이 나오는데, 우리가 일상에서 많이 들어본 용어입니다. 근로 계약서를 쓸 때 항상 들어가는 갑(甲)과 을(乙)이 나옵니다. 갑(甲)은 10천간의 첫 번째 글자이므로 이를 뽐내고 자

33

랑하며 우두머리 행세를 하려고 하는 성향이 있습니다. 그래서 갑(甲)질이란 말이 생긴 것입니다.

　양이 시작하고 음이 마무리하듯이, 오행의 운동마다 시작이 있고 끝이 있습니다.

　목 운동은 갑(甲)목이 시작하니 양이 되고, 을(乙)목이 마무리하니 음이 됩니다. 갑(甲)목(+), 을(乙)목(-).
　화 운동은 병(丙)화가 시작하니 양이 되고, 정(丁)화가 마무리하니 음이 됩니다. 병(丙)화(+), 정(丁)화(-).
　토 운동은 무(戊)토가 시작하니 양이 되고, 기(己)토가 마무리하니 음이 됩니다. 무(戊)토(+), 기(己)토(-).
　금 운동은 경(庚)금이 시작하니 양이 되고, 신(辛)금이 마무리하니 음이 됩니다. 경(庚)금(+), 신(辛)금(-).
　수 운동은 임(壬)수가 시작하니 양이 되고, 계(癸)수가 마무리하니 음이 됩니다. 임(壬)수(+), 계(癸)수(-).

　이를 앞에서 봤던 등산의 표로 보면 다음과 같습니다.

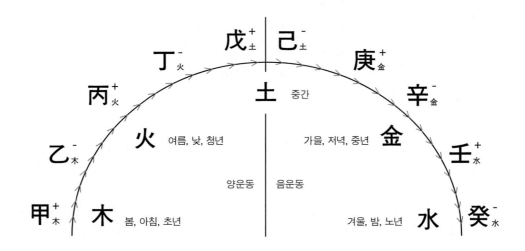

〈**그림 4**-등산의 시작 2〉

갑(甲)목, 병(丙)화, 무(戊)토, 경(庚)금, 임(壬)수는 각 오행 운동의 시작이니 양(+)을 붙였고, 을(乙)목, 정(丁)화, 기(己)토, 신(辛)금, 계(癸)수는 각 오행 운동의 마무리이니 음(-)을 붙였습니다.

이렇듯 하늘의 목화토금수 오행 운동을 음과 양으로 나누면 갑을병정무기경신임계(甲乙丙丁戊己庚辛壬癸)의 열 글자로 나누어지는데 이를 10천간이라고 부릅니다. 초급자분들은 10천간을 부를 때 항상 끝에 오행을 붙여서 읽는 습관을 들여야 합니다. 갑(甲)을 갑이라고 읽지 말고, 갑목(甲木)이라고 읽어야만 확실하게 오행을 이해할 수 있고 나중에 배울 십신을 적용할 때도 유용하기 때문입니다. 갑(甲)목, 을(乙)목, 병(丙)화, 정(丁)화, 무(戊)토, 기(己)토, 경(庚)금, 신(辛)금, 임(壬)수, 계(癸)수로 끝에 오행을 붙여서 읽어야 합니다.

1) 오행의 시작-목(木, 양 운동의 시작)

오행의 시작은 목(木)이 됩니다. 목은 물질이 아닌 기운이고 운동으로 보시면 좋겠습니다.
시작하는 기운, 뻗어 나가려는 기운, 솟구치려는 기운 등을 의미합니다.
그래서 그러한 목의 성향과 기운이 사계절 중 봄의 모습과 많이 닮았습니다.
하루 중에는 아침의 모습을 닮았습니다. 봄과 아침이 주는 생동감과 활력이 있습니다. 겨우내 얼어있던 땅을 뚫고 올라오는 새싹과 초목의 모습, 긴 밤의 수면에서 깨어나 활기차게 하루를 시작하는 아침의 모습을 생각해 보시면 됩니다.

인생의 시기에 대비하면 어린이, 초년 시절을 의미합니다. 갓난아기부터 중학생 정도가 되겠군요. 유교에서 말하는 인간이 갖추어야 할 다섯 가지 기본적인 덕목인 오상(五常)에서 인(仁)을 배속했습니다. '어질 인(仁)'이니 착하고 순수합니다. 목의 성향은 단순하고 솔직하며 신속하고 추진력이 좋습니다. 앞서 나가려고 하고, 기획하고, 준비하고, 순수함을 담은 이상주의자의 기질이 있으며 남에게 지지 않으려는 고집이 있습니다. 다만, 뻣뻣하여 융통성이 부족하니 조정에 어려움이 있습니다.

오행을 시작하는 것이 목(木)이니 기획이나 시작하는 것을 잘하지만, 정리, 마무리는 약합니다.

목은 생명체이므로 성장하는 데 다른 오행을 필요로 합니다. 목이 자라는 데는 토(흙)가 있어야 하고, 쑥쑥 잘 자라기 위해서는 화(태양)도 필요하며, 성장에 수(물)도 필요합니다. 그리고 내부에서 강하고 질기게 해 주는 금기(金氣)도 필요합니다. 어렵게 생각할 것이 없습니다. 아이를 키우는 어머님들에게 이야기해드리면 잘 이해하실 겁니다. 아이를 키우는 것이 보통 일이 아니고 손이 많이 가듯이, 목이 자라나는 데는 다른 오행의 도움이 필요합니다.

인생으로는 초년기, 계절로는 봄이고, 하루에서는 아침, 색깔로는 녹색(청색), 신체 부위로는 간, 담(쓸개)과 신경계, 눈(目)이고, 방위로는 동쪽, 맛으로는 신맛, 숫자로는 3, 8이 됩니다.

2) 오행의 확산-화(火, 양의 확산)

목(木) 운동 다음으로 이어지는 것이 화(火) 운동이 됩니다. 화 운동의 설명은 쉽습니다.

목 운동이 성장하고 외형이 커지며 확산하는 모습이라면, 화 운동은 앞에 '더'를 붙이면 됩니다. 즉, 더 성장하고 더 외형이 커지며 더 확산하는 모습이 화의 모습입니다.

계절로는 여름이 되고, 하루에서는 낮이 됩니다. 여름의 모습과 낮의 모습을 생각해 보시면 화의 모습이 머릿속에 자연스럽게 그려집니다. 산과 들에 온갖 초목이 무성해지고, 곳곳에서 화려한 꽃들이 자태를 자랑합니다. 낮에 많은 사람이 분주히 움직이고, 활동하면서 활력이 넘치는 모습입니다.

인생의 시기를 보면 고등학생, 대학생, 사회초년생의 시기에 비유됩니다. 집과 학교라는 가까운 공간에서 벗어나 서울로, 지방으로, 외국으로 유학과 연수, 여행을 다니면서 목의 시절보다 더 넓은 활동 범위를 자랑합니다. 배낭 하나 짊어지고 전국을 돌아다니고 해외로 떠나도 젊으니까 싱그럽고 멋있습니다. 여름에 활짝 핀 꽃처럼, 곧게 자란 초목처럼 싱싱하고 화려합니다. 다만 겉모양에 비해 실속은 없습니다.

오상(五常)에서는 화에 예(禮)를 배속했습니다. 가족과 초등학교, 중학교에서 더 넓어진 인간, 사회관계에서 예절을 배우고 매너를 지키라는 뜻입니다. 영화 〈킹스맨〉에서 "매너가 사람을 만든다(Manners maketh man)."라는 대사는 아마도 화(火)를 두고 한 말 같습니다.

목이 씨앗이 발아하여 줄기가 자라는 모습이라면 화는 잎이 생기고 꽃이 피며 줄기가 커진 모습입니다. 목이 시작한 양 운동을 이어받아서 확장하니 간섭하고 참견하는 성향을 가집니다.

오상의 예(禮)답게 절차와 형식을 중시하니 실속이 떨어지고 자존심과 개성이 강한 성향을 가지게 됩니다.

인생으로는 청년기, 계절로는 여름이고, 하루에서는 낮, 색깔로는 적색(붉은색), 신체 부위로는 순환기 계통의 심장, 소장, 혈액, 혀 등이고 방위로는 남쪽, 맛으로는 쓴맛, 숫자로는 2, 7이 됩니다.

3) 오행의 브레이크-토(土, 양 운동에서 음 운동으로 전환)

목화 운동으로 급격하게 양이 강해지면 제동을 걸어 줄 토(土)가 필요합니다.

천간의 오행 운동의 토(土)는 목화와 금수의 중간에 위치하면서 목화에서 커지고 확산된 양 운동에 브레이크를 걸고 속도를 늦춘 후, 이를 음 운동으로 전환하는 중요한 역할을 하게 됩니다.

양 운동이 끊임없이 확산되고 커져 가니 이에 브레이크를 걸어 줄 토가 없다면 부피는 더욱 커져 가는데 밀도는 계속 줄어드는 꼴이니 종국에는 무(無)로 사라질 수 있겠습니다. 2차, 3차 동안 계속하여 술자리[술은 외형은 액체인 수(水)이지만 활동은 알코올의 확산인 화(火)로 봅니다]를 고수하는 남편에게 걸려온 무서운 마누라의 목소리가 토(土)가 될 수 있습니다.

 토는 이렇게 음양의 중간에서 균형과 조절을 해 주는 중요한 역할을 하게 됩니다. 오상(五常)에서는 항상 변함없이 자기의 위치를 지키는 토에게 믿을 신(信)을 배속했습니다. 음양의 중간에서 이를 조정하고 중재하니 자기주장이나 개성은 약하지만, 자기 주관은 뚜렷합니다.
 계절로는 각 계절이 바뀌는 환절기에 해당하며 하루에서는 아침, 낮, 저녁, 밤의 사이가 됩니다.
 인생의 시기는 청년과 중년의 중간 시기인 장년 정도가 됩니다. 신입, 대리와 경영진 사이에서 상하 관계를 조율 및 조절하는 과장, 부장의 모습이기도 합니다. 목화와 금수는 각각의 개성이 뚜렷하고 자기의 색깔을 가지고 있지만, 토는 그렇지 않습니다. 반면에 땅의 용도와 기능은 어떻게 쓰는가에 따라서 달라지니 다재다능함을 가지고 있습니다. 다만 변화를 싫어하니 환경 적응에 어려움이 있습니다.

 인생으로는 장년기, 계절로는 환절기이고, 하루에서는 아침, 낮, 저녁, 밤의 사이이며, 색깔로는 황색, 신체 부위로는 소화기 계통의 위장, 비장(지라), 입 등이고 방위로는 가운데(中), 맛으로는 단맛, 숫자로는 5, 10이 됩니다.

4) 오행의 응축-금(金, 음 운동의 시작)

 금(金)에서부터 본격적인 음 운동을 시작하게 됩니다.
 목에서 시작한 양 운동이 화에서 더욱 확산되어 커지다가, 토에서 브레이크가 걸리고 속도가 느려집니다. 이렇게 멈춰지면서 이내 음 운동으로 변환되는데, 금(金)에서부터 본격적인 음 운동이 시작됩니다. 금 운동을 설명할 때 많이 쓰이는 것이 숙살지기(肅殺之氣)인데, 여기서 숙은 엄숙할 숙(肅)을 쓰고 있습니다.

대운동회가 있거나, 소풍을 다녀온 다음 날은 전날의 들뜬 분위기로 인하여 제대로 수업을 하기가 어려운데, 아이들이 여전히 양의 확산되고 들뜬 분위기 속에 있기 때문입니다. 그래서 수업에 들어가는 선생님은 일부러 더 엄숙하고, 차갑고, 단호하게 수업을 진행하려고 하는데, 이 상황이 금의 숙살지기를 설명하기에 무척 적합한 것 같습니다.

확산되고 팽창된 양의 기운을 금(金) 운동을 시작하면서 강제적으로 응축하고 수축시키려고 합니다.

계절로 보면 가을이 되고, 목화의 시기를 보내면서 노력했던 것에 대한 결실과 수확의 계절이 됩니다. 인간의 삶에서는 장년의 시기를 넘어서 본격적인 중년의 시기에 접어들게 됩니다. 가을의 나무가 겨울을 보내기 위해 잎을 떨구어 내듯이 키워 왔던 자식들을 시집, 장가를 보내는 시기가 됩니다. 강제적, 냉정함, 엄격함의 모습도 있지만, 순박하고 의리가 있으며 인정이 있습니다. 금의 시기가 오면 뭔가 새로운 일을 시작하고 확장하는 것이 아니라 정리하고 마무리하는 시기임을 느껴야 합니다. 폼에 살고 폼에 죽는 것이 화의 모습이라면, 명령에 살고 명령에 죽는 것이 금의 모습입니다. 맺고 끊음이 확실하며 날카롭고 단호한 모습이 있습니다. 오상(五常)에서는 의로울 의(義)를 배속했는데, 금(金)의 성향을 잘 보여 주고 있습니다. 음 영역의 시작이니 보좌진, 참모 역할을 잘합니다.

인생으로는 중년기이고 계절로는 가을, 하루에서는 저녁, 색깔로는 백색, 신체 부위로는 호흡기 계통의 코, 폐, 기관지, 대장 등이고 방위로는 서쪽, 맛으로는 매운 맛, 숫자로는 4, 9가 됩니다.

5) 오행의 더 큰 응축-수(水, 음 운동의 마무리)

수(水)는 목화토금수 오행 운동의 마지막이 됩니다. 금(金)에서 시작한 음 운동은 수(水) 운동으로 넘어가면서 더 응축되고, 더 단단해지며, 더 작아지게 됩니다. 종국에는 작은 씨앗, 작은 입자의 모습처럼 작고 단단해지게 되는데, 음 운동의 수축이 위와 같이 임계점에 도달하면 음 속의 양의 입자는 더 이상 음의 압박을 견디지 못하고 내부에서 폭발하여(BIG BANG) 양이 분출되어 나오게 됩니다.

오상(五常)에서는 수에게 지혜의 지(智)를 배속했는데, 목화금수를 거쳐서 마지막에 도달한 수에는 다양한 경험과 노련함에서 오는 지혜가 있다고 생각한 것이고 실제로도 그렇습니다. 목화의 시절은 양의 시절이니 많은 활동과 움직임이 있지만, 토의 시기를 지나 금수의 시기가 오면 몸의 활동력이 떨어지지만, 정신은 빛나게 되는 시절이 됩니다.

수는 생명력과 깊은 관련이 있는데, 수가 담당하는 신체 부위는 신장, 방광, 생식기 쪽입니다. 우주선을 쏘아 올려 다른 행성을 탐색할 때, 가장 중요하게 찾아보는 것이 수(水)입니다. 다른 행성에 수 기운이 있다면 생명체가 존재할 가능성이 높기 때문입니다. 수는 아래로 흐르니 겸손함을 갖추고 있고 장애물을 만나면 피해 가니 융통성이 좋고 환경적응력이 강합니다. 새로운 것을 추구하는 경향이 있고, 저장과 마무리를 잘합니다.

목이 오행을 시작한다면 수는 오행 운동을 마무리합니다. 수의 마무리 운동을 통하여 다시 목이 시작할 수 있는 순환 구조를 만들게 되는데, 수는 작은 물이나 큰 물이나 서로 섞일 수 있으니 생각이 유연하고 융통성이 있지만 깊은 물은 안이 보이지 않는 것처럼 속내를 알기 어려울 때가 있습니다. 만물을 포용하고 받아들이는 수는 모든 생명의 근원이 되니 모성애적인 기질을 가지고 있습니다. 인생으로는 노년기가 되는데, 수의 시기가 오면 자기가 나서지 말고, 후배들이 잘할 수 있도록 후원해 주고 격려해 주는 모습이 필요하겠습니다. "나이가 들면 입은 닫고 지갑을 풀라."라는 말은 이렇게 수의 시기에 적합한 격언일 것입니다. 음 운동의 마무리인 수 운동을 마치면 다시 목 운동을 시작하여 무한 반복, 순환하게 됩니다.
언제까지? 우주와 지구의 역사가 끝나는 그날까지입니다.

인생으로는 노년기, 계절로는 겨울이고, 하루에서는 밤, 색깔로는 흑색(검은색), 신체 부위로는 신장, 콩팥, 생식기관, 귀 등이고 방위로는 북쪽, 맛으로는 짠맛, 숫자로는 1, 6이 됩니다.

〈표 2-오행의 분류표〉

	목(木)	화(火)	토(土)	금(金)	수(水)
계절	봄(春)	여름(夏)	환절기	가을(秋)	겨울(冬)
방향	동쪽(東)	남쪽(南)	중앙(中)	서쪽(西)	북쪽(北)
인생의 시기	초년	청년	장년	중년	노년
담당하는 맛	신맛	쓴맛	단맛	매운맛	짠맛
신체 부위	간, 담(쓸개), 눈 신경계 담당	심장, 소장, 혀 혈액 순환계 담당	위장, 비장, 입 소화계 담당	코, 폐, 대장 호흡계 담당	신장, 방광, 귀 생식기관 담당
10천간 음양 구분	갑(甲, +), 을(乙, -)	병(丙, +), 정(丁, -)	무(戊, +), 기(己, -)	경(庚, +), 신(辛, -)	임(壬, +), 계(癸, -)
12지지 음양 구분	인(寅, +), 묘(卯, -)	사(巳, +), 오(午, -)	진(辰, +), 술(戌, +) 축(丑, -), 미(未, -)	신(申, +), 유(酉, -)	해(亥, +), 자(子, -)
오행 담당 숫자	3, 8	2, 7	5, 10	4, 9	1, 6
음양의 구분	소양(小陽)	태양(太陽)	양에서 음으로 전환	소음(小陰)	태음(太陰)

5. 오행도 음양으로 나누어진다(10천간)

오행의 상생(相生)과 상극(相剋)

오행의 상생과 상극을 같은 맥락에서 설명하고자 합니다.

분리해서 설명하면 상생과 상극을 마치 정반대의 개념인 것처럼 오해하시는 경우가 많기 때문입니다.

음과 양은 반대 기운이지만, 한편으로는 태극이라는 공간 속에서 상대적인 비율로 움직인다고 말씀드렸습니다. 오행의 상생과 상극도 같은 개념으로 이해하시면 도움이 됩니다. 아이에게 해 주는 칭찬이 상생이라면, 꾸중이나 잔소리는 상극이 됩니다. 칭찬만 하면 아이가 기고만장해질 수 있고, 꾸중과 잔소리만 한다면 아이는 의기소침하여 쪼그라들게 될 것입니다. 하늘=우주=천간의 오행 운동도 이와 마찬가지로 상생과 상극을 통해서 건전한 순환 관계를 유지하게 됩니다.

〈표 3〉

오행의 상생(相生)	오행의 상극(相剋)
목생화(木生火)-목이 화를 생해줌	목극토(木剋土)-목이 토를 극함
화생토(火生土)-화가 토를 생해줌	토극수(土剋水)-토가 수를 극함
토생금(土生金)-토가 금을 생해줌	수극화(水剋火)-수가 화를 극함
금생수(金生水)-금이 수를 생해줌	화극금(火剋金)-화가 금을 극함
수생목(水生木)-수가 목을 생해줌	금극목(金剋木)-금이 목을 극함
정신적, 물질적인 지원을 의미함	보호, 통제, 브레이크, 제어 등을 의미함

1) 오행의 상생

　　오행 운동의 시작인 목(木) 운동은 갑(甲)목이 양이니 시작하고, 을(乙)목이 음이니 마무리를 하고 다음 주자인 화(火) 운동에게 배턴을 넘겨주게 됩니다. 화(火) 운동은 병(丙)화가 양이니 시작하고, 정(丁)화가 음이니 마무리를 하고 다음 주자인 토(土)에게 넘겨줍니다. 토(土) 운동에서는 무(戊)토가 양이니 시작하고, 기(己)토가 음이니 마무리를 하고 다음 주자인 금(金)에게 넘겨줍니다. 금(金) 운동에서는 경(庚)금이 양이니 시작하고, 신(辛)금이 음이니 마무리를 하고 다음 주자인 수(水)에게 넘겨줍니다. 수(水) 운동에서는 임(壬)수가 양이니 시작하고, 계(癸)수가 음이니 마무리를 합니다.

　　생(生)해 준다는 것은 사랑입니다. 당연히 극(剋)보다 우선합니다. 상생과 상극의 글자가 같이 있다면 극을 잊어버리고 생을 먼저 하게 됩니다. 사랑하는 자녀와 마트에 장을 보러 갔는데, 마트에서 원수같이 아옹다옹 다투는 사람을 만났을 때, 자녀가 같이 있으므로 싸우지를 않습니다. 극(剋)하는 것보다 생(生)하는 것이 먼저이기 때문입니다. 목생화(木生火)의 경우 목이 화를 생해 주는데, 이렇게 생해 주다 보면 목의 힘이 빠지게 됩니다. 자녀를 키우다 보면 물질적이나 정신적으로 부모의 힘이 소모됩니다. 그래도 생해 준다는 즐거움과 행복이 있습니다. 생(生)함은 사랑이기 때문입니다.

　　생함을 받는다는 것이 꼭 좋다는 뜻은 아닙니다. 내가 약할 때는 생함을 받는 게 좋지만, 내가 강할 때는 생함이 부담스럽고 불필요합니다. 이미 충분히 먹어서 배가 부른데, 자꾸 더 먹으라고 권하는 부모의 모습을 생각하시면 이해가 쉽습니다.

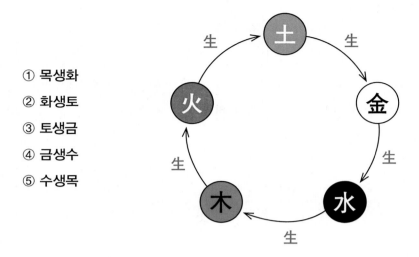

① 목생화

② 화생토

③ 토생금

④ 금생수

⑤ 수생목

〈**그림 5**-오행의 상생〉

2) 오행의 상극

하늘의 오행 운동은 상생 운동만으로 돌아가지 않습니다. 우주 천체의 순환을 위해서는 자극이 필요한데, 돌아가는 팽이를 계속 돌리기 위해서는 채찍질이 필요합니다. 자라나는 아이에게는 보살핌과 칭찬 등의 상생도 필요하지만, 꾸중, 주의, 벌칙 등의 통제와 제어, 브레이크도 필요한 것과 같은 이치입니다.

오행 운동의 시작인 목(木)이 화(火)를 생해 주었는데, 화(火)는 자기를 생해 준 목(木)에게는 관심이 없고 오직 토(土)를 생해 주는 것에만 골몰하고 있으니 목(木)의 입장에서는 화(火)가 서운하기도 하지만 화(火)의 모든 관심을 가져간 토(土)가 미워집니다. 또한 내가 생해 준 화(火)는 토(土)를 생해 주는 데 전력을 기울이기 때문에 화(火)가 과도한 에너지를 소모할 수 있어 토(土)를 견제하려 하므로 그래서 목(木)은 토(土)를 극하는 목극토(木剋土)를 하게 됩니다.

앞서 말한 것처럼 상생이 좋고 상극이 나쁘다는 것은 아닙니다. 내가 충분히 강하다면 상생은 도움이 되지 않습니다. 반면에 내가 약한데 극을 받으면 더욱 약해지니 이때도 도움이 되지 않습니다. 한없이 베풀기만 하거나 한없이 엄격하기만 한 부모는 아이에게 좋은 모습은 아닐 겁니다. 결국 상생과 상극은 적절하게 쓰일 때가 가장 좋습니다. 또한 오행의 상극은 우주, 하늘의 일반적인 상극의 모습인데, 실제의 사주에는 다양한 형태로 오행이 구성됩니다. 목이 토를 극하는 목극토이지만, 토의 기운이 강하면 목은 토를 극하지 못합니다. 수극화로 수가 화의 기운을 극하지만, 화의 기운이 강하다면 오히려 수는 말라서 사라질 수도 있습니다.

① 목극토
② 토극수
③ 수극화
④ 화극금
⑤ 금극목

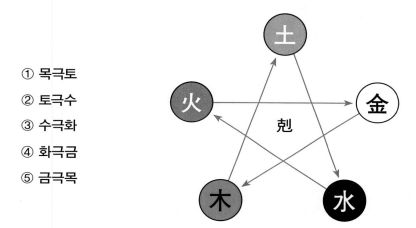

〈**그림 6**-오행의 상극〉

내 사주에 오행이 없는 경우 개운법(開運法)

1) 목(木) 기운이 없는 경우

중국 고대 의서『황제내경』을 보면 음양오행의 기운을 '완산고긴연'으로 표기하고 있습니다. 목(木)은 완이며 처음 시작하는 기운으로서 부드럽고 인자하며 따뜻한 기운입니다.

(1) 목 기운이 약하거나 없을 때 나타나는 현상
- 망설임과 주저함으로 새로운 일과 새로운 사람에 대한 걱정이 앞서게 됩니다.
- 선택과 결정을 남에게 의지하는 경우가 있습니다.
- 행동이 굼뜨고 느린 편입니다.
- 봄과 아침이 없는 모습이니 삶에 활력이 약합니다.
- 젊었어도 고리타분한 생각을 하고 보수적인 경향을 가집니다.
- 목이 없으면 화를 생해 주는 기운이 없어서 화가 제 실력을 발휘하기 어렵고 토로써는 자신을 극하는 오행이 없으니 긴장감이 풀리게 되어 나태해지기 쉽습니다.

(2) 목 기운을 보충하는 데 좋은 음식
목 기운은 신맛을 나타내고 신체에서는 간, 담장(쓸개), 눈, 신경, 피부 등을 담당합니다.
- 곡식류: 귀리, 보리, 완두콩, 강낭콩, 팥, 밀

- 과실류: 귤, 포도, 모과, 앵두, 자두, 유자, 매실
- 채소류: 부추, 깻잎, 신김치
- 차류: 오미자차, 유자차, 모과차, 사과 주스 등
- 그 외 식초, 구연산, 땅콩, 들깨, 잣, 호두 등이 좋습니다(식초와 겨자를 타 먹는 음식인 냉면은 대표적인 목의 식품입니다).

색깔은 청색, 녹색 등의 의류 색이 좋으며 숫자로는 3, 8이고 방향으로는 동쪽을 뜻하며 위치로는 좌에 해당합니다. 계절로는 봄이고, 조후로는 온(溫, 따뜻할 온)이고, 시간으로는 아침이며 인생으로는 초년, 청소년기입니다.

꽃과 화초, 나무 등을 방이나 밖이 보이는 베란다 쪽에 배치한다면 목 기운을 받을 수 있고 나무, 숲의 사진 등을 벽에 걸고 상시로 쳐다보면 물상 대체 효과로 좋은 기운을 받을 수 있습니다.
산에 올라가 나무와 숲과 함께한다면 더욱 좋을 수 있습니다.
반려동물을 키우는 것도 도움이 됩니다. 강아지, 고양이 같은 동물은 목이기 때문입니다.
궁합적으로 목의 기운이 많은 이성을 만나면 심리적인 안정감을 얻을 수 있어서 좋습니다.

목 기운은 새롭게 시작하는 기운입니다. 새 학교, 새 직장, 새로운 출발을 의미합니다. 사주원국에 목 기운이 없다면 시작하는 기운이 약하다는 것을 의미하니 그러한 기운을 만들어 보는 것이 좋겠습니다. 새해에, 새로운 달에, 아침에 한 해의 계획을, 한 달의 계획을, 하루의 계획을 간단히 잡아 보고 연말에, 월말에, 밤에 그 계획을 점검해 보는 게 좋겠습니다. 계획은 가급적이면 현실적이고 달성하기가 비교적 어렵지 않아야 하는데, 계획을 잡고 세우는 것은 목 기운의 작용을 뜻합니다.

목 기운은 오상(五常) 중에서 인(仁)에 해당하는데, 목이 없으면 자상하고 다정한 면이 부족할 수 있습니다. 자기가 가진 것을 조금씩 나누고 베풀며 사는 것이 좋습니다. 헌혈도 좋고, 기부도 좋고, 봉사활동도 목에 해당합니다. '적선지가 필유여경(선행

을 쌓은 집안에는 경사가 반드시 있다)'라고 하니 생활 속에서 실천해 보시길 바랍니다.

목의 기운은 눈에 보이지 않습니다. 우리 몸에도 당연히 있지만, 그 기운이 미약할 뿐입니다. 하지만 전혀 없는 기운이 아니니 노력으로 조금씩 그 기운을 키울 수 있습니다. 그것이 스스로 노력하여 운명을 조금씩 변화시키는 개운(開運: 開, 열 개, 運, 움직이다 운)의 본질일 것입니다. 개운이란 운명을 고치는 것이 아니라 자신의 운명을 인지하여 좋은 방향으로 열어 가는 것을 의미하기 때문입니다.

2) 화(火) 기운이 없는 경우

중국 고대 의서 『황제내경』을 보면 음양오행의 기운을 '완산고긴연'으로 표기하고 있습니다. 화는 산으로 '확산하다', '퍼지다'는 뜻으로 목에서 시작된 에너지가 퍼져나간 활발하고 명랑한 기운입니다.

(1) 화 기운이 약해지거나 없을 때 나타나는 현상
- 일을 시작하고 마무리가 잘 안 됩니다(유시무종).
- 사람들을 만나는 것을 귀찮아하고 소개받는 것을 불편해합니다(목도 없는 경우).
- 혼자 있는 것을 좋아하고 고독과 사색을 즐깁니다(목도 없는 경우).
- 표정이 어둡고 불평불만이 많은 편입니다.
- 화(火)가 없으면 생함을 받아야 하는 토의 활력이 떨어지게 되고, 극을 받는 금(金)이 제련이 안 되니 쓸모가 없어질 수 있습니다.

(2) 화 기운을 보충하는 데 좋은 음식
화 기운은 쓴맛을 의미하며 신체에서는 심장, 소장, 혀, 혈액 등을 담당합니다.
- 곡류: 수수(조금씩 꾸준히 먹는 게 중요합니다. 많이 섭취하면 타닌 성분으로 변비가 생길 수 있습니다. 반 줌 정도 넣어서 장복하는 게 좋습니다)
- 과일류: 살구, 은행, 자몽
- 채소류: 풋고추, 냉이, 상추, 쑥갓, 셀러리, 취나물, 더덕, 도라지, 씀바귀

- 차류: 홍차, 녹차, 원두커피, 영지차, 수정과, 칡차
- 조미료: 면실류
- 술은 대표적인 화의 식품이나 과음하지 말기를 바랍니다(소주, 위스키, 테킬라, 레드와인 등).

색깔은 적색 등의 의류 및 속옷이 좋으며 숫자로는 2, 7이고 계절로는 여름, 방위로는 남쪽이며 시간으로는 낮이 됩니다. 인생으로는 청년기에 해당하며 조후로는 열(熱, 더울 열)이고. 위치로는 상(上)이 됩니다.

목도 위로 올라가는 기운이지만, 화는 더 빠르게 상승하는 기운입니다.

일광욕 등이 좋으며 정기적인 사우나도 좋고, 반신욕을 30분가량 하는 것은 심장의 원활한 순환을 돕습니다. 적당한 운동 역시 심장을 수축 및 이완시켜 심장 기능을 강화시킵니다. 또한, 요리하면서도 자연스럽게 화 기운을 접할 수 있습니다. 원두커피를 마시는 것도 좋은데, 원두커피는 대표적인 화의 기호식품이고, 레드와인은 심장 질환을 예방하는 데 좋습니다. 심장 등의 순환계를 화가 담당하기 때문입니다.

화는 명랑하고 활발함을 뜻하는데 화가 없다면 표정이 무겁거나 어두울 수 있습니다(특히 목도 없는 경우). 거울을 자주 보고 셀카도 찍으면서 본인의 표정이 남들에게 어떻게 비치는지 점검해 보는 게 좋겠습니다. 본인이 남들에게 "요즘 힘들어?", "안색이 좋지 않은데, 어디 아픈 거 아냐?", "뭐 화난 일 있니?"라는 소리를 자주 듣는다면 그럴 가능성이 높습니다.

책상 앞의 벽에 태양 사진이나 그림을 걸어 놓고 보면 태양의 이미지와 느낌이 기파로 연결되어 화의 기감이 생겨납니다. 궁합적으로는 화의 기운이 많은 이성을 만나면 심리적인 안정감을 얻을 수 있어서 좋습니다. 목 기운이 있는데 화 기운이 없다는 것은 더 이상 확산이 안 되고 목에서 시작한 기운이 결론을 맺지 못하는 것을 뜻합니다. 양 운동의 마무리가 화이기 때문입니다. 같은 원리로는 금의 기운은 있는데 수의 기운이 없어서 마무리가 원활치 않은 것과 비슷합니다. 음 운동의 시

작은 금이 하고 마무리는 수가 합니다.

하는 일들이 흐지부지하게 끝나지 않았는지 점검해 보고, 새로 알게 된 사람 중에서 인연이 오래 가기를 바라는 사람은 별도로 관리하며 주기적으로 문자, 카톡, 전화 등으로 인연을 이어가도록 하는 게 좋겠습니다. 화 기운은 오상(五常) 중에서 예(禮)에 해당하는데, 화가 없으면 예의에서 문제가 생길 수 있으니 언행에 신중하고, 매사에 예의 있고, 절도 있게 생활하도록 노력하는 게 좋겠습니다.

화(火)의 기운은 눈에 보이지 않습니다. 우리 몸에도 당연히 있지만, 그 기운이 미약할 뿐입니다. 하지만 전혀 없는 기운이 아니니 노력으로 조금씩 그 기운을 키울 수 있습니다. 그것이 스스로 노력하여 운명을 조금씩 변화시키는 개운(開運: 開, 열 개, 運, 움직이다 운)의 본질일 것입니다. 개운이란 운명을 고치는 것이 아니라 자신의 운명을 인지하여 좋은 방향으로 열어 가는 것을 의미하기 때문입니다.

3) 토(土) 기운이 없는 경우

중국 고대 의서 『황제내경』을 보면 음양오행의 기운을 '완산고긴연'으로 표기하고 있습니다. 토(土)는 고로 고정, 결합, 믿음의 성질이 있습니다. 확산된 화 기운의 속도를 늦추고 고정하며 결합합니다.

(1) 토 기운이 약해지거나 없을 때 나타나는 현상
- 의심이 많아집니다.
- 공상이나 망상을 많이 합니다.
- 행동이 굼뜨고 둔해집니다.
- 비현실적인 생각을 많이 합니다.
- 괜히 근거 없이 불안하고 가슴이 두근거립니다.
- 토가 없으면 내가 딛고 살아야 할 땅이 없다는 뜻이니 늘 마음이 공허하고 불안합니다.

- 토(土)가 없으면 금(金)이 생함을 받지 못하니 고립무원의 상태가 되고, 수(水)를 극하지 못하니 수 기운의 폭주를 막을 수 없습니다.

(2) 토 기운을 보충하는 데 좋은 음식
토 기운은 단맛을 상징하며 신체에서는 비장, 위장, 입, 유방을 담당합니다. 토 기운을 보충하는 데 좋은 음식은 다음과 같습니다.
- 곡식류: 기장, 피
- 과일류: 참외, 호박, 대추, 감
- 채소류: 고구마 줄기, 미나리, 시금치, 고구마, 연근
- 차류: 칡차, 인삼차, 두충차, 구기자차, 대추차, 식혜
- 조미료: 꿀, 설탕, 엿기름, 잼, 포도당, 물엿

색깔은 황색 등의 의류 색이 좋으며 숫자는 5, 10이고 방향으로는 정중앙을 뜻하며 계절은 중간인 환절기, 인생의 시기는 결혼 전후를 의미합니다. 위치로는 중(中, 가운데 중)이 됩니다.

토의 기운을 보충하는 가장 좋은 방법은 산을 찾는 것입니다. 화의 기운이 많은 사람에게 가장 좋은 방법은 수(水)로 식히는 것이 아니라 토(土)로 자연스럽게 힘을 빼는 것입니다. 이런 사람에게 무더운 여름철 최고의 피서는 바닷가가 아니라 계곡물이 있는 산으로 가는 것입니다.

산속에서 심리적인 안정감도 찾고 사람들 사이에서 오는 스트레스도 해소할 수 있습니다. 산 정상에서 세상을 내려다보면 나를 힘들게 했던 그 모든 것이 개미보다도 작고 보잘것없었다는 것을 알게 되기 때문입니다. 궁합적으로는 토 기운이 왕성한 이성을 만나면 심리적인 안정감을 얻을 수 있어서 좋습니다. 사주에 토가 없다는 것은, 특히 지지에 토가 없다는 것은 우리가 딛고 살아가야 할 땅이 없다는 뜻인데, 이럴 경우 늘 허공을 밟고 사는 것처럼 불안하면서 뭔가 공허함을 느낄 수 있습니다. 토는 양 운동과 음 운동을 양쪽에서 지켜볼 수 있는 기운인데, 토가 없다는 것은 이런 중재와 중립, 공평한 기운이 없다는 것이니 한쪽으로 치우쳐진 결

정과 선택, 편파적인 성향이 될 수 있다는 것을 의미합니다. 토가 없다면 선택과 결정을 내릴 때 자신의 멘토나 후견인의 의견을 경청하는 것이 좋은데, 자기주관이 약해서 이쪽, 저쪽의 말에 휘둘리는 소위 '팔랑귀'가 될 가능성이 높기 때문입니다.

땅의 토는 환절기를 뜻합니다. 대운과 세운이 바뀔 때 그 급격한 변화의 시기에서 환절기인 토가 완충 역할을 해 주고 있는데, 토가 없다면 한 해가 바뀌고 대운이 바뀔 때, 건강상에 문제가 찾아올 수 있으니 항상 건강 쪽에 유념해야 합니다. 토는 만물을 포용하는 기운인데, 없다면 비사교적이고 배타적일 수도 있습니다(목화도 약한 경우). 또한 토는 정지를 뜻하는데, 없다면 사람이 너무 가볍거나(목화가 강한 경우), 너무 침체되어 자기만의 세계에 빠질 수 있습니다(금수가 강한 경우).

토는 음과 양을 조정하는 균형 잡힌 기운이므로 없다면 극단적으로 흘러갈 수 있으니, 좌우를 살피고 양쪽의 의견을 들어 보려는 노력이 필요합니다. 극단으로 흐르는 본인 마음의 중심을 잡고 세상을 바라보려는 노력이 필요합니다. 예를 들어 『조선일보』를 구독하고 있다면, 『한겨레 신문』도 구독해 보고, 『한겨레 신문』을 구독하고 있다면 『조선일보』도 구독해 보는 이치와 같습니다. 스스로 결정하고 판단을 내릴 때는 멘토나 현명한 후견인에게 조언을 구하는 것도 좋습니다.

슬하의 자녀를 차별하지 않고 공평하게 대하는 것이 필요하고, 한 달에 2~3번 정도는 등산하면서 호연지기를 기르는 것이 심리적인 안정감을 높이는 데 좋습니다. 산을 오를 때는 양을 생각하고 산에서 내려갈 때는 음을 생각해 보는 것도 괜찮습니다. 토 기운은 오상(五常) 중 신(信)에 해당하는데, 사시사철 변함없이 있는 토에게 선조들은 믿을 신(信)의 오상을 부여했습니다. 토가 없다는 것은 이런 믿음이 부족할 수 있다는 것을 뜻하니 자기가 한 말에 책임지려고 하고, 중요한 안건은 구두가 아닌 서류상으로 처리하며, 상호 결제와 공중 등으로 문서나 안건에 믿음을 부여하는 것이 좋겠습니다. 토가 없다는 것은 본인이 믿음을 못 줄 수도 있지만, 반면에 문서나 서류 등에서 남에게 속을 수도 있다는 것을 뜻하기 때문입니다.

토(土)의 기운은 눈에 보이지 않습니다. 우리 몸에도 당연히 있지만, 그 기운이 미약할 뿐입니다. 하지만 전혀 없는 기운이 아니니 노력으로 조금씩 그 기운을 키울 수 있습니다. 그것이 스스로 노력하여 운명을 조금씩 변화시키는 개운(開運: 開, 열 개, 運, 움직이다 운)의 본질일 것입니다. 개운이란 운명을 고치는 것이 아니라 자신의 운명을 인지하여 좋은 방향으로 열어 가는 것을 의미하기 때문입니다.

4) 금(金) 기운이 없는 경우

중국 고대 의서 『황제내경』을 보면 음양오행의 기운을 '완산고긴연'으로 표기하고 있습니다. 금(金)은 긴으로 긴장하고 성숙시키는 성질입니다. 의리가 강하고 단호하며 리더십을 발휘하는 기운입니다.

(1) 금 기운이 약해지거나 없으면 나타나는 현상
- 눈물과 슬픔이 많아집니다.
- 동정심이 지나치게 많아집니다.
- 우유부단하고 결정 장애가 생길 수 있습니다.
- 우울증이 있을 수 있습니다.
- 맺고 끊음이 없이 지지부진해집니다.
- 금(金)이 없으면 목이 쓸데없이 무성해지고, 화(火)는 할 일이 없어지게 되며, 수 (水)는 성장할 힘을 받지 못하게 됩니다.

(2) 금 기운을 보충하는 데 좋은 음식
금 기운은 매운맛을 나타내고 신체에서는 폐, 대장, 코, 항문을 담당합니다.
- 곡식류: 현미, 율무
- 과실류: 배, 복숭아
- 채소류: 파, 마늘, 고추, 무, 배추, 달래, 양파
- 차류: 생강차, 수정과, 율무차
- 조미료: 생강, 고춧가루, 고추장, 후추, 겨자, 와사비, 박하

색깔은 백색 등의 의류 색이 좋으며 숫자로는 4, 9이며, 하루에서는 저녁, 방향으로는 서쪽을 뜻합니다. 계절로는 가을, 인생에 있어서는 중년기를 뜻하며 결실과 단절의 시기를 의미합니다. 위치로는 우(右, 오른쪽 우)이며, 날씨로는 냉(冷, 차가울 냉)에 해당합니다.

지지에 축(丑)이 하나 이상 있으면 강골이 많은데. 축(丑)은 철근이 엮인 형상이기 때문입니다.

(3) 금 기운을 강화하는 방법

- 일단 가장 좋은 것은 금연입니다. 금 기운은 우리 몸에서 코, 기관지, 폐 등 호흡기 쪽과 깊은 관련이 있는데 금연하면 호흡기가 건강해질 수 있으니 금연이 필요합니다.

  미세먼지가 여전히 기승을 부리고 있는데 공기청정기를 주기적으로 돌려서 탁한 공기를 순환시켜서 우리의 금 기운을 잘 지켜가는 게 좋겠습니다. 기운을 키우는 것도 중요하지만, 가지고 있는 것을 잘 지키는 것도 중요하기 때문입니다.

- 금 기운은 우리의 대장 및 항문과도 깊은 관련이 있습니다. 요새 대장암 환자가 많이 늘고 있는데, 기름진 음식을 많이 섭취하면 그럴 위험이 증가합니다. 야채를 같이 섭취하고 정기적인 운동으로 우리의 소중한 대장을 잘 지켜 가면 좋겠습니다.

앞에서 언급한 음식을 잘 먹는 것도 중요하지만, 잘 배설하는 것도 중요합니다. 자연도, 사주도 균형이 잘 잡혀있을 때 활발한 음양 운동이 일어나게 됩니다. 아침에 일어나 변을 보는 습관이 중요한 이유입니다. 차에 기름을 가득 채우면 연비가 떨어지듯이, 숙변을 몸에 담아두면 건강에 좋지 않고 몸이 무거워지게 됩니다.

또한, 금 기운은 결실과 단절을 의미합니다. 금 기운이 부족하거나 없으면 사람이 술에 물 탄 듯, 물에 술 탄 듯 두리뭉실해지고 우유부단해지게 됩니다. 몇 가지 조언을 드리고자 합니다.

① 식당에 가면 내 메뉴는 내가 고르고 선택하는 것이 어떨까요? 어렵지 않습니

다. 사소한 일부터 습관을 들이는 게 좋습니다. 같이 간 사람에게 "너는 뭐 먹을래?" 하며 그 사람의 의견을 따라가지 말고 내가 먹고 싶은 것을 그냥 드시길 바랍니다. 가장 간단하고 쉬운 것부터 실천해 보십시오.

② 누군가에 부탁을 받는다면 잠깐 생각해 보고 말하겠다고 하는 건 어떨까요? 바로 받아들이고 나중에 후회하지 않도록 말입니다. 금 기운이 부족하면 거절을 잘 못 하는 경향이 있는데, 단절, 차단을 잘 못 하기 때문입니다. 바로 결정하지 말고 가능한 일인지, 내게 무리한 부탁은 아닌지 잠깐 생각해 보고 답하는 습관이 도움이 됩니다.

③ 옷장 속에 있는 몇 년째 안 입는 옷, 몇 년째 안 신는 운동화나 구두는 정리해서 버리는 건 어떨까요? 어차피 영원히 안 입고, 안 신다가 이사갈 때 옷장이나 신발장이 포화가 되면 버리게 됩니다. 이처럼 꽉 차서 버리는 것과 내가 판단해서 버리는 것과는 차원이 다릅니다.
이는 나의 헌 옷, 헌 신발과의 단절인데 단절이 있어야 새로운 관계가 맺어지고 생기게 됩니다. 비우면 다시 채워지는 이치와 같습니다.
헌 옷과 헌 신발은 간단한 예일 뿐입니다. 차츰 그 목록을 늘려 가야 합니다. 최종 단계는 내게 불필요하고, 삶에 도움이 안 되는 인간들과의 단절과 차단입니다. 인맥 다이어트로 여유가 생기면 그 공간을 소중한 사람들로 다시 채울 수 있습니다.

④ 다소 역설적인 이야기지만, 신 음식 같은 목 기운 음식들을 즐겨 먹는 것도 좋습니다.
사실 이 글을 읽는 분들이 40세를 넘어간다면 그 자체로 금 기운은 증가하고 있는데 앞에서 설명해드린 것처럼 금 기운은 저녁이고, 가을이며, 중년이니 우리의 뼈는 중년이 되면 다소 부드러운 아교질에서 딱딱하고 부서지기 쉬운 석회질로 바뀌어 갑니다. 나이 들어서 골절이나 실금이 오면 잘 붙지 않는 것은 이런 이유 때문입니다. 목 기운은 이런 우리의 몸에 부드러움을 줍니다. 즉, 단단한 뼈에 좀 더 유연성을 부여한다는 의미가 있습니다. 그리고 또 한

가지는 좀 더 젊은 마음으로 세상을 보고 살아갈 수 있다는 것인데, 이는 뼈에 유연성을 부여하는 목적 이외에도 목 기운이 주는 보너스와 같습니다.

금(金) 기운은 오상(五常) 중에서 의(義)에 해당합니다. 금 기운이 없으면 신용에서 문제가 생길 수 있습니다.

언행을 가볍게 하지 않고, 내뱉은 말이 허언이 되지 않게 노력하며, 사람들에 대한 나의 신용을 조금씩 쌓아가는 노력이 필요합니다. 신용은 아주 작은 일부터 조금씩 쌓여 가는데, 한 주먹의 신용이 쌓이고 쌓이면 울타리가 되고, 담장이 되고, 벽이 되고, 무너지지 않는 댐이 될 것입니다.

금(金)의 기운은 눈에 보이지 않습니다. 우리 몸에도 당연히 있지만, 그 기운이 미약할 뿐입니다. 하지만 전혀 없는 기운이 아니니 노력으로 조금씩 그 기운을 키울 수 있습니다. 그것이 스스로 노력하여 운명을 조금씩 변화시키는 개운(開運: 開, 열 개, 運, 움직이다 운)의 본질일 것입니다. 개운이란 운명을 고치는 것이 아니라 자신의 운명을 인지하여 좋은 방향으로 열어 가는 것을 의미하기 때문입니다.

5) 수(水) 기운이 없는 경우

중국 고대 의서 『황제내경』을 보면 음양오행의 기운을 '완산고긴연'으로 표기하고 있습니다. 수는 연을 뜻하며 응축, 저장, 정리하여 새로운 변화와 도약함을 뜻합니다.

(1) 수 기운이 약해지거나 없으면 나타나는 현상
- 무서움과 공포심이 많아집니다.
- 근거 없는 자신감이 강해집니다.
- 항상 피곤하고 무기력합니다.
- 정리정돈을 못 합니다.
- 공황장애가 있을 수 있습니다.

- 수(水)는 밤이고, 어둠이고, 휴식이며 재충전인데, 수 기운이 없다면 만성피로에 시달리게 되거나 워커홀릭(일 중독)을 경험할 수 있습니다. 토(土)는 할 일을 잃고, 화(火)의 통제가 어려우며, 목(木)은 자신을 생해 주는 에너지의 근원이 없는 모습입니다.

(2) 수 기운을 보충하는 데 좋은 음식
수 기운은 짠맛을 나타내고 신체에서는 신장, 방광, 생식 기관, 골수, 귀 등을 담당합니다.
- 곡식류: 콩, 서목태
- 과실류: 밤, 수박
- 채소류: 콩떡잎, 마
- 차류: 두유
- 조미료: 소금, 된장, 간장, 젓갈
- 해초류: 미역, 다시마, 김

색깔은 흑색 등의 의류 색이 좋으며 숫자로는 1, 6이고 계절로는 겨울, 방위로는 북쪽이며 시간으로는 밤이 됩니다. 인생으로는 노년기에 해당하고 조후로는 한(寒, 차가울 한)이며 위치로는 하(下)가 됩니다.
금도 아래로 내려가는 기운이지만, 수는 더 빠르게 내려가는 기운의 모습입니다. 음 운동은 금이 시작하고 수가 마무리하게 됩니다.

(3) 수 기운을 강화하는 방법
- 밤늦은 시간에는 활동을 자제하고 충분한 휴식을 취합니다.
- 사주의 수 기운은 휴식, 정지, 고요를 뜻하는데 수 기운이 없다면 워커홀릭이 될 가능성이 있습니다. 수 기운이 없는데 식상이 강하다면 더욱 그렇습니다.
차도, 휴대폰도, 사람도 충전하지 않으면 퍼지거나, 방전되거나, 번아웃(Burn out)됩니다.
- 땀이 날듯 말듯한 강도의 운동과 충분한 수분 섭취가 필요합니다.
하루에 물컵으로 서너 잔 분량의 충분한 수분을 섭취하면 좋은데, 수 기운이

7. 내 사주에 오행이 없는 경우 개운법(開運法)

부족하다는 것은 체내에 전해질이 부족하다는 뜻하기 때문에 이온 음료 등도 좋습니다.

땀이 날듯 말듯한(수영, 조깅, 스트레칭, 배드민턴, 요가, 필라테스 등) 운동을 꾸준히 하는 게 좋습니다.

- 방이나 집 안에 어항, 수족관을 배치하거나 벽 등에 바다 그림이나 사진을 걸어 두어 상시로 보면 수 기운의 기감이 뇌파로 전달되어 심리적인 안정과 평안을 느낄 수 있습니다.

주기적으로 강이나 바다를 찾아가서 찬찬히 바라본다면 한결 마음이 편해지는 것을 느낄 수 있을 것입니다(사주에 화의 기운이 강한데 수 기운이 없으면 더욱 그렇습니다).

궁합적으로 수의 기운이 많은 이성을 만나면 심리적 안정감을 얻을 수 있어서 좋습니다.

금 기운이 있는데, 수 기운이 없다는 것은 더 이상 응축이 안 되고 금에서 시작한 기운이 결론을 맺지 못하는 것을 뜻하는데, 음 운동은 금 기운이 시작하고 수 기운이 마무리하기 때문입니다.

목 기운에서 시작해서 화 기운으로 마무리되는 것이 양 운동이고 육체적, 외향적이라면 금 기운에서 시작해서 수 기운으로 마무리되는 것은 음 운동이고 정신적, 내향적이 됩니다.

머릿속에서 계획하고 구상하던 것이 흐지부지 끝나지 않았는지 점검해 보고, 복잡다단한 머릿속을 비워 보는 것도 좋습니다(브레인 다이어트).

반드시 수 기운으로 마무리가 되어야만 다시 목 기운으로 새롭게 시작할 수 있습니다.

수(水) 기운은 오상(五常) 중에서 지혜 지(智)에 해당하는데 수가 없으면 현명한 판단을 내리지 못할 수 있습니다. 노인의 지혜를 활용하지 못하고 중년(금)의 고집만 부린다면 낭패를 경험하기 쉬운데, 생각은 깊고 치밀하게, 행동은 민첩하게 하는 게 어떨까요? 머리는 차갑게 하라고 수(水, 지혜)를 배치했고, 가슴은 뜨겁게 하라고 화(火)를 배치한 것을 보면 다 그만한 이유가 있는 것 같습니다.

수(水)의 기운은 눈에 보이지 않습니다. 우리 몸에도 당연히 있지만, 그 기운이 미약할 뿐입니다. 하지만 전혀 없는 기운이 아니니 노력으로 조금씩 그 기운을 키울 수 있습니다. 그것이 스스로 노력하여 운명을 조금씩 변화시키는 개운(開運: 開, 열 개, 運, 움직이다 운)의 본질일 것입니다. 개운이란 운명을 고치는 것이 아니라 자신의 운명을 인지하여 좋은 방향으로 열어 가는 것을 의미하기 때문입니다.

6) 에필로그

옛날 우리 조상님들은 어린아이가 이불에 소변을 보면 키를 뒤집어쓰고 집집마다 돌아다니며 소금을 받아 오라고 시켰는데, 어느 정도 자란 아이가 소변을 못 가린다는 것은 방광 쪽이 약하다는 것을 뜻하고 수 기운에 문제가 있음을 알아, 이를 보충하기 위하여 소금을 얻어 오라고 시킨 것입니다. 수 기운은 짠맛을 뜻하며 대표적인 식품이 바로 소금이기 때문입니다.

7. 내 사주에 오행이 없는 경우 개운법(開運法)

10천간
– 하늘의 10개의 글자

〈표 4-음양의 세분화〉

목화토금수 - 오행(五行) 운동(하늘)	→	갑을병정무기경 신임계(甲乙丙丁戊己 庚辛壬癸) 10천간- 오행의 음양 구분
태극 → 음과 양 →		
봄·여름·가을· 겨울 - 사계절 운동 (땅)	→	자축인묘진사오미신 유술해[子丑寅卯辰巳午 未申酉戌亥(12지지- 사계절 운동의 음양 구분)]

하늘=우주=천간은 오행 운동을 하는데, 오행을 음양으로 나누면 모두 10개의 글자가 됩니다.

하늘의 글자라는 뜻으로 10천간이라고 합니다.

목(木) 운동을 음양으로 나누면 갑(甲)목(+, 양)이 시작하고 을(乙)목(-, 음)이 마무리합니다.

화(火) 운동을 음양으로 나누면 병(丙)화(+, 양)가 시작하고 정(丁)화(-, 음)가 마무리
합니다.

토(土) 운동을 음양으로 나누면 무(戊)토(+, 양)가 시작하고 기(己)토(-, 음)가 마무리
합니다.

금(金) 운동을 음양으로 나누면 경(庚)금(+, 양)이 시작하고 신(辛)금(-, 음)이 마무리
합니다.

수(水) 운동을 음양으로 나누면 임(壬)수(+, 양)가 시작하고 계(癸)수(-, 음)가 마무리
합니다.

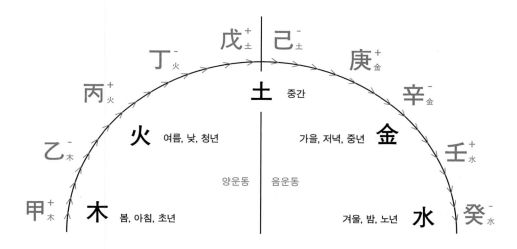

〈**그림 7**-등산의 시작 3〉

다시 보는 등산 표입니다. 등산의 시작과 끝처럼 목 운동의 시작인 갑(甲)목이 시
작하여, 수 운동의 마무리인 계(癸)수에서 마무리되며 다시 목 운동으로 이어지며
순환하고 있습니다.

오행은 눈에 보이는 물질이 아닌 기운이고, 오행에서 음양으로 나누어진 10천간
역시 기운이기 때문에 명리학을 모르는 일반인에게는 설명하기가 참으로 어렵습니
다. 지식의 보급과 전파가 낮았던 옛날에는 더욱더 그러했습니다.

그래서 옛날에 명리학을 하는 사람들은 눈에 보이는 물상을 예로 들면서 오행을
설명하고, 하늘의 글자인 10천간을 알려 주었으며, 땅의 글자 12지지에 12개의 동

물을 배속하여 알기 쉽게 설명했습니다. 옛날에는 그러한 방법이 효과적이었을 것이고, 그러한 모습은 현재에도 명리학에서 물상론으로 남아서 전승되고 있습니다.

하지만 명리학은 눈에 보이지 않는 자연의 기운, 즉 기(氣)의 흐름을 배우는 것이니, 눈에 보이는 물상에 집착하지 않고 더 넓은 시야를 가지고 대자연의 흐름을 살피는 게 좋겠습니다.

1) 하늘의 글자(10천간)-첫 번째 글자 갑목(甲木)

(1) 갑(甲)목-"갑질? 제가요? 아니에요, 저 착해요."

갑(甲)목은 오행 운동의 첫 주자가 됩니다.

수 운동에서 엄청난 음의 응축과 압박을 뚫고 나온 것이라 기상이 씩씩하고 강한 생명력과 활기를 가집니다. 등산 표에서 목(木)을 봄으로 표현했으니 봄의 시작인 갑(甲)목은 초봄 정도로 생각하시면 됩니다. 초봄에 산과 들에 피어나는 많은 새싹, 새순, 새 생명의 모습입니다. 힘차게 앞장서서 달려가는 기운이고 시작하는 기운이니, 늘 앞장서서 우두머리 역할을 자처합니다. 1등을 좋아하고, 남들보다 앞서가고 경쟁하는 것을 즐깁니다. 어린이같이 고집과 떼를 쓰기도 하고 자기주장이 강하고 뚜렷한 편입니다. 매사에 적극적이며 자존심이 강하나 강자를 만나면 굴복합니다. 갑(甲)목은 양이고 봄이 자기 계절이니 봄에 가장 왕성하고 여름을 지나 가을로 가면서 가장 약해집니다.

갑(甲)목은 다른 오행의 도움을 절대적으로 필요로 합니다.

갑목은 생명체이므로 다른 오행의 도움이 절대적으로 필요합니다. 갑(甲)목이 뿌리를 내릴 수 있는 토(土)가 필요하고 쑥쑥 자랄 수 있게 해 주는 화(火, 햇빛)도 필요합니다. 적절한 수(水)는 말할 것도 없습니다.

또한, 내부에서 줄기와 가지를 단단하게 만들어주는 금(金)도 필요합니다. 이렇듯 여러 오행이 도와주지 않으면 생존이 힘드니 성정이 까다롭고 남 탓을 잘하는 경향이 있습니다. 겉으로는 단단하고 강해 보여도 겁이 많고 좌절을 잘합니다.

갑(甲)목은 어질고 순수하며 해맑습니다.

유교에서 인간이 갖추어야 할 기본적인 품성을 인(仁), 의(義), 예(禮), 지(智), 신(信)이라 하는데 항상 지켜야 하는 덕목이라 오상(五常)이라고 부르고 있습니다. 오상(五常)에서는 목(木)에게 어질 인(仁)을 배속했습니다. 갑목은 마음속의 생각을 감추지 못하고 그대로 얼굴에 드러내니 순수하고 해맑습니다. 어린아이처럼 잘못을 저질러도 고의가 아니라 모르고 하는 경우가 많습니다. 목표와 이상이 원대하니 이상주의자의 성향을 가지고 있습니다.

누구보다도 기획력이 좋고 시작을 잘하는데, 마무리가 약합니다. 목의 성정으로 어질고 인정이 많으며 따뜻하게 베풀어 줍니다. 남과 쉽게 친해질 수 있고 다른 오행보다도 먼저 손을 내밉니다.

(2) 갑(甲)목의 다양한 통변
- 물상적 모습: 나무, 새싹, 새순, 건설, 토목, 교육, 농업, 화훼, 가구, 디자인, 문구, 서적, 아이디어 등.
- 성향적 모습: 자존심, 기획력, 추진력, 저돌성, 착함, 빠름, 뻣뻣함, 순수, 천진난만, 갑질(?) 등.
- 직업적 모습: 부동산업, 건설업, 교육업, 출판업, 제지업, 문구업, 크리에이티브 등.
- 기본적 모습: 초봄, 유아기(약 1세~7세쯤), 동쪽, 청색(녹색), 신맛, 간, 담, 눈, 신경, 눈물, 3, 8(『하도낙서』의 숫자), 오상(五常)의 인(仁, 어질 인).

막 싹이 튼 새순, 새싹도 갑목의 모습이고, 크고 곧게 자란 거대한 나무인 메타세쿼이어 역시 갑목의 모습이 됩니다. 이렇듯 사주 구성이 어떠하냐에 따라서 갑목은 다양한 모습을 가지게 됩니다.

2) 하늘의 글자(10천간)-두 번째 글자 을목(乙木)

(1) 을(乙)목-"누가 뭐래도 난 현실주의자!"
을(乙)목은 유연하고 환경에 적응을 잘합니다.

음이므로 목 운동을 마무리하는 을(乙)목은 물상으로는 화초, 꽃, 잡초, 담쟁이덩굴로 보면 좋겠습니다.

을(乙)목도 갑(甲)목처럼 앞으로 성장하지만, 경직되어 있지 않고 유연하고 부드러우며 주변의 지형지물을 잘 이용합니다. 큰 나무를 타고 올라가며 성장하는 담쟁이덩굴의 모습을 등라계갑(藤蘿繫甲)이라고 부릅니다. 잡초와 같은 강한 근성을 가지고 있으며, 질긴 생명력을 가지고 있습니다. 처음 만나는 사람과도 금세 친해지며 늦봄의 모습처럼 활기차고 명랑합니다. 애교도 많고, 부드럽고, 친근하며 화초처럼 외모가 아름답습니다. 양 운동을 하는 음간답게 화합을 잘하고, 앞으로 나아가다 장애물에 막히면 돌아가는 융통성을 가지고 있습니다. 갑(甲)목이 스케일이 크고 투박한 자연미가 있다면, 을(乙)목은 스케일은 작지만 소박하고 세련된 인공미가 있습니다.

을(乙)목은 실속파이며 현실감각이 뛰어납니다.

갑(甲)목이 이상주의자라면 을(乙)목은 현실주의자에 가깝습니다. 양은 눈에 보이지 않는 기(氣)운이지만, 음(陰)은 눈에 보이고, 손에 잡히는 물질(質)이기 때문입니다. 을목의 현실감각과 강한 생활력, 질긴 생명력은 우리나라 어머님의 모습을 많이 닮았습니다. 시장에서 장사하시며 물건값을 깎고, 더 가져가려는 손님과 실랑이를 벌이면서, 싸 가지고 온 차가운 도시락을 드시면서도 가계를 책임졌던 그런 어머니의 모습 말입니다.

을(乙)목은 생명체이니 토(土)에 집착을 합니다.

을목도 그렇고 갑목도 마찬가지입니다. 나무는 뿌리를 내릴 토(土)가 없으면 생존할 수 없으니 토에 집착하게 됩니다. 토를 상징하는 돈과 부동산에 관심이 많습니다. 장애물을 만나면 쉽게 좌절하는 갑목과는 다르게 짓밟혀도 다시 자라나는 칠전팔기 불굴의 정신이 있습니다. 꽃이나 화초는 말년이 초라하여 가을에 결실을 맞이하는 갑목과는 사뭇 다르니 든든한 노후를 준비하는 것이 좋겠습니다.

(2) 을(乙)목의 다양한 통변
- 물상적 모습: 초목, 화초, 꽃, 덩굴식물, 쌀, 곡식, 목재, 종이, 머리카락, 교육, 문

구, 서적, 인쇄, 삵(천간의 동물상), 조류(새), 네덜란드(을목을 많이 닮은 강소국) 등.
- 성향적 모습: 융통성, 적응력, 유연, 화합, 끈기(칠전팔기), 생활력, 현실감, 외유내
  강 등.
- 직업적 모습: 부동산업, 패션디자이너, 뷰티 산업, 디스플레이, 작가, 의류 산업,
  여행업, 크리에이티브업 등.
- 기본적 모습: 늦봄, 청소년기(약 8세~15세쯤), 동쪽, 신맛, 청색(녹색), 간, 담, 눈, 신
  경, 눈물, 3, 8(『하도낙서』의 숫자), 오상(五常)의 인(仁, 어질 인).

을(乙)목을 설명할 때 많이 쓰이는 용어가 등라계갑인데, 을(乙)목이 갑(甲)목 등
에 기대어 성장하는 모습을 뜻합니다. 그러나 을(乙)목이 지나치게 강해지면 큰 나
무도, 큰 바위도 휘감아 버리니 갑(甲)목도, 경(庚)금도 죽일 수 있다고 합니다. 일본
을 을(乙)목에 많이 비유하는데, 중국(무토)과 한국(갑목)을 통해 많은 문화와 기술
을 받았지만, 강해진 일본이 태평양 전쟁을 일으켜 한국과 중국을 침략한 것은 그
러한 모습을 의미합니다.

3) 하늘의 글자(10천간)-세 번째 글자 병화(丙火)

(1) 병(丙)화-"내가 제일 잘나가."(feat. 2NE1)
병(丙)화는 말 그대로 태양입니다.
주역에서 음양의 단계를 4단계로 나눈 것을 사상(四象)이라고 하는데, 목(木)은 처
음 양이 시작하여 소양(小陽)으로, 화(火)는 양이 확산되고 더 커졌으므로 태양(太,
클 태, 陽)으로, 금(金)은 처음 음이 시작하니 소음(小陰)으로, 수는 음이 확산되고 더
커졌으므로 태음(太陰)이라고 불렀습니다.

화 운동을 시작하는 병화는 양이고 화 운동의 대장이 됩니다. 태양이니 세상의
곳곳에 그 빛이 안 미치는 곳이 없습니다. 하늘을 밝게 비추면서 대지에 따뜻한 온
기를 불어넣는 활동을 하게 됩니다. 화끈하고 자신만만하며 정열적인 모습입니다.
가장 높은 곳에 떠서 만물을 비추니 리더의 성향이 강합니다. 갑(甲)목이 단순하게

자신의 의지로 밀어붙이는 리더십이라면, 병(丙)화는 전체를 살피고 포용하면서 리드합니다. 오상에서는 화에게 예(禮)를 부여했습니다. 갑을목의 시절이 어린이, 중학생 정도라면 병정화의 시절은 고등학생, 대학생, 사회 초년생의 모습이니 가족과 지역 사회의 범위를 넘어서 좀 더 넓은 활동 범위 속에서 폭넓은 인간관계를 맺게 됩니다. 그러면서 예절을 익히고 배우게 됩니다.

병(丙)화는 말을 잘하기도 하고 많기도 합니다.

병화가 담당하는 신체 부위는 심장, 혈액 등이 있는데, 혀도 그중 하나입니다(다 붉습니다).

언변이 뛰어나고 솔직하며 비밀이 없습니다. 병화는 온 세상을 비추려 하니 오지랖이 넓고 참견을 잘합니다. 그 때문에 다혈질 성향이 강하고 급하게 행동하니 실수가 잦고, 말실수를 하기 쉽습니다.

병화는 거침없는 언행을 하지만 양의 속성답게 금방 잊어버리고, 또다시 반복합니다. 그러므로 뒤끝이 없습니다. 반면에 상처를 받은 금수(金水)들이 뒤끝이 생길 뿐입니다.

병(丙)화는 공사(公私)를 구별할 줄 알고 공명정대합니다.

모든 것을 밝게 비추는 병화에게는 그늘이 없습니다. 시시비비를 확실히 해야 마음이 편합니다.

사심 없이 공정하게 움직이니 많은 이가 믿고 따르며 존경하게 됩니다. 병화의 화끈하고 따뜻한 리더십은 그러한 공평무사(公平無私)에서 나옵니다. 절차와 의전을 중요시하고, 형식을 많이 따지게 되니 실속보다는 외향을 더 중시하는 성향을 가집니다.

병(丙)화는 다양한 인간관계를 맺기도 하고 좋아합니다.

병화가 가지는 더 커지고, 더 확산되는 양(陽)의 성향으로 인해 인간관계가 폭넓습니다. 스마트폰에 1,000~2,000개의 주소록은 기본입니다. 그러한 넓은 인간관계와 교류를 좋아하고 혼자 있으면 불안해합니다. 양은 기본적으로 외형을 중시하는데, 반면에 실속은 떨어집니다. 외형이 양이라면 실속은 음이 되니 양이 증가하면 음이 줄어드는 것은 자연스러운 모습입니다. 여름에 태어난 태양은 강하지만 너무 뜨거워 사람들이 다들 피해서 사라집니다. 그러나 겨울에 태어난 태양은 약하지만 소중하니 사람들의 사랑을 받습니다.

(2) 병(丙)화의 다양한 통변
- 물상적 모습: 태양, 빛, 불, 전기, 전자, 조명, 통신, 화약, 폭발물, 비행기, SNS, 유튜브 등.
- 성향적 모습: 열정, 화끈, 의전, 독선, 공명정대, 리더십, 사치, 폼생폼사, 허례허식 등.
- 직업적 모습: 교주, 언론인, 강사, 이장, 통장, 연예인, 기업가, 정치가 등.
- 기본적 모습: 초여름, 청년 초기(약 16세~22세), 남쪽, 쓴맛, 심장, 혈액, 혀, 땀, 붉은색, 2, 7(『하도낙서』의 숫자), 오상(五常)의 예(禮, 예의 예).

4) 하늘의 글자(10천간)-네 번째 글자 정화(丁火)

(1) 정(丁)화-"세상에 뿌려진 사랑만큼…."
정(丁)화는 양 운동을 하는 병(丙)화를 이어받아서 화 운동을 마무리합니다.

병화에서 발산된 빛은 대지에 닿으면서 열기로 바뀌게 됩니다. 흔히 병화를 빛, 정화를 열로 많이 표현하곤 하는데, 정화의 물상은 촛불, 화롯불, 난로, 등대, 달빛으로 다양합니다. 정화의 기운이 약할 때는 작은 촛불의 모습일 수도 있지만, 기운이 강할 때는 바위와 쇠를 녹이는 용광로가 됩니다. 기운이 약할 때와 기운이 강할 때의 모습은 천간의 10글자가 모두 다르니 그 변화를 유심히 살펴야 하겠습니다.

정(丁)화는 섬세하고 따뜻하며 인정이 많습니다.

병화가 화끈하고 정열적이라면, 정화는 섬세하고 따뜻합니다. 어두운 곳을 밝히는 촛불, 횃불처럼 봉사와 희생정신이 강합니다. 그렇지만 한번 화를 내면 무섭습니다. 정화는 음간이므로 병화처럼 쉽게 화를 내지는 않지만, 화를 낸다는 것은 내부에서 많이 쌓였던 것의 폭발을 의미하므로 수시로 화를 내고 감정을 표현하는 병화보다 파괴력이 있습니다. 질화로의 화톳불처럼 정화는 건드리면 안 되고, 다독거려야 잘 쓸 수 있습니다. 옛날 우리 어머님들은 방안에서 촛불을 켜놓거나, 마당에 정화수를 떠 놓고 남편과 자식의 성공과 사고 무탈을 빌기도 했습니다. 이렇듯 정화는 하늘과 소통을 잘하며, 뛰어난 영감을 가진 경우가 많아 종교, 철학, 상담, 무속, 역학 등과 깊은 인연을 맺기도 합니다.

정(丁)화는 속내를 보이는 경우가 드물고 소극적인 경향이 있습니다.

겉으로 드러나는 양간[갑(甲)목, 병(丙)화, 무(戊)토, 경(庚)금, 임(壬)수]에 비하여 내부로 갈무리하는 음간[을(乙)목, 정(丁)화, 기(己)토, 신(辛)금, 계(癸)수]이 그러하듯이 정화 역시 속내를 잘 보이지 않고 조용한 편입니다. 병화처럼 많은 친구를 사귀지는 않지만 일단 사귄 친구들과는 오래가고 깊은 교분을 나눕니다. 소리소문없이 어려운 이를 돕거나 봉사하지만, 앞으로 나서서 주변을 이끌지는 않습니다. 병화도 그렇지만 정화 역시 예(禮)를 중시하고, 따뜻하며 정이 많아서 도움을 청하면 쉽게 거절하지 못하는 성향이 있습니다.

정(丁)화는 음간이므로 병화보다는 실속을 따집니다.

양이 무척 강한 병화는 외형과 폼을 중시하고 절차와 예의를 따지니 모습은 보기 좋아도 실속은 떨어집니다. 그에 비해서 정화는 실속을 따집니다. 정화 역시 청년기를 살아가는 화 운동을 하고 있으므로 현실에 관심이 많습니다. 취업, 결혼, 재(財)테크, 정치 등 현실적인 문제에 많은 관심을 가지게 됩니다. 세련되고 깔끔하니 지저분한 꼴을 못 봅니다. 이에 이의를 제기하고 고치려고 하다가 소위 '은따'를 경험하기도 합니다. 화려하지는 않지만 세련되며, 끈끈하고 은근하게 화 운동을 마무리하면서 병화가 놓친 많은 실속을 챙기게 됩니다. 정화는 설단생금(舌端生金)이라고 할 만큼 언변이 뛰어난데, 병화가 많은 말을 하는 강사형 타입이라면, 정화는 자신의 논점을 조리 있고 임팩트 있게 전달하는 학자형 타입이라고 할 수 있습니다.

(2) 정화의 다양한 통변
- 물상적 모습: 촛불, 화톳불, 난로, 화덕, 가로등, 등대, 달빛, 전기, 전자, 인터넷,

통신, 화약 등.

- 성향적 모습: 은근, 섬세함, 세련, 봉사, 헌신, 인정, 예의, 단정함, 침착, 논리적, 합리성 등.
- 직업적 모습: 연구원, 조사원, 형사, 종교인, 무속인, 방송인, 연예인 등.
- 기본적 모습: 늦여름, 청년 말기(약 23세~30세쯤), 남쪽, 쓴맛, 심장, 혈액, 혀, 붉은색, 땀, 2, 7(『하도낙서』의 숫자), 오상(五常)의 예(禮, 예의 예).

5) 하늘의 글자(10천간)-다섯 번째 글자 무토(戊土)

(1) 무(戊)토-"저 산맥은 말도 없이 오천 년을 살았네."

무(戊)토는 양 운동의 절정이고 음과 양을 고루 살필 수 있습니다.

갑(甲)목부터 시작한 양 운동은 병(丙)화를 거치면서 더 확산되고 더 외형이 커지다가 무(戊)토에서 절정에 도달하게 됩니다. 실질적으로 가장 양이 강한 모습입니다. 우리가 중학교 때 배웠던 지구과학 과목을 잠간 생각해 볼까요? 태양이 가장 강하게 비추는 것은 12시 정오지만, 그 빛으로 인해 대지가 가장 뜨거워지는 것은 오후 2~3시입니다. 사람이 가장 덥게 느끼는 시간이지만, 이미 태양의 양의 작용은 멈춘 상태이고 그 잔열을 느낄 뿐입니다. 등산 표에서 보듯이 무토는 산 정상의 모습입니다. 정상에 올라서니 음과 양을 고루 살필 수 있습니다. 이렇듯이 중립, 중재, 중개의 모습이고 음과 양이 믿고 의지할 수 있으니 신용이 있습니다. 오상(五常)에서는 이러한 무토에게 믿을 신(信)을 배속했습니다.

무(戊)토는 지리산 같은 큰 산, 큰 산맥에 비유됩니다.

무토는 양이 가장 확대되고 커진 모습인데, 활발하게 움직이던 양이 속도가 줄어들고, 느려지게 됩니다. 장차 기(己)토로 넘겨주어서 음 운동을 할 수 있게 확장을 멈추고 속도를 늦추게 됩니다. 가장 높은 곳에 위치하고 있으니 남들이 다들 볼 수 있어서 공공성이 강조됩니다. 안정감이 있고, 흔들림 없이 늘 그 자리를 지킵니다. 오천 년을 넘게 그 자리를 지켜온 산맥처럼 말없이 지켜보고 있습니다. 산 아래에서는 많은 동식물이 살아갈 수 있으니 마음이 넓고 만물을 포용할 수 있는 넉넉함이 있습니다. 음(陰, 금수)과 양(陽, 목화)의 이야기를 들어 주므로 자기주장은 강하지 않지만 자기 주관은 뚜렷합니다. 하지만 지나치면 독선적이고 옹고집으로 흘러갈 수도 있습니다.

무(戊)토는 변화를 싫어하는 보수적인 성향이 있습니다.

산맥이 변함없이 사시사철 그 자리에 있듯이, 무토도 변화를 좋아하지 않습니다. 음간인 기(己)토는 더욱더 그렇습니다. 무토는 양이 가득 찬 모습이므로 뜨겁고 메마른 사막과도 같은 모습입니다. 반드시 수 기운이 사주원국에 있는가를, 또는 운으로 들어오는가를 살펴야 합니다. 사주원국이나 운으로 계(癸)수가 들어오면 곧바로 흡수하여 내부의 수분을 보충하게 됩니다. 여름내 가물었던 산맥에 비가 내리면 한 방울의 빗물도 소중히 생각하면서 흡수해버립니다. 갑(甲)목, 을(乙)목이 생존을 위하여 토(土)에 집착하듯이, 무(戊)토 역시 생존과 존재성을 인정받기 위하여 수(水)에 집착하게 됩니다.

(2) 무(戊)토의 다양한 통변
- 물상적 모습: 지리산, 사막, 산의 정상, 제방, 부동산, 지구, 빵, 발효식품 등.
- 성향적 모습: 중립, 중재, 중개, 중매, 신용, 포용, 중후, 자기주장은 약하나 자기 주관은 뚜렷함, 책임감 등.
- 직업적 모습: 판사, 부동산업, 중개업, 결혼중매업, 한의사, 토목, 건축업, 제빵사, 창고업, 기업가, 정치가, 종교인, 비서 등.
- 기본적 모습: 여름의 절정, 장년 초기(약 31세~37세쯤), 중앙, 단맛, 위장, 비장, 입, 황색, 침, 5, 10(『하도낙서』의 숫자), 오상(五常)의 신(信, 믿을 신).

양이 부족할 때는 산에 가면 좋습니다. 나무, 꽃의 목화, 특히 정상에는 태양의 양기를 머금은 무(戊)토가 가득합니다. 음이 부족할 때도 산에 가면 좋습니다. 바위, 절벽, 계곡물, 샘물 등 금과 수의 기운이 가득합니다. 산은 목화토금수(木火土金水) 어느 하나 빠진 것 없이 고루고루 갖추고 있는 오행의 보고입니다.

만약 명리학에도 신(神)이 있다면 산은 그 신이 우리에게 내려준 축복일 것입니다.

6) 하늘의 글자(10천간)-여섯 번째 글자 기토(己土)

(1) 기(己)토-"개와 잡상인은 출입금지(出入禁止)."

기(己)토에서 처음으로 음(陰) 운동이 시작됩니다.

갑을병정무(甲乙丙丁戊)에서 양 운동이 이루어졌다면 기경신임계(己庚辛壬癸)에서부터 음 운동이 시작됩니다.

기토는 무토에게서 배턴을 이어받아 음 운동을 시작하는 첫 주자가 됩니다.

양의 기운을 듬뿍 머금은 무토는 지리산, 사막 등에 비유되는데, 음의 운동을 시작하는 기토는 그 자체에 습기를 머금고 있는 논밭과 같습니다. 무토가 자연 같은 천연미가 있다면 기토는 사람이 가꾸고 일구어 온 인공미가 있습니다. 갑병무경임(甲丙戊庚壬)의 양간들이 거칠고 투박하면서 스케일이 큰 자연미가 있다면 을정기신계(乙丁己辛癸)의 음간들은 작지만, 세련되고 다듬어진 인공미를 가지고 있습니다.

기(己)토는 위의 제목과 같이 분별력이 뛰어나고 호불호가 강합니다.

알곡과 쭉정이를 구분하고, 잡초인지, 벼인지를 구분해야 자신의 논밭에서 키울 수 있기 때문입니다.

이렇게 선별하여 받아들이면 기토는 최선을 다해서 어머님 같은 마음으로 키워냅니다.

기토일간은 곡식을 키우듯이 육성하고 가르치는 일에 종사하는 경우가 많은데, 자기주장이 강하지 않으니 이야기를 잘 들어주고 속내를 드러내지 않으니 많은 이가 믿고 의지하려고 합니다. 생명이 자라기 좋은 땅인 기토는 갑(甲)목도, 을(乙)목도 모두 좋아하는 토(土)입니다.

기(己)토는 무(戊)토보다도 더 변화를 싫어합니다.

토의 성향은 늘 그 자리에 있는 모습으로 변화를 싫어하는 보수적인 성향을 가지고 있는데, 음간인 기토는 더욱더 그렇습니다. 무토보다 까다롭고 융통성이 부족합니다. 대체로 음간들은 화를 잘 내지 않는데, 음간들이 화를 내면 오랜 시간 쌓여왔던 것이 폭발한 것이니 실로 무섭습니다.

중앙에서 음과 양을 살필 수 있는데 문서 기록, 보관, 경청을 잘하니 비서 직종에 종사하는 경우가 많습니다. 산의 정상에 있는 기토 역시 공공성이 강조되므로 교육, 복리후생, 종교 등의 공공성이 높은 기관을 지원하고 서포트하는 일을 잘하며 보람을 느낍니다.

(2) 기(己)토의 다양한 통변
- 물상적 모습: 문전옥답, 과수원, 운동장, 집터, 주차장, 체육관, 학교 등.
- 성향적 모습: 호불호, 중립, 중재, 조정, 편안함, 성숙, 헌신, 예민, 분별, 소심, 세련, 역지사지 등.
- 직업적 모습: 부동산업, 중개업, 결혼중매업, 교육업, 강사, 상담업, 비서직, 도서관 사서, 종교업 등.
- 기본적 모습: 여름의 끝, 장년 말기(약 38세~44세쯤), 중앙, 단맛, 위장, 비장, 입, 황색, 침, 5, 10(『하도낙서』의 숫자), 오상(五常)의 신(信, 믿을 신).

화초와 초목의 모습(乙木), 질화로나 촛불의 모습(丁火), 문전옥답의 모습(己土), 잘 익은 과실(辛金), 봄비나 계곡물(癸水) 등 음간들은 각각의 모습으로 우리의 생활 속에서 함께합니다. 기운의 형태로 존재하는 양간에 비해서 음간들은 눈에 보이고, 실제적인 형태로 존재하기 때문입니다.

7) 하늘의 글자(10천간)-일곱 번째 글자 경금(庚金)

(1) 경(庚)금-"들어 보셨나요? 숙살지기(肅殺之氣)라고."
경(庚)금은 본격적인 음 운동의 시작입니다.

목화에서 외형이 커지고 확장된 양을 무토에서 묶어둡니다. 양의 팽창 욕구는 한도 끝도 없어서 무토만으로는 어림없습니다. 기토가 이어받아서 겨우 진정시킵니다. 양의 절정인 여름의 초복, 중복, 삼복에는 무토, 기토가 매달려야만 간신히 양의 팽창을 멈출 수가 있습니다. 그래도 양답게 다시 꿈틀거리고, 확산의 기회를 항시 넘보는데, 그때 경(庚)금이 등장하여 숙살지기(肅殺之氣)를 발동합니다.

숙살지기의 숙(肅)은 '엄숙할 숙'이라는 뜻입니다. 엄숙하게 죽인다는 뜻이니 살벌하지만 그래야만 양의 팽창을 잡을 수 있기 때문입니다. 소풍이나 운동회가 있던 다음날 선생님들은 교실로 들어가 엄숙하고 차가운 표정으로 교실의 분위기를 휘어잡습니다. 전날의 열기로 들떠 있는 아이들(木)과 수업을 하려면 어쩔 수 없습니다. 엄숙하고, 냉정하고, 강제적인 모습인데, 양은 기운은 이렇게 경금의 숙살지기로 제어해야 합니다.

경(庚)금에게 오상(五常)에서는 옳을 의(義)를 배속했습니다.

의(義)는 내 것과 남의 것을 구분하는 행위, 즉 공과 사를 잘 구분해야 합니다. 많은 사람이 공사를 잘 구별하지 못하는 이유가 내 가족, 내 친구, 내 후배 등의 인정에 얽혀있기 때문인데, 경금은 가차 없습니다. 이를 분별하고 구분하니 의(義)롭습니다. 목(木)이 눈으로 보고 생각하는 단계라면, 화(火)는 말하는 단계이고, 토(土)는 행동으로 옮기기 전에 좌우를 살피는 모습이라면, 금(金)에 접어들면 본격적인 실력행사를 하게 됩니다. 이에 숙살지기의 엄격한 강제성, 냉정함이 적용되니 차갑고 살벌한 모습입니다.

경(庚)금은 다듬어지지 않는 자연산 같습니다.

스케일이 크고 장대하지만, 세련미는 없습니다. 경금을 다듬어지지 않은 큰 바위, 쇠에 많이 비유합니다. 큰 바위이니 움직임이 없고 둔해 보이는데, 한 번 움직이고 구르면 엄청난 기세로 굴러갑니다. 쇠는 그대로는 쓸모가 없지만, 정(丁)화의 제련을 잘 받으면 그 쓰임과 용도가 무궁무진해집니다. 병(丙)화가 폼생폼사라면, 경(庚)금은 명생명사입니다. 명령에 살고 명령에 죽습니다. 조직 논리가 강하고, 복종, 의리, 결단력이 강합니다. 바위처럼 우직하고 맹목적인 고집이 있습니다. 목(木)의 고집이 어린이 같은 순진한 모습이고, 토(土)의 고집은 변화를 싫어하며 자기주관을 신봉하는 모습이라면 금(金)의 고집은 황소고집 같습니다. "난 몰라유." 하며 바위처럼 꿈쩍도 하지 않는 무식한 고집입니다. 명령에 따라 일사불란하게 움직이고 충성을 다하기도 하지만, 때론 버림을 받거나 배신을 당하면 이를 고치고, 바꾸고, 개혁하려 하니 개혁과 투쟁의 이중성을 가지고 있습니다.

(2) 경(庚)금의 다양한 통변

- 물상적 모습: 바위, 철강, 금속, 금고, 광산, 금융, 현금, 경찰서, 검찰, 군대, 경비, 보안, 추적, 수사 등.
- 성향적 모습: 수축, 강제, 엄격, 결실, 충성, 의리, 우직, 순박, 완고, 조직 논리, 원 칙주의, 통솔력, 결단력, 동료애, 의협심, 자기관리, 혁명과 개혁 등.
- 직업적 모습: 무관직업(경찰, 검찰, 군대), 보안업, 경비업, 금융업(은행, 보험, 증권, 채 권추심, 사채), 비서, 운동선수 등.
- 기본적 모습: 가을의 시작, 중년 초기(약 45세~52세쯤), 서쪽, 매운맛, 폐, 대장, 코, 백색, 콧물, 4, 9(『하도낙서』의 숫자), 오상(五常)의 의(義, 옳을 의).

강원도 속초에 있다는 울산바위(庚金)가 산에서 구르고 굴러서 도시를 덮치면 어떻게 될까요? 역사를 통해서 우리는 이미 잘 알고 있습니다. 1910년(庚戌년) 일 제의 국권 찬탈, 조선총독부 설치, 1920년 간도대학살(庚申년), 1950년 6·25전쟁(庚 寅년), 1960년 4·19혁명(庚子년), 1980년 광주민주화운동(庚申년), 2020년 코로나19 창궐(庚子년).

8) 하늘의 글자(10천간)-여덟 번째 글자 신금(辛金)

(1) 신(辛)금-"타인은 칼이라고 하고 본인들은 보석이라 한다."
신(辛)금은 늦가을의 서릿발을 상징합니다.

금(金) 운동은 경(庚)금이 양이니 시작하고, 신(辛)금이 음이니 마무리합니다.

경금이 초가을의 모습이라면 신금은 늦가을의 모습에 비유됩니다. 경금이 나무 에 달려있는 풋과일이라면, 신금은 이미 잘 익어서 떨어지는 과일입니다. 잘 익은 과실은 나무에서 수확하니 분리, 단절을 의미합니다. 장성한 자녀들이 부모의 품 에서 벗어나 결혼을 하여 일가를 이루며 독립하는 모습이 신금의 모습과 비슷합니 다. 나뭇가지에 매달린 과일이 분리되어 하나의 상품으로서 가치를 인정받듯이, 부 모 품을 벗어나 결혼하여 한 가정을 이루면서 주체적인 개체로서 인정을 받게 됩 니다. 신(辛)금의 시절에 나뭇가지에 과일이 계속 붙어있으면, 나무도 힘들지만 과일도 제 가치를 쓰지 못하고 썩게 되니 어려움이 있습니다.

　신(辛)금은 호불호가 강하고 까다로우며 냉정합니다.

　경금은 정(丁)화에 의해 제련되어 새로운 형태의 모습으로 변화하지만, 신(辛)금은 이미 가공된 형태이므로 정(丁)화의 제련을 필요로 하지 않습니다. 다른 천간은 칼이라고 부르지만 스스로는 보석임을 자처하며 환하게 빛나는 것을 좋아합니다. 자신을 빛나게 해줄 태양(丙火)과 몸에 묻은 티끌이나 먼지를 깨끗하게 씻어줄 큰 물(壬水)을 반깁니다. 병(丙)화나 임(壬)수를 만나면 보석이 되지만, 갑(甲)목과 을(乙)목을 만나면 칼이 되고, 낫이 됩니다. 특히 초목인 을(乙)목은 신금을 만나면 벌벌 떨게 됩니다.

　찬 서리를 두르고, 싸늘한 기운이 흘러 보내니 신(辛)금의 시절이 오면 사방에 살벌함이 가득합니다.

　신(辛)금은 정확하고, 이성적이며, 섬세하고 깔끔합니다.

　영어로 스마트(Smart)란 말이 있는데, '똑똑한', '영리한', '맵시 있는', '깔끔한'의 뜻을 가지고 있습니다. 신금은 스마트합니다. 매사에 정확, 냉정, 깔끔하며 합리적이고 이성적인 면을 가지고 있습니다. 기억력이 좋으며, 자존심이 강합니다. 빛나는 보석이니 타인에게 그 가치를 인정받고 싶어 하지만, 그렇지 못하면 자존심에 상처를 입습니다. 그리고 오랜 시간이 걸려도 반드시 앙갚음을 하는 경향이 있습니다. 광개토대왕릉비나 적성비 등에 기록을 남기는 것은 오래 기억하고 보존하기 위함입니다. 금(金)은 그런 성향으로 인해서 과거의 원한을 잘 잊지 않는데 신금이 특히 그렇습니다. 음간이라서 나서지는 않지만 알아 주면 좋아합니다. 한마디로 칭찬에 약한 일간입니다.

(2) 신(辛)금의 다양한 통변
- 물상적 모습: 칼, 낫, 보석, 바늘, 귀금속, 정밀기계, 장신구, 세공품, 시계, 현미경, 부품 등.
- 성향적 모습: 호불호, 냉정, 섬세, 깔끔, 정확, 이성, 합리성, 대담, 까칠, 뒤끝, 스마트(Smart) 등.

- 직업적 모습: 감별사, 보석 세공, 기계엔지니어, 금융업, 활인업(종교, 역학, 무속), 통신업 등.
- 기본적 모습: 늦가을, 중년 말기(약 53세~60세쯤), 서쪽, 매운맛, 폐, 대장, 코, 백색, 콧물 4, 9(『하도낙서』의 숫자), 오상(五常)의 의(義, 옳을 의).

9) 하늘의 글자(10천간)-아홉 번째 글자 임수(壬水)

(1) 임(壬)수-"아무도 그에게 수심(水深)을 일러준 적이 없기에…."

임(壬)수는 경(庚)금에서부터 응축시킨 기운을 보관, 저장합니다.

경(庚)금에서 본격적으로 시작된 음 운동은 신(辛)금을 거치면서 최고조에 다다르게 됩니다.

목화를 따라 올라갔던 수 기운은 아래로 내려와 가장 낮은 곳에 모여서 응축, 수축 운동을 가속합니다. 어떤 모습일까요? 쉽게 설명하자면 축구공은 수심 20M만 내려가도 이내 터져 버립니다. 그만큼 수(水)의 압박과 응축하는 힘은 대단합니다. 임(壬)수의 물상은 바다, 강, 호수와 같이 넓고 깊으며 정지된 고요한 물에 비유되는데, 수집, 보관, 침착, 과묵, 조용하며 타인과 다투려 하지 않습니다. 수(水)의 기본적인 속성으로는 융통성, 사교성이 있는데 작은 물과 큰 물이 쉽게 섞이는 것처럼 단결하고, 뭉치는 것을 잘합니다.

임(壬)수는 음(陰) 운동의 절정기이며 만물을 작고 단단하게 응축시킵니다.
김기림 시인의 〈바다와 나비〉를 모티브로 하여 제목을 정해 보았습니다.

"아무도 그에게 수심(水深)을 일러준 적이 없기에 흰 나비는 도무지 바다가 무섭지 않다."

임(壬)수는 양의 기운을 응축하여 단단하게 만들려고 합니다. 음의 기운이 강해지면 이렇게 응축되어 작고 단단해지게 됩니다. 옛날에는 음도 양과 같이 강해지면 외형이 커지고 확산된다고 생각했습니다. 어차피 세상은 양 중심으로 돌아가기에 보이지 않는 음의 모습을 논한다는 것은 어려움이 있었습니다. 그러나 명리에 관한 이해도가 높아지니 이제 새롭게 음의 성향과 모습, 현상을 잘 이해할 수 있게 되었습니다. 양(陽)은 강해지면 풍선처럼, 솜사탕처럼 부풀어 오르고 커지는데, 부피는 커지지만 밀도가 낮아지게 됩니다. 반면에 음(陰)은 강해지면 씨앗처럼, 쇠 구슬처럼, 얼음 조각처럼 작고, 단단하게 응축됩니다. 즉, 부피는 작아지지만 밀도가 높아지게 되는데, 음과 양의 총량은 같으니 이렇게 서로 부피와 밀도에서의 변화를 경험하게 됩니다.

임(壬)수는 현실적이며 노인의 지혜를 가지고 있습니다.

임수는 냉정하고 현실적이며 물질적인 면을 중시합니다. 오상(五常)에서는 수(水)에게 지(智, 지혜 지)를 배속했는데, 목화토금의 시기를 거쳐온 수의 경험과 노련함, 지혜로움을 높게 평가했습니다.

밤, 겨울, 휴식, 죽음 등으로 상징되는데, 속내를 잘 드러내지 않아 사람들은 임(壬)수에게는 자신들의 고민을 잘 털어놓습니다. 순발력이 뛰어나고, 재치, 임기응변이 뛰어나며 오행의 마지막이니 마무리를 잘합니다. 하지만 이리저리 담는 그릇에 따라 형태가 바뀌니 변화, 변덕이 심하고, 결단력이 약합니다.

(2) 임(壬)수의 다양한 통변

- 물상적 모습: 바다, 호수, 강물, 해운, 조선, 외국, 연구, 기획, 주류, 창고, 순수 학문.
- 성향적 모습: 저장, 보관, 지혜, 변화, 변덕, 비밀, 단결, 포용, 음란, 공상, 순발력, 재치, 의심 등.
- 직업적 모습: 연구원, 철학가, 활인업, 창고업, 상담가, 은행업, 채권업, 발명가, 로비스트 등.
- 기본적 모습: 초겨울, 노년 초기(약 60~67세쯤), 북쪽, 짠맛, 신장, 방광, 생식기, 귀, 검은색, 오줌, 1, 6(『하도낙서』의 숫자), 오상(五常)의 지(智, 지혜 지).

10) 하늘의 글자(10천간)-열 번째 글자 계수(癸水)

(1) 계(癸)수-"안녕하세요! 멀티플레이어 계(癸)수입니다."

계(癸)수는 늦겨울과 초봄의 중간에 위치하고 있습니다.

임(壬)수에서 최고조로 압축되었던 양은 더 이상 압박을 견디지 못하고 종국에는 양이 폭발하고야 맙니다.

계(癸)수는 그 겨울과 봄의 전환점에 위치하니 음과 양의 성향을 같이 가지고 있습니다.

임수처럼 저장하고 보관하는 성향도 있지만, 갑(甲)목을 생해 주는 기능을 함께 탑재한 멀티플레이어의 모습이 됩니다. 어둠과 밝음, 침착과 활기, 비밀과 누설, 과묵함과 순발력을 고루 갖춘 모습입니다.

긍정의 모습으로 멀티플레이어지만, 부정의 모습으로는 어느 것 하나 집중하지 못하니 전문가가 되기 쉽지 않아 보입니다.

계(癸)수는 감정이 풍부하고 마음이 여리며 눈물이 많습니다.

계수가 가지고 있는 이중성은 소녀의 마음과 같아서 상처를 받기 쉽습니다.

어두움과 밝음이 같이 공존하니 감정의 기복이 심하기 때문입니다. 계수는 수생목을 하여 갑(甲)목을 생하여 주니 봉사하며 모성애적이고 헌신적인 모습을 가지게 됩니다.

음간이면서도 이중성으로 인해 식상을 추구하기 때문에 자식에 집착하는 경우가 많습니다.

계수의 물상은 샘물, 옹달샘, 봄과 여름의 빗물, 계곡을 따라 졸졸 흐르는 물의 모습으로 수다스럽고, 명랑하며, 투명하고, 속내를 잘 드러내니 거짓말을 잘 못하고 정직합니다.

뭔가 알리고 홍보할 것이 있을 때 병화일간과 계수일간에게 알려주면 빠르게 퍼져나가게 됩니다.

계(癸)수는 변화에 민감하고 대응 능력이 좋습니다.

계수는 흐르는 물이니 변화에 민감하며 또한 변화를 즐깁니다.

샘물, 옹달샘처럼 맑고 깨끗한 물이라 정갈하고 단아함을 좋아하고, 수생목을 잘 하니 식상의 기운이 강해서 남에게 베푸는 것을 좋아합니다. 장애물을 만나면 피해가고 돌아가는 성향으로 상황 대처가 좋으며 순발력과 융통성이 뛰어납니다. 임(壬)수와 계(癸)수의 구분은 아주 쉬운데, 아래에서 정지되어 있고 고여 있는 물이 임(壬)수가 되고, 흐르는 물, 빗물 등은 계(癸)수가 됩니다. 구분하자면 샤워기의 물은 계(癸)수가 되고, 세숫대야의 물은 임(壬)수가 되겠군요. 정지되어 있고 고여 있어야 수 기운의 응축이 시작되기 때문입니다. 응축 후 폭발하여 튀어나온 목 기운을 실어 나르는 역할을 계수가 담당하고 있습니다.

(2) 계(癸)수의 다양한 통변
- 물상적 모습: 샘물, 옹달샘, 빗물, 시냇물, 계곡물, 눈물, 소변, 음료수, 목욕, 세탁 등.
- 성향적 모습: 투명, 헌신, 후원, 봉사, 협조, 변화, 깔끔, 사교성, 융통성, 상황 대처, 이중성 등.
- 직업적 모습: 연구원, 복지사업가, 세탁업, 주류업, 교육업, 종묘업, 배우, 연예인, 상담가 등.
- 기본적 모습: 늦겨울, 노년 말기(약 68~75세쯤), 북쪽, 짠맛, 신장, 방광, 생식기, 귀, 검은색, 오줌, 1, 6(『하도낙서』의 숫자), 오상(五常)의 지(智, 지혜 지)

춘래불사춘(春來不似春, 봄이 왔지만 봄이 아니다)이라는 말이 생각나는 코로나 시국입니다. 산과 들의 계곡과 시내에는 힘차게 계(癸)수가 흘러가건만….

다윗왕의 반지의 구절을 다시 한번 읊조리면서 10천간의 설명을 마무리하려 합니다.

이 또한 지나가리라.

11) 10천간의 정리 및 생극제화(生剋制化)

갑(甲)목부터 시작하여 계(癸)수까지 10천간 글자들의 개별 성향을 정리해 보았습니다.

자연은 흐름이기 때문에 사실 개별 글자 하나하나의 성향을 표현한다는 것이 쉽지는 않습니다.

정(丁)화의 모습에도 나머지 9개의 천간의 성향이 들어가 있고, 특히 앞쪽의 병(丙)화와 뒤쪽의 무(戊)토의 영향을 많이 받기 때문입니다. 그래도 학문이니 어느 정도는 구분해야 합니다. 기준이 없다면 학문적으로 체계화, 계량화할 수 없기 때문입니다.

천간의 글자는 우주=하늘=천간이므로 오행 운동을 합니다. 이를 음양으로 나누니 10천간일 뿐입니다. 땅의 사계절 운동과는 다른 오행 운동이므로 생극제화의 모습을 보여 줍니다.

다소 용어가 어려우니 풀어 보기로 하겠습니다. 생(生)은 생해 주고, 극(剋)은 극하고, 제(制)는 억제하고, 화(化)는 화합한다는 뜻입니다. 하나씩 천간의 운동을 알아보도록 하겠습니다.

(1) 천간의 생(生)

천간은 드러난 마음, 의지, 욕망 등을 의미합니다. 천간은 동(動, 움직일 동)하지만, 지지는 정(靜, 고요할 정)합니다. 천간은 마음이니 하늘의 날씨가 변하고, 구름이 바뀌듯이 수시로 변하고 바뀝니다.

또한 천간은 오행 운동을 하니 기본적으로 오행의 순환을 따릅니다.

● 목(木)생화(火)-화(火)생토(土)-토(土)생금(金)-금(金)생수(水)-수(水)생목(木)

생해 준다는 것은 정신적, 물질적으로 도와준다는 것을 의미합니다. 생해 주는 것에는 좋고 나쁨이 없습니다. 생해 준다고 하니 좋게 생각하시는 경우가 대부분인데, 내(일간)가 강한데 생해 주는 것은 도움이 안 되고 오히려 역효과가 납니다. 내가 약할 때 생해 주면 좋지만, 내가 강한데 생해 준다는 것은 마치 이미 배가 부른 아이의 손을 잡고 뷔페에 데려가는 모습입니다.

(2) 천간의 극(剋)

천간의 극도 마찬가지입니다. 극한다고 하니 안 좋게 생각하는 경우가 많습니다. 그러나 내(일간)가 너무 강해지면 폭주할 수 있으니 극하는 기운이 들어오면 좋습니다.

한쪽의 기운이 너무 강해지면 이로 인한 불균형이 발생하므로 인생에 여러 어려움을 겪게 됩니다.

놀이터의 시소처럼 한쪽이 일방적이지 않은 균형 잡힌 모습이 가장 자연스럽습니다.

● 목(木)극토(土)-토(土)극수(水)-수(水)극화(火)-화(火)극금(金)-금(金)극목(木)

세간에는 천간의 충(沖)을 이야기하시는 분이 있는데, 올바른 개념은 아닙니다. 지지처럼 고정된 현실에서는 충이 생길 수 있지만, 천간은 마음이라 어디에 부착된 것이 아니므로 극(剋)이 맞습니다. 극은 다른 말로 스트레스(Stress)라고도 할 수 있습니다. 갑각류인 바닷가재는 몸이 커지면 천적을 피해서 깊은 바위틈에 들어가 새로운 껍질을 만들곤 하는데, 이렇게 몸이 커질 때마다 껍질의 압박을 받으면 스트레스가 생기므로 기존의 껍질을 버리고 새로운 껍질을 만드는 과정을 반복하게 됩니다.

극(剋), 즉 스트레스가 온다는 것은 이제 본인이 성장할 때가 왔음을 알려주는 것입니다.

(3) 천간의 제(制)

천간의 제(制)는 다소 낯선 개념일 수도 있습니다. 생해 주고, 극하고, 합하는 것은 이해하겠는데, 제(制), 즉 억제한다고요? 극한다는 것과 다른 개념일까요? 갑(甲)목이 있는데 옆에 임(壬)수가 있다면 수생목으로 갑목을 생해 준다고 생각하지만, 꼭 생해 주는 모습만은 아닙니다. 갑목이 자신의 지향점인 병화를 보며 급하게 뛰어나갈 때, 임(壬)수는 옆에서 "천천히, 서두르지 마."라고 하며 브레이크를 걸어 줍니다.

경(庚)금이 임(壬)수를 만나서 신나서 내려가려고 할 때, 또 다른 옆의 무(戊)토 역시 이야기합니다.

"Slow, Don't hurry." 토생금으로 생해 준다고 생각하지만, 경금이 임수를 만나서 급하게 내려가려고 할 때, 옆에서 그 속도를 조절해 주는 역할을 하게 됩니다. 이러한 모습을 제(制, 억제할 제)라고 할 수 있겠습니다.

(4) 천간의 화(化)

네, 많이들 알고 계시는 천갑합의 모습입니다.

- 갑기(甲己)합 토(土)
- 을경(乙庚)합 금(金)
- 병신(丙辛)합 수(水)
- 정임(丁壬)합 목(木)
- 무계(戊癸)합 화(火)

양 운동의 첫 번째 갑(甲)목에게 정반대편의 여섯 번째 글자인 기(己)토가 서로에게 음양이 됩니다.

양 운동의 두 번째 을(乙)목에게 정반대편의 일곱 번째 글자인 경(庚)금이 서로에게 음양이 됩니다.

양 운동의 세 번째 병(丙)화에게 정반대편의 여덟 번째 글자인 신(辛)금이 서로에게 음양이 됩니다.

양 운동의 네 번째 정(丁)화에게 정반대편의 아홉 번째 글자인 임(壬)수가 서로에게 음양이 됩니다.

양 운동의 다섯 번째 무(戊)토에게 정반대편의 열 번째 글자인 계(癸)수가 서로에게 음양이 됩니다.

천간의 합은 음양의 합이 됩니다. 음양의 합이 되면 활력이 넘치고, 생명력이 생깁니다.

물론 서로 다른 기운의 만남이므로 처음에는 불협화음이 있습니다. 천간의 글자가 합으로 묶이게 되면 고유의 역할을 하지 못하게 되는데, 마치 남자가 결혼을 하게 되어서 묶이게 되면 이전에 해 왔던 자식으로서의 역할, 형제로서의 역할, 친구로서의 역할 등에 제약이 생겨서 제대로 수행하지 못하는 것과 비슷합니다. 그럼에도 불구하고 천간합은 소중하고 중요합니다. 또한 합으로 묶여있으면 묶인 글자로부터 보호를 받을 수 있다는 장점이 있고, 드물지만 지지의 상황이 받쳐 준다면 합화로 새로운 기운을 만들어낼 수 있습니다. 이렇듯 천간합의 모습도 음과 양, 부정과 긍정의 모습을 함께 가지고 있습니다.

12지지(地支)
– 땅의 12개의 글자

1) 12지지의 의미와 특성

하늘(천간)은 오행 운동을 하고 땅(지지)은 사계절 운동을 합니다. 그러한 차이는 지축의 기울기로 인해서 하늘의 기운이 땅에 온전히 전달되지 않았기 때문입니다. 그러므로 천간(하늘)과 지지(땅)의 모습이 달라지는데, 오행을 하늘에서 음양으로 나누면 하늘의 글자 10천간이 됩니다. 반면에 오행을 땅에서 음양으로 나누면 지지에서는 사계절 운동을 하므로 8개가 됩니다. 땅 자체가 토(土)가 되므로 각 계절의 코너에 토(土)를 배속하여 봄, 여름, 가을, 겨울의 각 계절의 전환을 순조롭게 돕게 했습니다.

지구=땅=지지의 12글자는 다음과 같습니다.

- 해자축(亥子丑)-겨울(水)
- 인묘진(寅卯辰)-봄(木)
- 사오미(巳午未)-여름(火)
- 신유술(申酉戌)-가을(金)

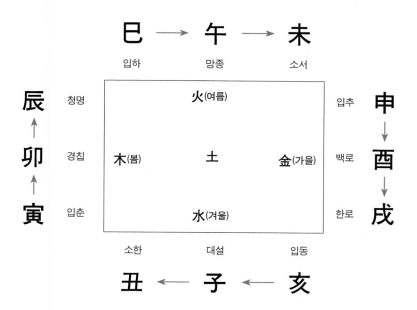

〈**그림 8**-방합표(사계절의 순환)〉

일반인들은 12지지를 자축인묘진사오미신유술해로 읽지만, 명리를 하는 사람은 위의 순서로 읽는 게 도움이 됩니다. 지지의 12글자를 겨울, 봄, 여름, 가을의 사계절로 나누어 3개씩 배속한 모습입니다.

지지의 글자도 천간의 글자와 마찬가지로 인(寅)목, 해(亥)수처럼 뒤에 오행을 붙여서 읽는 것이 좋은데, 저절로 그 글자의 오행을 알 수 있기 때문입니다. 이는 나중에 배우게 될 십신(십성)을 구분하는 데 유용하게 쓰이게 됩니다.

12지지를 앞의 표처럼 사계절로 나눈 것을 방합(方合)이라고 하는데 같은 방향, 같은 계절의 글자를 의미합니다. 또한 12지지에 우리에게 친숙한 동물을 배속하여 쓰는데, 이를 같이 기억하면 좋습니다.

● 겨울의 방합(水): 시간으로는 밤이고 인생으로는 노년 시절이 됩니다.
- 해(亥)수: 겨울의 시작(生地) 초겨울, 돼지
- 자(子)수: 겨울의 절정(旺地) 늦겨울, 쥐
- 축(丑)토: 겨울에서 봄으로의 전환기(고지, 庫地), 소

● 봄의 방합(木): 시간으로는 아침이고, 인생으로는 초년 시절이 됩니다.
- 인(寅)목: 봄의 시작(生地), 초봄, 호랑이
- 묘(卯)목: 봄의 절정(旺地), 늦봄, 토끼
- 진(辰)토: 봄에서 여름으로의 전환기(고지, 庫地), 용

● 여름의 방합(火): 시간으로는 낮이고, 인생으로는 청년 시절이 됩니다.
- 사(巳)화: 여름의 시작(生地) 초여름, 뱀
- 오(午)화: 여름의 절정(旺地), 늦여름, 말
- 미(未)토: 여름에서 가을로의 전환기(고지, 庫地), 양

● 가을의 방합(金): 시간으로는 저녁이고, 인생으로는 중년 시절이 됩니다.
- 신(申)금: 가을의 시작(生地), 초가을, 원숭이
- 유(酉)금: 가을의 절정(旺地), 늦가을, 닭
- 술(戌)토: 가을에서 겨울로의 전환기(고지, 庫地), 개

이렇게 12지지의 글자를 볼 때는 봄, 여름, 가을, 겨울의 계절이나, 아침, 낮, 저녁, 밤의 시간을 나누어서 생각해 보는 것이 좋은데, 명리학은 자연의 모습을 글자로 옮겨온 것이니 글자를 생각하면서 자연의 흐름을 같이 생각하면 명리 공부에 큰 도움이 됩니다.

2) 12지지(地支)의 오행과 상생상극

하늘의 10천간 글자에서 음양을 나누었듯이, 땅의 12지지 글자에서도 음양을 나눌 수 있습니다.
나누는 방식은 역시 방합의 순서로 진행됩니다.

해자축(亥子丑)은 겨울의 시작을 해(亥)수에서 시작하니 양이고, 자(子)수에서 마무리하니 음이 됩니다.

축(丑)토는 음을 마무리하는 토이므로 음이 됩니다. 해(亥)수(+), 자(子)수(-), 축(丑)토(-).

인묘진(寅卯辰)은 봄의 시작을 인(寅)목에서 시작하니 양이고, 묘(卯)목에서 마무리하니 음이 됩니다.
진(辰)토는 양을 본격적으로 시작하는 토이므로 양이 됩니다. 인(寅)목(+), 묘(卯)목(-), 진(辰)토(+).

사오미(巳午未)는 여름의 시작을 사(巳)화에서 시작하니 양이고, 오(午)화에서 마무리하니 음이 됩니다.
미(未)토는 양을 마무리하는 토이므로 음이 됩니다. 사(巳)화(+), 오(午)화(-), 미(未)토(-).

신유술(申酉戌)은 가을의 시작을 신(申)금에서 시작하니 양이고, 유(酉)금에서 마무리하니 음이 됩니다.
술(戌)토는 음을 본격적으로 시작하는 토이므로 양이 됩니다. 신(申)금(+), 유(酉)금(-), 술(戌)토(+).

각 계절의 코너에는 진술축미(辰戌丑未)를 배속했는데, 계절의 전환기, 즉 환절기 역할을 하게 됩니다. 이러한 완충 지대인 진술축미가 없다면 계절의 급격한 변화로 인해서 인간을 포함한 지구상의 모든 동식물이 생존할 수 없기 때문입니다. 오행 운동을 하는 천간의 토는 오행의 한 일원으로서 역할을 하고 있지만 사계절 운동을 하는 지지의 토는 각 계절의 코너에서 계절의 순조로운 전환을 돕고 있는데, 진술축미 글자 옆에 어떤 글자가 있는가에 따라서 그 쓰임이 달라지므로 잘 살펴야 합니다.

지지의 상생상극은 다음과 같습니다.

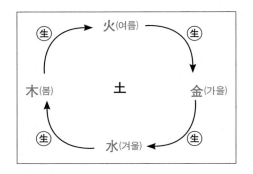
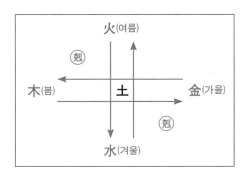

지지의 상생   지지의 상극

〈**그림 9**-지지의 상생상극〉

- 지지의 상생관계: 목생화(木生火), 화생금(火生金), 금생수(金生水), 수생목(水生木)
- 지지의 상극관계: 목극금(木剋金), 금극목(金剋木), 화극수(火剋水), 수극화(水剋火)

3) 지지의 생지(生地), 왕지(旺地), 고지(庫地)

12지지의 방합의 글자인, 해자축, 인묘진, 사오미, 신유술은 각각의 역할에 따라서 거기에 걸맞은 음양을 배속했습니다. 겨울의 방합인 해자축의 경우를 살펴보면 겨울을 시작하는 해(亥)수를 생지(生地)라고 합니다. 자(子)수는 왕지(旺地)라고 하는데, 겨울의 절정을 의미합니다. 말 그대로 가장 왕성하다고 할 수 있으니 왕(王), 또는 대장이라고 보셔도 무방합니다. 축(丑)토는 겨울을 마무리하고 봄을 여는 전환기의 글자로 고지(庫地)라고 합니다. 고(庫)가 창고라는 뜻이니 보관하고 저장하는 창고와 같은 역할을 합니다.

전에는 묘지(墓地)라고 많이 썼습니다. 생(生)은 태어나고, 왕(旺)은 왕성하게 활동하고, 묘(墓)는 죽는다는 의미로 썼는데, 계절은 항상 순환하고, 지지의 12글자 역시 순환하니 부정적인 의미의 묘지보다는 중립적인 성향의 고지(庫地)가 더 잘 맞는 것 같습니다.

정리하면 방합의 첫 번째 글자가 계절을 시작하는 생지의 글자가 됩니다.

방합의 두 번째 글자, 가운데 글자가 그 계절의 가장 왕성한 활동을 하는 왕지의 글자가 됩니다.

방합의 세 번째 글자, 즉, 마지막 글자가 그 계절을 마무리하는 고지의 글자가 됩니다.

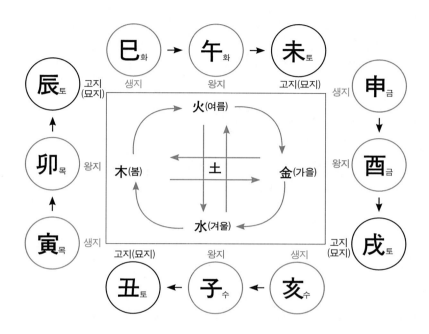

〈**그림 10**-지지의 생지, 왕지, 고지(묘지)〉

(1) 생지(生地)-인신사해(寅申巳亥)

표를 보시면 빨간색으로 표시한 것이 각 계절의 생지가 됩니다.

각 계절을 시작하는 글자로 움직임이 많고 분주하니 생지의 글자가 많으면 잘 돌아다니는 역마의 기질이 있다고 합니다. 역시 음과 양으로 구분해 보면 양 운동을 하는 인(寅)목과 사(巳)화는 정말 많이 움직입니다. 양의 속성이 확산하고 퍼져나가기 때문입니다.

음 운동을 하는 신(申)금과 해(亥)수 역시 움직임이 많지만, 꼭 실제적인 움직임이 아닐 수 있습니다.

보이지 않는 곳에서의 활발한 움직임 즉, 머릿속에서 생각이 바뀌고 오가는 것을

9. 12지지(地支)-땅의 12개의 글자

의미하기도 합니다.

생지는 보통 어린아이에 비유합니다. 호기심이 많고 새로운 시작을 잘하지만, 이를 밀어붙이는 추진력이 약하고, 마무리가 약하니 다른 왕지나 묘지의 글자가 보완을 해 주면 좋습니다. 인간 세계는 강자가 약자를 괴롭히고, 강자와 강자끼리의 대결을 서로 피하는 경우가 있는데, 자연은 공정하게 체급별로, 레벨별로 맞상대를 합니다. 생지는 생지끼리, 왕지는 왕지끼리, 고지는 고지끼리 맞상대를 합니다.

맞상대를 뜻하는 충(沖)은 인신(寅申)충(沖), 사해(巳亥)충(沖)으로 생지 글자끼리 충이 생기는데 어린아이들끼리의 싸움이니 큰 사단이 생기지는 않습니다.

(2) 왕지(旺地)-자오묘유(子午卯酉)

파란색으로 표시한 것이 왕지(旺地)의 글자입니다. 발음대로 왕(王)이고, 대장이며 각 계절의 중심부(가운데)에 위치하며 가장 왕성하게 활동합니다. 사주에 왕지의 글자가 많으면 대장 노릇을 하려 하고 남에게 쉽게 고개를 숙이려고 하지 않습니다. 왕지에도 역시 음과 양을 적용해 보면 양 운동을 하는 묘(卯)목과 오(午)화는 겉으로 드러난 대장을 하려고 합니다. 특히 양이 더 강한 오(午)화가 그렇습니다. 반면에 음 운동을 하는 유(酉)금과 자(子)수는 꼭 드러난 대장이 아닐 수도 있습니다. 음은 보이지 않음을 의미하니, 숨은 실력자, 막후 실력자라는 의미도 있습니다. 왕지의 글자도 서로 왕지끼리 맞상대, 즉 충(沖)을 하게 되는데, 왕지는 어른에 비유하니 그 싸움이 만만치 않고 치열합니다. 왕지의 글자는 추진력이 강하지만, 시작하는 것이 어렵고, 마무리가 약하니 역시 생지와 고지 글자의 조력을 받으면 좋습니다.

(3) 고지(庫地)-진술축미(辰戌丑未)

까만색으로 표시한 것이 고지(庫地), 또는 묘지(墓地)의 글자입니다.

생지에서 시작했고, 왕지에서 왕성하게 활동한 것을 이제는 마무리해야 하는 시기임을 알려줍니다.

계절은 반복되고, 12지지의 글자는 순환하기 때문에 보관하고 저장해야 다음에 잘 쓸 수가 있습니다.

해자축의 축(丑)토는 금 기운을 저장하는데, 곧 봄이 오면 금 기운이 약해지니 이를 보호하기 위함입니다.

인묘진의 진(辰)토는 수 기운을 저장하는데, 곧 여름이 오면 수 기운이 약해지니 이를 보호하기 위함입니다.

사오미의 미(未)토는 목 기운을 저장하는데, 곧 가을이 오면 목 기운이 약해지니 이를 보호하기 위함입니다.

신유술의 술(戌)토는 화 기운을 저장하는데, 곧 겨울이 오면 화 기운이 약해지니 이를 보호하기 위함입니다.

지지의 진술축미는 각 계절의 코너에서 양쪽 계절의 전환기이므로 다소 복잡하고 이중적인 성향을 띠게 됩니다. 천간의 무(戊)토, 기(己)토가 음과 양을 같이 볼 수 있다면, 지지의 진술축미는 각 계절의 코너에서 양쪽의 계절을 같이 볼 수 있습니다. 진술축미 고지를 노인에 비유하는데, 노인들의 싸움이니 치열하지는 않지만, 자칫하면 넘어져서 다칠 수도 있으니 주의해야 하는데, 코너에서는 속도를 줄이고 주위를 잘 살펴야 하는 이치입니다. 사주 내 고지가 많으면 현실의 변화를 의미하니 잘 살피고, 흐름을 읽어야 하는 것이 중요합니다. 마무리를 잘하지만, 시작이 어렵고, 추진력이 약하니 역시 생지와 왕지 글자의 조력을 받는 게 중요합니다.

4) 해자축(亥子丑)-그해 겨울은 따뜻했네

(1) 해(亥)수(+): 해자축 방합에서 생지(生地) 글자

보통은 자(子)수가 12지지의 첫 번째 글자이니 명리를 모르는 일반인 분들도 자축인묘진사오미신유술해로 기억하고 있습니다. 그런데 명리를 공부하시는 분들은 방합의 순서로 12지지를 기억하면 여러모로 좋습니다. 그래서 12지지의 첫 시작은 해자축 방합의 시작 글자인 해(亥)수로부터 시작해 보도록 하겠습니다.

겨울을 해(亥)수가 시작하니 양이 되고, 자(子)수가 마무리하니 음이 됩니다. 달로 치면 11월(음력으로 10월)이 되고, 절기는 입동(11월 7일) 이후의 약 한 달간이며, 시간으로는 밤 21시 30분부터 23시 30분까지입니다.

모든 생명이 술(戌)월에 끝나면 하늘로 올라가서 하늘의 명을 받아서 해(亥)월에 내려오게 됩니다.

그래서 술(戌)월과 해(亥)월을 천문이라고 하는데, 하늘을 올라가고 내려오는 문이라는 뜻입니다.

술해(戌亥) 천문을 지지에 가지고 있는 사람은 영감이 좋고 촉이 뛰어나게 됩니다.

해(亥)수는 동물상으로 돼지가 되는데, 기본적으로 식복과 식욕을 타고난 경우가 많습니다.

해(亥)수의 음양은 6음이 되는데, 온통 음으로 가득 차 있습니다. 응축과 수축이 절정에 다다른 모습이니 종교, 철학과 관련이 깊으며 역마의 성향도 있어 해운, 조선, 어업, 외국과도 인연이 있습니다.

(2) 해(亥)수의 통변
- 동물상: 돼지.
- 물상: 바다, 강, 하천, 어둠, 밤, 죽음, 고독.
- 절기: 입동(11월 7일) 이후 약 한 달간.
- 방향: 북쪽.
- 신체 부위: 신장, 방광, 생식기관, 귀.
- 음과 양: 6음[해(亥)수 내의 음양의 비율].
- 천간의 글자: 임(壬)수(+)와 비슷.

(3) 자(子)수(-): 해자축 방합에서 왕지(旺地) 글자
자(子)수는 겨울의 방합인 해자축에서 왕지의 글자입니다. 겨울은 해(亥)수가 시작하니 양이 되고, 자(子)수가 마무리하니 음이 됩니다. 달로 치면 12월(음력으로 11월)이 되고, 절기는 대설(12월 7일) 이후의 약 한 달간이며, 시간으로는 밤 23시 30분부터 다음날 새벽 1시 30분까지입니다.

동물상으로는 쥐가 되는데, 쥐의 속성상 다산으로 번식력이 왕성하며 생식 능력이 좋습니다.

야행성이니 밤에 활동하는 것을 좋아하고 먹이를 저장, 보관하는 습관을 가지고 있으며, 휴식, 고요, 비밀, 유흥과 깊은 관련이 있습니다. 자(子)수 속의 음양을 살펴보면 5음 1양이 되는데, 자(子)수에서 양의 기운이 처음 생겨나게 됩니다. 겨울의 절정이고 음의 절정인 자(子)수의 가장 밑에서는 양이 생겨나는 것을 알 수 있습니다.

자(子)수는 한겨울이고 한밤중인데 밖에 드러나지 않고 안에 들어와 있어야 하니 정신적인 영역을 잘 쓸 수 있습니다. 오행상 수(水)에 해당하는데, 목화토금을 다 거쳐 온 수(水)라서 지혜를 상징하며 머리가 좋고 노련합니다. 천간의 계(癸)수와 비슷한 면이 있고 음의 절정기이므로 더 응축되고, 더 단단해져서 씨앗과 같은 모습으로 존재하게 됩니다.

(4) 자(子)수의 통변
- 동물상: 쥐.
- 물상: 씨앗, 밤, 어둠, 겨울, 얼음, 비.
- 절기: 대설(12월 7일) 이후 약 한 달간.
- 시간: 밤 23:30분~01:30분.
- 방향: 북쪽.
- 신체 부위: 신장, 방광, 생식기관, 귀.
- 음과 양: 5음 1양[자(子)수 내의 음양의 비율].
- 천간의 글자: 계(癸)수(-)와 비슷.

(5) 축(丑)토(-): 해자축 방합에서 고지(庫地) 글자
축(丑)토는 겨울의 방합인 해자축에서 고지의 글자이며 겨울을 마무리하고 봄을 여는 글자입니다.

달로 치면 1월(음력으로 12월)이 되고, 절기는 소한(1월 5일) 이후 약 한 달간이며, 시간으로는 새벽 1시 30분부터 3시 30분까지입니다.

동물상으로는 소가 되는데, 술(戌)월에 모든 것이 죽어 하늘로 올라가면 해(亥)월에 명령을 받고 내려와 자(子)월에 수정을 하고 축(丑)월이 배양하여 새로운 생명을 탄생하기 위한 노고를 아끼지 않으니 헌신과 노고가 많습니다. 소가 살아서는 인간을 위하여 끊임없이 일하고, 죽어서는 고기와 가죽을 내어주니 그러한 소의 모습과 닮아 있습니다.

축(丑)토는 기름진 땅이지만, 얼어 있는 땅이라서 목을 키우기에 적합하지 않습니다. 그래서 화(火)를 필요로 합니다. 토생금을 잘하니 金을 잘 생할 수 있고, 화생토를 반깁니다. 수분을 많이 함유한 습토라서 속내를 잘 드러내지 않지만 우직하고 부지런하며 인내심이 강하고 희생정신이 강합니다.

(6) 축(丑)토의 통변
- 동물상: 소.
- 물상: 논밭, 연구실, 습지, 묘지, 창고.
- 절기: 소한(1월 5일) 이후 약 한 달간.
- 방향: 북쪽.
- 신체 부위: 신장, 방광, 생식기관, 귀.
- 음과 양: 4음 2양[축(丑)토 내의 음양의 비율].
- 천간의 글자: 기(己)토(-)와 약간 비슷[천간의 무기(戊己)토와 지지의 진술축미(辰戌丑未)는 천간의 갑을(甲乙)목과 지지의 인묘(寅卯)목과는 많이 다르기 때문에 약간 비슷하다고 기재했습니다].

작년 2019년 겨울은 무척 따뜻했습니다. 눈다운 눈도, 추위다운 추위도 없었던 것 같습니다.
겨울에 추워서 음의 기운이 단단히 응축되어야만 봄에 싹을 잘 틔울 수 있는데, 그렇지 못했습니다.
또한, 따뜻한 날씨는 봄에 각종 병충해와 질병을 불러올 수 있습니다. 올해 코로나가 전 세계적으로 기승을 부리는 모습과 무관하지 않아 보입니다.

5) 인묘진(寅卯辰)-코로나에 빼앗긴 들에도 봄은 오는가?

(1) 인(寅)목(+): 인묘진 방합에서 생지(生地) 글자

인(寅)목에서 본격적인 양(陽) 운동이 시작되는데, 봄을 시작하는 글자입니다.

봄을 인(寅)목이 시작하니 양이 되고, 묘(卯)목이 마무리하니 음이 됩니다. 달로 치면 2월(음력으로 1월)이 되고, 절기는 입춘(2월 4일) 이후 약 한 달간이며, 시간으로는 새벽 03시 30분부터 05시 30분까지입니다.

동물상으로는 호랑이가 되는데, 호랑이의 속성상 씩씩하고, 기상이 좋으며, 남에게 지려 하지 않습니다.

인(寅)목은 넓은 지역을 커버하는 호랑이처럼 움직임이 많고 이동 거리가 넓습니다. 인신사해(寅申巳亥)의 생지의 글자는 기본적으로 이동수가 많은데, 특히 인(寅)목과 사(巳)화가 그렇습니다. 실제적으로 눈에 보이는 움직임이 있는 양 운동을 하는 글자이기 때문입니다.

인(寅)목은 천간의 갑(甲)목과 비슷한 성정이 있는데, 강한 추진력과 리더십이 있고 다정다감한 성격을 가지고 있습니다. 인생으로는 유년기의 모습인데, 천진난만하고 때로는 유치하기도 합니다. 시작하는 기운이니 준비, 기획, 창작, 아이디어 기안을 잘합니다. 인(寅)월은 아직 추운 계절이므로 화의 기운을 필요로 합니다.

(2) 인(寅)목의 통변

- 동물상: 호랑이.
- 물상: 나무, 목재, 섬유, 문구, 자동차, 어린이.
- 절기: 입춘(2월 4일) 이후 약 한 달간.
- 시간: 새벽 03:30~05:30.
- 방향: 동쪽.
- 신체 부위: 간, 담, 눈, 피부, 신경 등.
- 음과 양: 3음 3양[인(寅)목 내의 음양의 비율].
- 천간의 글자: 갑(甲)목(+)과 비슷.

(3) 묘(卯)목(-): 인묘진 방합에서 왕지(旺地) 글자

묘(卯)목은 봄의 절정을 의미합니다. 가장 왕성하게 싹을 틔우고 성장해 가는 모습입니다.

봄은 인(寅)목이 시작하니 양이 되고, 묘(卯)목이 마무리하니 음이 됩니다. 달로 치면 3월(음력으로 2월)이 되고, 절기는 경칩(3월 6일) 이후 약 한 달간이며, 시간으로는 아침 05시 30분부터 07시 30분까지입니다.

동물상으로는 토끼가 되는데, 토끼의 속성상 잘 뛰어다니고 움직임이 많습니다.

꾸미고 장식하기를 좋아하니 뷰티 사업(헤어, 메이크업, 네일, 타투 등)에 종사하는 경우가 많고 어린이와 관련된 교육(어린이집, 유치원, 초등학교)에 관련이 깊고 문방구, 장난감, 노래방 관련 사업을 하는 경우도 많습니다.

묘(卯)목은 자오묘유의 도화의 글자가 되는데, 양(陽)의 도화이므로 외모가 뛰어나고 타인에게 인기가 많으며 어린이의 성정으로 착하고 순진무구하기도 합니다. 한편으로는 잡초처럼 끈질긴 생활력, 생명력을 가지고 있으며 집요하고 강인한 면도 가지고 있습니다. 2음 4양의 시기로 본격적인 양 운동의 시작을 알립니다.

(4) 묘(卯)목의 통변

- 동물상: 토끼.
- 물상: 초목, 화초, 과일, 야채, 문서, 모발, 화장품 등.
- 절기: 경칩(3월 6일) 이후 약 한 달간.
- 시간: 아침 05:30~07:30.
- 방향: 동쪽.
- 신체 부위: 간, 담, 눈, 피부, 신경 등.
- 음과 양: 2음 4양[묘(卯)목 내의 음양의 비율].
- 천간의 글자: 을(乙)목(-)과 비슷.

(5) 진(辰)토(+): 인묘진 방합에서 고지(庫地) 글자

진(辰)토에 접어들면 봄을 마무리하고 여름으로 넘어가는 계절의 전환기가 됩니다.

인생의 시기로 보면 청소년기, 사춘기 시절로 변화가 많은 질풍노도의 시절을 의미합니다. 가장 변화가 많고 심하기에 상상 속의 동물인 용(龍)을 배속했습니다. 달로 치면 4월(음력으로 3월)이 되고, 절기는 청명(4월 5일) 이후 약 한 달간이며, 시간으로는 아침 07시 30분부터 09시 30분까지인데, 일반적인 삶에서는 출근 시간이니 분주하고 변화가 많은 시간을 의미합니다.

동물상으로는 용이 되는데, 용은 12지지에 배속된 동물 중에서 유일하게 상상 속의 존재하는 동물입니다.

청소년기의 아이는 어린 시절의 모습에서 성인으로 변해 가는 극심한 육체적, 정신적 성장통을 겪기 때문에 어떻게 변할지 모르기에 용을 배속한 것입니다. 또한 1음 5양으로 양이 폭발적으로 증가하니 여드름 같은 피부 트러블을 겪기도 합니다.

진(辰)토의 용은 상상 속의 동물이라 허황된 생각이나 엉뚱한 사고를 하기도 하고, 비현실적인 꿈과 이상을 추구하기도 합니다. 변화가 심하니 변덕이 있고, 감정의 기복도 심한 편입니다. 하루의 단계에서는 아침에서 본격적으로 낮으로 넘어가는 전환점이 됩니다.

(6) 진(辰)토의 통변
- 동물상: 용.
- 물상: 습지, 진흙, 웅덩이, 댐, 위조품, 특허권, 이·미용품, 목욕탕.
- 절기: 청명(4월 5일) 이후 약 한 달간.
- 방향: 동남쪽.
- 신체 부위: 위장, 비장, 소화기관, 입.
- 음과 양: 1음 5양[진(辰)토 내의 음양의 비율].
- 천간의 글자: 무(戊)토(+)와 약간 비슷.

춘래불사춘(春來不似春)이라고 합니다. 봄이 왔는데, 봄의 느낌이 아니라는 뜻인데 요즘이 그러한 모습입니다.

마치 일제 강점기에 찾아온 봄처럼 코로나에 일상을 빼앗겨버린 느낌입니다. 다들 개인위생을 잘 챙기시고, 집에 오래 있는 이 시기를 자기 발전과 가족과의 유대를 높이는 등, 긍정적인 모습으로 활용하시길 바랍니다. 피할 수 없다면 즐기라 했습니다. 마음의 평온과 발전의 시기로 삼으시길 바랍니다.

6) 사오미(巳午未)-더 커지고, 더 확산하여 마침내 우주를 정복하다!

(1) 사(巳)화(+): 사오미 방합에서 생지(生地) 글자

사(巳)화는 여름을 시작하는 글자이니 양이 되고, 오(午)화는 여름을 마무리하는 글자이니 음이 됩니다.

달로 치면 5월(음력으로 4월)이 되고, 절기는 입하(5월 5일) 이후 약 한 달간이며, 시간으로는 아침 09시 30분부터 11시 30분까지입니다. 본격적으로 인묘진에서 커지고 확산된 양 운동은 사오미에 접어들면서 더욱 커지고, 더욱 확산되어 갑니다. 여름이 오면 온 산에 녹음이 우거지고 만물은 활력과 에너지가 넘치게 됩니다.

동물상으로는 뱀이 되는데, 6양의 모습입니다. 양의 기운으로 가득 차 있는 모습이라 움직임이 많고 이동하며 돌아다니는 것을 좋아합니다. 뱀은 권력과도 관련이 깊고 차갑고 냉정함을 지니고 있습니다. 치밀하며 정력이 출중합니다.

사(巳)화는 천간의 병(丙)화와 비슷한 면이 있어 화끈하고 예의를 중시하며 논리적이고 언변이 좋습니다.

잔소리도 많고 강한 개성을 지닙니다. 빛은 어두운 모든 곳을 구석구석 비추므로 조사, 검사, 수사 등의 직무를 잘해냅니다. 공과 사의 구별을 잘하니 공직에서 그 소임을 잘해낼 수 있습니다.

(2) 사(巳)화의 통변

- 동물상: 뱀.
- 물상: 태양, 전기, 전자, 통신, 기차, 자동차.

- 절기: 입하(5월 5일) 이후 약 한 달간.
- 방향: 남쪽.
- 신체 부위: 심장, 혈액, 순환기관, 혀.
- 음과 양: 6양[사(巳)화의 음양의 비율].
- 천간의 글자: 병(丙)화(+)와 비슷.

(3) 오(午)화(-): 사오미 방합에서 왕지(旺地) 글자

오(午)화는 여름을 마무리하니 음이고 불이며 열을 의미합니다. 달로 치면 6월(음력으로는 5월)이 되고, 절기는 망종(6월 6일) 이후 약 한 달간이며, 시간으로는 낮 11시 30분부터 13시 30분까지입니다.

동물상으로는 말이 되는데, 말의 속성상 왕성한 활동력을 자랑하며, 속도가 빠르니 인터넷, 통신, 유튜브 등의 미디어를 의미합니다. 천간의 정(丁)화와 비슷한데 빛보다는 열을 의미하고 촛불, 난로, 용광로의 물상이 되니 화(火)극금(金)을 잘합니다. 오화 속의 음양을 살펴보면 5양 1음이 되는데, 오화에서 음의 기운이 처음 탄생하게 됩니다. 여름의 절정이고 양의 절정인 그 순간에 가장 밑에서는 음이 생겨나는 것을 알 수 있습니다.

오(午)화는 한여름이고 한낮인데 기상이 활발하고 낙천적이며 긍정적인 성향을 가지게 됩니다. 신체 부위 중에는 혀를 담당하니 언변이 뛰어나고 사교적이며 예의가 바릅니다. 천간의 정(丁)화의 성정으로 희생, 봉사 정신, 헌신하는 모습이 있지만, 왕지의 글자답게 개성이 뚜렷하고 남에게 쉽게 고개를 숙이지 않는 높은 자존감을 가지고 있습니다.

(4) 오(午)화의 통변
- 동물상: 말.
- 물상: 전기, 전파, 유튜브, SNS, 엔진, 화약, 스피커, 화로.
- 절기: 망종(6월 6일) 이후 약 한 달간.
- 방향: 남쪽.
- 신체 부위: 심장, 혈액, 순환기관, 혀.
- 음과 양: 5양 1음[오(午)화 내의 음양의 비율].

- 천간의 글자: 정(丁)화(-)와 비슷.

(5) 미(未)토(-): 사오미 방합에서 고지(庫地) 글자

사(巳)화에서 여름을 시작하니 양이고, 오(午)화에서 여름을 마무리하니 음이 되고, 미(未)토는 이를 이어받아 가을로 넘겨주는 전환기의 역할을 하게 됩니다. 달로 치면 7월(음력으로는 6월)이 되고, 절기는 소서(7월 7일) 이후 약 한 달간이며, 시간으로는 낮 13시 30분부터 15시 30분까지입니다.

동물상으로는 양이 되는데 양의 속성상 고집이 세고 화가 나면 폭주하는 다혈질의 모습을 가집니다.

미(未)토는 7월의 토이니 무척 뜨겁고 메마른 땅인데 강한 자존심과 타인의 간섭을 싫어합니다.

천간의 기(己)토와 비슷한데, 미(未)토는 천간의 무기(戊己)토를 가장 많이 닮은 토입니다. 미토는 자의 형상으로 미(未, 아닐 미), 미(昧, 맛 미)와 관련이 있어 운으로 미(未)토가 들어오면 뭔가 일이 매듭이 안 지어지고 꼬이는 경우가 있으며, 압력밥솥에서 뜸을 들이듯이 사(巳)화, 오(午)화의 뜨거운 열기를 이어받은 미(未)토는 일정 기간 숙성하여 신(申)금에게 넘기니 요리 및 숙성이 필요한 발효식품 등과 관련을 가지게 됩니다. 미(未)토 속에 있는 정(丁)화는 신체 부위 중에서는 입을 담당하고 있어 언변은 좋지만, 급한 성격과 다혈질적인 성향으로 인해 말로 인한 설화(舌禍)와 구설수에 시달리기도 합니다.

(6) 미(未)토의 통변
- 동물상: 양.
- 물상: 토지, 도로, 사막, 담벼락, 요리, 발효식품, 자연재해.
- 절기: 소서(7월 7일) 이후 약 한 달간.
- 방향: 남서쪽.
- 신체 부위: 위장, 비장, 소화기관, 입.
- 음과 양: 4양 2음[미(未)토 내의 음양의 비율].
- 천간의 글자: 기(己)토(-)와 약간 비슷.

7) 신유술(申酉戌)-가야 할 때가 언제인가를 안다는 것

(1) 신(申)금(+): 신유술 방합에서 생지(生地) 글자

신(申)금은 가을을 시작하는 글자이니 양이고 유(酉)금은 가을의 절정이며 마무리를 하니 음이 됩니다.

달로 치면 8월(음력으로 7월)이 되고, 절기는 입추(8월 8일) 이후 약 한 달간이며, 시간으로는 오후 15시 30분부터 17시 30분까지입니다. 신(申)금의 음양의 비율은 3양 3음으로 봄의 생지 글자인 인(寅)목과 같지만, 인(寅)목의 3음 3양은 양이 점차 강해지는 모습이고, 신(申)금의 3양 3음은 음이 점차 강해지는 모습이니 흐름에서 차이가 있습니다.

동물상으로는 원숭이인데 원숭이의 속성상 재주가 많고 머리가 좋습니다. 강제적이고 단호한 모습을 가지고 있는데, 이는 부풀어 있는 양의 기운을 응축하고 단단하게 만들기 위한 강제적인 숙살지기를 가진 천간의 경(庚)금을 많이 닮아 있기 때문입니다. 의리가 있고 순박하며 강제적이고 단호하지만, 인정이 많고 뜨거운 눈물을 흘릴 줄 압니다.

봄과 여름 내내 노력했던 과정에 대한 첫 결실이 신(申)금이 됩니다. 현실적이고 결과를 중시하며 실속을 챙기려고 합니다. 신(申)월의 기간에는 초복, 중복, 말복의 삼복이 들어 있어, 여름 같기도 하고 가을 같기도 하여 변덕이 있는 모습입니다. 또한 지지에서 오(午)화를 만나면 제련을 통하여 새로운 모습으로 변할 수 있겠습니다.

(2) 신(申)금의 통변
- 동물상: 원숭이.
- 물상: 금속, 기계, 군인, 경찰, 선박, 금전, 풋과일, 금융, 채권추심.
- 절기: 입추(8월 8일) 이후 약 한 달간.
- 방향: 서쪽.
- 신체 부위: 폐, 대장, 호흡기관, 코.

- 음과 양: 3양 3음[신(申)금 내의 음양의 비율-음이 커져감].
- 천간의 글자: 경(庚)금(+)과 비슷.

(3) 유(酉)금(-): 신유술 방합에서 왕지(旺地) 글자

신(申)금에서 시작하니 양이고 초가을이라면, 유(酉)금에서는 절정이고 늦가을이며 마무리를 하니 음이 됩니다. 달로 치면 9월(음력으로 8월)이 되고, 절기는 백로(9월 8일) 이후 약 한 달간이며, 시간으로는 오후 17시 30분부터 19시 30분까지입니다.

동물상으로는 닭이 되는데 닭의 속성상 파헤치고 부리로 쪼는 것을 잘하니 날카롭게 핵심을 잘 파고듭니다. 또한 이러한 성향으로 인해 독설가의 성향이 있고 표현이 날카로운데, 에둘러 말하지 않고 직선적으로 핵심을 파고들어 가는 성향으로 인해서 타인의 구설(口舌)에 엮이는 경우가 많습니다.

천간의 신(辛)금을 많이 닮아서 냉정하고, 깔끔하고, 샤프하며, 까칠한 구석이 있습니다.

호불호가 있어서 냉정하기도 하지만 마음을 터놓은 사람에게는 한없이 잘해 줍니다. 늦가을 서릿발의 기세와 오래 기억하는 금 기운의 성향으로 눈에는 눈, 이에는 이처럼 당한 것은 반드시 보답하곤 합니다. "군자의 복수는 10년이 지나도 부족하지 않다."라는 중국 속담은 아마도 신(辛)금과 유(酉)금의 잊지 않고 오래 기억하는 성향에서 나온 것 같습니다.

유(酉)금도 천간의 신(辛)금과 같이 나무의 과실들을 분리하려는 성향을 가지고 있어서 매사에 정확하고 두리뭉실한 것을 싫어하며 깔끔을 떨고 보석처럼 은근히 잘난 척을 합니다. 소리를 질러 아침을 알려주는 닭의 성향으로 아나운서, 가수, 강사 등 말로 먹고사는 직업을 갖는 경우가 있습니다. 또한, 유(酉)금은 술잔의 모양을 가지고 있어 술과 관련되고 주사(酒邪)가 있을 수 있는데, 자오묘유(子午卯酉)의 글자는 모두 왕지의 글자이고 유(酉)금 또한 도화의 성향을 가지고 있으므로 술, 이성과 엮이게 되면 여러 가지 문제를 초래하기도 합니다.

(4) 유(酉)금의 통변

- 동물상: 닭.
- 물상: 보석, 술잔, 종, 재단기, 칼, 펜, 바늘, 기계 부품, 보석 감정, 금융, 마이크, 소독, 방역 등.
- 절기: 백로(9월 8일) 이후 약 한 달간.
- 방향: 서쪽.
- 신체 부위: 폐, 대장, 호흡기관, 코.
- 음과 양: 2양 4음[유(酉)금 내의 음양의 비율].
- 천간의 글자: 신(辛)금(-)과 비슷.

(5) 술(戌)토(+): 신유술 방합에서 고지(庫地) 글자

신(申)금이 가을을 시작하고, 유(酉)금에서 절정기를 보내고 마무리를 시작하면, 술(戌)토에 이르러 최종적으로 가을을 마무리하고 겨울로 넘어가게 됩니다. 겨울은 본격적인 음의 시기인데 술(戌)토는 본격적인 음을 시작하는 토이므로 양토가 됩니다. 시작하면 양이고, 마무리하면 음이 되기 때문입니다. 달로 치면 10월(음력으로 9월)이 되고, 절기로 한로(10월 8일) 이후 약 한 달간이며, 시간으로는 밤 19시 30분부터 21시 30분까지입니다.

동물상으로는 개가 되는데, 개의 속성상 충직하고 신(申)금과 유(酉)금의 시기에 거두어들인 결과물을 잘 지키는 모습이기도 합니다. 창고지기, 경비, 교도관 등의 엄격하게 지키고 보호하는 일들과 관련이 깊습니다. 늦가을이 더 깊어져서 겨울로 접어드는 모습이니 한적하고 한편으로는 쓸쓸함이 느껴집니다.

만물은 술(戌)토의 시기가 오면 삶의 과정을 마치고 땅속으로 들어가게 됩니다. 지상의 과실과 생명체를 키우느라고 영양분을 공급한 토는 술토의 시기에 영양분도, 수분도 없는 땅이 되는데, 겨우내 떨어진 낙엽들이 썩고, 동식물들의 유해 위에 눈과 비가 적당히 내려준다면 이것들이 섞여서 다시 기름진 땅으로써 인(寅)월에서 새 생명을 키워나갈 것입니다.

술(戌)토는 음양으로는 1양 5음으로 음이 한층 더 무르익은 모습입니다.

103

술토의 지장간을 보면 정(丁)화가 있는데, 겨우내 땅속에 정화의 온기가 있어야만 인(寅)월에 태어날 생명체들이 땅속에서 자랄 수 있습니다. 술(戌)토가 가지는 성향으로 직업으로는 종교, 철학, 연구, 보안, 경비업 등과 관련이 깊고, 개인 사업으로는 의료, 채권추심, 숙박업과도 관련이 있습니다.

(6) 술(戌)토의 통변
- 동물상: 개.
- 물상: 창고, 보관, 감옥, 묘지, 모텔, 교도소, 경광봉, 후레쉬, 방망이, 장례, 채권추심.
- 절기: 한로(10월 8일) 이후 약 한 달간.
- 방향: 북서쪽.
- 신체 부위: 위장, 비장, 소화기관, 입.
- 음과 양: 1양 5음[술(戌)토 내의 음양의 비율].
- 천간의 글자: 무(戊)토(+)와 약간 비슷.

가을에 단풍이 든다는 것은 겉으로는 아름답게 보이지만, 사실은 나뭇잎의 수분이 빠지고 있으며 늙어 간다는 것을 의미합니다. 아름답게 나이를 먹는다는 것이 쉽지 않지만, 가야 할 때가 언제인가를 알고 가는 사람의 뒷모습처럼, 가을의 단풍처럼 아름다운 이름을 남기며 떠나고 싶습니다.

24절기(節氣)
– 외워야 하나, 말아야 하나?

대자연의 흐름은 오늘도 변함없이, 또한 쉼 없이 흘러갑니다.

겨울인가 싶더니, 어느새 새순이 솟아나는 봄이 오고, 좀 따뜻해졌나 싶으면 이내 무더운 여름이 찾아옵니다. 끊임없이 흘러가는 자연의 기운을 인간은 여러 가지 편의를 위해 구분하여 24절기로 나누었습니다. 절기(節氣)의 절(節)은 '마디 절'이고, 기(氣)는 '기운 기'이니, 흘러가는 기운을 마디마디로 잘라서 구분한 것이 절기입니다. 명리학에서 지지를 12지지로 나눈 것도 이러한 절기에 따른 구분이 됩니다.

처음에 명리학을 배울 때, 이러한 24절기를 보면서 '아! 이것을 다 외워야 하나?' 하는 고민에 빠지게 됩니다. 어떤 이는 건너뛰기도 하고, 또 어떤 이는 하나하나 암기하려고 하는데 물론 깊게 배우려는 사람은 명칭과 날짜, 의미까지 기억하는 것이 좋지만 24절기를 다 외우자니 힘듭니다. 초급자분들은 복잡하게 생각할 필요가 없습니다. 일단 12절기를 이해하는 것이 먼저인데, 명리학에서는 24절기 중에서 12절기만을 쓰면서 지지를 12지지로 나누었기 때문입니다. 초급 과정 때는 한 번에 너무 많은 것을 기억하고 외우려고 하다 보면 정작 중요한 것을 놓치게 되니 12절기 위주로 설명하고자 합니다.

12절기의 표는 다음과 같습니다.

〈표 5-12절기 표〉

인(寅)월-입춘(入春)[봄의 시작(生地)]	묘(卯)월-경칩[봄의 절정(旺地)]	진(辰)월-청명[봄의 마무리(庫地)]
사(巳)월-입하(入夏)[여름의 시작(生地)]	오(午)월-망종[여름의 절정(旺地)]	미(未)월-소서[여름의 마무리(庫地)]
신(申)월-입추(入秋)[가을의 시작(生地)]	유(酉)월-백로[가을의 절정(旺地)]	술(戌)월-한로[가을의 마무리(庫地)]
해(亥)월-입동(入冬)[겨울의 시작(生地)]	자(子)월-대설[겨울의 절정(旺地)]	축(丑)월-소한[겨울의 마무리(庫地)]

12절기의 암기는 첫 번째 각 계절을 시작하는 생지인 인신사해(寅申巳亥)를 기억하시면 좋습니다.

각 계절의 시작하는 생지의 글자로 입춘, 입하, 입추, 입동을 배속했는데 12절기의 기준점이며 다음과 같습니다. 표시되는 달은 양력이 기준이 됩니다.

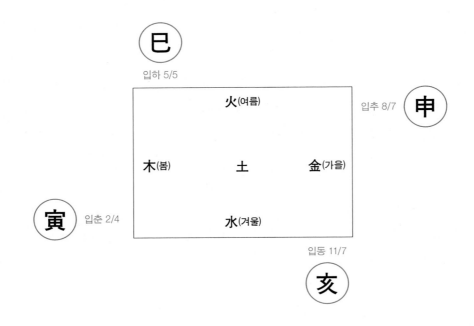

〈**그림 11**-각 계절의 시작(입춘, 입하, 입추, 입동)〉

해자축의 해(亥)는 겨울을 시작하는 생지의 글자이니 입동이 됩니다(11월 7일).
인묘진의 인(寅)은 봄을 시작하는 생지의 글자이니 입춘이 됩니다(2월 4일).
사오미의 사(巳)는 여름을 시작하는 생지의 글자이니 입하가 됩니다(5월 5일).
신유술의 신(申)은 가을을 시작하는 생지의 글자이니 입추가 됩니다(8월 7일).

인(寅)월의 입춘 뒤에 경칩[3월 6일, 묘(卯)월], 청명[4월 5일, 진(辰)월]을 보내면 사(巳)월의 입하(5월 5일)가 옵니다.

사(巳)월의 입하 뒤에 망종[6월 6일, 오(午)월], 소서[7월 7일, 미(未)월]를 보내면 신(申)월의 입추(8월 7일)가 옵니다.

신(申)월의 입추 뒤에 백로[9월 7일, 유(酉)월], 한로[10월 8일, 술(戌)월]를 보내면 해(亥)월의 입동(11월 7일)이 옵니다.

해(亥)월의 입동 뒤에 대설[12월 7일, 자(子)월], 소한[1월 5일, 축(丑)월]을 보내면 다시 인(寅)월의 입춘(2월 4일)이 옵니다.

방합의 표에 12절기를 대비하면 다음과 같습니다.

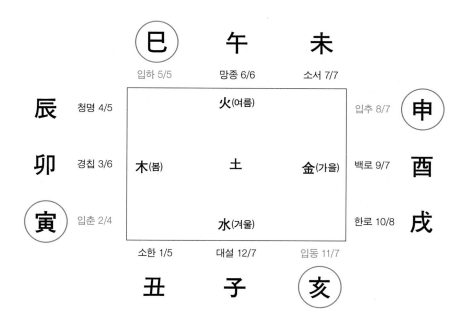

〈그림 12-12절기와 방합표〉

10. 24절기(節氣)-외워야 하나, 말아야 하나?

이렇게 각 계절을 시작하는 인신사해 생지의 글자를 기준(입춘, 입하, 입추, 입동)으로 잡고 나머지 2개의 절기를 왕지와 고지의 글자에 배속하면 좀 더 이해하기 쉽습니다.

12절기의 의미를 간단히 살펴보면 다음과 같습니다.

- 인(寅)월(입춘, 2월 4일) 생지: 봄을 시작함.
- 묘(卯)월(경칩, 3월 6일) 왕지: 개구리가 겨울잠에서 깸.
- 진(辰)월(청명, 4월 5일) 고지: 봄 농사 준비.

- 사(巳)월(입하, 5월 5일) 생지: 여름을 시작함.
- 오(午)월(망종, 6월 6일) 왕지: 씨뿌리기.
- 미(未)월(소서, 7월 7일) 고지: 여름 더위의 시작.

- 신(申)월(입추, 8월 7일) 생지: 가을을 시작함.
- 유(酉)월(백로, 9월 7일) 왕지: 이슬이 내리기 시작.
- 술(戌)월(한로, 10월 8일) 고지: 찬 이슬이 내리기 시작.

- 해(亥)월(입동, 11월 7일) 생지: 겨울을 시작함.
- 자(子)월(대설, 12월 7일) 왕지: 겨울 큰 눈이 내림.
- 축(丑)월(소한, 1월 5일) 고지: 겨울 중 가장 추울 때.

절기는 디지털처럼 정확하게 나누어지고 구분되지 않으니 각 절기의 날짜는 하루 정도 차이가 생길 수 있습니다. 나머지 절기는 기본 12절기를 확실하게 기억하고 이해한 뒤 차츰 알아 가면 좋을 것입니다.

지장간(支藏干)
– 땅에 스며든 하늘의 기운

1) 지장간이란?

우리는 앞서 천간의 10글자와 지지의 12글자를 배웠습니다. 이를 10천간 12지지라고 하는데 줄여서 천간지지, 더 줄이면 간지(干支)라고 합니다. 여러 명리 서적에 보이는 간지학, 간지론은 이런 10천간, 12지지를 줄인 말입니다. 오늘 처음 배우는 지장간(支藏干)은 지지 속에 스며든 천간의 기운을 의미합니다. 장(藏)은 '감출 장'이라는 뜻이니 지지(地支) 속에 감추어진(藏) 천간(天干)의 줄임말이 됩니다.

삼재(三才), 혹은 천지인(天地人)은 동양 철학에서 말하는 만물을 구성하는 세 가지 요소를 말하는데, 천(天)은 하늘, 지(地)는 땅, 인(人)은 사람을 의미합니다. 하늘과 땅은 드러나 있기에 쉽게 살필 수 있지만, 사람의 마음은 드러나지 않으니 쉽게 파악하기가 어렵습니다. "열 길 물속은 알아도, 한 길 사람 속은 모른다."라는 말이 괜히 나온 것이 아닌 것 같습니다. 지장간은 천지인(天地人)에서 인(人)에 해당하니 충실히 공부해 둔다면 나중에 배우게 될 지지 속의 여러 가지 현상인 형충회합과 해가 어떻게 생겨나고, 어떻게 진행되며, 어떤 결과로 귀결되는지를 알 수 있어 좀 더 상세한 감명이 가능하게 됩니다.

하늘(천간)은 목화토금수의 오행 운동을 하지만, 땅(지지)은 봄·여름·가을·겨울의 사계절 운동을 합니다.
그렇게 나누어진 이유는 하늘의 기운이 땅으로 내려올 때, 지축의 기울기(23.5도)

에 의해서 그 기운이 온전히 전달되지 않았기 때문입니다. 땅에 내려온 하늘의 기운을 표시한 것을 지장간이라고 하는데, 지지 속에 감추어진 천간의 글자입니다. 천간-지지-지장간의 글자를 살펴보면 다음과 같습니다.

〈표 6〉

○	辛	○	○	-	천간	10천간의 글자	갑을병정무기경신임계 (甲乙丙丁戊己庚辛壬癸)
□	□	子	午	-	지지	12지지의 글자	해자축(亥子丑), 인묘진(寅卯辰), 사오미(巳午未), 신유술(申酉戌)
		임 (壬), 계 (癸), 계 (癸)	병 (丙), 기 (己), 정 (丁)	-			지장간의 글자는 - 10천간의 글자와 동일합니다.

이렇게 지지의 자(子)수 속에 있는 임(壬), 계(癸), 계(癸)나 오(午)화 속의 병(丙), 기(己), 정(丁)을 지장간의 글자라고 합니다.

총 3개의 글자로 표시하고 있는데, 첫 번째를 여기, 가운데를 중기, 마지막을 말기라고 합니다.

정리해 보면 오(午)화 속의 병(丙)화는 여기가 되고, 기(己)토는 중기가 되며, 정(丁)화는 말기가 됩니다.

여기(餘氣, 남을 여, 기운 기)는 말 그대로 남아있는 기운이란 뜻입니다.

자연은 디지털처럼 딱딱 끊어지지 않고 아날로그처럼 이어진다고 앞서 설명했는데, 6월 초의 여기는 5월 말의 기운이 넘어와서 이어진 것을 뜻합니다. 양력으로 5월은 사(巳)월이고 지장간을 보면 무(戊), 경(庚), 병(丙)이 있는데, 이중 병(丙)화는 말기에 해당합니다. 6월은 위에서 보신 것처럼 오(午)월인데 지장간을 보면 병(丙), 기(己), 정(丁)으로 병(丙)화가 여기가 됩니다. 이와 같이 사(巳)월의 지장간 말기가 오(午)월의 여기로 이어짐을 알 수 있습니다.

지지 속의 지장간(일수는 한 달 30일 기준으로 천간의 글자가 지지에 머문 시간을 의미합니다)은 다음과 같습니다.

● 여기[출근 전, 체(體)]-중기[하는 일, 용(用)]-말기[퇴근 후, 체(體)].

● 해(亥)수-무(戊)토(7일)-갑(甲)목(7일)-임(壬)수(16일)-생지(生地) 글자.
● 자(子)수-임(壬)수(10일)-계(癸)수(10일)-계(癸)수(10일)-왕지(旺地) 글자.
● 축(丑)토-계(癸)수(9일)-신(辛)금(3일)-기(己)토(18일)-고지(庫地) 글자.

● 인(寅)목-무(戊)토(7일)-병(丙)화(7일)-갑(甲)목(16일)-생지(生地) 글자.
● 묘(卯)목 -갑(甲)목(10일)-을(乙)목(10일)-을(乙)목(10일)-왕지(旺地) 글자.
● 진(辰)토-을(乙)목(9일)-계(癸)수(3일)-무(戊)토(18일)-고지(庫地) 글자.

● 사(巳)화-무(戊)토(7일)-경(庚)금(7일)-병(丙)화(16일)-생지(生地) 글자.
● 오(午)화-병(丙)화(10일)-기(己)토(9일)-정(丁)화(11일)-왕지(旺地) 글자.
● 미(未)토-정(丁)화(9일)-을(乙)목(3일)-기(己)토(18일)-고지(庫地) 글자.

● 신(申)금-무(戊)토(7일)-임(壬)수(7일)-경(庚)금(16일)-생지(生地) 글자.
● 유(酉)금-경(庚)금(10일)-신(辛)금(10일)-신(辛)금(10일)-왕지(旺地) 글자.
● 술(戌)토-신(辛)금(9일)-정(丁)화(3일)-무(戊)토(18일)-고지(庫地) 글자.

앞의 각 계절을 시작하는 생지의 글자인 인신사해(寅申巳亥)를 보면 지지 속에 머문 지장간 글자의 일수가 같은 것을 알 수 있는데, 7일(여기), 7일(중기), 16일(말기)로 동일합니다.

각 계절에서 왕성한 활동을 하는 왕지의 글자인 자오묘유(子午卯酉)를 보면 지지 속에 머문 지장간 글자의 일수가 같은 것을 알 수 있는데, 10일(여기), 10일(중기), 10일(말기)로 동일합니다.

지장간 중기가 하는 일은 용(用)에 해당하는데, 오(午)화를 제외하고 중기와 말기

11. 지장간(支藏干)-땅에 스며든 하늘의 기운

가 같으니 왕성한 활동을 하는 것을 알 수 있습니다.

각 계절을 마무리하는 고지의 글자인 진술축미(辰戌丑未)를 보면 지지 속에 머문 지장간 글자의 일수가 같은 것을 알 수 있는데, 9일(여기), 3일(중기), 18일(말기)로 동일합니다.

이중 특이하게 왕지의 글자 중에서 오(午)화는 병(丙, 여기, 10일), 기(己, 중기, 9일), 정(丁, 말기, 11일)입니다. 다른 왕지와 다르게 중기가 정(丁)화가 아닌 기(己)토인 것은 양 운동은 확산을 시작하면 스스로 멈추지를 못하니 중간에 브레이크 역할을 하는 기(己)토를 넣어 제어하고 있는 모습입니다.

쉽게 설명하면 여기는 출근 전, 중기는 출근해서 일하는 모습, 말기는 퇴근 후 가정으로 돌아와서 쉬거나 여가생활을 하는 모습에 비유할 수 있습니다. 여기와 말기는 체(體)에 해당하고 중기는 용(用)이니 내가 하는 일에 해당합니다.

허주라는 사람이 있다면 그것은 체(體)입니다. 그런데 강의를 하면 강사가 되고 (用), 책을 쓰면 작가가 되며(用), 사주 상담을 하면 역술인(用)이 됩니다. 지하철을 타면 승객(用)이 되고, 마트에서 물건을 사면 손님(用)이 되는데, 이렇게 무엇을 하는 가에 따라서 다양한 용(用)의 모습으로 나타나게 됩니다.

체(體) 역시 단순하지 않은데, 누군가의 자식(體)일 수 있고, 누군가의 형제(體)일 수 있습니다. 누군가의 배우자(體), 누군가의 아버지(體) 역시 체의 모습이 됩니다. 지장간의 여기와 말기는 체의 모습이고 특히 말기가 많은 기간 동안 머물러 있기에 중요합니다. 지장간 말기의 글자를 보고 지지 글자의 오행을 정하고 음양을 나누게 됩니다. 인(寅)목의 지장간을 보면 [무(戊)토-7일, 병(丙)화-7일, 갑(甲)목-16일]인데, 이 중에서 지장간 말기의 갑(甲)목이 머문 기간이 16일이니 인(寅)목의 체는 목(木)이 되는 것이고, 갑(甲)목이 양이므로 인(寅)목 역시 양이 됩니다.

2) 지장간의 의미

　천간은 드러난 마음, 생각, 의지, 욕망 등이니 누구나 볼 수 있습니다.

　지지는 내가 살아가는 현실이라 내 주변의 사람들인 가족, 친구, 지인, 회사 동료들은 알 수 있습니다.

　어떤 사람이 백수인지, 직장인인지는 아침에 출근하는 모습과 복장 등으로 알 수 있고, 아이의 손을 잡고 마트를 들르면 유부남인지, 총각인지를 동네 사람들이 알 수 있습니다. 그런데 지장간의 글씨, 특히 내가 하는 일인 지장간 중기는 남들이 잘 알 수 없고 가까운 사람도 잘 모를 수 있습니다. 지지 속에 들어가 있기 때문에 잘 보이지 않습니다.

　이 지장간의 글자들은 남들에게 보이지는 않지만, 못 쓰거나 활용을 못 하는 것이 아닙니다.

　다들 지장간 속의 글자를 쓰면서 살아가는데, 다만 남들이 잘 모를 뿐입니다. 아니, 정확히 말하면 관심이 없습니다. 제가 사는 아파트의 아래층 남자가 뭘 하는지, 몇 살인지, 저는 궁금하지도 않고 관심도 없습니다. 그런데 아래층 남자가 코로나 확진자가 되거나 살인을 하여 뉴스에 나온다면 그때 가서야 알게 되고 관심이 생길 수는 있겠습니다.

　이렇게 운에서 형과 충이 되는 글자가 들어왔을 때, 운의 명령에 따르지 않아 드물게 충이 생기고 형이 생기면서 지장간의 글자가 개고(開庫)되고 개고된 글자는 천간으로 올라가서 천간의 글자들과 합거(합쳐서 날아감), 합반(합쳐서 쓰지를 못함), 득(일간과 합하여 뭔가를 얻음)의 현상들이 발생합니다. 천간은 드러난 마음인데, 일간을 포함하여 4개가 있습니다. 그런데 충과 형으로 개고되어 지장간의 글자가 천간으로 올라와 6개 또는 7개의 글자가 어지럽게 합하고, 극하고, 생하고, 제어하니 혼란이 생기는 것을 의미합니다. 고유정 사건이 이슈화되기 전에는 누구도 고유정이란 사람이 실제로 존재하는지도, 뭐하는 사람인지도 몰랐지만, 이 사람에게 형과 충이 작용하면서 은밀하게 저지른 범죄가 천간에 드러나면서 대중들도 알게 되었습니다. 소위 '땅콩 항공'의 조현아 및 조현민 자매, 엽기적인 행동으로 세간에 충격을 안긴 웹하드 업체의 양진호 사장, 성추행을 저지른 오거돈 전 시장처럼 이렇게 형과 충에 의해 지장간의 글자들이 충격을 받아 천간에 나타나니, 이는 사건, 사고, 투서, 체포, 소송 등을 통해서 대중들이 알게 되는 것을 의미합니다.

지장간을 보지 않고 감명할 수 있다는 분들도 계십니다. 가능합니다. 크고 대략적으로 본다면 볼 수도 있습니다. 그런데 세운으로, 월운으로 오는 각종 형충회합파해의 진행 과정과 결과 등을 정확하게 알려면 지지 속의 지장간들이 어떻게 상호 작동하고 영향을 주는지를 알아야 합니다. 만약 경자년에 자(子)수가 들어와 자오충이 구성될 때, 그냥 충이 생기니 조심하라고 말해 주는 경우와 자오충이 생길때, 오화 속의 지장간의 글자들이 자(子)에서 어떤 모습을 취해야 하고, 만약에 개고가 되어 천간에서 합거, 합반, 또는 득이 되면 어떤 현상들이 생겨나는지 알려준다면 막연한 두려움보다는 실질적으로 예방할 수 있고 좀 더 든든한 보호막이 되지 않을까 생각합니다.

기초 편에서는 지장간에 대한 세부적인 이야기를 쓰기 어렵습니다.
일단 12지지의 지장간의 글자 암기부터, 머문 기간을 외우기에도 급급하기 때문입니다.
실제로 형충회합파해에서 생겨나는 지장간 글자의 변화와 적용은 심화 편에서 자세히 설명하기로 하고 일단 12지지 지장간의 표를 암기하고 이해하시는 게 좋겠습니다. 외워야 할 것은 외웁시다!

〈**그림 13**-지장간 속에 천간이 머무는 날짜(30일 기준)〉

　지장간에는 3글자만 보이지만 사실 12글자가 모두 들어가 있습니다. 지지속의 3 글자는 12글자가 뽑은 대의원으로 생각하시면 됩니다. 12지지의 글자는 각자가 담 당하는 계절이 있으니 그 계절에 꼭 필요한 3개의 글자가 대의원처럼 지장간으로 드러나 있을 뿐입니다.

사주팔자(四柱八字) 더 비기닝!

1) 사주팔자의 구성과 지장간

우리는 앞서 음양과 오행, 10천간, 12지지의 천간지지에 대해 학습했습니다.

사주팔자를 감명하는 데 있어서 가장 기본적이고 기초적인 부분이라서 여러 챕터로 나누어 자세하게 설명했습니다. 이번에 배울 것은 사주팔자의 기초적인 구성과 의미, 각 구성의 명칭, 그리고 어떻게 해석되고 어떠한 의미를 부여하는지에 관하여 간단히 설명하고자 합니다.

사주팔자의 의미와 해석은 기초 편과 심화 편으로 나누었습니다. 심화 편은 이후 배울 십신, 형충회합파해 및 지장간의 운용 편을 익힌 후에 설명하고자 합니다. 지금 배우기에는 난이도가 있기 때문입니다. 물론 기초 편이라고 해서 간단하게 여기고 무시해서는 안 됩니다. 기초를 튼튼히 해야 심화 편으로 올라갈 때 중심을 잡고 흔들리지 않기 때문입니다. 뿌리 깊은 나무는 바람에 흔들리지 않고, 샘이 깊은 물은 가뭄에 마르지 않는 법입니다.

실제로 사주를 감명하는 것에는 더 많은 학습과 경험이 필요하지만, 사주팔자의 모습이 어떠하고 각 구성은 어떤 의미를 가지고 있으며 각 구성의 명칭은 어떠한 것인지 알아야 할 필요가 있습니다. 그것은 이후 학습에서 실제로 사주팔자의 샘플이 나오기 때문입니다.

사주팔자(四柱八字)를 간단히 설명하자면 사주(四柱)라는 4개의 기둥[기둥 주(柱)]과

팔자(八字)라는 8개의 글자로 구성된 것을 의미합니다. 사주팔자는 태어난 해(年), 태어난 달(月), 태어난 날(日), 태어난 시(時)를 표시한 것입니다. 예전에는 만세력이라는 책을 통해서 사주팔자를 구성했으나, 현재는 다양한 만세력 애플리케이션이 있어서 손쉽게 사주를 볼 수 있습니다. 스마트폰에 만세력 애플리케이션을 설치하고 생년월일시, 성별, 음력, 양력을 기입함으로써 쉽게 본인의 사주를 볼 수 있게 되었습니다.

예를 들어 보겠습니다.

● **남자(乾): 1973년 1월 5일생 양력 새벽 2시(48세)**

〈표 7〉

시주(時柱)	일주(日柱)	월주(月柱)	년주(年柱)	
기(己, 시간)	신(辛, 일간)	임(壬, 월간)	임(壬, 년간)	천간(天干)
축(丑, 시지)	축(丑, 일지)	자(子, 월지)	자(子, 년지)	지지(地支)
계(癸), 신(辛), 기(己)	계(癸), 신(辛), 기(己)	임(壬), 계(癸), 계(癸)	임(壬), 계(癸), 계(癸)	지장간(支藏干)

표에서 건(乾, 하늘 건)이라고 표시된 것은 남자의 사주를 말합니다. 여자의 사주는 坤(땅 곤)이라고 합니다. 그러나 이는 예전부터 내려온 '남자는 하늘, 여자는 땅'이라는 차별적인 용어이니 무시하고 그냥 남자, 여자로 쓰시면 됩니다. 우리는 왼쪽에서 오른쪽으로 읽는 것에 익숙하지만, 사주는 반대로 오른쪽부터 왼쪽으로 읽어 가게 됩니다.

년주(年柱)라고 썼는데, 이는 태어난 해를 의미하고 천간의 임(壬)수와 지지의 자(子)수를 합쳐서 부릅니다.
월주(月柱)라고 썼는데, 이는 태어난 월을 의미하고 천간의 임(壬)수와 지지의 자(子)수를 합쳐서 부릅니다.

일주(日柱)라고 썼는데, 이는 태어난 날을 의미하고 천간의 신(辛)금과 지지의 축(丑)토를 합쳐서 부릅니다.

시주(時柱)라고 썼는데, 이는 태어난 시간을 의미하고 천간의 기(己)토와 지지의 축(丑)토를 합쳐서 부릅니다.

이렇게 년, 월, 일, 시 4개의 기둥을 사주라고 부릅니다.

각 기둥에는 천간의 글자와 지지의 글자가 하나씩 있어서 8개의 글자가 되는데 이를 팔자라고 부르며 합쳐서 사주팔자라고 부릅니다. 네, 맞습니다. 우리가 알고 있고, 많이 쓰고 있는 사주팔자입니다.

상단의 글자들은 천간의 글자입니다. 우리가 배웠던 갑을병정무기경신임계(甲乙丙丁戊己庚辛壬癸)의 10천간의 글자만 들어갑니다. 하단의 글자들은 지지의 글자입니다. 해자축(亥子丑), 인묘진(寅卯辰), 사오미(巳午未), 신유술(申酉戌)의 12지지의 글자만 들어갑니다. 천간의 글자가 지지로 내려갈 수 없고, 지지의 글자가 천간으로 올라갈 수 없습니다.

년주를 천간과 지지로 나누면 천간의 글자는 년간(年干)이 되고, 지지의 글자는 년지(年支)가 됩니다.

월주를 천간과 지지로 나누면 천간의 글자는 월간(月干)이 되고, 지지의 글자는 월지(月支)가 됩니다.

일주를 천간과 지지로 나누면 천간의 글자는 일간(日干)이 되고, 지지의 글자는 일지(日支)가 됩니다.

시주를 천간과 지지로 나누면 천간의 글자는 시간(時干)이 되고, 지지의 글자는 시지(時支)가 됩니다.

정리해 보면 이 남자의 일주는 신축(辛丑)일주가 되고, 일간은 신(辛)금일간입니다.

일지는 축(丑)토가 되고, 월지는 자(子)수가 됩니다. 그리고 월간은 임(壬)수가 됩니다.

일지, 시지의 축(丑)토의 계(癸), 신(辛), 기(己)는 지장간의 글자입니다.

월지, 년지의 자(子)수의 임(壬), 계(癸), 계(癸)도 지장간의 글자입니다.

지장간의 글자는 드러나지 않은 글자이므로 남들이 잘 모를 수 있습니다.

그러나 남들이 모를 뿐이지, 그 글자를 못 쓰는 것은 아닙니다. 현실적으로 사용하고 있는 글자이지만 드러나지 않고 쓰게 되는데, 잠재된 능력, 속마음, 현실 속의 활동, 움직임을 의미합니다. 나중에 배우게 되겠지만 운으로 들어온 글자와 형과 충이 생기게 되면, 한바탕의 소동과 소란이 생기고 지장간 속의 글자가 튀어나오니 다른 사람들도 그제야 알게 됩니다.

어렵게 느껴지지만, 사실 이것은 현실 속에서 우리가 종종 경험하게 되는 것들입니다. 술을 마시면 평소와는 달리 거칠어지고 폭력적인 사람이 그렇습니다. 술을 마셔서 폭력적인 것이 아니라 원래 폭력성이 감추어져 있다가 드러난 것뿐입니다. 말다툼을 하다가 나도 모르게 속마음이 튀어나와 상대방에게 상처를 주는 것도 같은 원리입니다. 튀어나온 지장간의 글자들은 천간의 글자와 합거(합쳐서 날아감), 합반(합쳐서 쓰지 못함) 등의 모습으로 다양한 인생 역경을 경험하게 됩니다.

2) 대운(大運)의 의미

사주팔자를 다른 말로 사주원명, 사주원국이라고 합니다. 많이 쓰이니 알아두면 좋습니다.

사주팔자는 태어날 때 가지고 나온 것이라 서서히 변하므로 잘 못 느끼지만 10년마다 찾아오는 대운과 1년마다 찾아오는 세운, 매월 찾아오는 월운 등의 운(運)의 흐름에 따라서 크게 영향을 받고 실제로도 체감하게 됩니다. 그중에서 대운이 가장 큰 영향을 미치게 되는데, 한마디로 짧게 정의하자면 본인이 살고 있는 계절로 보시면 이해하기 쉽습니다. 사주원국의 8글자의 외곽을 대운의 글자가 둘러싼 모습입니다.

대운이 사오미(巳午未)로 흘러가면 여름이 찾아온 것입니다. 지지의 글자가 각 10년으로 대략 30년간 여름이 지속되니 큰 환경이 아닐 수 없습니다.

대운이 해자축(亥子丑)으로 흘러가면 겨울이 찾아온 것이니, 사주의 구성이 금수(金水)로 구성되어 있다면 더욱 추운 겨울을 맞이한 것이고, 목화(木火)로 구성되어 있다면 반대편의 음의 기운이 온 것이니 삶에 많은 변화가 찾아오게 됩니다.

예를 들어 보겠습니다.

● 남자(乾): 1973년 1월 5일생 양력 새벽 2시(48세)

〈표 8〉

시주(時柱)	일주(日柱)	월주(月柱)	년주(年柱)	
기(己, 시간)	신(辛, 일간)	임(壬, 월간)	임(壬, 년간)	천간(天干)
축(丑, 시지)	축(丑, 일지)	자(子, 월지)	자(子, 년지)	지지(地支)
계(癸), 신(辛), 기(己)	계(癸), 신(辛), 기(己)	임(壬), 계(癸), 계(癸)	임(壬), 계(癸), 계(癸)	지장간(支藏干)

〈표 9〉

80세	70세	60세	50세	40세	30세	20세	10세	0.0	대운수
신(辛)	경(庚)	기(己)	무(戊)	정(丁)	병(丙)	을(乙)	갑(甲)	계(癸)	천간
유(酉)	신(申)	미(未)	오(午)	사(巳)	진(辰)	묘(卯)	인(寅)	축(丑)	지지

표에 나온 내용이 사주의 대운의 흐름과 대운수입니다. 10단위로 20세, 30세, 40세에 대운이 바뀌고 있습니다. 사주원국은 수 기운이 강하여 겨울의 기운이 왕성한 무척 추운 사주인데, 현재 지지가 사오미로 흘러가고 있습니다. 대운의 지지는 이 사주에 계절과 같습니다. 앞으로 여름이 지속되고 있음을 알 수 있습니다. 고서에서는 대운과 사주원국의 관계를 군왕과 신하로 설명했는데 적절한 비유입니다. 대운이 군왕이 되니, 이 사주는 여름의 모습으로 살아가야 합니다. 인간은 환경에 영향을 받으면서 살아가기 때문에 대운, 즉 계절의 변화에 따라서 다양한 모습으

로 살아가게 됩니다.

대운에는 순행과 역행이 있는데 남자의 경우 년간이 양간[갑(甲)목, 병(丙)화, 무(戊)토, 경(庚)금, 임(壬)쉬]이면 순행하고 여자의 경우 년간이 음간이면 순행합니다. 반면에 남자의 경우 년간이 음간[을(乙)목, 정(丁)화, 기(己)토, 신(辛)금, 계(癸)쉬]이면 역행하고, 여자의 경우 년간이 양간이면 역행하게 됩니다. 순행이 좋고 역행이 안 좋고 그런 것은 없습니다. 사주팔자의 모든 것이 남자 중심, 즉 양(陽) 중심으로 체계화되어 있을 뿐입니다.

역행이라는 것도 양의 입장에서는 역행이지만, 음의 입장에서는 순행의 모습입니다. 음과 양은 서로 반대이기 때문입니다.

예시로 나온 사주는 남자이고 년간이 임(壬)수로 양간이므로 순행하는 사주입니다.

순행은 갑(甲)-을(乙)-병(丙)-정(丁)으로 흘러가는 것을 의미하고, 역행은 정(丁)-병(丙)-을(乙)-갑(甲)의 역으로 흐르는 것을 의미합니다.

첫 대운은 월주를 기준으로 정해집니다. 년간이 양간이고 순행을 하는 경우에는 월주가 임자(壬子)이므로 첫 대운은 순행하는 계축(癸丑)이 됩니다. 임(壬)수 다음으로 계(癸)수로 이어졌고, 자(子)수 다음으로 축(丑)토가 이어졌기 때문입니다. 첫 번째 대운인 계축(癸丑)대운부터 갑인(甲寅)대운, 을묘(乙卯)대운으로 순행하게 됩니다.

3) 년주, 월주, 일주, 시주의 의미-나는 지금 어디쯤인가?

〈표 10〉

시주(時柱)	일주(日柱)	월주(月柱)	년주(年柱)	
실(實)-열매	화(花)-꽃	묘(苗)-싹	근(根)-뿌리	근묘화실
중년 (약 46세 이후)	장년 (약 31~45세)	청년 (약 16~30세)	초년 (약 1~15세)	인생의 시기
겨울	가을	여름	봄	계절
밤	저녁	낮	아침	하루
자식, 부하 직원	나, 배우자	부모, 형제, 자매	조부모, 조상	가계(家係)

사주팔자는 표와 같이 4개의 기둥과 8글자로 구성되어 있습니다.

많은 명리 서적에서 일간을 사주팔자의 주인공이라고 하는데, 꼭 그런 것만은 아닙니다. 사주팔자 천간의 글자들은 모두 드러난 나의 마음, 의지, 욕망이며 그런 의식의 흐름을 보여 주는 것이기 때문입니다.

년간-월간-일간-시간순으로 순차적으로 마음, 의식, 욕망의 무게 중심이 바뀌어 갑니다. 지지의 글자도 모두 나의 글자이니 년지-월지-일지-시지 순으로 순차적으로 현실의 무게 중심이 변해 갑니다.

사주의 무게중심

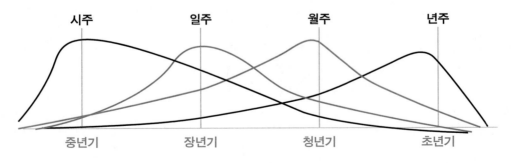

〈**그림 14**-사주의 시기별 무게 중심〉

년주는 초년기 사주팔자의 무게 중심이고 절정이었다가 청년기-장년기-중년기로 흘러가면서 점차 약해집니다. 마치, 가문, 집안 환경, 조부모가 어린 시절에는 큰 영향을 끼치다가 청년, 장년으로 흘러가면서 덜 중요해지는 것과 같습니다.

월주는 초년기에서 대기하고 있다가 본격적으로 청년기가 오면 사주팔자의 무게 중심이고 절정이었다가, 장년기-중년기로 흘러가면서 점차 약해집니다. 열심히 직장 생활을 하고 사회적인 활동을 하다가, 퇴직하거나, 실직, 자기 사업을 준비하면서 사회적인 활동보다는 개인의 삶을 중시하는 모습과 같습니다.

일주는 초년기, 청년기를 거쳐 결혼과 함께 장년기에 접어들면 사주팔자의 무게 중심이고 절정이었다가 정년퇴직, 은퇴 등으로 사회적 활동(用)이 줄어들고 자녀 문제, 가정의 일(體) 등으로 무게 중심이 시주 쪽으로 흘러가게 됩니다.

시주는 년주-월주-일주의 시기, 즉, 초년기-청년기-장년기를 지나 중년기에 접어들면 사주팔자의 무게 중심이 되고 절정의 모습으로 살아가게 됩니다. 자녀뿐만 아니라 손자, 손녀를 볼 수 있는 나이가 되고 이들(손주)에게 본인이 어린 시절에 보았던 년주의 모습으로 다가와 조부모, 조상, 가문, 가풍의 역할을 하게 되면서 인생을 마감하게 되는 모습입니다. 자연이 끊임없이 순환하듯이, 사람의 삶도 이렇게 년주, 월주, 일주, 시주 순으로 순환하게 됩니다.

일간을 사주팔자의 주인공으로 보는 것은 부모의 보호와 통제가 있는 년주, 월주의 시기를 벗어나 배우자를 만나 하나의 가정을 이루는 일주의 시기에 독립적인 사회의 구성원으로 인정받기 때문입니다. 그러한 이유로 너무 어리거나 미혼인 분의 사주를 감명할 때는 일간 중심으로의 통변보다는 나이 및 부모와의 동거 여부 등을 살펴서 년주 및 월주를 기준으로 보는 것이 좀 더 정확할 수 있습니다.

4) 사주팔자의 위치와 의미-인생의 전·후반전을 논하다

(1) 년주(年柱)의 의미와 통변(전반전의 과정)

년주는 사주팔자의 근(根, 뿌리 근)에 해당합니다. 인생의 시기로는 약 1세~15세가량을 의미하며 가계(家係)의 의미로는 조상, 부모가 됩니다. 어린 시절을 의미하며 집안의 가풍이나 전통 등의 영향을 많이 받게 됩니다. 하루 중에서는 아침, 1년 중에서는 봄에 해당합니다. 년주와 월주는 지구의 공전과도 관련이 있는데, 년주는 비교적 규모가 큰 국가를 의미합니다. 어떤 이는 한국에서 태어나고, 또 어떤 이는 아프리카에서 태어나는데, 같은 사주라도 삶에 큰 차이가 생기니 이는 년주와 관련이 있습니다.

사주팔자를 월주와 일주 사이를 기준으로 전반전(년주, 월주) 및 후반전(일주, 시주)으로 나누는데 년주는 전반전의 과정, 활동, 노력 등이 됩니다. 쉽게 설명하자면 학창 시절에 체력을 기르고, 학업에 매진하여 노력하는 모습이 됩니다. 그러한 노력, 과정, 활동의 모습이 월주로 나타나게 됩니다.

년주의 시기에 자기의 꿈을 위해 열심히 공부하고 체력을 키웠다면 월주의 시기에 좋은 직장에 취직하거나 자신의 꿈을 잘 펼칠 수 있습니다.

(2) 월주(月柱)의 의미와 통변(전반전의 결과)

월주는 사주팔자의 묘(苗, 싹, 줄기 묘)에 해당합니다. 인생의 시기로는 약 16세~30세가량을 의미하며 가계(家係)의 의미로는 부모, 형제, 자매가 됩니다. 청년 시절을 의미하며 부모의 성향이나 경제 규모, 형제자매의 영향을 많이 받게 됩니다. 하루 중에서는 낮, 1년 중에서는 여름에 해당합니다. 년주와 월주는 지구의 공전과도 관련이 있는데, 월주는 년주 다음의 규모가 큰 사회를 의미합니다. 어떤 이는 서울에서 태어나고, 또 어떤 이는 작은 섬에서 태어났다면 살아가는 모습과 직업 선택 등에서 큰 차이를 보이게 되는데 이는 월주와 관련이 있습니다. 사주팔자를 전반전(년주, 월주) 및 후반전(일주, 시주)으로 나누는데, 월주는 전반전의 결과물이고 결실이 됩니다. 년주의 시절에 학업을 게을리하고 유흥을 즐기면서 살았다면 월주의 시기에 취업이 안 되거나 본인이 원하는 직업 또는 직장에 들어가기가 요원합니다.

(3) 일주(日柱)의 의미와 통변(후반전의 과정)

일주는 사주팔자의 화(花, 꽃 화)에 해당합니다. 인생의 시기로는 약 31세~45세가량을 의미하며 가계(家係)의 의미로는 배우자, 본인이 됩니다. 장년 시절을 의미하며, 부모의 품을 떠나서 배우자를 만나서 가정을 이루어서 주체적으로 삶을 살아가는 모습입니다. 배우자의 영향을 많이 받게 됩니다. 하루 중에서는 저녁, 1년 중에서는 가을에 해당합니다. 일주와 시주는 지구의 자전과도 관련이 있는데, 일주는 가정과 개인, 사적인 공간을 의미합니다. 서울에 살더라도 어떤 이는 타워팰리스에 살고, 또 어떤 이는 반지하 단칸방에 사는데 이는 일주와 관련이 있습니다.

일주에서부터 인생의 후반전이 시작되는데 그 기준은 부모의 품을 떠나 배우자를 만나서 독립적인 가정을 이룰 때입니다. 사람마다 결혼의 시기가 빠르거나 늦을 수 있으니 나이를 떠나 일주로 무게 중심이 작동하는 시기에는 차이가 있을 수 있겠습니다. 일주의 시기는 역시 후반전의 과정, 활동, 노력이 됩니다. 시주는 일주 시기의 과정 및 활동의 결과물이 되는데, 일주의 시기를 어떻게 보내는가에 따라서 흔히 자식 농사라고 부르는 자녀의 모습과 본인 노후의 모습이 달라지게 됩니다.

(4) 시주(時柱)의 의미와 통변(후반전의 결과)

시주는 사주팔자의 실(實, 열매 실)에 해당합니다. 인생의 시기로는 약 45세 이후를 의미하며 가계(家係)의 의미로는 자식이 됩니다. 중년 시절을 의미하며, 배우자와 자녀, 손주의 영향을 많이 받게 됩니다. 하루 중에서는 밤, 1년 중에서는 겨울에 해당합니다. 배우자를 맞아 하나의 가정을 이루면서 인생의 후반전이 시작되는데, 일주의 시기가 후반전의 과정, 행동, 노력이었다면, 시주는 후반전의 결실, 결과물이 됩니다.

시주는 나의 사적 공간을 의미하며 본인이 년주의 시기에 보았던 조부모, 조상, 가문, 가풍의 모습을 시주의 시기에 자신의 손주들에게 보여 주게 됩니다. 자연은 끊임없이 순환하고 인간의 가계(家係)도 순환하게 되는 모습입니다. 순환하고 변하고 반복되는 모습, 그것이 역(易)이고 명리학입니다.

후반전(배우자와 동거, 자전)		전반전(부모와 동거, 공전)	
시간	일간	월간	년간
시지	일지	월지	년지
자녀	배우자	부모·형제	부모·조부모

〈**그림 15**-사주팔자의 전·후반전〉

축구 경기에도 전·후반전이 있고, 야구도 5회를 끝내면 클리닝 타임이 있어서 전·후반을 가르는데 사주팔자도 마찬가지로 배우자를 맞으면서 전반, 후반으로 나누어집니다. 전반전(년주-월주)이 힘들었는데, 배우자를 잘 만나서 후반전(일주-시주)이 행복해지기도 하고 전반전에 잘나갔는데, 배우자를 잘못 만나서 후반전이 불행해지기도 합니다. 그러므로 좋은 배우자, 현명한 배우자를 만나는 것이 중요한데, 가장 확실한 방법 하나를 알려드릴까 합니다. 그것은 본인이 좋은 배우자, 현명한 배우자가 되는 것입니다. 천간은 천간끼리 생극제화를 하고, 지지는 지지끼리 형충회합을 하듯이, 본인의 위치가 달라지고 격이 올라가면 거기에 걸맞은 배우자를 만나게 됩니다.

5) 대운, 세운, 월운 그리고 일운의 의미

사주팔자의 글자 중에서는 월지가 가장 중요합니다. 다른 지지는 년지, 일지, 시지라고 불러도 월지만은 명령을 내린다는 월령이라고 부를 만큼 중요하고 실로 사주팔자의 사령부 역할을 하고 있습니다.

대운 역시 무척 중요합니다. 어린아이의 사주를 보지 않는 이상, 40~50세 되는 사람의 사주를 볼 때 원명은 이미 지나간 삶이므로 아무리 잘 간명한다 해도, 이미 지나가 버린 시간일 뿐입니다.

사주는 운을 보는 것입니다. 사주원명을 잘 분석하여 다가오는 운은 어떤 모습이고, 어떻게 대비해야 하는가를 보는 것입니다. 예전에는 대운보다는 세운을 중요하게 보시는 분들이 많았습니다. 그러나 이제는 명리학이 유튜브 등을 통해서 많이 오픈되어서 실력 있는 역술인들의 강의가 알려지면서 대운의 중요성이 많이 강조되고 있습니다.

허주의 생각도 같습니다. 대운이 중요합니다. 대운은 큰 환경이기 때문입니다. 10년이라는 긴 세월을 나와 함께해야 하므로 어떤 이는 대운을 사주원명과 같은 체(體)로 보고 사주팔자가 아닌 오주팔자로 간명하기도 하는데, 대운보다는 세운을 중요하게 보는 이론보다는 진일보했지만, 역시 올바른 방법은 아닙니다. 대운은 사주팔자를 둘러싸고 있는 큰 환경과 같기 때문입니다.

그리고 누구에게나 똑같이 적용되는 세운과 12개의 월운과 365개의 일운이 있습니다. 일운은 다른 말로 일진이라고 많이 씁니다.

물론 허주도 중요한 일이나 행사가 있을 때는 가끔 일운(일진)을 확인합니다. 아마도 습관이 된 것 같습니다.

지금부터 대운과 세운, 월운, 그리고 일운(일진)의 의미를 좀 더 이해하기 쉽게 설명하고자 합니다.

대운은 큰 환경이고 마치 봄, 여름, 가을, 겨울과 같은 계절입니다.

계절이 바뀌면 우리의 옷도 바뀌듯이, 계절에 맞추어서 살아가야 하는 것이 당연합니다.

세운은 그 가운데 한주와 같고, 월운은 사건 사고가 벌어지는 날이 되며, 일운(일진)은 그 순간이 됩니다. 예를 들어, 교통사고가 나고, 수술을 받고, 타인과 싸움이 벌어지는데, 그것이 10년 내내 발생하지는 않습니다. 사건, 사고, 수술, 싸움이 1년 내내 벌어지지도 않습니다.

그 사고 시간, 수술받는 그 시점, 싸움이 벌어지고 종료되는 시간, 그것이 월운입니다.

대운이 중요하고 세운도 중요하지만, 구체적인 사건, 사고, 다툼을 보려면 월운을 봐야 합니다.

사주 감명 시 월운까지 세세하게 보면 너무 내용이 방대해지기 때문에 보통은 보지 않지만. 시험이나, 결혼, 이사, 소송 등의 일이 있으면 월운을 보고 재판, 시험처럼 날짜가 확정된 것이라면 일운(일진)까지 보고 간명을 합니다.

대운이 해자축으로 흘러 겨울이 왔다고 치겠습니다. 그러나 겨울이 왔다고 해서 항시 눈이 내리지는 않습니다.

하지만 여름에는 눈이 내릴 리가 없으니, 오직 겨울이라는 환경 속에서 눈이 내릴 수 있는 분위기가 조성됩니다. 그러다가 어느 세운에서 눈이 내립니다. 펄펄 내리는 함박눈이 소복하게 쌓이게 됩니다.

그 길을 걸어가다가 어느 사람이 넘어져서 크게 다치게 되는 것이 월운입니다.

긴급히 병원으로 실려 가서 수술을 받거나 치료를 받는 그 순간, 그것이 일진입니다.

대운이나 세운에 해당하지 않고 월운에서 넘어지거나 일진에서 넘어지면 그것은 일종의 해프닝입니다. 가볍게 먼지를 툭툭 털고 일어나서 다시 갈 길을 가면 되고, 타인과 어깨를 부딪치면 얼굴 한 번 찌푸리고 지나가는 해프닝이지만, 대운과 세운을 걸쳐서 월운에서 넘어지거나 타인과 부딪치면 그것은 중상이 되고 타인과는 대판 주먹다짐을 하게 됩니다.

대운이 중요한 이유는 바로 그런 까닭입니다. 같은 의미로 대운 없이 세운에서 벌어진 상황들은 힘들지만 그런대로 견딜 만하고 참을 만합니다. 그러나 대운에서 벌어졌는데, 세운에서도 생겨나는 상황은 참으로 힘들고 아픈 상처와 기억으로 남는 것입니다.

제가 생각하는 대운, 세운, 월운 그리고 일운(일진)의 의미란 그런 것입니다.

6) 에필로그

　이제는 한국인의 평균 수명이 80세가 넘으니 15세 단위로 나누는 것이 안 맞지 않은가 질문하시는 분들이 많습니다. 저도 처음에는 그렇게 생각했지만, 의학 기술이 발전했더라도 옛날이나, 지금이나 인간의 성장은 22세~25세를 정점으로 늙기 시작하기 때문에 15세 단위의 구분이 맞다고 생각합니다. 다만 의학 기술의 발전과 건강 관리를 통해서 옛날에 비해 인간의 수명이 크게 늘어난 것뿐입니다.

　전반전, 후반전에 이어 60세 이상의 연장전을 살아가는 분들을 주변에서 많이 보는 것 같습니다.

　인생에 주어진 연장전이니 아름답게 나이를 먹어간다는 것이 중요하겠습니다.

　원래는 초년-청년-중년-노년으로 구성했지만, 초년-청년-장년-중년으로 수정하게 되었습니다. 수명이 연장되니 45세 이후를 노년이라 부르기가 많이 어색한 모습입니다. 용어는 별로 중요하지 않습니다. 다만, 그 의미가 중요하니 교정할 때 장년-중년으로 수정했습니다. 앞으로 저의 명리 혁명에서는 노년은 없을 것 같습니다.

십신(十神)
– 10개의 하늘이 열리다

1) 십신(十神)–다양한 인간관계의 해석

지금까지 음양, 오행, 10천간, 12지지, 사주팔자의 구성과 의미, 지장간 등을 배운 것은 사주 감명을 하기 위한 과정이었습니다. 앞으로 배울 상관, 겁재, 편인 등의 십신 용어는 우리가 실생활에서 전혀 들어본 적이 없는 생소한 용어이므로 초급자 분들에게는 난감하고 쉽게 이해가 안 되는 부분이 많을 것입니다. 명리학을 공부할 때 지장간의 글자 암기에 이어서 두 번째로 찾아오는 어려움인데, 이전에 오행의 생극제화를 탄탄하게 다졌다면 그렇게 어렵지 않습니다.

명리학은 사주팔자의 원국을 분석하고 대운과 세운, 월운 등, 운으로 들어오는 글자와의 관계를 규명하여 인생의 시간표가 어떤 방향으로 흘러가는지를 살피는 학문입니다. 사주팔자의 글자들은 모두 자연의 흐름을 글자로 표시하는 것이니, 글자를 보면서 자연을 생각하는 자세가 필요합니다. 해자축으로 대운이 흐르면 더 단단해지고 더 응축되는 성향의 겨울 환경이 찾아온 것이고, 사오미로 대운이 흐르면 더 커지고 더 확산되는 성향의 여름 환경이 찾아온 것을 의미합니다. 하지만 자연의 흐름과 모습이 다소 추상적인 느낌으로 다가오는 것은 사실입니다.

사주 감명은 실제 인간의 삶 속에서 성격, 재산, 직장, 시험, 승진, 사업 등의 용(用)의 영역과 부모, 배우자, 자식 등의 체(體)의 영역을 같이 살피게 되는데, 다양한 인간관계의 모습을 표시한 십신의 해석은 실제적인 사주 감명에 유용하게 쓰이게 됩니다. 자연의 흐름을 살펴서 다양한 인간관계에 적용하는 것, 그것이 사주감명의 시작이자 전부입니다.

흔히 십신을 사주 감명의 꽃이라고 합니다. 음양오행, 천간지지, 지장간의 모습만으로는 추상적인 개념이고 체(體)로 작동하기에 그 본질적인 의미와 활동의 해석이 쉽지는 않습니다. 그러나 그 의미를 십신으로 세분화시켜 다양한 인간관계의 체(體)와 용(用)을 적용하여 어떻게 현실에서 펼쳐지는가를 가늠할 수 있습니다. 쉽게 설명하자면 음양오행의 해석이 주인공의 내면의 모습이라면, 십신의 해석은 주인공의 외면의 모습이 됩니다. 외면의 모습은 쉽게 보이므로 빠르게 감명할 수 있지만, 내면의 음양오행을 간과한다면 겉과 속이 달라지는 모순에 부딪히게 됩니다. 많은 역학인이 처음에 음양오행을 간단히 배우고 바로 십신으로 뛰어들어서 많은 감명을 하다가, 다시 돌아와 음양오행, 천간지지의 기초를 다지려는 것은 그렇게 놓쳐버린 속 모습으로 인해서 감명이 잘 안 맞는다는 것을 스스로 경험하기 때문입니다.

2) 육친(六親)-단순한 인간관계의 해석

명리학을 배우다 보면 육친이란 용어가 종종 등장합니다. 다른 말로 육신이라고도 합니다. 간단히 설명하자면 우리가 배웠던 오행(五行)을 기반으로 하여 나=일간=주인공을 제외한 다섯 가지로 나눈 것이 육친입니다. 그리고 예전에는 육친의 용어로 사주 감명을 하는 경우가 많았는데, 옛날 사회는 신분제로 단순했으며 직업의 종류 역시 단순했던 시절이므로 육친의 해석만으로도 충분했습니다. 같은 개념으로 음과 양, 오행만으로도 충분했던 시절이 있었습니다.

그러나 신분제가 사라지고 수많은 다양한 직업이 생겨나면서 재물을 단순히 재성으로만 보던 시기는 이제 지나갔습니다. 전에는 없었던, 특허권, 저작권, 음원료, 인세 등 다양한 형태의 재성이 생기게 되었습니다. 단순한 유형이었던 재성의 모습이 이제는 다양한 형태이고 무형의 모습으로도 존재하게 된 것입니다. 그래서 최근에는 대부분의 역술인이 육친이 아닌 좀 더 세분화되고, 그로 인해 정교해진 십신으로 감명을 하고 있습니다. 십신(十神)의 숫자에서 알 수 있듯이, 십신은 10개의 천간을 기준으로 나누어진 것입니다. 목화토금수(木火土金水) 오행으로 분류한 것이 육친이라면 천간의 오행을 음양으로 세분화한 갑을병정무기경신임계(甲乙丙丁戊己庚辛壬癸의) 10천간의 글자로 분류한 것이 십신이 됩니다. 온고지신(溫故知新)이라고, 이전의 육친을 배우고 난 후에 십신을 배운다면 좀 더 탄탄한 기초를 다지게 됩니다. 또한 여전히 일부 서적이나 동영상 등에서는 육친의 용어를 쓰고 있으므로 같이 알아두면 좋습니다.

육친의 관계는 다음과 같습니다.

나=일간(日干)=주인공.

- 나와 같은 오행=비겁(比劫).
- 내가 생하는 오행=식상(食傷).
- 내가 극하는 오행=재성(財星).
- 나를 극하는 오행=관성(官星).
- 나를 생해 주는 오행=인성(印星).

갑자기 처음 들어 보는 용어에 당황하지 마시길 바랍니다.
먼저 배웠던 오행의 상생과 상극의 표를 기억하시면 됩니다.

나=일간=주인공이 갑(甲)목이라면, 나(甲)와 같은 오행이 목(木)인데 천간에는 갑(甲)목, 을(乙)목, 지지에는 인(寅)목, 묘(卯)목이 되니 음양의 구분 없이 비겁이 됩니다.

내(甲)가 생하는 오행이 화(火)인데 천간에는 병(丙)화, 정(丁)화, 지지에는 사(巳)화, 오(午)화가 되니 음양의 구분 없이 식상이 됩니다(목생화).
내(甲)가 극하는 오행이 토(土)인데 천간에는 무(戊)토, 기(己)토, 지지에는 진(辰)토, 술(戌)토, 축(丑)토, 미(未)토가 되니 음양의 구분 없이 재성이 됩니다(목극토).

나(甲)를 극하는 오행이 금(金)인데 천간에는 경(庚)금, 신(辛)금, 지지에는 신(申)금, 유(酉)금이 되니 음양의 구분 없이 관성이 됩니다(금극목).

나(甲)를 생해 주는 오행이 수(水)인데 천간에는 임(壬)수, 계(癸)수, 지지에는 해(亥)수, 자(子)수가 되니 음양의 구분 없이 인성이 됩니다(수생목).

육친(六親) - 오행으로 구분

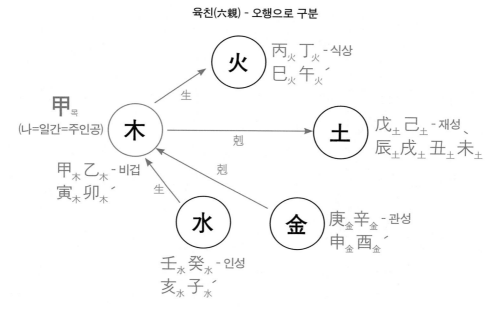

〈**그림 16**-육친(六親)의 관계〉

3) 육친(六親)-우리가 정말 친했을까?

그간 많이 출연했던 갑(甲)목의 출연료 대폭 인상 요구의 갑질(?)로 인해서 주인공을 바꾸어 보도록 하겠습니다. 변하고, 변하니 역(易, 바꿀 역)학(學)이기 때문입니다. 음간인 기(己)토 일간이 주인공이 됩니다. 나=일간=주인공=아(我, 나 아)

기(己)토 일간과 오행이 같은 비겁은 같은 토(土)이므로 음양의 구분 없이 천간에는 무(戊)토, 기(己)토, 지지에는 진(辰)토, 술(戌)토, 축(丑)토, 미(未)토가 됩니다(비겁).

13. 십신(十神)-10개의 하늘이 열리다

기(己)토 일간이 생해 주는 것은 식상이고 토생금으로 금(金)이 되는데 음양의 구분 없이 천간에는 경(庚)금, 신(辛)금, 지지에는 신(申)금, 유(酉)금이 됩니다(식상).

기(己)토 일간이 극하는 오행이 재성이고 토극수로 수(水)가 되는데 음양의 구분 없이 천간에는 임(壬)수, 계(癸)수, 지지에는 해(亥)수, 자(子)수가 됩니다(재성).

기(己)토 일간을 극하는 오행이 관성이고 목극토로 목(木)이 되는데 음양의 구분 없이 천간에는 갑(甲)목, 을(乙)목, 지지에는 인(寅)목, 묘(卯)목이 됩니다(관성).

기(己)토 일간을 생해 주는 오행이 인성이고 화생토로 화(火)가 되는데 음양의 구분 없이 천간에는 병(丙)화, 정(丁)화, 지지에는 사(巳)화, 오(午)화가 됩니다(인성).

(1) 비겁(比劫)의 성향과 의미

비겁은 나와 같은 오행 중에서 음양이 같은 비견과 음양이 다른 겁재로 나누어져 있습니다.

비견과 겁재를 합쳐서 비겁이라고 부릅니다. 병(丙)화(+)가 나=일간=주인공이라면 음양이 같은 병(丙)화(+)가 비견이 되고, 음양이 다른 정(丁)화(-)가 겁재가 됩니다. 지지를 보면 사(巳)화(+)가 비견이 되고, 오(午)화(-)가 겁재가 됩니다.

비겁은 생존본능을 의미합니다. 살아가기 위하여 타인과 협력도 필요하고, 때론 독식하는 것도 필요합니다. 비견이 수성의 모습으로 협력하고 선의의 경쟁을 하는 모습이라면 겁재는 공성의 모습으로 뺏고 뺏기는 치열한 전쟁의 모습입니다. 비견이 100미터 달리기에 비유된다면, 겁재는 치고받는 격투기가 됩니다. 당연히 에너지의 소모는 겁재가 더 큽니다.

비겁이 강하면 자기주장, 고집, 의지가 강해지니 자의식이 강하고 독립심이 강해집니다. 사주에 비겁이 많다는 것은 나와 같은 친구, 지인, 동료, 형제, 자매가 많다는 것을 의미하니 돈을 벌어도 나누어야 하는 것을 의미합니다. 음양의 비율처럼, 놀이터의 시소처럼 비겁의 반대편에는 재성과 관성이 있는데, 비겁이 강해지면 상대적으로 재성과 관성이 약해집니다. 남자의 경우 자기 고집이 너무 강해지면 배우자와 불화하기 쉽고 직장 생활에서도 상부와 트러블이 생길 수 있으니 개인 사업을 하거나 자신의 전문성, 전문기술을 가지고 조직 생활을 하는 것이 유리합니다. 반면에 비겁이 약하면 대인관계가 약하여 외로움을 타기 쉽고, 자기주장, 의지, 고집이 약하므로 남의 의견에 부화뇌동하여 줏대 없이 따라다니는 팔랑귀가 되기 쉽습니다.

- 비겁의 체(體, 인간관계): 형제, 자매, 친구, 동료, 지인.
- 비겁의 용(用, 성향, 성격): 생존본능, 협력, 서포트, 독식, 고집, 주장, 의지, 주체성, 독립성, 리더십.

(2) 식상(食傷)의 성향과 의미

식상은 내가 생해 주는 오행 중에서 음양이 같은 식신과 음양이 다른 상관으로 나누어져 있습니다.

식신과 상관을 합쳐서 식상이라고 부릅니다. 병(丙)화(+)가 나=일간=주인공이라면 음양이 같은 무(戊)토(+)가 식신이 되고, 음양이 다른 기(己)토(-)가 상관이 됩니다. 지지를 보면 진(辰)토(+), 술(戌)토(+)가 식신이 되고, 축(丑)토(-), 미(未)토(-)가 상관이 됩니다.

식상은 내가 좋아하는 일을 하는 것입니다. 주로 돈을 벌기 위해 하는 일인데, 꼭 돈과 관련된 것만을 의미하는 것은 아닙니다. 자기가 하고 싶은 일을 하면 즐겁습니다. 그것이 재성으로 연결되건, 아니건 간에 말입니다. 나에게서 나온 것이니 글재주, 언변, 표현력, 창의력, 응용력과 관련이 있고 출판, 언론, 교육, 콘텐츠 사업에 종사하면 유리합니다. 음과 양의 비율처럼 사주에 식상이 강하면 반대편의 인성과 관성이 약해집니다. 관성이 상징하는 조직, 회사와 충돌하여 어려움이 있을 수도 있습니다. 인성은 웃어른, 부모 등을 뜻하니 말을 안 듣고 제멋대로 할 수가 있겠습니다.

식신은 내가 좋아하는 일을 하는데, 그 주체가 내가 됩니다. 수성의 모습으로 하니 타인의 시선에 별로 신경을 쓰지 않습니다. 반면에 상관은 타인이 관심 있고 좋아하는 일에 더 관심을 가지게 됩니다. 공성의 모습으로 자신의 지식과 언변을 과시하고 뽐내니 그로 인해 어려움을 겪기도 합니다. 에너지의 소모는 공성적인 상관이 더 큽니다. 식신이 한 가지를 파고들어 가는 전문가의 모습이라면, 상관은 여러 가지를 조금씩, 골고루 잘하는 연예인의 모습입니다. 우리는 이러한 식상을 쓰는 사람들을 방송에서 많이 보고 있습니다.

- 식상의 체(體, 인간관계): 아랫사람, 후배, 부하, 여자에게는 자식, 남자에게는 장모.
- 식상의 용(用, 성향, 성격): 내가 하고 싶은 일을 하는 것, 언변, 표현력, 융통성, 배짱, 전문성.

(3) 재성(財星)의 성향과 의미

재성은 내가 극하는 오행 중에서 음양이 같은 편재(偏財)와 다른 정재(正財)로 나누어져 있습니다.

편재와 정재를 합쳐서 재성이라고 부릅니다. 용어를 살펴보면 정(正)은 '바를 정'이고, 편(偏)은 '치우칠 편'인데 편(偏)은 양이면 양, 음이면 음으로 한쪽으로 치우쳐 있을 경우에 씁니다. 음양이 골고루 있을 때는 정(正, 바를 정)이니 옛날 사람들은 음양이 균형 잡혀 있는 것을 바르다고 보았습니다. 병(丙)화(+)가 나=일간=주인공이라면 음양이 같은 경(庚)금(+)이 편재가 되고, 음양이 다른 신(辛)금(-)이 정재가 됩니다. 지지를 보면 신(申)금(+)이 편재가 되고, 유(酉)금(-)이 정재가 됩니다.

재성은 식상 활동의 결과물, 결실을 의미합니다. 비겁과 식상이 나와 내 주변의 작은 공간이었다면 재성부터는 좀 더 넓은 사회적인 모습을 보여 줍니다. 영역의 확대이고, 세계관의 확장을 의미합니다. 정재는 수성의 모습으로 생존에 유리하게 적은 수의 개인과 관계를 맺는 것이고(man to man), 편재는 공성의 모습으로 생존에 유리하게 큰 단체, 많은 사람들, 다양한 그룹과 관계를 맺는(man to group) 것의 모습으로 발현됩니다. 정재는 일한 만큼 안정된 급여를 받는 급여생활자가 잘 맞고 편재는 투자 대비 몇 배의 이익을 창출하려는 사업가 및 폭넓은 영역의 확대와 사업 아이템을 공유하는 프렌차이즈 사업가가 잘 맞습니다.

재성이 강하면 현실감각이 좋고 목표의 설정이 뚜렷하며 경제 관념과 이해타산이 빠릅니다.

남자의 사주에서 재성이 강하다는 것은 재성이 체(體)로써 여자가 되므로 목표물 설정이 확실하다는 것을 의미합니다. 정재는 한 여자에게 잘해 주고 보호하는 방식으로 나타나고, 편재는 자신의 취향에 따라서 다양한 여자에게 대쉬하고 잘해 주는 모습으로 나타납니다. 음양의 비율과 같이 재성이 강해지면 반대편의 인성과 비겁이 약해지게 됩니다. 모든 가치 판단의 기준이 재성이 되므로 인간미가 떨어지고(인성의 하락), 돈 때문에 자존심도 굽히게 되는(비겁의 하락) 모습이 현실 속에서 나타나게 됩니다. 반면에 재성이 없거나 너무 약하면 비현실적이기 쉽고, 경제개념이 약해서 제대로 된 삶을 살아가기 어려울 수 있습니다.

- 재성의 체(體, 인간관계): 남자라면 아버지, 아내, 애인, 여자라면 아버지, 시어머니.
- 재성의 용(用, 성향, 성격): 돈, 건강, 재물, 결과물, 결실, 현실감각 등.

(4) 관성(官星)의 성향과 의미

관성은 나를 극하는 오행 중에서 음양이 같은 편관(偏官)과 다른 정관(正官)으로 나누어져 있습니다.

편관과 정관을 합쳐서 관성이라고 부릅니다. 병(丙)화(+)가 나=일간=주인공이라면 음양이 같은 임(壬)수(+)가 편관이 되고, 음양이 다른 계(癸)수(-)가 정관이 됩니다. 지지를 보면 해(亥)수(+)가 편관이 되고, 자(子)수(-)가 정관이 됩니다.

관성은 공동체에 적용되는 법과 규칙을 의미합니다. 나를 극하는 오행인 관성의 의미는 상당히 크고 방대합니다. 기본적인 법과, 질서, 규칙도 되고 나의 행동을 통제하는 학교, 직장, 부모이기도 합니다. 심지어는 길거리를 걸어가는 사람들도 관성의 범위에 들어갑니다.

관성은 나의 행동을 제약하거나 통제하기도 하지만 보호하기도 합니다. 직장에서 나의 행동은 제약을 받고, 사규에 따라야 하지만 급여를 주니, 내 삶의 안정성을 보장해 줍니다. 정관은 적절하고 합리적으로 극하기도 하면서 보호해 주는 모습으로 부모, 학교, 주민 센터, 구청 등을 생각하시면 좋습니다.

편관은 나를 극하기도 하고 보호해 주기도 하지만 어쩐지 살벌합니다. 경찰, 군대, 검찰 등에 비유되는데, 아무 잘못이 없는데도 왠지 근처만 지나가면 긴장하게 됩니다. 정관은 수성의 모습으로 적절한 선에서 법과 질서, 규칙을 준수하며 살아갑니다. 적절한 선에서 눈치를 보고, 적당한 책임을 지려고 하는데, 음양이 고루 있으니 균형감이 있는 모습입니다. 편관은 음양이 한쪽으로 치우쳐 있으니 법과 질서, 규칙을 엄격하게 지키면서 또 한편으로는 타인에게 강제하려고 합니다. 적당한 선과 적당한 책임이 없이 무한 책임을 지려고 몸을 아끼지 않으니, 칼을 든 강도와 맞상대하는 경찰, 불길 속으로 뛰어드는 소방관, 코로나 환자들이 즐비한 병실을 오가며 살피는 방역 요원들과 의료진들이 그러한 편관의 모습입니다.

- 관성의 체(體, 인간관계): 남자-자식, 대중, 여자: 남편, 애인, 대중.
- 관성의 용(用, 성향, 성격): 타인을 의식, 체면과 명예, 눈치와 예의, 직업, 직장, 법과 질서, 규칙의 준수.

(5) 인성(印星)의 성향과 의미

인성은 나를 생해 주는 오행 중에서 음양이 같은 편인(偏印)과 다른 정인(正印)으로 나누어져 있습니다.

편인과 정인을 합쳐서 인성이라고 부릅니다. 병(丙)화(+)가 나=일간=주인공이라면 음양이 같은 갑(甲)목(+)이 편인이 되고, 음양이 다른 을(乙)목(-)이 정인이 됩니다. 지지를 보면 인(寅)목(+)이 편인, 묘(卯)목(-)이 정인이 됩니다.

인성은 윗사람으로부터 내려받은 모든 것을 의미합니다. 나를 생해 주는 오행인 인성의 의미는 상당히 크고 방대합니다. 의, 식, 주를 포함하여 부모로부터 물려받은 품성과 성향, 재능, 재질을 비롯하여 칭찬, 학문, 학위, 상장, 문서, 직위 등을 의미합니다. 이 모든 것은 내가 스스로 만들어낸 것도 아니고 내 친구, 내 후배가 준 것도 아니며 나의 윗사람(조부모, 부모, 선생님, 교장, 학장, 회사 대표) 등으로부터 내려받은 것을 의미합니다. 윗사람으로부터 내려받는 것이 많으니 비교적 게으르게 되고 활동력이 떨어지게 됩니다. 인성의 성향은 인내와 수용을 의미하는데, 나의 생존을 위해서 필요한 정보나 지식을 받아들이는 것을 의미합니다. 그렇게 받아들이기 위해서는 인내해야 합니다. 정인은 수성의 모습으로 사회가 인정하는 가치관이

나 지식을 받아들여서 생존을 돕는다면, 편인은 그것과는 무관하게 공성의 모습으로 자신이 좋아하고 관심 있어 하는 학문이나 기술에 몰두하게 됩니다. 그리하여 정인의 학문은 국어, 영어, 중국어, 부동산 등 사회 전반에 보편적인 학문이며 공인된 학문이므로 생업을 위해서 잘 써먹을 수 있지만, 편인의 학문은 풍수, 철학, 명리학, 천문학 등 여간 특출나지 않으면 인정받기가 어렵습니다. 세상에 공인된 학문이 아닌 경우가 많기 때문입니다.

　인성의 너무 강하면 음양의 비율처럼 반대편의 재성과 식상이 약해지게 됩니다. 재성이 약하면 현실감이 떨어지고, 식상이 약해지면 활동력이 감소되는 어려움이 있습니다. 반면에 인성이 너무 약하거나 없다면 인간미가 떨어지고, 너무 돈돈하다가 주변의 배척을 받을 수도 있습니다.

- 인성의 체(體, 인간관계): 어머니(워킹맘: 편인, 가정주부: 정인).
- 인성의 용(用, 성향, 성격): 의, 식, 주, 칭찬, 상장, 학문, 학위, 자격증, 직위, 인내와 수용, 의심.

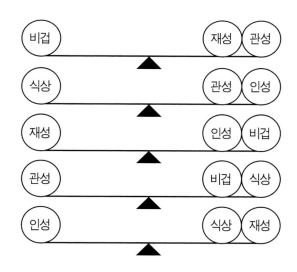

〈**그림 17**-육친(六親)의 음양관계〉

13. 십신(十神)-10개의 하늘이 열리다

4) 육친(六親)의 생극(生剋)

(1) 육친의 생극(生剋)

실제 사주 감명에 있어서 육친의 생극은 유용하게 쓰이는데, 오행의 생극을 거친 후 육친의 생극으로 번역하는 번거로움을 줄여 주기 때문입니다. 또한 천간 글자끼리의 관계인 십신을 정하는 데도 쓰이니 눈에 익숙해지도록 많이 봐두는 게 좋겠습니다. 생(生)은 정신적, 물질적으로 도와주는 것을 의미하고, 극(剋)은 통제하고, 브레이크, 제어 등을 의미합니다.

나=일간=아(我, 나 아)= 주인공

아생식(我生食)-나는 식상을 생하고,
식생재(食生財)-식상은 재성을 생하고,
재생관(財生官)-재성은 관성을 생하고,
관생인(官生印)-관성은 인성을 생해 주고
인생아(印生我)-인성은 나를 생해 준다.

아극재(我剋財)-나는 재성을 극하고,
재극인(財剋印)-재성은 인성을 극하고,
인극식(印剋食)-인성은 식상을 극하고,
식극관(食剋官)-식상은 관성을 극하고,
관극아(官剋我)-관성은 나를 극한다.

(2) 육친의 생(生)

아생식(我生食)의 아(我)는 비겁을 의미하니 내가 힘을 써서 내가 하고 싶은 일을 하는 모습입니다.

비겁이 약하면 식상 활동이 약해지고, 비겁이 강하면 왕성한 식상 활동을 할 수 있는데 비겁이 강할 때, 관성으로 극하는 것보다 식상으로 기운을 빼는 것이 자연스럽습니다. 자존심이 강하고 고집과 의지가 강한 사람(비겁)은 일일이 간섭하고 억누르고 통제(관성)하기보다는 스스로 잘할 수 있게 내버려 두는 것(식상)이 더 효율이 좋다는 의미입니다.

식생재(食生財)는 식상이 재성을 생해 주는 모습인데 내가 하는 일이 식상이니 식상이 순조롭게 재성으로 이어지는 모습을 의미합니다. 그림 그리기를 좋아하는 사람이 그리는 모습을 유튜브에 올렸더니 구독자 수가 폭발적으로 늘어나 수입이 생긴다면 그것이 식생재의 모습이 됩니다. 반면에 식생재가 안 되는 모습은 흔히 예술가들의 작품 활동에서 많이 보게 되는데, 해바라기의 작가 고흐는 일생동안 창작 활동을 하면서 돈을 받고 판 그림이 몇 점이 되지 않는다고 하니, 식생재로 이어지지 않은 대표적인 모습입니다. 남자에게 식상이 체(體)로써는 장모가 되는데, 재성은 처가 되니 장모가 아내를 보살피는 모습이기도 합니다.

재생관(財生官)은 재성이 관성을 생해 주는 모습입니다. 국가가 제대로 운영되려면 많은 재정이 필요한데, 기업가들이 내는 세금이나 투자로 인해서 국가(관성)가 돌아가는 모습을 의미합니다. 또한 돈이 많은 지역 유지들이 시의원, 도의원, 국회의원을 꿈꾸면서 선출직에 나서는 모습이기도 합니다. 정치(관성)를 하려면 많은 돈이 필요한데, 그 밑받침을 재성이 해 주는 모습입니다. 남자에게 재성이 체(體)로써는 아내가 되고 관성은 자식이 되니 아내가 내 자식을 보살피는 모습이기도 합니다.

관생인(官生印)은 관성이 인성을 생해 주는 모습인데, 직장에서 능력 발휘를 하여 더 높은 자리로 승진하고 명예가 올라가는 모습을 의미합니다. 또한 인성 등은 부동산으로 해석되는데, 문서 등의 소유권을 관성(국가 기관)이 이를 보증하는 모습입니다. 보통 국토부장관, 지자체장 등의 직인을 찍어 문서(인성)의 소유권을 공증해 주는 모습으로 이해하시면 되겠습니다. 남자에게 체(體)로는 관성이 자식이 되고, 인성은 모친이 되니 자식이 할머니를 따르고 챙겨주는 모습이 됩니다.

인생아(印生我)는 인성이 나를 생해 주는 모습인데, 인성을 뜻하는 학문, 학위, 자격증, 전문 지식으로 인해서 내가 세상을 좀 더 자신감 있게 살아가는 모습을 의미합니다. 인성은 윗사람으로부터 내려받은 모든 것을 의미하는데 윗사람에게 의지하게 되니 다소 게으른 감이 있고 낙천적이게 됩니다. 남자나 여자에게 체(體)로써 인성은 모친이 되니 어머니가 나를 보살펴주는 모습이기도 합니다.

(3) 육친의 극(剋)

아극재(我剋財)는 내가 힘을 써서 돈을 버는 모습을 의미합니다. 세상 이치상 돈을 버는 것이 쉽지 않으니 가장 많은 힘이 들어가게 됩니다. 식상을 통해서 재를 얻는 게 가장 좋은데, 공성전에 비유하자면 식상은 성을 공격할 수 있는 발리스타, 램, 투석기, 사다리 등이 됩니다. 이러한 것이 있다면 적은 군대로도 쉽게 성을 함락할 수 있지만, 없다면 오로지 비겁(군대 머릿수)으로만 성(재성)을 공격해야 하니 성을 얻더라도 그 피해가 이만저만이 아니고 에너지 소모가 큽니다.

재극인(財剋印)은 재성이 인성을 극하니 돈을 크게 벌었지만 그렇게 버는 과정에서 인정사정을 보지 않아 원성을 사고 명예가 하락하는 모습입니다. 스크루지, 샤일록, 수전노의 대명사 아르파공 등이 그런 케이스입니다. 또는 인성을 쓰는 학자, 교수, 관리가 뇌물을 받아먹고 불명예스럽게 직위에서 물러나거나 법적인 처벌을 받는 모습에도 해당합니다.

인극식(印剋食)은 인성이 식상을 극하는 모습인데, 인성은 윗사람으로부터 내려받은 것이니 전통적이고 보수적이지만, 식상은 새로운 생각, 신기술, 아이디어, 변화를 추구하는데 인성이 이러한 식상을 억누르는 모습입니다. 기본의 보수적인 가치관, 전통, 관습으로 인해서 새로운 아이디어나 변화, 창의적인 생각을 누르는 모습입니다.

식극관(食剋官)은 식상이 관성을 극하는 모습인데, 관성은 기존의 가치관, 법과 질서, 규칙을 의미하지만, 자체의 변화와 개혁 없이 기득권을 유지하려고 한다면 관성은 고인 물이 되어 썩게 됩니다. 프랑스 대혁명, 미국의 독립운동, 독일의 종교개혁 등은 고여서 썩어버린 관성을 개혁하고 새로운 변화를 추구하는 식상 활동으로 볼 수 있습니다. 또는 남편(관성)에게 압박을 받고 살던 아내(비겁)에게 자식(식상)이 생기고, 자식이 장성하여 남편으로부터 자신을 지켜주는 모습이기도 합니다.

관극아(官剋我)는 법과 질서, 규칙, 규율 등으로 인해서 나의 행동이 제약받고 통제되는 모습입니다.

관성은 이렇게 나(비겁)를 제약하고 통제하기도 하지만, 한편으로는 나를 지켜주고 보호해 주는 모습이기도 합니다. 직장이 대표적인 관성이 되는데, 회사에서 여러 가지 업무적, 인간적인 스트레스를 받기도 하지만 매달 나오는 급여는 나와 가족의 삶을 영위해 나갈 수 있는 소중한 재원이기 때문입니다.

5) 십신(十神)-인간관계의 장대한 파노라마

앞서 육친(六親)을 살펴보았는데, 이는 오행 중심으로 천간과 천간의 관계를 살핀 것으로 복잡해진 현대 사회에서 육친을 적용하기에는 어려움이 많아 점차 쓰지 않는 모습이고, 오행을 다시 음양으로 나눈 십신은 좀 더 세밀하게 인간관계를 살펴볼 수 있습니다. 십신은 2가지의 흐름으로 나눌 수 있는데, 비견 계열과 겁재 계열로 나누어집니다.

- 비견(比肩)-식신(食神)-정재(正財)-정관(正官)-정인(正印): 수성, 안정, 차분, 자의식, 에너지 소모가 적음.
- 겁재(劫財)-상관(傷官)-편재(偏財)-편관(偏官)-편인(偏印): 공성, 기복, 흥분, 무의식, 에너지 소모가 큼.

(1) 비견 계열의 성향

비견에서 정인까지 이어지는 계열의 특징은 생존본능의 방법을 수성(守城)으로 정한 것입니다.

수성은 내 것을 지키고 보호하는 것인데 병법에서 공성하려면 성안의 병사보다 5~10배나 많은 병사가 있어야 한다고 하니 수성하면 에너지가 적게 들어가게 됩니다. 안정과 안전을 추구하니 모험을 하지 않고, 남의 눈에 띄면 공격받거나 내 것을 빼앗길 수 있으니 나서고 튀는 것을 좋아하지 않습니다. 내 것을 아끼고 남의 것을 탐내지 않으며, 최소한의 법과 규칙을 잘 지키면서 살아가려고 하며 세상의 주류 가치관을 수용하여 살아가는 데 활용하는 모습입니다. 자의식으로 스스로를 관조하며 타인을 의식하기보다는 자신의 삶의 방식에 충실한 계열이라고 할 수 있습니다. 인생이 잔잔한 물결처럼 큰 상승도, 큰 하락도 없는 모습이라고 할 수 있습니다. 찻잔 속의 폭풍이고, 지배층의 지시에 순종하며 거슬리려고 하지 않는 순하고 얌전한 가축의 모습입니다.

(2) 겁재 계열의 성향

겁재에서 편인까지 이어지는 계열의 특징은 생존본능의 방법을 공성(攻城)으로 정한 것입니다.

생존본능을 발현하는 것은 같지만, 전혀 반대의 모습으로 현실 속에서 진행되게 됩니다. 공성은 남의 것을 빼앗고 얻는 것인데, 남의 것에 욕심을 내다보면 내 것을 빼앗기는 경우도 왕왕 있게 됩니다. 공성을 하려면 수성 때보다 몇 배의 군사가 필요하니 에너지의 소모가 큽니다. 모험과 도전을 추구하니 프로의 모습이 있습니다. 사람들의 관심을 받기를 바라고, 넓은 인맥을 유지하며 잡다한 지식과 언변을 과시하려는 성향을 가지게 됩니다. 눈에 띄어서 타인에게 공격을 받을 수 있지만 오히려 남들이 공격을 못 하도록 강한 존재감과 카리스마를 표방하여 타인을 굴복시키려고 합니다.

수성을 하는 군대는 성안에 있으니 군세를 볼 수 없지만, 공성을 하려는 군대는 누구나 그 병력과 병참을 알아볼 수 있는 이치입니다. 타인의 인기와 존경을 받기 위해 스스로를 단련하고 튜닝하려고 합니다. 무의식의 발현으로 인해 타인을 많이 의식하고 타인의 관심과 시선에 많은 노력을 기울입니다. 폭풍우가 치는 바다를 항해하듯이, 침몰하여 모든 것을 잃을 수도 있지만, 항구로 돌아와서 만선의 기쁨을 느낄 수도 있습니다. 대박과 쪽박을 오가는 기복이 큰 모습이며, 사냥감을 잡으면 포식하지만, 어떤 날은 몇 날 며칠을 쫄쫄 굶어야 하는 야생동물의 모습입니다.

명리학에 가장 많은 동영상이 위의 십신의 성향과 분석에 관한 것입니다. 인간관계 속에서 다양한 형태의 성향과 기질이 발현되니 그로 인해 명리학의 이론 중에서도 십신에 관한 이론과 동영상이 가장 방대한 것 같습니다. 제가 하고 싶은 말은 그러한 십신의 성향과 기질은 어디서부터 파생되고 그 근원은 무엇인가 하는 것입니다. 비견은 은근히 고집이 세고, 겁재는 돈을 빼앗기기 쉽고, 식신은 느긋한데 게으르고, 상관은 잘난 척하며 오지랖이 넓고, 정재는 알뜰하고 성실하며, 편재는 한 몫 크게 벌려는 사업가 스타일이고, 정관은 법을 잘 준수하며, 편관은 살벌하고 나를 괴롭히고, 정인은 따뜻한 밥과 솜이불, 편인은 식은 밥과 홑이불 같다는 여러 가지 십신의 성향의 근원은 무엇이고 각 십신과의 연결성과 상호관계는 무엇인가를 알아보는 것입니다. 각 십신의 본질과 근원을 이해한다면 응용은 얼마든지 자유롭게 할 수 있습니다. 본격적으로 십신의 본질적인 성향을 분석해보고자 합니다. 이제 10개의 하늘(十神)을 열어 보도록 하겠습니다.

〈표 11-일간과 천간의 십신표〉

	갑(甲)목(+)	을(乙)목(-)	병(丙)화(+)	정(丁)화(-)	무(戊)토(+)	기(己)토(-)	경(庚)금(+)	신(辛)금(-)	임(壬)수(+)	계(癸)수(-)
비견	갑(甲)+	을(乙)-	병(丙)+	정(丁)-	무(戊)+	기(己)-	경(庚)+	신(辛)-	임(壬)+	계(癸)-
겁재	을(乙)-	갑(甲)+	정(丁)-	병(丙)+	기(己)-	무(戊)+	신(辛)-	경(庚)+	계(癸)-	임(壬)+
식신	병(丙)+	정(丁)-	무(戊)+	기(己)-	경(庚)+	신(辛)-	임(壬)+	계(癸)-	갑(甲)+	을(乙)-
상관	정(丁)-	병(丙)+	기(己)-	무(戊)+	신(辛)-	경(庚)+	계(癸)-	임(壬)+	을(乙)-	갑(甲)+
편재	무(戊)+	기(己)-	경(庚)+	신(辛)-	임(壬)+	계(癸)-	갑(甲)+	을(乙)-	병(丙)+	정(丁)-
정재	기(己)-	무(戊)+	신(辛)-	경(庚)+	계(癸)-	임(壬)+	을(乙)-	갑(甲)+	정(丁)-	병(丙)+
편관	경(庚)+	신(辛)-	임(壬)+	계(癸)-	갑(甲)+	을(乙)-	병(丙)+	정(丁)-	무(戊)+	기(己)-
정관	신(辛)-	경(庚)+	계(癸)-	임(壬)+	을(乙)-	갑(甲)+	정(丁)-	병(丙)+	기(己)-	무(戊)+
편인	임(壬)+	계(癸)-	갑(甲)+	을(乙)-	병(丙)+	정(丁)-	무(戊)+	기(己)-	경(庚)+	신(辛)-
정인	계(癸)-	임(壬)+	을(乙)-	갑(甲)+	정(丁)-	병(丙)+	기(己)-	무(戊)+	신(辛)-	경(庚)+

13. 십신(十神)-10개의 하늘이 열리다

〈표 12-일간과 지지의 십신표〉

	갑(甲) 목(+)	을(乙) 목(-)	병(丙) 화(+)	정(丁) 화(-)	무(戊) 토(+)	기(己) 토(-)	경(庚) 금(+)	신(辛) 금(-)	임(壬) 수(+)	계(癸) 수(-)
비견	인(寅)+	묘(卯)-	사(巳)+	오(午)-	진술(辰戌)+	축미(丑未)-	신(申)+	유(酉)-	해(亥)+	자(子)-
겁재	묘(卯)-	인(寅)+	오(午)-	사(巳)+	축미(丑未)-	진술(辰戌)+	유(酉)-	신(申)+	자(子)-	해(亥)+
식신	사(巳)+	오(午)-	진술(辰戌)+	축미(丑未)-	신(申)+	유(酉)-	해(亥)+	자(子)-	인(寅)+	묘(卯)-
상관	오(午)-	사(巳)+	축미(丑未)-	진술(辰戌)+	유(酉)-	신(申)+	자(子)-	해(亥)+	묘(卯)-	인(寅)+
편재	진술(辰戌)+	축미(丑未)-	신(申)+	유(酉)-	해(亥)+	자(子)-	인(寅)+	묘(卯)-	사(巳)+	오(午)-
정재	축미(丑未)-	진술(辰戌)+	유(酉)-	신(申)+	자(子)-	해(亥)+	묘(卯)-	인(寅)+	오(午)-	사(巳)+
편관	신(申)+	유(酉)-	해(亥)+	자(子)-	인(寅)+	묘(卯)-	사(巳)+	오(午)-	진술(辰戌)+	축미(丑未)-
정관	유(酉)-	신(申)+	자(子)-	해(亥)+	묘(卯)-	인(寅)+	오(午)-	사(巳)+	축미(丑未)-	진술(辰戌)+
편인	해(亥)+	자(子)-	인(寅)+	묘(卯)-	사(巳)+	오(午)-	진술(辰戌)+	축미(丑未)-	신(申)+	유(酉)-
정인	자(子)-	해(亥)+	묘(卯)-	인(寅)+	오(午)-	사(巳)+	축미(丑未)-	진술(辰戌)+	유(酉)-	신(申)+

10개의 하늘(十神)을 열다. 첫 번째 하늘입니다.

6) 비견(比肩)-살아 있으면 뭐라도 해야 하는 거 아냐?

비견(比肩)은 나와 같은 오행이면서 음양이 같습니다.

내가 갑(甲)목이라면 천간에는 나와 같은 갑(甲)목이 되고, 지지에서는 인(寅)목이 비견이 됩니다. 명리학 등의 동양 학문은 글자의 뜻을 잘 살펴야 하는데 의미를 함축하여 표현하기 때문에 그 한자를 살펴보면 쉽게 의미와 뜻을 알 수 있습니다. 비

(比)는 '견줄 비'란 뜻이고, 견(肩)은 '어깨 견'이라는 뜻입니다. 나와 어깨를 견준다는 뜻이니 나와 같은 수준, 같은 레벨을 의미합니다. 나와 같이 어깨를 견주는 이들이니 형제, 자매, 친구, 동료 등입니다. 비견 옆에 붙인 부제는 드라마 〈육룡이 나르샤〉에서 일반 백성을 대변한 분이대장(신세경)의 대사입니다. 그 대사의 울림이 여전히 남아있어 부제로 정했는데, 그것은 비견의 가장 큰 특징이 '생존'이기 때문입니다. 나=비견이 있어야 배우자(재성)도, 자식(식상, 관성)도, 일도 할 수 있고(식상), 명예(인성)도 존재하기 때문입니다. 내가 없는 십신은 아무런 의미가 없습니다. 내가 없어도 여전히 해는 동쪽에서 떠오르겠지만 무슨 의미가 있을까요?

비견의 가장 큰 특징은 생존이 됩니다.

그리고 생존의 방식으로는 수성(守城)을 택했습니다. 수성은 공성과는 달리 적은 병력으로도 성을 지킬 수 있으니 효율적이고 에너지의 소모가 적습니다. 다음에 설명할 겁재 역시 같은 생존에서 출발했지만, 공성의 모습을 취하고 있으니 비견에 비해 에너지 소모가 큽니다. 생존을 위하여 수성의 모습을 선택했으니, 타인과 대립, 대결보다는 협력과 서포트를 더 잘합니다. 비견과 겁재를 합쳐서 비겁이라고 부르는데, 역학인들 사이에서도 비겁에 대한 의견들이 분분합니다. 비겁이 많으면 형제, 동료가 많아서 협력과 동업을 잘한다고 하기도 하고, 자기주장, 자기 고집, 자기 의지가 강해서 독단적이고, 오만하다고 하기도 합니다. 비견은 생존을 위한 수성의 노력이니 때로는 협력과 협동을 할 수도 있고, 때로는 자기 고집과 주장을 내세울 수 있습니다. 공성의 모습인 겁재처럼 대결과 충돌의 모습이 아니고, 자기 고집과 주장도 강압적이 아니며, 은근한 고집과 끈끈함으로 지속해서 권유합니다.

비견은 식신-정재-정관-정인의 계보로 이어집니다.

모두 수성의 모습을 가진 십신들입니다. 그리고 그 시작은 비견에서 시작됩니다. 우리가 배웠던 오행의 모습을 생각하시면 더 쉽게 이해됩니다. 목(비견)-화(식신)-토(정재)-금(정관)-수(정인)의 모습과 유사합니다. 목화(초년, 청년기)의 시절을 거쳐서 토금(장년기, 중년기)의 시절에 사회활동을 하다가 수(중년기 이후)에 마무리하듯이, 비견-식신의 시절에 건강과 체력, 자기가 좋아하는 일을 배우고 익히다가 정재-정관의 시절에 직장을 다니거나 사업을 하여 돈을 벌고 사회생활을 유지하다가 정인의 시기에 마무리하는 모습과 많이 닮았습니다. 그럴 수밖에 없는 것이, 전에 배웠던 육친은 오행으로 구분한 것이고 십신은 오행을 다시 음양으로 10개로 구분한 것이므로 근원을 찾아가면 다시 오행의 모습이기 때문입니다. 비견과 식신을 제외하면 정재, 정관, 정인에는 모두 음양이 같이 공존하고 있는데 모두 양이거나 모두 음이거나 하는 치우침(偏)이 없음으로 좋게 말하면 극단으로 달려가지 않고 중도를 지킵니다. 반면에 안 좋게 말하면 어중간하고 선명하지가 않습니다.

비견이 강해지면 반대편의 재성과 관성이 약해집니다.

모든 것은 음양의 모습이고 음양의 비율의 변화를 의미합니다. 비겁(비견+겁재)과 재성, 관성은 서로 음양의 모습입니다. 한쪽이 비율이 커지면 반대편의 비율이 그만큼 줄어들게 되는데, 자연의 법칙이니 어떤 예외도 없습니다. 비견이 체(體)로써는 형제, 자매, 친구, 동료 등인데, 이렇게 친구들, 동료들과 어울려서 술 마시고 놀다가 늦게 들어오면 아내(재성)가 상처를 받습니다. 회사(관성)에서 뭔가 지시를 내렸는데, 옆에 동료들과(비겁) 뜻을 뭉쳐서 머리띠를 두르고 회사의 결정에 반대하고 보이콧을 하면 회사에 미운털이 박히는 것은 자명한 일입니다. 이런 모습이 비겁이 강한 모습이었습니다. 혼자서 유럽에 배낭여행을 가면 차분하고 조용하면서 모든 것을 감당해야 하니 긴장하지만, 단체여행을 가면 지나가는 곳마다 큰소리로 자국어로 떠들고 내 집에 온 것처럼 행동하는데 이는 옆에 자기와 같은 비겁들이 있기 때문에 자신감이 넘치기 때문입니다. 하지만 그러한 관광객을 바라보는 본토인(관성)의 시선이 고울 리가 없습니다.

(1) 비견의 통변
- 체(體)의 모습: 형제, 자매, 친구, 동료, 경쟁자, 주변 사람, 대중.
- 용(用)의 모습: 분배, 평등, 서포트, 경쟁, 자존심, 고집, 리더십, 체면치레(경쟁자를 의식).
- 비겁이 강한 경우: 비견이 많아서 강해지면 좀 더 강한 에너지인 겁재의 모습으로 흘러갑니다.

경쟁보다는 대결, 분배보다는 독식, 서포트보다는 욕심, 합리적인 리더십에서 독단적인 리더십으로 흘러갈 수 있습니다. 경쟁의 논리로 항상 경쟁과 내기를 즐기고 사회의 논리로 밖에서는 헌신, 집에서는 냉담하며 평등의 논리로 직위나 신분이 급격하게 하락해도 잘 적응할 수 있습니다.

- 비겁이 약한 경우: 비견이 없으면 자기주장과 고집이 없으니 팔랑귀처럼 남의 의견에 끌려다니기 쉽고 친구, 동료와 관계가 약하니 외롭고 고독할 수 있습니다.

10개의 하늘(十神)을 열다. 두 번째 하늘입니다.

7) 겁재(劫財)-내가 두렵니? 나도 네가 겁나

겁재(劫財)는 나와 같은 오행이면서 음양이 다릅니다.

내가 갑(甲)목이라면 천간에는 오행은 같지만, 음양이 다른 을(乙)목이 되고 지지에서는 묘(卯)목이 겁재가 됩니다. 겁(劫)은 '위협할 겁'이란 뜻이고, 재(財)는 '재물 재'라는 뜻입니다. 재물을 위협한다는 뜻인데, 주체가 없으니 빼앗을 수도 있고, 뺏길 수도 있습니다. 빼앗을 때의 짜릿함과 빼앗겼을 때의 억울함과 안타까움으로 계속해서 겁재를 시도하게 됩니다. 사주에 겁재가 강하면 이렇게 모험심과 투쟁력이 강해서 무리하게 투자하거나 도박, 내기를 즐기는 경향이 있습니다. 비견과 같이 겁재는 나와 같은 수준, 같은 레벨을 의미하는데 겁재의 이유는 만만하게 보이기 때문입니다. 학교 일진은 선배(인성)나 선생님(관성)에게서는 소위 '삥'을 뜯지 않습니다. 자기와 같은 동급생(비겁)이나, 만만한 후배(식상)들에게 뜯는 이유가 그러합니다.

겁재는 에너지가 비견보다 강합니다. 겁재가 강하면 쪽박을 찰 수도 있지만, 겁재가 없다면 모험을 하지 않으니 큰 부자가 되기가 어려운 이유입니다.

겁재 역시 생존이 가장 큰 특징이 됩니다.

그런데 생존의 방식으로는 공성(攻城)을 택했습니다. 공성은 수성과는 달리 더 많은 에너지를 필요로 합니다. 그리고 쉽든, 어렵든 공성 후에는 여러 가지 피해가 생깁니다. 그렇지만 그러한 피해를 두려워하지 않는데, 성을 빼앗을 때 얻는 이득과 성취감을 먼저 생각하기 때문입니다. 비견이 인간의 자의식이라면 겁재는 내면에 잠재되어 있는 무의식의 발현이 됩니다. 겁재의 이러한 공격성은 무의식 속에 있는 두려움에 기인합니다. 타인에게 내 것을 빼앗길 수 있다는 두려움으로 인해 선제적인 행동으로 미리 예방하고자 하는 마음이 강하게 됩니다. 마치 목(木)의 시기에 좁은 세계관으로 인해서 더 넓은 세계관을 인지하지 못하는 탓도 있습니다.

이러한 것은 타인에 대한 알 수 없는 적대감과 공격성 또는 과도한 친절과 환대로 이어지기도 합니다. 비겁에게는 피아의 구별이 쉽지 않기 때문입니다. 뺏기지 않기 위해 빗장을 걸어 잠그고 수성을 하는 것이 비견이라면, 공성을 하기 위해서 공격성을 보이기도 하고 자기편이 되어 줄 지원군에게 아낌없이 환대하는 모습이 겁재의 모습이 됩니다. 타인에게 약해 보이면 안 되므로 거칠고, 터프하고, 욕도 잘하며 카리스마 있어 보이려고 하는데, 술수를 쓰거나 잔머리를 굴리기도 합니다. 그런데 초년 시절의 목(木)과 같이 단순하고 어린아이 같은 모습이라 마치 천적에게 쫓겨서 구덩이에 머리만 박고 숨는 꿩과 같이 속이 훤하게 보이므로 보는 이로 하여금 쓴웃음을 짓게 합니다.

겁재는 상관-편재-편관-편인의 계보로 이어집니다.
모두 공성의 모습을 가진 십신들입니다. 과거에는 이 중에서 편재를 제외한 겁재, 상관, 편관, 편인을 사흉신(四凶神)이라고 보았는데, 각 십신의 성향을 제대로 이해하지 못한 무지의 소치로 보입니다. 좀 더 정확한 표현은 사강신(四剛神)이 맞습니다. 에너지가 강한 십신들이기 때문입니다. 또한 프로 정신의 십신이기도 합니다. 좋은 의미이건, 나쁜 의미이건 세상에 이름을 날리는 사람의 사주에는 이러한 사강신들이 들어 있습니다. 어떻게 활용하는가에 따라서 달라지는데 한약재인 부자(附子)는 독성이 있지만 귀한 약재로 쓰이기도 하고, 복어에도 치명적인 독이 있지만 이를 잘 제거한 복어요리는 미식가들의 최고의 별미로 꼽히고 있습니다.

비겁이 강해지면 반대편의 재성과 관성이 약해집니다.
모든 것은 음양의 모습이고 음양의 비율 변화를 의미합니다. 비겁(비견+겁재)과 재성, 관성은 서로 음양의 모습입니다. 한쪽이 비율이 커지면 반대편의 비율이 그만큼 줄어들게 되는데, 자연의 법칙이니 어떤 예외도 없습니다. 겁재는 비견보다 에너지가 강하니 재성과 관성이 더 약해지게 됩니다. 특히 내 돈을 뜻하는 정재가 취약한데, 정재의 입장에서는 겁재가 나를 심하게 극하는 편관이기 때문입니다. 따라서 운으로 겁재가 들어오면 알뜰살뜰하게 모은 돈을 사기나 무리한 투자 등으로 한순간에 날려버리는 경우도 생깁니다. 비견이 많아지고 강해지면 겁재의 성향을 가지게 되는데 약할 때는 수성을 하다가 '아! 이제 우리도 힘이 강해졌으니 수성만 할 것이 아니라 성을 빼앗을 수도 있는 거 아닌가?' 하는 생각이 들게 됩니다. 겁재가 강하면 주변에 겁재를 통제할 수 있는 정관이 있는가를 봐야 하고, 겁재의 강한 에너지가 폭주하지 않도록 힘을 잘 뺄 수 있는 식신이 있는가를 살펴야 합니다. 정관이나 식신이 있다면 겁재의 강한 에너지를 제어하거나 힘을 순조롭게 뺄 수 있으므로 약으로 잘 쓸 수 있습니다.

(1) 겁재의 통변

- 체(體)의 모습: 형제, 자매, 친구, 동료, 경쟁자, 주변 사람, 대중.
- 용(用)의 모습: 고집, 욕심, 투기, 모험, 과도한 환대, 순발력, 투쟁심, 약탈, 배신, 독식.
- 비겁이 강한 경우: 겁재가 강한 비겁이라면 좀 더 과도한 공격성과 투쟁심을 가지게 됩니다. 뭘 하든지 "우리 내기할까?" 하는 사람이 있다면 비겁에서 특히 겁재가 강한 모습입니다. 비겁이 강하면 반대편의 재성과 관성이 약해지므로 자기주장, 고집을 내세워 아내를 힘들게 하거나, 친구, 동료, 동호회 등의 외부활동에 치중하여 가정의 일을 소홀히 하는 경우가 많고, 직장 내에서는 상부의 지시와 명령에 거부감을 가지게 되니 조직 생활이 힘들 수 있습니다.
- 비겁이 약한 경우: 겁재가 없으면 자기주장과 고집이 없으니 팔랑귀처럼 남의 의견에 끌려다니기 쉽고 친구, 동료와 관계가 약하니 외롭고 고독할 수 있습니다. 모험심과 순발력이 떨어지니 기회가 오더라도 멍하니 보다가 놓칠 수도 있고, 직장생활을 하는데 비겁이 없으면 조직 장악력이 떨어지고 자기주관, 소신이 약해서 부하 직원들에게 끌려다닐 수 있습니다.

10개의 하늘(十神)을 열다. 세 번째 하늘입니다.

8) 식신(食神)—가부장적인 관성의 시대의 종말

식신(食神)은 내가 생하는 오행 중에 음양이 같습니다.

내가 갑(甲)목이라면 목(木)이 생하는 오행인 화(火) 중에서 천간에는 음양이 같은 병(丙)화가, 지지에서는 사(巳)화가 식신이 됩니다. 식(食)은 '밥 식'이란 뜻이고, 신(神)은 '귀신 신'의 존칭으로 쓰고 있습니다. 사람이 살아가기 위해서는 밥을 먹어야 하니 의식주와 관련이 깊습니다. 사주에 식신이 한두 개 있는 사람은 최소한 의식주가 부족하지는 않아 성향이 느긋해지게 됩니다. 식상은 내가 좋아하는 일을 하는 것을 의미하는데, 식신은 특히 한 가지에 몰두하는 모습입니다. 게임이나 운동, 독서, 또는 자신이 좋아하는 것에 몰두하는 모습인데, 침식을 잊고 몰두하여 정진하다 보면 전문가가 될 수도 있지만 다른 일에는 무심해지니 게으르다는 소리를 듣기도 합니다. 음양의 에너지는 같지만 서로의 비율이 줄어들듯이, 에너지의 총량이 같은데 한쪽으로 과도하게 사용한다면 다른 쪽에 쓸 에너지가 부족해지는 것으로 이해하시면 좋겠습니다. 식신격의 요리사가 집에 들어와서는 좀처럼 요리를 하지 않는 이유와 같습니다. 직장에서 이미 충분히 쓰고 왔기 때문입니다. 다양한 분야와 타인의 기호에 맞추는 상관과는 다르게 자신이 좋아하고, 관심 있는 분야에 집중하면서 즐거움을 얻으니 에너지 소모가 적습니다.

식신(食神)의 가장 큰 특징은 자기만의 즐거움과 집중입니다.

식신은 타인의 관심과 시선에는 별 관심이 없고 자신의 즐거움과 쾌락을 중요시합니다. 많은 사람이 관심을 가지거나 집중하는 분야와는 무관하게 자신의 관심사에 몰두하며 그 안에서 즐거움을 찾습니다. 식신격에는 미식가가 많은데, 먹을 식(食)자와 관련이 깊어 단순히 먹어서 배를 채우는 것이 아닌 음식의 향, 색감, 장식, 입안에서 느껴지는 식감 등에 깊은 조예가 있어서 요식업을 하는 경우가 많습니다. 한 분야를 파고들어 가는 성향으로 요식업을 하더라도 한두 가지 메뉴에 집중하여 전문성을 확보하는 경우가 많은데 식신이 전문적인 신선설농탕이라면, 상관은 다양한 메뉴의 김밥천국과 같습니다.

식신은 내가 생하는 것이므로 나의 표현력, 재능, 끼, 활동을 의미하는데, 한 분야를 깊게 파고들어 가니 독특하고 남다른 것이 많습니다. 상관을 잘 쓰는 드라마 작가는 작품성은 떨어지지만 대신 대중의 취향에 맞추어 높은 시청률을 얻습니다. 반면에 식신을 잘 쓰는 드라마 작가는 높은 시청률은 아니지만 일정 부분의 마니아층을 형성하게 됩니다. 시청률을 위해서 자신의 작품성을 포기하지 않기 때문입니다. 자신의 작품성에 대해 타협하지 못하는 고집, 그것을 소위 '꼰조'라고 하는데 자신의 식신 활동에 대한 높은 자부심과 긍지로 보시면 됩니다.

식신(食神)은 비견-식신-정재-정관-정인의 계보로 이어집니다.

비견에서 시작한 생존에 대한 의지는 타인으로부터의 공격을 피하려는 수성의 모습으로 진행됩니다. 겁재 계열의 상관이 타인의 관심사와 기호에 민감하게 반응하면서 대외적으로 자신의 우월성을 확보하려 한다면, 식신은 시선을 내부로 돌려서 자신의 즐거움과 쾌락에 집중하는 형태를 보여주게 됩니다. "모난 돌이 정 맞는다."라는 속담의 위험성을 잘 알고 실천하는 모습이 식신의 모습이 됩니다. 한 가지 분야에 오랜 시간 동안 깊게 몰두하는 사람들을 뜻하는 '오타쿠'는 남들에게 드러나지 않고 튀지 않으면서도 자신의 소소한 즐거움을 추구하는 일본인들의 식신적인 성향을 잘 보여 주고 있습니다.

식상(食傷)이 강해지면 반대편의 관성과 인성이 약해집니다.

모든 것은 음양의 모습이고 음양의 비율의 변화를 의미합니다. 식상(식신+상관)과 관성, 인성은 서로 음양의 모습입니다. 한쪽의 비율이 커지면 반대편의 비율이 그만큼 줄어들게 되는데, 자연의 법칙이니 어떤 예외도 없습니다. 식상의 반대편에는 관성과 인성이 있는데, 식상이 극하는 것이 관성이고(식극관), 반대로 인성은 식상을 극하는 모습입니다(인극식). 마치 관성인 기존의 가치관, 체제가 가지는 모순과 부당함을 식상이 나서서 문제를 제기하고 개혁하는 모습입니다. 프랑스 대혁명, 미국의 독립운동, 한국의 3·1 운동, 중국의 천안문민주화운동이 그러한 식상의 모습입니다.

반면에 인극식은 인성이 식상을 극하는 모습으로 가문 또는 부모의 가치관, 보수성, 전통 등으로 인해 자식이 자기가 하고 싶은 것(식상)을 못하고 눌려있는 모습이 됩니다. 흔히 재벌가에서 이러한 모습을 자주 볼 수 있습니다. 식상이 자연스럽게 재성으로 이어지면 본인이 좋아하고 잘하는 일을 하여 돈을 버는 모습이 됩니다. 대표적으로 화가 피카소의 사주가 그러합니다. 그는 일생 동안 3번의 결혼을 하고 주변에서 염문이 끊이지 않았는데, 남자에게 재성은 체로써 여자이기 때문입니다. 식상생재를 하니 당대에도 본인의 그림이 높은 가격으로 잘 팔렸습니다. 반면에 고흐는 식상생재가 안 되는 케이스였는데 평생 수많은 걸작을 그렸지만, 실상 팔린 것은 몇 점 안 되었고, 그것도 형편없이 낮은 가격이었습니다. 고흐가 독신으로 살았던 것도 그러한 어려움이 있었을 것으로 보입니다.

(1) 식신(食神)의 통변

- 체(體)의 모습: 자식(여자의 경우), 장모(남자의 경우), 후배, 부하 직원 등 큰 의미로서의 나의 아랫사람.
- 용(用)의 모습: 집중, 논리적, 여유, 미식, 유흥, 전문성, 성실, 약자 보호, 베풂, 종교, 심학일식, 완벽주의.
- 식상이 강한 경우: 식신이 많고 강하면 좀 더 강한 에너지인 상관의 성향이 나타납니다. 자연은 디지털이 아니라 아날로그처럼 흘러간다고 말씀드렸습니다. 식신이 강해지면 상관의 성향을 띠게 되고, 상관이 강해지면 다음으로 이어지는 재성의 성향을 보여 주게 됩니다.
  식상이 강한 경우에는 식상이 극하는 관성이 약해지니 관성이라는 직장, 조직 생활을 하기가 쉽지 않습니다. 또한 식상이 강해지면 식상을 극하는 인성 역시 극을 할 수 없으니 약해지게 됩니다. 아이가 통제되지 않고 제멋대로 하다 보면 학교(관성)도, 인성(엄마)도 두 손을 들기 마련입니다. 그래도 식신은 수성의 모습이니 덜하지만, 상관을 포함하여 강해진 식상은 관성에 대한 극함이 가차 없습니다.
- 식상이 약한 경우: 식상이 약하면 반대편의 관성과 인성이 강한 경우가 많습니다. 회사에서 자기 의견을 제대로 제시하지 못하고 윗사람들, 동료, 심지어는 후배들의 눈치를 보게 됩니다.
  식상은 내가 하고 싶은 것을 하는 것인데, 이를 못 하고 위에서 시킨 것만 해야 하니 스트레스가 생기고 건강도 안 좋아집니다. 인성은 식상을 극하는 기운인데, 인성이 강하고 식상이 약하면 부모 등 웃어른들의 눈치를 보거나 강압에 의

해서 원치 않은 의대나, 법대를 가는 경우가 왕왕 있습니다.

자기가 하고 싶은 것을 하지 못하고 떨떠름한 표정으로 후계자 수업을 받는 재벌가 장자의 모습이기도 합니다. 식상이 너무 강하면 관성과 인성이 힘들기도 하지만, 너무 약해도 자기가 하고 싶은 것을 못 하고 살아가니 역시 어려움이 있습니다. 이렇듯 음양오행, 십신의 균형은 중요합니다.

10개의 하늘(十神)을 열다. 네 번째 하늘입니다.

9) 상관(傷官)-너는 어느 별에서 왔니?

상관(傷官)은 내가 생하는 오행 중에 음양이 다릅니다.

내가 갑(甲)목이라면 목(木)이 생하는 오행인 화(火)에서 음양이 다른 정(丁)화가, 지지에서는 오(午)화가 상관이 됩니다. 상(傷)은 '상하다'란 뜻이고, 관(官)은 '벼슬 관'이라는 뜻입니다. 벼슬을 상하게 한다는 뜻으로 식상 중에서도 상관이 대표적으로 관(官)을 상하게 하는 성향을 가지는데, 정관의 입장에서는 상관이 자신을 심하게 극하는 편관의 모습이기 때문입니다. 안 좋게 생각할 수도 있지만, 모순이 많고 기득권층에 유리한 구체제를 바꾼다는 모습이니. 인간의 역사는 이러한 상관의 작용으로 인해서 현재의 민주주의 체제로 발전되어 온 것입니다. 겁재에서 파생된 상관은 겁재의 공격성을 이어받았는데, 항상 공격할 대상과 자신의 우월함을 보여 줄 대상을 필요로 합니다. 내가 생하는 것에서 음양이 서로 다르니 아이디어가 뛰어나고 화려한 언변을 가지게 됩니다. 식신이 한 가지 학문을 깊게 한다면, 상관은 다양한 대중을 상대로 하므로 깊이는 없지만 넓게 학문을 섭렵하고 자기가 필요할 때 잘 꺼내어 써먹습니다. 뽐내고 싶고, 자랑하고 싶은 마음이 강하기 때문에 넓은 부류의 대상과 교류하고 넓은 인맥을 자랑합니다. "모난 돌이 정 맞는다."라는 속담은 상관을 두고 한 말처럼 느껴질 만큼 오지랖과 잘난 척으로 인해서 여러 가지 구설수에 휘말리기도 합니다. 잠재되어 있던 경쟁, 질투, 시기, 잘난 척 등의 무의식이 순식간에 튀어나오기 때문에 본인 스스로도 당황하는 경우가 많습니다.

상관의 생존 에너지는 과시와 우월성이 됩니다.

식신이 자의식 속에 내면을 관조하면서 즐거움을 찾는다면 상관은 넓고 많은 대중과의 만남 속에서 즐거움을 찾고 과시를 통해서 자기 존재가치를 인정받고, 생존경쟁에서 우위를 차지하려는 마음이 강합니다. 상관의 시선은 항상 '타인이 무엇에 관심 있어 하는가?', '무엇을 좋아하는가?', '무엇을 원하는가?'에 맞추어져 있습니다. 독창적인 식신과는 달리 상관은 기존에 나와 있는 이론, 사상, 디자인, 음식, 건축물 등을 대중의 구미에 맞게 변형하고 수정하는 것을 잘합니다. 오늘날 우리가 보는 퓨전 요리는 이런 상관의 결과물인 경우가 많습니다. 이러한 자신의 우월성을 표현하기 위해서는 언변이 좋아야 하는데, 상관이 그렇습니다. 주기능이 출력이지만 상당한 입력 기능도 겸비한 식신과는 다르게 상관은 출력 전용이기 때문에 표현력과 언변이 더 뛰어납니다. 하지만 음과 양처럼 반대편의 입력 기능은 현저하게 떨어지므로 반드시 인성 등 입력 장치의 탑재가 필요합니다. 향 싼 종이에서 향기가 나고 생선을 싼 종이에서 비린내가 나듯이, 무엇을 입력(인성)했는가에 따라서 출력되어 나오는 것이 품격이 있거나 혹은 저급하고 천박해지기 때문입니다.

상관은 겁재-상관-편재-편관-편인의 계보로 이어집니다.

모두 공성의 모습을 가진 십신들입니다. 에너지가 강한 녀석들이고 다들 공성전의 대가들입니다. 토론회에서 겁재의 공격성과 상관의 화려한 언변이 만나면 누구도 감당할 수 없을 강한 에너지를 쏟아붓게 됩니다. 겁재 계열이 인간의 내면에 잠재되어있는 무의식의 발현이기 때문에 겁재도 그렇고, 상관 역시 무의식의 발동으로 인해서 여러 가지 어려움을 겪곤 합니다. 이혼 후 위로받고자 하는 친구에게 "내가 처음부터 느낀 건데, 잘생긴 네 남편이 평범한 너랑 사귈 때부터 불안 불안했어. 꽤 오래간다 싶었다." 등의 잠재되어 있던 친구에 대한 질투와 경계, 부러움이 튀어나오는 말실수를 하고 아차 하게 됩니다. 상관은 출력이 강한 에너지이므로 이러한 출력 장치를 보완해 줄 인성의 입력 장치가 잘 갖추어져 있을 때 상관을 품격 높게, 고 퀄리티로 쓸 수 있습니다. 천간에서 상관이 인성을 만나면 세상의 부조리, 기득권의 부패와 독단에 항거하는 모습으로 언론, 기자, NGO, 변호사 등으로 크게 쓸 수 있지만, 지지에서 인성을 만나지 못한 상관은 동네 편의점 벤치에 앉아서 세상에 대해 불평하다가 길가는 행인과 시비를 벌이는 동네의 일개 싸움꾼으로 남기 때문입니다.

상관이 강해지면 반대편의 관성과 인성이 약해집니다.

모든 것은 음양의 모습이고 음양의 비율 변화를 의미합니다. 식상(식신+상관)과 관성, 인성은 서로 음양의 모습입니다. 한쪽이 비율이 커지면 반대편의 비율이 그만큼 줄어들게 되는데, 자연의 법칙이니 어떤 예외도 없습니다. 상관은 식신보다 에너지가 강하니 관성과 인성이 더 약해지게 됩니다. 특히 보편적인 법, 질서, 규칙인 정관이 취약한데, 정관의 입장에서는 상관이 나를 심하게 극하는 편관이기 때문입니다. 따라서 운으로 상관이 들어오면 잘 다니던 회사(정관)를 때려치우고 자기 사업을 하는 경우가 있습니다. 대운으로 들어온 경우는 10~20년이라는 오랜 세월이므로 견디기 힘들어 바뀌는 게 나을 수 있지만 세운으로 상관이 들어오면 1~2년 사이에 지나가 버리므로 퇴사 후 후회하는 경우가 생깁니다. 상관이 강하면 주변에 상관을 다독거릴 인성이 있는가를 살피거나, 상관의 강한 에너지를 설기(洩氣)할 수 있는 재성이 있는가를 살펴야 합니다. 설기는 기운을 빼준다는 의미인데 많이 쓰이는 용어이니 기억하시면 좋겠습니다.

(1) 상관의 통변

- 체(體)의 모습: 자식(여), 장모(남), 부하, 후배 등 큰 의미의 나를 기준으로 하여 아랫사람들.
- 용(用)의 모습: 배짱, 담력, 오지랖, 잘난 척, 순발력, 창의성, 변화, 부지런함, 예능, 아이디어, 경솔, 박학다식.
- 식상이 강한 경우: 상관을 포함하여 식상이 강해지면 그 강해진 기운은 다음으로 이어지는 재성으로 흘러가게 됩니다. 사주에 식상이 강한데 재성이 없는 경우에도 넘치는 식상의 에너지가 재성으로 흘러가니 큰 재성을 얻지는 못하지만 먹고사는 데는 지장이 없게 됩니다. 시대가 바뀌어 인성과 상관을 조합하여 콘텐츠 사업, 음원, 인세, 저작권, 특허권 등의 지식사업으로 잘 활용한다면 재성이 아닌 식상과 인성의 힘으로도 잘 먹고살 수 있게 됩니다. JYP의 박진영이나 방탄소년단을 만든 방시혁이 그러한 모습입니다.
- 식상이 약한 경우: 식상이 약한 경우 자기가 하고 싶은 일을 하지 못하고 사는 경우가 많으니 힘이 듭니다. 할 말을 하고 살아야 하는데, 관성에 눌리고, 인성에 눌리다 보니 안에서 응어리가 커져 화병이 생기기도 합니다. 식상은 내가 재

성을 얻기 위한 과정이 되는데 이런 식상이 미약하다면 절차, 과정을 생략하고 바로 재성을 얻으려고 하니 그로 인해 법적인 문제가 발생할 수가 있고, 남자의 경우 나의 표현력인데, 이것이 약합니다. 흔히 말하는 "연애를 책으로 배웠어요."라는 구절은 이러한 식상이 약한 남자를 표현하는 말입니다. 연애가 힘드니 중간 절차, 과정을 생략하고 빨리 결혼하려고 합니다.

책을 보거나 친구의 코치를 받아 결혼 전에 했던 이벤트, 선물 공세, 사랑의 표현을 더 이상 안 하게 되니 결혼 전후가 다른 대표적인 케이스입니다. 이렇게 사주에 미약한 오행, 십신이 있다면 반드시 그 미약함으로 인한 어려움은 항상 존재하게 됩니다.

10개의 하늘(十神)을 열다. 다섯 번째 하늘입니다.

10) 편재(偏財)-네 것, 내 것 따지냐? 우리가 남이야?

편재(偏財)는 내가 극하는 오행 중에 음양이 같습니다.

내가 갑(甲)목이라면 목(木)이 극하는 오행인 토(土)중에서 천간에는 음양이 같은 무(戊)토가, 지지에서는 진(辰)토와 술(戌)토가 편재가 됩니다. 편(偏)은 '치우칠 편'이라는 뜻이고, 재(財)는 '재물 재'의 뜻이니 치우친 재물이란 뜻입니다. 사람이 먹고살려면 돈이 있어야 합니다. 삶을 살아가는 중요한 재원이 되는데, 생명을 키우는 근원이란 뜻으로 옛날에는 양명지원(養命之原)이라고 부르곤 했습니다. 편재, 정재의 재성은 큰 의미로는 식상 활동의 결과물, 결실 등을 의미하지만, 현대가 자본주의 사회이니 보편적으로 돈으로 통변됩니다. 편재는 내 돈이 아닌 공공재를 의미합니다. 투자금, 대출금, 빌린 돈, 공공 기금, 불규칙한 수입을 의미합니다. 은행, 증권, 보험 등 금융 회사들이 이러한 편재의 모습입니다. 자기 돈이 아닌 고객의 돈으로 운영되기 때문입니다. 이러한 돈은 먼저 대출받고, 먼저 투자받고, 먼저 지원을 받는 게 유리하므로 사주 내에 편재가 강하면 항상 분주하고 바쁘게 됩니다. "일찍 일어나는 새가 먹이를 먼저 잡는다."라는 속담은 이러한 편재의 성향을 잘 말해 주고 있습니다. 주로 급여 생활자가 아닌 사업을 하는 분들이나, 수입이 일정하지 않은 프리랜서, 작가, 예술가, 학원강사, 전문 직종의 분들이 편재를 주로 쓰게 됩니다. 편재의 입장에서 일간은 나를 심하게 극하는 편관의 모습이 되는데, 절제하고 아끼며, 안정적인 저축을 지향하는 정재와는 다르게 편재는 호탕하게 큰 욕심으로 크게 배팅하는 모습입니다. 크게 벌 수도 있지만 크게 잃을 수도 있으니 삶의 기복이 있습니다.

편재(偏財)의 가장 큰 특징은 확장성과 공공성이 됩니다.

정재와 편재의 돈에 관한 생각이 다른데, 정재는 돈이 나의 삶을 지탱해줄 중요한 재원으로 생각하는 반면에 편재는 돈이란 나를 빛나게 하고 나를 만족시켜주는 수단으로 보게 됩니다. 정재가 돈을 겁재에게 날리면 '그 돈이 어떤 돈인데, 내 돈!' 하며 뒷골을 잡고 쓰러져서 몸져눕지만, 편재는 '그래? 운이 안 좋았나. 까짓것 다시 벌면 되지 뭐.' 하곤 합니다. 안정적인 정재는 한 번의 폭풍우에 좌절하여 쓰러지지만, 매번 폭풍우를 경험하고 대박과 쪽박을 경험하는 편재는 대수롭지 않게 웃어넘깁니다. 허세 작렬입니다. 내 돈이라고 생각하지 않으니 쉽게 돈을 빌리기도 하고, 쉽게 빌려주기도 합니다.

나에게 도움이 된다면 먼 훗날을 생각하여 미리 투자를 하고 대접을 합니다. 스마트폰에 있는 수천 개가 넘는 연락처를 나중에 자신이 필요할 때 쓸 수 있다고 생각하고 실제로 잘 활용하곤 합니다. 이러한 자신에게 도움이 될 많은 인맥을 관리하니 항상 바쁘고 분주한 모습을 보이게 됩니다. 영화 〈범죄와의 전쟁〉에서 최민식 씨가 열연했던 부패 공무원 '최익현'이 대표적인 편재의 모습으로 볼 수 있는데 경찰서로 끌려 들어갈 때도 호기롭게 "내가 임마! 느그 서장하고 밥도 먹고, 어이? 사우나도 같이 가고 마! 할 것 다 했어!" 하는 모습에서 허세가 강한 편재의 성향을 느낄 수 있습니다.

편재(偏財)는 겁재-상관-편재-편관-편인의 계보로 이어집니다.

편재는 겁재의 계열로써 상관 다음으로 이어지게 됩니다. 마찬가지로 편재도 공성의 모습을 보여 줍니다. 편재의 시기부터는 공성의 범위가 확대되는데, 겁재가 자신의 병력과 용맹함으로 밀어붙였다면, 상관으로 넘어가면서부터는 다양한 전략을

짜고 여러 가지 공성 무기를 준비하여 효율적인 승리를 추구합니다. 더 확장된 편재의 시기가 오면 병력의 손실을 줄이기 위해서 여러 곳에 지원을 요청하여 압도적인 군세를 보여 줌으로써 성안의 군대가 스스로 포기하게 만듭니다. 이른바 규모의 경제의 모습입니다. 이곳저곳에서 모여든 지원군으로 압도적인 군세를 보여 주어 항복을 받아내니 병력의 손실 없이 승리를 쟁취하는 모습입니다.

　정재가 내가 번 돈을 아끼고 절약하면서 저축 등으로 안정성을 키워가는 모습이라면 편재는 돈을 키우고 부풀리고 확대하려는 모습입니다. 장사가 잘될 때 정재의 사장이 영업시간을 조금 더 연장한다면, 편재의 사장은 대출을 받아 프렌차이즈를 만들어서 광고를 하고 가맹점을 모집합니다. 정재의 사장은 맛의 레시피가 내 소중한 자원이니 함부로 알려줄 수 없지만, 편재의 사장은 맛의 레시피를 공유하여 많은 가맹점을 모아서 가맹비를 받고 매출을 늘리는 곳에 쓰게 됩니다. 요즘 많이 볼 수 있는 가전 렌털, 우버 택시, 공유 킥보드 사업, 렌터카, 프렌차이즈 등의 모습은 편재의 작품이 됩니다.

　어차피 누군가는 따라 하고 영원히 가져갈 수 없다면 일찍 공유하여 매출과 외형을 키우려고 합니다.
　부도는 순환하던 돈의 흐름이 끊어지는 것을 의미하는데 정재는 당하지 않고 크게 확장하여 사업하는 편재가 경험하게 됩니다. 사업을 하는 분들이라면 크든 작든 한두 번의 부도를 경험하게 되는데, 삶에 큰 파도가 치는 모습입니다. 정재의 어부는 위험을 회피하여 가까운 근해에서만 물고기를 잡으니 생계유지 정도이지만, 편재의 어부는 위험을 무릅쓰고 큰 파도가 치는 황금어장으로 달려가니 난파되어 모든 것을 잃을 수 있지만 때로는 만선의 기쁨으로 개선장군처럼 돌아올 수 있겠습니다.
　즉, 인생은 한방이라는 생각이고 'ALL IN 또는 ALL OUT'의 모습입니다.

　편재(偏財)가 강해지면 반대편의 비겁과 인성이 약해집니다.
　모든 것은 음양의 모습이고 음양의 비율의 변화를 의미합니다. 재성(편재+정재)과 비겁, 인성은 서로 음양의 모습입니다. 한쪽의 비율이 커지면 반대편의 비율이 그만큼 줄어들게 되는데, 자연의 법칙이니 어떤 예외도 없습니다. 재성의 반대편에는 비겁과 인성이 있는데, 재성이 극하는 것이 인성이고(재극인), 반대로 비겁이 재성을 극하는 모습입니다(아극재). 이 중에서 재극인은 우리가 흔히 뉴스에서 자주 보게 되는데, 인성을 쓰면서 살아가는 교수, 공직자들이 뇌물을 받아서 망신을 당하고 사퇴를 하거나 법적인 처벌을 받는 모습입니다. 소위 「김영란법」이라고 불리는 「부정청탁 및 금품 등 수수의 금지에 관한 법률」은 그러한 인성을 쓰는 공직자들이 재성의 극함을 예방하기 위한 것입니다. 재성이 강해지면 재성을 극하는 비겁도 약해지게 됩니다. 돈을 벌기 위해 자기 의지, 자기 소신, 자존심의 비겁을 내려놓는 모습입니다. "개 같이 벌어서 정승같이 쓰라."라는 속담은 아마도 이러한 재성의 성향을 잘 반영하고 있습니다. 편재는 정재보다 더 강한 에너지이니 운으로 편재가 강하게 들어오면 인성에 손상이 오고, 비겁이 약해지게 됩니다.

(1) 편재(偏財)의 통변
- 체(體)의 모습: 부친(남녀), 아내, 시어머니(여자), 나의 보호 및 통제를 받는 모든 것.
- 용(用)의 모습: 큰 욕심, 대담, 분주, 다정다욕, 사교성, 리더십, 뛰어난 수치감각, 소유욕, 넓은 활동력, 큰 배팅.
- 재성이 강한 경우: 사주원국에 편재를 포함한 재성이 강하면 일간의 비겁이 약해지게 됩니다.

일간이 약한데 다수의 강한 재성이 둘러싸고 있는 모습을 재다신약(財多身弱)이라고 합니다. 돈을 벌고 결실을 만들기 위해서는 재성을 통제할 일간이 강해야 하는데, 약한 모습이니 주변에 돈은 많으나 내가 취할 능력이 안 되고, 일은 많아 분주하지만 결실이 작다는 것을 의미합니다. 은행원이나 증권맨 중에서는 이러한 재다신약의 사주구성을 가진 경우가 많은데, 주위에 처리할 많은 돈이 있지만 내 돈이 아닌 모습으로 나타나게 됩니다. 직업적으로 사주상의 재다신약의 모습을 보완하는 모습인데, 이를 물상대체라고 합니다.
- 재성이 약한 경우: 재성이 약한 경우에는 반대편의 인성과 비겁이 강한 경우가 많습니다. 특히 재성이 약한데, 비겁이 많은 경우는 위의 재다신약의 정반대의 모습인, 군겁쟁재(群劫爭財)의 모습으로 나타나게 됩니다. 작은 재물을 가지고 나

와 같은 형제, 자매, 친구, 동료가 다투게 되니 실제적으로 취하는 재성이 미약하게 되고 가난한 모습입니다. 현실에서는 외판원, 노점상, 경쟁이 치열한 곳의 점포주의 모습으로 나타나게 됩니다. 재성이 약하면 움직임이 둔해지고 게을러지기 쉽습니다. 재성은 생명을 키우는 근원이니 재성이 약한 경우나, 약한 재성이 형과 충을 당하게 되면 건강이 안 좋아지는 경우가 생깁니다. 이렇듯 음양오행, 십신의 균형은 중요합니다.

10개의 하늘(十神)을 열다. 여섯 번째 하늘입니다.

11) 정재(正財)-나는 네가 지난 결혼식 때 낸 부조금의 액수를 알고 있다

정재(正財)는 내가 극하는 오행 중에서 음양이 다릅니다.

내가 갑(甲)목이라면 목(木)이 극하는 오행인 토(土) 중에서 천간에는 음양이 다른 기(己)토가, 지지에서는 축(丑)토와 미(未)토가 정재가 됩니다. 정(正)은 '바를 정'이고, 재(財)는 '재물 재'의 뜻이니 바른 재물이란 뜻입니다. 옛날 사람들은 이렇게 음과 양이 균형 잡힌 것을 바르다고 생각했는데, 글자를 보면서 동양적인 사고방식을 생각해 볼 수 있습니다. 정재는 내가 처분할 수 있는 소득을 의미하니 내 돈이 됩니다. 그리고 안정적으로 꾸준히 들어오는 수입을 의미하니 급여, 연금, 임대수입 등을 뜻합니다. 정재에게 돈이란 나의 삶을 안정적으로 영위할 수 있게 하는 소중한 자원이니 아끼고 소중히 여깁니다. 공격적인 투자나 사업을 벌이다가 자칫하여 내 소중한 자원을 잃으면 안 되므로 저축이나 장기적이고 안정적인 투자를 선호합니다. 돈을 벌고 쓰는 데 자기만의 뚜렷한 철학이 있어서 허투루 쓰는 법이 없으니 남들이 흔히 인색한 구두쇠라고 오해할 수 있지만 실제로는 그렇지 않습니다.

정재(正財)의 가장 큰 특징은 안정과 성실이며 기브 앤 테이크(Give and Take), 즉 주는 만큼 받는 것입니다.

정재와 편재의 돈에 대한 생각이 다른데, 편재에게 돈이란 나를 빛나게 하고 나를 만족시켜 주는 수단으로 보지만, 정재에게 돈은 나의 삶을 지탱해 줄 소중한 재원으로 생각합니다. 꽃피는 봄이 오면 이곳저곳에서 청첩장이 날아오는데, 이를 꼼꼼하게 챙기는 것이 정재의 모습입니다. 물론 청첩장도 챙기고 금액도 일일이 기입합니다. 이는 나중에 자신이 필요할 때 도움을 받기 위함입니다. 편재도 그러하지만, 편재는 좀 더 광범위하며 개인보다는 그룹(man to group)과의 관계이므로 장기적인 모습이라면 정재는 범위가 축소되고 그룹보다는 즉각적인 보상이 빠른 개인과의 관계(man to man)를 중시하게 됩니다. 내가 부조를 했던 곳에서 내게 부조를 하지 않으면 분노하게 되는데, 이는 증여와 환급의 원칙(give and take)을 상대방이 어겼기 때문입니다. 비겁과 식상까지가 목화의 시절이라면 재성은 본격적인 사회적인 활동과 직업 활동을 의미하는 토의 시절이므로 결과물(재성)을 필요로 하는데 이는 나의 생존에 필수적이기 때문입니다. "나는 네가 지난 결혼식 때 낸 부조금의 액수를 알고 있다." 생존을 위하여 알뜰살뜰하게 재성을 챙기고 관리하는 정재의 모습을 대표하는 문구 같습니다.

정재(正財)는 비견-식신-정재-정관-정인의 계보로 이어집니다.

정재는 비견의 계열로써 식신 다음으로 이어지게 됩니다. 마찬가지로 정재도 수성의 모습을 보여 줍니다. 정재는 내가 번 돈을 아끼고 절약하면서 저축 등으로 안정성을 키워가는 모습인데 이렇게 재성을 생명을 키우는 양명지원(養命之原)이라고 합니다. 큰 돈을 날리면 건강이 상할 수가 있다고 설명하는데 그것이 바로 정재의 모습입니다. 돈을 자신의 삶을 영위해 가는 가장 큰 자원으로 생각하는데 그것을 날려버리니 견뎌낼 재간이 없습니다. 성실, 근면하며 꼼꼼하며 치밀합니다. 친구들과의 술자리를 끝낼 때 흘깃 계산서를 쳐다보며 "음, 1인당 24,500원씩 내면 되겠네." 하는 친구가 있다면 그것이 정재의 성향인데 혹시 누군가가 자신에게 쏘라고 할까 봐 미리 선수를 치는 모습입니다.

남자에게 재성은 체로써 아내가 되는데, 편재의 남성은 자신의 취향과 재미에 따라서 이 여자, 저 여자 만나고 대시를 하면서 화려한 여성 편력을 자랑하는 데 비해서 정재의 남성은 자신에게 필요한 여성상을 정하여 집중하고 결혼 이후에도 잘 챙깁니다. 이는 아내가 자신의 삶을 영위하는 소중한 자원이기 때문입니다. 바람도 잘 안 피우는데, 바람을 피울 때 들어가는 돈이 아깝다고 생각하기 때문입니다.

13. 십신(十神)-10개의 하늘이 열리다

정재의 남자가 드물게 바람을 피운다면 그것은 자신의 배우자가 자원으로서의 효용이 떨어져서 헤어질 결심을 하고 그러는 것이니 애원한다고 해서 돌아올 마음은 아닙니다. 모든 가치판단의 기준이 돈이 되기 때문입니다.

정재(正財)가 강해지면 반대편의 비겁과 인성이 약해집니다.

모든 것은 음양의 모습이고 음양의 비율의 변화를 의미합니다. 재성(편재+정재)과 비겁, 인성은 서로 음양의 모습입니다. 한쪽의 비율이 커지면 반대편의 비율이 그만큼 줄어들게 되는데, 자연의 법칙이니 어떤 예외도 없습니다. 재성의 반대편에는 비겁과 인성이 있는데, 재성이 극하는 것이 인성이고(재극인), 반대로 비겁은 재성을 극하는 모습입니다(아극재). 재성이 강하거나, 운으로 재성이 들어오면 항상 바쁘고 분주하게 됩니다. 돈이라는 이해하기 쉬운 개념을 썼지만, 재성은 사실 큰 의미의 식상 활동에 대한 결실, 결과물을 의미합니다. 멋진 연주를 하고 박수를 받거나, 좋은 칼럼을 쓰고 많은 댓글과 하트를 받는 것 등 모든 것이 해당하기 때문입니다.

결과를 중시하기 때문에 때로는 과정을 무시하거나, 결과물을 내기 위해 인정사정을 보지 않을 수 있으니 사람이 모질고 야박하다는 소리를 듣기도 합니다. 그것이 인성의 하락을 의미합니다. 재성이 강해지면 반드시 반대편의 비겁과 인성이 약해지니 구두쇠처럼 군다면 친구들(비겁)이 떨어져 나가고 좋은 소리, 좋은 평판(인성)을 받기 힘듭니다. 워런 버핏이나 빌 게이츠 같은 대부호가 사회에 많은 돈을 기부하는 것은 명리학으로 보면 강해진 재성을 덜어내고 인성을 채우는 모습입니다. 그러므로 큰 부자지만 좋은 일을 많이 한다고 칭송을 받게 됩니다.

(1) 정재(正財)의 통변
- 체(體)의 모습: 부인, 처제, 처형, 부친, 고모 등 내가 통제하고 보호하려는 존재들.
- 용(用)의 모습: 안정, 성실, 근면, 꼼꼼, 치밀, 정직, 긍정적, 계획성, 이재 능력, 계획성, 깔끔한 마무리 등.
- 재성이 강한 경우: 재성이 강하면 반드시 반대편의 비겁이나 인성이 약해지게 됩니다.

그런데 사주원국의 구성이 재성이 강하고 비겁도 강하거나 운으로 약한 기운을 보충하는 기운이 강하게 들어오면 재성도 강하고 비겁도 강한 구조가 되는데, 이를 신왕재왕(身旺財旺)이라고 합니다. 내 주변에 돈도 많고 그 돈을 벌어들일 능력도 강하다는 것을 의미하니 큰 부자가 될 수가 있습니다.

- 재성이 약한 경우: 재성이 약한 경우에는 반대편의 인성과 비겁이 강한 경우가 많습니다. 비겁이 강한데 재성이 약하면 너무 자존심이 강하여 실리를 놓치는 경우가 왕왕 있습니다. 잠시 고개를 숙이면 사는 게 편해지는데 비겁이 강하니 자존심이 용납하지 못하게 되는 것입니다. 재성이 약한데 인성이 강하다면 게을러지기 쉽습니다. 인성은 윗사람이 나에게 내려주는 모든 것을 의미하는데 이러한 받을 복이 있음을 의미합니다. 윗사람이 내려주니 내가 바쁘게 움직이고 분주하게 먹고살려고 발버둥 칠 필요가 없기 때문입니다. 재성이 너무 강해지거나 약해지면 반드시 반대편의 십신이 피해를 보거나 피해를 주니 삶에서 여러 가지 어려움이 생겨나게 됩니다. 이렇듯 음양과 오행, 십신의 균형은 중요합니다.

10개의 하늘(十神)을 열다. 일곱 번째 하늘입니다.

12) 편관(偏官)-너를 죽여야 내가 산다

편관(偏官)은 나를 극하는 오행 중에 음양이 같습니다. 내가 갑(甲)목이라면 목(木)을 극하는 오행인 금(金) 중에서 천간에는 음양이 같은 경(庚)금이, 지지에서는 신(申)금이 편관이 됩니다. 편(偏)은 '치우칠 편'이고, 관(官)은 '벼슬 관'이란 뜻이니 치우친 벼슬이란 뜻입니다. 정관이 나를 합법적, 합리적으로 통제하고 보호한다면 편관은 나를 강압적으로 통제하고 규제하는 모습입니다. 그런데 이것은 꼭 외부의 힘만이 아니라 자신 내부의 모습이기도 합니다. 스스로를 단속하고, 절제하며, 자기관리를 철저히 하려는 모습입니다. 남을 위하여 희생하려 하고 옳다고 생각하면 손해를 보더라도 앞장서니 타인들의 존경과 인기를 얻게 됩니다. 그러나 스스로의 엄격함과 절제를 타인에게 강요하기도 하니 그로 인해서 트러블이 생기기도 하고 구설수에 엮이기도 하는데, 편관이 강한 사람은 이렇게 타인의 평판에 극도로 민감한 반응을 보이기도 합니다.

옛날에는 이러한 편관을 상관과 더불어 기존의 권력을 위협하는 존재로 인식하여 나쁘게 보았습니다. 군주제나 계급제로 운영되던 시절에 이러한 대중들의 높은 인기와 존경이 위협이 되었던 것은 사실입니다. 임진왜란의 영웅이었던 이순신 장군에 대한 백성들과 군사들의 절대적인 존경과 지지가 당시 군주였던 선조에게는 모골이 송연하고, 등골에 식은땀이 흐르게 하는 일이었을 것입니다. 제복을 입은 군인, 경찰, 의사, 간호사 등이 이러한 편관의 모습인데, 국경을 지키는 군인, 내부 치안을 담당하는 경찰 등이 이에 해당합니다. 특히 코로나 시국에 방역 전쟁의 현장에서 혼신을 다하는 의사, 간호사, 방역 요원분의 헌신과 노고에는 진심으로 감사드립니다.

편관(偏官)의 가장 큰 특징은 권력 지향과 철저한 자기관리입니다.

편관은 권력을 지향하는데, 그러한 권력은 정관처럼 위에서 내려주고, 단계를 밟고 차근차근 올라가는 모습이 아닙니다. 국회의원, 도지사, 대통령처럼 선출직으로 사람들의 인기와 신망을 받아서 얻은 권력을 의미합니다. 순식간의 지위 상승을 의미하므로 도지사였다가 하루아침에 정치 백수가 되기도 합니다. 오늘은 당선되어 샴페인을 터트리지만, 내일은 떨어져서 쓰디쓴 소주를 마시는 모습입니다. 이러한 권력을 얻기 위해서는 타인의 인기와 신망, 존경을 받아야 하므로 누구보다도 자기관리가 철저하고 개인의 즐거움과 쾌락을 포기한 채, 봉사하고 헌신하며 스스로를 끊임없이 단련하면서 자신이 바라고 꿈꾸는 이상적인 자아의 모습에 도달하기 위해 부단히 노력합니다. 그러므로 체면과 명예를 가장 높은 가치로 생각합니다.

1,000만 관객 영화 〈베테랑〉에서 경찰 역을 맡은 황정민 씨의 대사인 "야! 우리가 돈이 없지, 가오가 없냐?"라는 대사는 대표적인 편관의 직업인 국가 치안에 최선을 다하는 경찰의 명예와 자부심을 보여 줍니다. 일간이 강하다면 이러한 자기관리를 감당해낼 능력이 있어서 크게 출세할 수 있지만 편관은 강한데 일간이 약

하다면 스스로에게 주어진 책무와 압박을 견디기 힘들어 윗사람들의 눈치를 보고, 심지어는 동료나 후배들의 눈치까지 보게 되는 무기력과 나약함에 빠지기도 합니다.

편관(偏官)은 겁재-상관-편재-편관-편인의 계보로 이어집니다.

편관은 공성의 겁재에서 파생된 성향으로 상관, 편재 다음으로 이어지게 됩니다. 마찬가지로 편관도 공성의 모습을 보여 줍니다. 세상을 바라보는 관점과 시선은 외부, 즉 타인을 향하며 타인의 심리와 욕망을 잘 읽어내어 그들이 꿈꾸지만 그들이 결코 될 수 없는 이상적인 모습을 보여 주어 많은 인기와 명예를 얻고자 합니다. 소위 카리스마라고 하는 것인데 편관을 대표하는 성향입니다. 정관이 최소한의 법과 질서, 규칙을 지키면서 통제를 받아들이고 보호를 받으려는 모습이라면 편관은 적극적으로 그러한 법과 질서, 규칙의 지배자로 올라서고자 합니다. 정관이 수동적인 모습에서의 관성에 속한다면 편관은 적극적인 주체로서 관성, 즉 권력을 지배하려는 강한 의지를 갖추게 됩니다.

편관이 잘 발달한 사람은 타인의 욕망과 심리를 잘 파악하므로 연애를 할 때 편관의 남자가 멋지고 마치 자신을 위해 모든 것을 바칠 것처럼 보입니다. 편관 남자는 애인이 몸이 안 좋다는 소식을 들으면 바로 약을 지어 밤새 차를 몰고 달려가 감동을 줍니다. 정관의 남자는 아침 일찍 첫 기차를 타고 점심쯤에야 도착해서 찾아가니 차이가 있습니다. 애인이 무엇을 좋아하는지, 어떤 행동에 감동을 받는지 등을 편관의 남자는 모두 알고 있기 때문입니다. 그러나 결혼 후에는 본인의 관심과 지향점을 사회나 세상에 두니 에너지 총량의 법칙에 따라서 집안일에 소홀해지고 무심해집니다. 썰렁하고 싸늘한 관계이지만 생활비 등 자신의 책임을 다하려고는 합니다.

편관(偏官)이 강해지면 반대편의 비겁과 식상이 약해집니다.

모든 것은 음양의 모습이고 음양의 비율 변화를 의미합니다. 관성(편관+정관)과 비겁, 식상은 서로 음양의 모습입니다. 한쪽의 비율이 커지면 반대편의 비율이 그만큼 줄어들게 되는데, 자연의 법칙이니 어떤 예외도 없습니다. 관성의 반대편에는 비겁과 식상이 있는데, 관성이 극하는 것이 비겁이고(관극아), 반대로 식상은 관성을 극합니다(식극관).

이 중에서 식극관은 새로운 가치관과 개념이 기존의 가치관과 개념을 공격하는 모습입니다. 지동설이 처음 나왔을 때, 중세는 기독교가 지배하던 시절이라서 신에게 불경함으로 여겨져 탄압하고 심지어는 끝까지 지동설을 주장하는 브루노를 화형에 처하기도 했습니다. 마지막 화형식이 있기 전에 추기경이 브루노에게 마지막으로 할 말이 없냐고 물었을 때, 그가 은근한 미소를 띠며 "화형을 받으려는 제가 아닌 오히려 추기경님이 떨고 계시는군요."라고 했던 모습에서 식상의 극함에 대한 관성의 공포와 두려움을 느낄 수 있습니다. 편관을 포함한 관성이 강하면 일간을 심하게 극하는데, 일간도 강하다면 관성의 극함이 오히려 나의 경쟁력의 증가를 가져올 수 있습니다. 선조를 포함한 기득권의 모함과 질시로 힘들었지만, 이순신 장군의 정신력은 더욱 강해지고 단단해지는 모습을 보였습니다. 반면에 관성이 강한데 일간이 약하면 남의 눈치를 많이 보고 무슨 행동을 할 때 망설이며 주저하게 됩니다. 소신껏 행동하기가 어렵고 스트레스가 증가하니 건강에 큰 위협이 오게 됩니다.

(1) 편관(偏官)의 통변
- 체(體)의 모습: 자식(남자), 남편(여자), 직장, 직장 상사, 고객, 대중, 윗사람.
- 용(用)의 모습: 체면과 명예 중시, 복종, 조직 우선, 희생정신, 기억력, 지적질, 독선, 독재, 카리스마, 강압, 질병, 스트레스.
- 관성이 강한 경우: 사주원국에 편관을 포함한 관성이 강하면 일간의 비겁이 약해지게 됩니다.

　에너지는 좀 더 강한 쪽으로 흐르는 게 순리입니다. 정관이 많아지게 되면 에너지가 편관 쪽으로 흐르게 되어 정관이면서도 상당한 편관의 성향을 보여 주게 됩니다. 겁재의 계열에서 파생된 편관은 타인을 지배하기 위한 권력의지를 상징하기 때문에 더 강한 에너지의 소모라 일간이 약해지기 쉽습니다. 관성이 강하면 이렇게 일간이 약해지니 아프기 쉽고, 반대편의 식상도 약해지므로 내가 하고 싶은 일을 하지 못하여 스트레스가 이만저만이 아니고 위축되고 소심하게 하루하루를 살아갈 수 있습니다.

- 관성이 약한 경우: 관성이 약한 경우에는 반대편의 비겁과 식상이 강한 경우가 많습니다. 관성은 내가 타인을 바라보면서 나의 행동을 절제하고 통제하는 성향인데, 관성이 약한데 비겁이 강하면 제멋대로 하기 쉽습니다. 남의 눈치를 보지 않고 안하무인처럼 제멋대로 날뛰는 동네 양아치의 모습을 생각하시면 됩니다. 동네 상인들(비겁)에게 행패를 부리다가 출동한 경찰(편관)을 보면 꼬리를 내리는 모습입니다. 관성이 약한데 식상이 강하면 조직 생활을 오래하기가 힘듭니다. 사사건건 상부의 지시와 명령에 이의를 제기하는 직원을 그대로 둘 직장은 없기 때문입니다. 하지만 사주에 식상도 강한데, 관성도 강하다면 좋습니다. 기존의 조직을 변화시킬 수 있고, 조직에서 큰 인물로 성장할 수 있습니다. 관성에 무조건 복종하는 예스(YES)맨의 성장에는 한계가 있습니다. 최고로 승진해도 2인자일 뿐입니다. 하지만 관성도 강하고 식상도 강하다면 조직 내에서 1인자로 성장할 수 있고 기존의 회사를 글로벌 기업으로 바꿔놓을 수 있는 저력을 가지고 있습니다. 메시(식상)와 호날두(관성)가 맞붙으면 세계인의 주목을 받아 흥행 대박이 되듯이 강력한 세력의 격돌은 볼 만한 이벤트가 될 것입니다.

10개의 하늘(十神)을 열다. 여덟 번째 하늘입니다.

13) 정관(正官)-네가 바로 서야 나라가 선다

정관(正官)은 나를 극하는 오행 중에 음양이 다릅니다.

내가 갑(甲)목이라면 목(木)을 극하는 오행인 금(金) 중에서 천간에는 음양이 다른 신(辛)금이, 지지에서는 유(酉)금이 정관이 됩니다. 정(正)은 '바를 정'이고, 관(官)은 '벼슬 관'의 뜻이니 바른 벼슬이란 뜻입니다. 사회생활을 하고 국가를 운영하는 데 있어서 최소한의 법과 질서, 규칙과 원칙 등을 의미합니다. 편관과 마찬가지로 정관은 타인의 존재를 의식하고 감지하는 기능을 뜻하는데, 이를 통하여 자신의 행동이 타인에게 피해를 주지 않으려고 합니다. 더불어 사는 공동체이므로 누군가의 정관을 깨트리는 불법적인 행동이 나를 포함한 공동체의 이익을 해치는 쪽으로 진행되므로 정관은 이를 금지하고 통제합니다. 하지만 편관처럼 강압적으로 극하는 것이 아니라 합리적이고 이성적으로 통제합니다. 편관이 군·검·경으로 강압적이고 강제성이 있다면 정관은 주민센터, 구청처럼 합리적이고 부드럽게 진행합니다. 통제보다는 보호에 가깝습니다. 횡단보도의 신호등은 내가 건너가지 못하게 통제하는 모습이지만, 본질적으로는 빠르게 지나가는 차들로부터 나를 보호해 주는 것이 목표이기 때문입니다. 법과 질서, 규칙과 원칙이 무너진다면 그 국가나 사회는 혼란과 혼동의 패닉 상태를 의미하므로 정관이 바로 서야 나라가 선다고 제목을 붙여 보았습니다.

정관(正官)의 가장 큰 특징은 법과 질서, 규칙과 원칙을 의미합니다.

최소한의 법과 질서, 규칙과 원칙을 지켜서 나의 생존과 안정성을 보장받으려고 하는 정관의 성향은 조직의 인정을 받으면서 차근차근 정해진 수순을 밟아가면서 올라가게 됩니다. 음과 양이 균형이 잡힌 정(正)을 쓰고 있는 정관은 상사가 싫어하는 일을 편관처럼 자신의 권력이나 명예, 확고한 원칙을 위해서도 하지 않고, 식상처럼 지시에 토를 달거나 이의를 제기하기도 않고 순종하니 신뢰를 얻고 승진하게 됩니다. 이처럼 공동체의 질서와 규범을 벗어나는 일을 하지 않으니 계급 제도가 강했던 봉건주의 사회에서는 이러한 정관을 최고의 좋은 길신(吉神)으로 여겼는데, 권력층을 충실하게 지탱해 주는 모습이었기 때문입니다.

정관(正官)은 비견-식신-정재-정관-정인의 계보로 이어집니다.

정관은 비견의 계열로써 식신, 정재 다음으로 이어지게 됩니다. 마찬가지로 정관도 수성의 모습을 보여 줍니다. 관성이 일간을 극하고(관극아), 식상이 관성을 극한다(식극관)고 하지만 비견과 겁재, 식신과 상관을 합쳐 놓았을 때의 모습이고 정관은 일간을 극하지 않고 보호해 줍니다. 식신은 정관을 극하지 않고 정관의 법과 질서, 규칙을 따라갑니다. 이들은 모두 수성의 계열이고, 생존과 안정이 중요하기 때문입니다. 반면에 재물을 빼앗는다는 겁재에게는 정관이 무섭게 통제하고 강하게 극을 합니다. 겁재의 입장에서 보면 정관은 자신을 심하게 극하는 편관의 모습이기 때문입니다. 도둑(겁재)를 잡는 데는 경찰(정관)이 최고입니다. 비겁, 식상은 목(木), 화(火)의 시절인 초년, 청년 시절처럼 장차 사회에서 활동하기 위해 잘 먹고 운동을 하고(비겁), 자신이 잘할 수 있는 분야에서 실력을 키우는(식상) 모습이라면 재성, 관성은 사회에 진출하여 돈을 벌고(재성), 쌓여진 재성을 기반으로 좀 더 높은 곳(관성)을 바라보는 모습입니다. 정관이나 편관이나 높은 곳, 권력을 얻는 것이 최고의 목표이니 공무원(정관)은 승진에 목을 매고, 정치인(편관)은 선출직의 당선에 목을 매게 됩니다.

정관(正官)이 강해지면 비겁과 식상이 약해집니다.

모든 것은 음양의 모습이고 음양의 비율의 변화를 의미합니다. 관성(정관+편관)과 비겁, 식상은 서로 음양의 모습입니다. 한쪽의 비율이 커지면 반대편의 비율이 그만큼 줄어들게 되는데, 자연의 법칙이니 어떤 예외도 없습니다. 관성의 반대편에는 비겁과 식상이 있는데, 관성이 극하는 것이 비겁(관극아)이고 반대로 식상은 관성을 극하는 모습입니다(식극관). 정관과 비견은 같은 수성의 계열이고 비견이 생존을 보장받으려면 정관이 필요하니 극함이 심하지 않고 오히려 보호를 받습니다.

(1) 정관(正官)의 통변
- 체(體)의 모습: 자식(남자의 경우), 남편(여자의 경우), 직장, 직장 상사, 대중.
- 용(用)의 모습: 원칙과 규칙, 예의, 성실, 책임감, 명예, 체면, 의전 중시, 절차 중시, 융통성 없음.
- 관성이 강한 경우: 사주원국에서 관성이 강하면 반대편의 비겁과 식상이 약해지게 됩니다. 재성이 강할 때도 비겁이 약해졌는데, 돈 때문에 자존심을 굽혔다면 이번에는 관성, 즉 직장 때문에 자존심을 굽히는 모습입니다. 또한 식상도 약해집니다. 회사라는 조직은 내가 하고 싶은 일만 하면서 다닐 수 없습니다. 위에서 시키면 시키는 대로 할 수밖에 없는데, 억울하고 자존심이 상하면 나가서 사장을 하면 됩니다. 그런 마음으로 회사에서 튀어나올 때 대운에서 식상운이 온 사람은 잘될 가능성이 있지만 세운에서 식상운에 온 사람은 얼마 못 가서 후회하게 됩니다. 세운은 짧기 때문입니다.
- 관성이 약한 경우: 관성이 약한 경우에는 반대편의 비겁과 식상이 강한 경우가 많습니다.
  비겁이 강한데 관성이 약하면 남의 시선에 아랑곳없이 제멋대로 하는 경우가 많습니다. 동양 사람들이 유럽에 단체여행을 가면 이리저리 몰려다니면서 큰 소리로 떠들고 소란스러워 민폐가 되는 경우가 있는데, 이는 단체라는(비겁) 것의 힘이 강해지니 타인의 시선(관성)이 약해진 모습입니다.

관성이 약한데 식상이 강하면 회사 등 조직생활을 오래 하기 힘들고 나와서 자기 일을 하는 것이 좋습니다. 관성은 나에게 스트레스도 주지만 급여 등으로 나의 삶을 보호해 주는 역할을 하므로 관성의 울타리를 벗어나면 자신의 힘(비겁)과 자신의 능력(식상)으로 헤쳐나가야 합니다.

직장에서의 치열한 생존을 다룬 드라마 〈미생(未生)〉의 대사로 이야기를 마무리 짓도록 하겠습니다.

"회사가 전쟁터라고? 밀어낼 때까지 그만두지 마라. 밖은 지옥이다."

10개의 하늘(十神)을 열다. 아홉 번째 하늘입니다.

14) 편인(偏印)-이상한 나라에서 날아온 폴

편인(偏印)은 나를 생해 주는 오행 중에서 음양이 같습니다.

내가 갑(甲)목이라면 목(木)을 생해주는 오행인 수(水) 중에서 천간에는 음양이 같은 임(壬)수가, 지지에서는 해(亥)수가 편인이 됩니다. 편(偏)은 치우칠 편이고, 인(印)은 도장 인이니 치우친 도장이란 뜻입니다. 인성의 가장 큰 특징은 윗사람(가문, 부모, 국가, 조직 등)으로부터 내려받는 것을 의미합니다. 우리는 알몸으로 태어나지만 태어날 때부터 의, 식, 주가 갖추어진 것은 이렇게 윗사람이 내려준 것이 있기 때문입니다. 윗사람이 내려주는 것을 잘 받으려면 참을성도 있어야 하고 말도 잘 들어야 하는데 이렇듯이 인내와 수용이 인성의 주요한 성향을 의미합니다. 정인이건, 편인이건 잘 참고 인내하면서 수용하려고 합니다. 그런데 정인은 수용을 잘하지만, 편인은 의심을 잘합니다. 선생님이 가르치는 내용을 정인의 아이는 그대로 받아들이지만, 편인의 아이는 의심을 합니다. "왜 그런 거지? 저게 맞나? 틀린 것 아냐?" 하니 남들과 독특한 생각과 사고방식으로 새로운 발명과 발견을 하기도 합니다. 마치 주입식 교육 부적응자였던 토머스 에디슨처럼 말입니다.

호기심 많은 에디슨을 교육한 것은 그의 엄마인데, 아들의 창의성과 상상력을 알아보고 대발명가로 키웠습니다. 종종 정인과 편인을 친모와 계모로 설명하시는 분들이 많은데 어감이 불편하니 정인은 가정주부, 편인은 워킹맘으로 호칭하고 싶습니다. 허주도 편인이 3개나 있는 편인의 아이이기 때문입니다. 집에 계신 어머님은 저의 친어머님이 확실하고 5남매를 잘 키우신 워킹맘이셨습니다.

인성의 아이콘이 공부인데, 정인이 세상의 주류 가치관과 사상을 받아들여서 자기의 생존을 지켜가려고 한다면 편인은 자신이 꽂힌, 자신이 좋아하는 학문에 몰두합니다. 그것이 세상의 주류이건, 아니건 상관없으며 주로 비주류인 경우가 더 많습니다. 명리학이 대표적인 편인의 학문인데, 특출나지 않으면 빛을 보기가 어려운 분야입니다. 정인은 느리지만 음양의 균형으로 전체를 아우르면서 가지만, 편인은 속전속결, 벼락치기로 공부하는 경향이 있습니다. 그래서 처음에는 편인의 아이가 공부를 더 잘하고 앞서가지만, 나중에는 정인의 아이가 우위를 선점하게 됩니다. 편인이 5,000m 중장거리 스프린터라면, 정인은 42.195km 마라토너의 모습입니다.

편인(偏印)의 가장 큰 특징은 몰입, 수용(편협한), 자아 이탈 등이 됩니다.

제화되지 않은 편인이 가장 잘하는 행동이 내로남불(내가 하면 로맨스, 남이 하면 불륜)입니다. 정인처럼 자의식이 주체가 되지 않고 자아 이탈을 하여 자신을 객관적으로 바라보지 못하는 까닭입니다.

골프 선수였던 타이거 우즈가 불륜을 저질러 아내에게 거액의 위자료를 지불하고 몰락의 길을 걸을 때 그가 했던 말인 "나는 괜찮을 거라고 생각했다."라는 말은 제화되지 않은 편인의 성향을 대표적으로 보여 줍니다. 그래서 고전에서는 편인에 대해 이별, 파재(재성이 깨짐), 색난(풍기문란), 표리부동 등으로 안 좋게 평가했는데, 제화되지 않은 편인이 보여 주는 모습이 그러합니다. 편인은 몰입을 잘하는데, 학문을 배울 때 깊게 몰입하니 빠른 성취를 보이고, 그 분야에서 전문가가 될 수 있습니다. 편인이 강한 사주가 특수학문(명리학, 심리학, 천문학, 생태학, 동물학 등)의 전문가나 특수 기술을 가지고 먹고사는 경우가 많습니다.

특히 배우의 경우에는 직업적으로 이러한 편인의 성향을 잘 쓰고 있는데, 자아를 이탈하여 새로 주어진 캐릭터에 몰입하는 경우를 말합니다. 자아를 버리고 새로운 캐릭터에 몰입하여 완벽히 동화된 모습을 보여 주니 영화나 드라마를 본 관객들은 열광하게 됩니다. 하지만 〈배트맨〉 조커 역의 히스 레저나 귀신 영화를 찍은 후 우울증으로 잘못된 선택을 한 홍콩 배우 장국영처럼 다시 자기 모습으로 영원히 돌아오지 못하는 경우가 생기기도 합니다.

편인(偏印)은 겁재-상관-편재-편관-편인의 계보의 마지막이 됩니다.

편인은 겁재의 계열로써 상관, 편재, 편관 다음으로 이어지게 됩니다. 마찬가지로 편인도 공성의 모습을 보여 주지만, 약간 성향이 다릅니다. 편관은 대중으로부터 인기를 받아 얻을 수 있는 권력이지만 오래 가질 수도, 머무를 수도 없습니다. 권력은 한번 잡으면 놓치기 싫을 만큼 강렬한 중독이 있습니다. 우리는 권력 앞에서 부모도, 처자식도, 형제도 없다는 것을 역사를 통해서 이미 알고 있습니다. 잡기도 힘들지만 오래 잡고 있을 수 없으니 내려와야 합니다. 대다수의 사람들이 실제의 삶에서 권력을 누릴 수 없으므로 대신에 정신적인 가치인 철학, 종교, 명리학, 심리학 등을 추구하려고 합니다. 편인의 이러한 학문은 권력을 갖지 못한 것에 대한 보상심리이며, 고통을 잊기 위한 진통제입니다. 사주에 편재와 편관만 존재한다면 권력의 화신이 되어 죽을 때까지 권력을 놓지 못하고 비참한 최후를 맞이하는 독재자의 모습이 됩니다. 박수칠 때 떠나는 것이 어렵고, 아름답게 늙는 것이 어려운 이유입니다.

편인(偏印)이 강해지면 반대편의 식상과 재성이 약해집니다.

모든 것은 음양의 모습이고 음양 비율의 변화를 의미합니다. 인성(편인+정인)과 식상, 재성은 서로 음양의 모습입니다. 한쪽의 비율이 커지면 반대편의 비율이 그만큼 줄어들게 되는데. 자연의 법칙이니 어떤 예외도 없습니다. 인성의 반대편에는 식상과 재성이 있는데, 인성이 극하는 것이 식상(인극식)이고 반대로 재성은 인성을 극하는 모습입니다(재극인). 이는 일반적인 모습이고 인성이 강하다면 오히려 재성을 극할 수 있습니다. 에너지는 강한 쪽으로 흘러가니 사주에 정인이 많아서 강해지면 편인의 성향이 나타나게 됩니다. 편인이건, 정인이건 내가 윗사람에게 내려받는 것을 의미하니 의존적이고 다소 이기적이고 자기중심적이지만 정인은 음과 양을 같이 보니 그래도 적당히 하고 체면치레는 하려고 합니다. 그런데 편인은 음양이 하나로 치우니 남의 눈치를 안 보고 자기가 편한 위주로 생각하고 행동합니다. 식당에서 식기에 아이 소변을 보게 하는 엄마, 지하철에서 오랜 시간 동안 시끄럽게 떠들어서 승객들의 눈살을 찌푸리게 하는 사람, 예식장 피로연에서 뷔페 음식을 가방에다 꾸역꾸역 넣는 민폐 하객 등의 모습인데 물론 편인이 제화되지 않으면 이러한 모습으로 나타나게 됩니다.

(1) 편인(偏印)의 통변

- 체(體)의 모습: 모친(워킹맘), 가문, 윗사람, 특수 학문, 특수 기술, 의식주, 유산, 자격증, 문서, 부동산(공동명의), 정보, 소식 등.
- 용(用)의 모습: 수용(선별적 수용), 의심, 독특한 생각, 인내, 비현실적, 발명, 고집과 집착, 허례허식, 잔머리, 순발력, 유머, 표현력, 종교, 철학 등.
- 인성이 강한 경우: 사주원국에서 인성이 강하면 반대편의 식상과 재성이 약해지게 되는데 인성이 강하니 내 주변에 온통 윗사람들이 있음을 의미합니다. 내가 어렵게 박사가 되었는데, 주변에 선배 박사들이 즐비하니 기가 죽습니다. 이렇게 인성이 강하면 내가 주눅이 들고 생각과 의지(식상)를 펼치기가 어렵습니다. 뭔가 새로운 아이디어와 기획안을 낼 때 윗사람들이 콧방귀를 끼며 무시해 버리거나, 더 배워서 오라고 충고하는 모습입니다. 그것이 인극식, 강한 인성이 식상을 극하는 모습입니다.

재성이 인성을 극하는 재극인이 일반적이지만, 자연은 강한 것이 왕입니다. 인성이 강하다면 오히려 재성이 인성에게 극을 당하고 눈치를 보게 됩니다. 사주원국에 인성이 강하면 가정의 주도권을 엄마가 잡고 있는 경우도 많습니다. 아빠(재성)가 엄마의 눈치를 보거나, 역할이 미약해지는 모습입니다.

인성이 강하다면 윗사람으로부터 내려받은 것이 많으니 게을러지기 쉽습니다. 이럴 때 운으로 재성이 들어오면 삶에 활기가 생깁니다. 인성이건, 재성이건, 식상이건 어느 한쪽의 힘이 강하면 다른 미약한 쪽이 피해를 보기 마련입니다. 음양오행의 균형, 십신의 균형이 중요한 것은 이러한 균형을 통해서 삶의 활력, 생명력이 생기기 때문입니다.

- 인성이 약한 경우: 인성이 약한 경우에는 반대편의 식상과 재성이 강한 경우가 많습니다. 식상은 나의 표현력, 표출이고 출력 장치인데, 입력 장치인 인성이 약하다면 나오는 말과 행동이 수준이 낮고 경박해지기 쉽습니다. 특히 입출력 장치를 겸비한 식신은 괜찮지만 출력 전용인 상관의 경우에는 이러한 인성이 없으면 특유의 공성 모습과 과시욕, 잘난 척으로 인해서 구설수에 오르거나 민폐 남녀로 등극할 수 있습니다.

인성이 약한데 재성이 강하다면 정말 개처럼 돈을 모으고, 체면이고 인성이고 다 내팽개치는 돈벌레가 될 수 있습니다. 돈을 위해 명예를 팔고, 자존심을 팔고, 인성을 파는 수전노, 구두쇠가 될 수 있습니다. 사주원국에 재성이 강한데 인성이 미약하면 가정에서 아버지가 주도권을 잡고 독재자처럼 군림하여 어머니의 영향이 미약하거나 아픈 모습으로 나타나곤 합니다. 편인은 현대사회를 살아가는 데 장점이 많은 십신이지만 한편으로는 제화되지 않으면 신천지 등의 사이비 종교에 빠진다거나, 이기적인 내로남불로 흘러갈 수 있고, 조직의 리더가 되면 본인은 책임을 지지 않고 부하 직원들만 달달 볶으니 조직이 이내 와해됩니다.

10개의 하늘(十神)을 열다. 열 번째 하늘입니다.

15) 정인(正印)-우리는 어디서 왔는가, 누구인가, 어디로 가는가?

정인(正印)은 나를 생해 주는 오행 중에 음양이 다릅니다. 내가 갑(甲)목이라면 목(木)을 생해 주는 오행인 수(水) 중에서 천간에는 음양이 다른 계(癸)수가, 지지에서는 자(子)수가 정인이 됩니다. 정(正)은 '바를 정'이고, 인(印)은 '도장 인'의 뜻이니 바른 도장이란 뜻입니다. 인성의 큰 의미는 윗사람으로부터 내려받은 모든 것을 의미합니다. 태어날 때부터 생긴 집과 옷, 먹을 것은 내가 노력해서 만든 것이 아니라 부모나 조상으로부터 내려받은 것이 됩니다. 칭찬, 상장, 자격증 역시 윗사람이 내려주는 것이거나 관성이 공증해 주는 모습입니다. 정인의 인(印)은 도장을 의미하는데, 우리가 문서에 도장을 찍는 것은 권리의 자격을 문서화하여 관성(국가, 지자체, 공인기관)으로부터 공증을 받는 것을 의미하는데 도장이나 사인이 없는 문서는 법적으로 보장받을 수 없기 때문입니다. 내 소유의 땅, 건물, 자격증을 국가에서 인정해 주니 든든하고 심리적인 안정감이 생깁니다. 그러므로 인성이 강한 사람은 조급하지 않고 마음에 여유가 있습니다. 나를 보살피고 감싸주는 모든 것이 인성인데 꼭 나이를 따지는 것만은 아닙니다. 일지에 인성이 있는 남자는 엄마 같은 아내를 만날 가능성이 큽니다. 그 아내는 남자보다 연상일 수도 있지만, 연하라도 엄마같이 감싸주고 보살펴 주는 모습을 보입니다. 물론 엄마처럼 잔소리도 많을 것입니다.

정인(正印)의 가장 큰 특징은 생존에 유리한 것을 참고 수용하는 것입니다.

안정적인 생존을 위하여 지식이나 기술을 습득하려는 노력, 즉 공부를 하려는 성향이 정인의 핵심 가치입니다. 자신이 관심 있고 몰입하는 분야의 공부를 하는 편인과는 달리 정인의 학문은 사회의 보편적인 가치관과 지식을 받아들이려고 합니다. 그것이 생존에 유리하기 때문입니다. 인성은 대표적인 입력 기능을 의미하는데, 내키지 않아도 생존을 위해서 배우고 익혀야 하니 참을성, 인내심이 인성이 가지는 덕목 안에 들어가게 됩니다. 사주원국에 이러한 인성이 발달한 사람은 윗사람으로부터 여러 가지(의식주, 칭찬, 문서, 학위 등)를 내려받을 준비가 잘되어 있다고 보시면 되고 뭔가를 배우고 익히는 것을 즐겨합니다. 한편 인성은 일간을 생해 주는 모습이면서도 일종의 브레이크 작용을 합니다. 확산하고 커지려는 목(木)일간이 응축하고 내려가려는 수(水)인성을 만나면 "급하게 뛰지 마라. 넘어질라.", "천천히 먹어라. 체할라.", "Don't hurry, Slow down."의 의미가 됩니다. 수(水)인성의 이러한 작용이 목(木)일간에게 도움이 됩니다.

정인(正印)은 비견-식신-정재-정관-정인의 계보 중에서 마지막이 됩니다.

정인은 비견의 계열로써 식신, 정재, 정관 다음으로 이어지게 됩니다. 마찬가지로 정인은 수성의 모습을 보여 줍니다. 비견으로부터 시작한 생존은 수성과 안정을 기반으로 식신, 정재, 정관으로 흘러가게 됩니다. 비견과 식신이 나와 가족, 친구, 학교 등 비교적 좁은 세계였다면 정재와 정관으로 가면서 결혼과 더불어 직장과 사회로 확장된 세계관을 가지게 됩니다. 만약에 인성 없이 재성과 관성만 있다면 인생 최고의 목표가 돈이나 권력에 그치게 되니 돈과 권력을 내려놓지 못하고 그것에 집착하게 됩니다. 권력은 잡기도 힘들지만 지키기는 더 어렵습니다. 관성이 인성으로 자연스럽게 이어질 때, 권력의 집착을 내려놓고 재성과 관성의 경험을 통해서 얻어진 세상만사의 이치를 수용함으로써 깨달음을 향해 갈 수 있고 이런 깨달음은 나를 온전하게 생해 주는 역할을 하게 됩니다.

비견에서 시작한 안정적인 생존 욕구는 자신을 표현하려는 식상을 거쳐 삶에 필요한 자원을 확보하려는 재성으로 이어지며, 재성의 축적으로 인해 사회적으로 인정받을 때, 이를 기반으로 권력과 명예를 추구하려는 관성으로 나아가게 되며 목화토금의 비견-식신-재성-관성을 두루 경험한 사람이 최종적으로 정인을 만나게 됩니다. 초년, 청년 시절에 배웠던 지식을 이후 삶의 경험을 통해서 발견하거나, 삶의 경험이 우연히 보게 된 책의 글귀에서 일치할 때 비로소 삶의 이치를 수용하여 온전한 자아를 생하게 됩니다.

정인(正印)이 강해지면 반대편의 재성과 식상이 약해집니다.
모든 것은 음양의 모습이고 음양 비율의 변화를 의미합니다. 인성(정인+편인)과 재성, 식상은 서로 음양의 모습입니다. 한쪽의 비율이 커지면 반대편의 비율이 그만큼 줄어들게 되는데 자연의 법칙이니 어떤 예외도 없습니다. 인성이 극하는 것이 식상인데(인극식), 이는 기존의 보수적인 전통, 가치관이 새로운 사상과 기술을 억누르는 모습입니다. 신기술, 신약 개발, 새로운 법, 새로운 이론이 기존의 까다로운 절차와 테스트, 기득권층의 반발과 거부로 인해서 채택되지 못하는 모습이기도 합니다. 재성은 인성을 극하지만 인성이 강하다면 오히려 재성이 극함을 당하게 됩니다. 인성이 강하다면 생각이 많고 움직임이 덜하니 게을러지기 쉽고, 현실감각이 떨어지기 쉽습니다. 이렇게 인성이 강할 때, 운으로 재성이 들어오면 현실감각도 생기고 생활도 분주해지는 경향이 있습니다. 재극인, 인극재로 단정 지어 좋고 나쁨을 보는 것이 아닌 재성과 인성의 힘의 균형이 어떤가를 보는 것이 더 중요합니다.

(1) 정인(正印)의 통변
- 체(體)의 모습: 모친(가정주부), 윗사람, 부동산(단독명의), 문서, 자격증, 의식주, 종

교, 고향, 유산.

- 용(用)의 모습: 학업, 학습, 인내, 수용, 계획, 고민, 신중, 안정 추구, 선택 장애, 거절, 온순, 다정다감.

- 인성이 강한 경우: 사주원국에서 인성이 강하면 반대편의 재성과 식상이 약해지게 됩니다. 인성이 강하면 재성이 약해지니 현실감각이 떨어지고, 게을러지기 쉽습니다. 조상이나 부모로부터 내려받은 것이 인성이니 믿는 구석이 있기 때문입니다. 재성이 인성을 극한다고 하지만 그것도 세력이 비슷했을 때나 가능한 이야기입니다. 재성이 약하면 오히려 인성에게 극을 당합니다. 인성이 강하면 식상 역시 약해지게 되는데 손발을 쓰기보다는 머리로 해결하려고 합니다. 내가 하기보다는 남을 시키려고 하고 새로운 이론이나 새로운 지식을 창조하기보다는 기존의 선조들, 석학들, 선배들이 해 왔던 것을 답습하거나 추종하게 됩니다. 그러므로 인성이 강한 역술인들은 새로운 이론과 학설을 만들기보다는 고전 이론이나 고서의 문구와 자구 해석에 좀 더 몰두하게 되고 고전 및 기존 이론을 옹호하며 신봉하게 됩니다.

- 인성이 약한 경우: 인성이 약한 경우에는 반대편의 재성과 식상이 강한 경우가 많습니다.

재성이 강한데 인성이 약하면 돈에 대한 탐욕으로 인해서 뇌물을 받다가 들켜서 명예가 추락하게 됩니다. 때로는 남자의 경우에는 여자 문제로 인해서(불륜, 미투 사건) 곤란을 겪게 되고, 돈으로 인해서 부모와 불화하기도 합니다. 미국의 큰 부호들이 거액의 금액을 기부하는 것은 명리학적인 관점으로는 비대해진 재성을 덜어냄으로써 약한 인성을 보충하려는 모습이자 지극히 바른 모습입니다. 거액의 기부로 인해서 그들의 인성이 올라가기 때문입니다.

16) 에필로그

유니버설 타로카드를 보면 메이저 카드가 있는데 0번 'Tho Fool(바보)' 카드로 시작하여 마지막 20번 'The World' 카드로 종결됩니다. 마치 초보자의 여행으로 시작하여 마법사, 황제, 여왕, 은둔자 등을 만나면서 성장하여 마지막 'The World' 카드에서 깨달음을 얻듯이, 십신 역시 비겁-식상의 공간과 시간에서 시작하여 돈을 벌고(재성), 직장(관성)을 다니는 등 사회생활을 통하여 얻은 경험과 이치를 책이나 영상, 강의 등의 인성에서 느끼게 된 내면의 감성과 일치하여 깨달음을 얻어가는 과정처럼 느껴졌습니다.

동서양의 표현 방법은 다르지만 큰 흐름에서는 일치하는 것 같습니다. 음양오행, 천간지지의 모습이 체(體)로써 우리가 살아가는 환경, 자연의 모습이라면 십신은 용(用)으로써 사회에서의 다양한 인간의 성향과 모습입니다. 체(體)와 용(用)은 겉과 속의 모습으로 둘 다 중요합니다. 고전 명리학이 체(體)를 중시했다면 현대의 명리학에서는 용(用)의 모습인 십신에 더 집중하는 모습인데, 체(體)에 대한 깊이를 놓친다면 반쪽의 모습에 그칠 것입니다. 십신의 성향과 작용은 방대하니 이처럼 짧은 글에서 다 표현하거나 기재할 수도 없지만 십신을 근원적인 본질 위주로 설명했으니 그 점을 깊이 참고하시길 바라며 10개의 하늘 십신 분석을 마치도록 하겠습니다.

천간합(天干合)

1) 천간합의 의미-우리가 정말 사랑했을까?

(1) 천간합(天干合)-우리가 정말 사랑했을까?

지금까지 우리는 음양오행, 천간지지, 사주팔자의 구성과 의미 그리고 십신을 배웠습니다. 즉, 사주를 구성하는 기본을 배웠는데, 이는 중요한 본질로써 체(體)에 해당합니다. 건물에 비유한다면 밑에 토대를 쌓고(음양), 기둥을 세우며(오행), 지붕을 덮고(천간), 바닥을 다지는(지지) 작업을 했으며 그 건물에 누가 살고, 누가 입주할건지(십신)를 살펴보았습니다. 앞으로 배울 천간합, 지지의 형충회합파해 등은 그 지어진 건물을 어떻게 운영하고, 인테리어는 어떻게 꾸밀 것이며, 만들어진 공간을 어떻게 나누고 어떻게 합칠 것인지에 대한 용(用)의 모습을 살펴보게 됩니다.

명리학이 생겨난 고대는 철저한 신분제 사회였기 때문에 용(用)이 별로 중요하지 않았습니다. 왕족 등 권력층으로 태어나면 그렇게 살아가게 됩니다. 출신성분에 따라 농민으로, 노예로 살아가니 용(用)의 움직임이 중요하지 않았고 타고난 사주원국의 구성인 체(體)가 중요한 시대였습니다. 그러나 현대에 와서는 역시 체(體)도 중요하지만 이전보다는 쓰임과 활용인 용(用)이 중요해졌습니다. 사주 감명은 주로 용(用)을 살펴보고 물어보는 것입니다. 앞으로 배울 천간합, 지지의 형충회합파해는 그러한 용의 작용을 살펴보는 것이니 무척 중요합니다. 하나하나 꼼꼼하게 읽어보고 반복하여 익히고 실제 사주에 적용해 보는 것이 중요합니다.

(2) 천간합(天干合)의 의미-명합

천간합의 종류를 구분하자면 명합, 반명합, 암합, 쟁합(일간쟁합, 월간쟁합)이 있습니다. 흔히 천간합이라고 하면 명합(明合)을 말하는데 이는 밝은 곳에서의 합이라는 뜻입니다. 천간은 드러난 마음, 의지, 생각, 욕망이니 천간합을 하면 누구나 알 수 있습니다. 새로운 치킨집이 생기면 알 수 있고, 새로운 건물이 지어지면 그 앞을 오가는 사람은 누구나 볼 수 있습니다. 그러한 합의 모습을 뜻합니다.

천간과 지지는 서로 클래스가 다르고 레벨이 다릅니다. 천간은 천간끼리 우선적으로 천간합이나 천간극을 하고 지지는 지지끼리 우선적으로 형충회합파해를 하게 됩니다. 그 이후에 천간과 지지의 관계를 살핍니다. 천간과 지지와의 관계를 살피는 것에는 새로운 12운성, 공망, 신살, 화토동법이 있습니다. 천간합은 천간의 10개의 글자 갑을병정무기경신임계(甲乙丙丁戊己庚辛壬癸)가 음과 양으로 두 글자씩 짝을 이루는 것을 의미합니다. 합(合)을 한마디로 말하자면 사랑입니다.

- 갑(甲)+기(己) 합=토(土)
- 을(乙)+경(庚) 합=금(金)
- 병(丙)+신(辛) 합=수(水)
- 정(丁)+임(壬) 합=목(木)
- 무(戊)+계(癸) 합=화(火)

양 운동을 하는 갑을병정무(甲乙丙丁戊)에서 첫 번째 글자인 갑(甲)목과 음 운동을 하는 기경신임계(己庚辛壬癸)의 첫 번째 글자인 기(己)토가 서로 만나서 음양합을 이룹니다. 갑기(甲己)합토(土) 음양합을 이루어 토를 만들려고 합니다. 그것을 합화(合化)라고 하는데 새로운 기운을 만들려는 노력입니다. 일종의 업그레이드가 됩니다. 갑목일간이라면 토는 재성이 됩니다. 천간은 드러난 마음이니 마음먹은 것이 모두 현실이 될 수는 없습니다. 우리의 삶에서 천간합을 이루어 합화가 되는 모습보다는 서로 합거(합쳐서 날아감), 합반(합쳐서 묶여 있음)이 되는 경우를 더 많이 보게 됩니다.

신(辛)금일간이 돈을 투자하고[재성-갑(甲)] 건물을 임대[인성-기(己)]하여 커피숍을 차렸는데, 장사가 안되어서 투자금도 날리고 싸게 팔아버리는 것이 합거의 모습입니다. 차라리 합거는 손해를 보지만 속은 편합니다. 동대문 밀레니엄이나, 테크노마트에 상가를 분양받았는데, 장사도 안되고 오랜 세월 입주할 업체도 없는데, 팔리지도 않아서 유령 상가가 된 것을 울며 겨자 먹기로 끌어안은 모습, 그것이 합반입니다.

양 운동을 하는 갑을병정무(甲乙丙丁戊)에서 두 번째 글자인 을(乙)목과 음 운동을 하는 기경신임계(己庚辛壬癸)의 두 번째 글자인 경(庚)금이 서로 만나서 음양합을 이룹니다. 을경(乙庚)합금(金) 음양합을 이루어 합화하여 금(金)을 만들려고 합니다. 갑목일간이라면 금은 관성이 됩니다. 천간합이 현실에서 실현되기에는 여러 가지 까다로운 조건이 있으니 실제로 천간합이 합화로 되는 것은 드물다고 할 수 있습니다. 합화가 되려면 기본적으로 지지에 합화의 기운인 금(金)이 많아야 합화의 가능성이 커지게 됩니다. 또는 대운에 금 기운이 들어와 있을 때 합화의 가능성이 커집니다.

양 운동을 하는 갑을병정무(甲乙丙丁戊)에서 세 번째 글자인 병(丙)화와 음 운동을 하는 기경신임계(己庚辛壬癸)의 세 번째 글자인 신(辛)금이 서로 만나서 음양합을 이룹니다. 병신(丙辛)합수(水) 음양합을 이루어 합화하여 수(水)를 만들려고 합니다. 갑목일간이라면 수(水)는 인성이 됩니다. 합화가 되려면 기본적으로 지지에 합화의 기운인 수(水)가 많아야 합화의 가능성이 커지게 됩니다. 또는 대운에 수 기운이 들어와 있을 때 합화의 가능성이 커집니다.

양 운동을 하는 갑을병정무(甲乙丙丁戊)에서 네 번째 글자인 정(丁)화와 음 운동을 하는 기경신임계(己庚辛壬癸)의 네 번째 글자인 임(壬)수가 서로 만나서 음양합을 이룹니다. 정임(丁壬)합목(木) 음양합을 이루어 합화하여 목(木)을 만들려고 합니다. 갑목일간이라면 목은 비겁이 됩니다. 합화가 되려면 기본적으로 지지에 합화의 기운인 목(木)이 많아야 합화의 가능성이 커지게 됩니다. 또는 대운에 목 기운이 들어와 있을 때 합화의 가능성이 커집니다.

양 운동을 하는 갑을병정무(甲乙丙丁戊)에서 다섯 번째 글자인 무(戊)토와 음 운동을 하는 기경신임계(己庚辛壬癸)의 다섯 번째 글자인 계(癸)수가 서로 만나서 음양합을 이룹니다. 무계(戊癸)합화(火) 음양합을 이루어 합화하여 화(火)를 만들려고 합니다. 갑목일간이라면 화(火)는 식상이 됩니다. 합화가 되려면 기본적으로 지지에 합화의 기운인 화(火)가 많아야 합화의 가능성이 커지게 됩니다. 또는 대운에 화 기운이 들어와 있을 때 합화의 가능성이 커집니다.

많은 명리 서적에서 천간합을 하면 자연스럽게 합화가 되는 것처럼 기술해 놓았는데, 이는 잘못된 표현입니다. 베이비부머 세대가 앞으로 은퇴하여 수많은 자영업(치킨집, 편의점, 식당, 커피숍 등)으로 천간의 합화를 꿈꾸며 창업을 하지만, 그중에서 몇 퍼센트나 성공할 수 있을까요?

그만큼 합화(성공)는 어렵고 본인의 성실과 노력만으로 되지 않으며 반드시 운이 따라주어야 합니다.

2) 천간합(天干合)의 종류-사랑은 무엇이관데, 생사를 가늠하는가?

천간합의 종류를 살펴보면 천간끼리의 합, 명합(明合)이 있는데 흔히 천간합의 다른 말입니다. 명(明)은 '밝을 명'이니 밝은 곳에서의 합이라는 뜻입니다. 반명합(半明合)은 반(半)이 반이라는 뜻이니 반만 밝은 합이라는 뜻인데 천간의 글자와 지장간의 글자의 합을 의미하고, 암합(暗合)은 말 그대로 어둠속의 합이니 지장간끼리의 합을 의미합니다. 쟁합(爭合)은 쟁(爭)이 다투다는 뜻이니 다투는 합이 되는데, 일간을 사이에 두고 다투는 일간쟁합이 있고, 월간을 사이에 두고 다투는 월간쟁합이 있습니다.

(1)
○癸丙辛(남명-48세)
□□□□
(지지에 수 기운이 약한 경우)

: 계수일간의 월간과 년간이 병신합이 되어 있는데 합은 사랑을 의미합니다. 합으로 묶여 있으면 글자의 고유한 능력을 잘 쓸 수 없는데 계(癸)수일간이니 재성과 인성이 합이 되어 있습니다.

병신(丙辛)합이 되어 수(水) 기운을 만들려고 하지만, 지지에 수 기운이 약하니 합화(合火)는 되지 않습니다.

(2)

○丙戊癸(남명-30세)

□□□□

(지지에 화 기운이 약한 경우)

: 병화일간의 월간과 년간이 무계합이 되어 있는데 합은 사랑을 의미합니다. 합으로 묶여 있으면 글자의 고유한 능력을 잘 쓸 수 없는데, 병(丙)화일간의 식신과 정관이 합이 되어 있습니다.

(3)

○辛○○(여명-30세)

□巳□□

무(戊), 경(庚), 병(丙)-지장간

: 신사일주 여자분인데 일지 사(巳)화의 지장간 속에는 무(戊)토, 경(庚)금, 병(丙)화가 있는데 지장간 말기 병화와 일간의 신(辛)금이 반명합이 되어 있는 모습입니다. 병화는 신(辛)금일간에게 정관이 되니 '배우자와 사이가 좋다' 또는 '숨겨진 남자가 있을 수 있다'로 통변되는데, 지장간 말기이니 첫 번째로 해석하는 것이 좋겠습니다.

(4)

○甲○○(여명-41세)

丑寅□□

축(丑)토(癸, 辛, 己) 인(寅)목(戊, 丙, 甲)

: 일지 인(寅)목과 시지 축(丑)토의 지장간을 보면 지장간의 3개의 글자가 모두 암

185

합이 되어 있는데 여자분에게 시지는 자식의 자리가 됩니다. 그 자식과 무계합, 병신합, 갑기합으로 암합이 되어 있으니 이분에게 자식은 자기의 분신에 가깝고 소울메이트의 관계 정도로 보시면 됩니다.

자녀에게 위험이 찾아올 때 엄마가 본능적으로 느끼는 그 정도를 의미합니다.

(5)

己甲己○(남명-51세)

□ □ □ □

: 일간쟁합의 모습입니다. 갑목 일간에게 기(己)토는 체로써 여자가 되는데, 월간에도 있고 시간에도 있으니 쟁합의 모습입니다. 젊었을 때는 조강지처를 만나서 잘 살았는데, 나이 들어 새로운 젊은 애인이 생긴 모습입니다. 일간(남자)을 사이에 두고 본처와 애인이 치열하게 다투는 모습입니다. 한편으로는 토에 집착하는 갑목일간이 본처와 애인을 포기하지 못하는 모습이기도 합니다.

(6)

○癸戊癸(여명-41세)

□ □ □ □

: 월간쟁합의 모습입니다. 계(癸)수일간에게 무토는 정관으로 일간과 무계합이 되어야 하는데 년간에도 계수가 있는 모습입니다. 몇 가지 통변이 가능한데 무토 남자가 나와 결혼을 했지만 예전, 혹은 과거의(년간)의 여자를 못 잊어서 방황하는 모습일 수 있습니다.

또는 계수일간이 친구(비견)의 애인인 무토 월간을 빼앗아 온 모습일 수도 있습니다.

(7)

戊癸戊癸(여명-41세)

□ □ □ □

: 드문 사례이지만 일간쟁합과 월간쟁합이 함께 나타나고 있습니다.
앞의 월간쟁합과 같은 모습이지만, 시간에 무토 정관이 하나 더 생겼습니다.

남자(월간의 무토)를 사이에 두고 년간의 계수 비견과 경쟁하고 신경전을 벌이던 계수 일간이 지쳐서 포기하고 시간의 무토 새로운 애인을 만나는 모습입니다.

또는 양옆의 계수 사이에서 양다리를 걸치던 무토 월간이 다시 일간 계수에게 집중하려는 모습일 수 있습니다. 또는 오랜 삼각관계를 종료하고 제각각 서로의 행복의 길을 찾아가는 모습일 수 있는데 가장 좋은 시나리오가 됩니다. 일간+시간 무계합, 월간+년간 무계합 같이 또 따로의 모습입니다.

3) 천간합거(天干合去)-싱글라이더

2017년에 개봉한 〈싱글라이더〉라는 이병헌, 공효진 주연의 영화가 있습니다.

증권회사 지점장이었지만 모든 것을 잃고 사라진 남자 재훈 역을 맡은 이병헌의 캐릭터가 나온 포스터는 쓸쓸함이 느껴지는 눈빛이 담긴 옆모습으로 짙은 감성을 전합니다. 여기에 "그에게서 모든 것이 사라졌다."라는 문구가 사건에 대한 궁금증까지 더합니다.

재훈의 아내이자 새로운 꿈을 향해 다가가는 수진 역으로 분한 공효진은 호주의 랜드마크인 오페라 하우스를 배경으로 하얀색 원피스를 입고 바이올린 케이스를 든 모습이 여성스러운 분위기를 연출하는데 "아내와 아들을 여기다 보내놓고, 2년간 한 번도 궁금하지 않았어요."라는 문구가 부부 사이의 또 다른 사연을 예고합니다.

일반적인 기러기아빠와는 다른 양상이지만, 천간합거의 의미를 설명하기 위해서 이 예시를 가져왔습니다. 저 역시 개인적으로 재미있게 본 영화이고, 마지막 반전의 여운도 상당했습니다. 아마도 명리학적인 상상력이 녹아있어서 그런 느낌을 받은 것 같습니다.

(1)
○癸戊癸(남명-48세)
□□□□

[천간 무(戊)토가 지지와 통근이 안 된 경우]

: 이와 같은 구조로 천간합이 되어 있을 때 남자의 사주에서 무(戊)토는 정관이 되는데 체(體)로써는 자식이 되고, 용(用)으로는 직장이 됩니다. 누군가가 이렇게 물어봅니다.

"허주 쌤, 뭐가 그리 복잡한가요? 그냥 자식이면 자식, 직장이면 직장으로 한번에 구분해서 통변할수 있는 방법은 없나요?"

없습니다. 사주 상담자의 환경과 상황을 보지 않고 체나 용으로 구분하여 통변하는 역술인이 있다면 노벨 명리학상을 주고 싶습니다. 체로 볼 때 계수일간에게는 무(戊)토는 정관이고 남자에게는 자식이 되는데 일간 계(癸)수와 무계합을 할 수도 있지만, 아뿔싸! 년간에 역시 비견 계(癸)수가 있습니다. 일간은 사주팔자에서 기준이 되는데 일간의 오행을 기준으로 십신을 정하는 이유입니다.

일간은 정(靜)하고 다른 천간은 동(動)하는 경향이 있습니다. 쉽게 말하면 집에 틀어박혀 있는 사람(일간)보다 밖에서 활발하게 돌아다니는 사람들(월간+년간)끼리 만나고 합이 되는 것을 의미합니다.

그런 원리로 월간의 무(戊)토(자식)는 년간의 계(癸)수(아내의 남친)와 무계합을 하게 됩니다.

〈싱글라이더〉의 이병헌은 아내와 자식을 호주로 유학을 보내고 영화 대사처럼 관심을 보이지 못했습니다. 이기적일 수도 있지만, 그 역시 나름대로 가족을 부양하기 위해서 열심히 일하기는 했습니다.

그러다 부실채권 문제로 직장을 잃고 아내와 자식이 있는 호주로 갔을 때 그는 비로소 느꼈을 것입니다. 자기가 2년간 가족에게 거의 신경을 쓰지 못했다는 것을. 안부를 궁금해하지도 않았다는 것을…

천간에 무계합이 되어 있으면 있지만 없는 것과 같습니다. 그것을 합거(合去)라고 합니다. 합쳐서 사라졌다는 뜻인데, 실제로 죽거나 없어졌다는 뜻이 아니라 마음속에서 존재감이 희미해졌다는 것을 의미합니다. 〈싱글라이더〉의 이병헌과 같은 케이스인데, 자신에게 아내와 자식이 있지만 마치 없는 것처럼 2년간 정신없이 살았습니다. 이는 워커홀릭일 수도 있고, 이기적일 수도 있겠습니다.

그런 미안함에 바로 찾아가지 못하고 몰래 훔쳐본 아내에게는 이미 다른 남자가 있었고 자신의 아이는 그 남자와 아주 친한 듯 보였습니다. 그 남자가 아빠이고 자신이 이방인 같은 소외감을 받게 됩니다. 통변을 하면 년간의 계(癸)수 비견은 나의 경쟁자를 뜻하는데, 나의 자식이 경쟁자와 합을 하니 새 아빠를 잘 따르는 모습입니다. 있을 때 잘하라는 말이야말로 시공간을 뛰어넘어 불후의 명언인 것 같습니다.

(2)
○癸戊癸 (남명-31세)
□□□□
[천간 무(戊)토가 지지와 통근이 안 된 경우]
: 두 번째는 용(用)의 작용으로 보는 것인데 자연의 기운은 일정하게 들어오고 소임을 마치면 사라집니다. 에너지 총량의 법칙에 따라서 그 사람의 환경과 상황에 따라서 체(體)로 작용할 수도 있고 용(用)으로 작용할 수도 있는데, 상담자가 물어보는 것, 그것이 바로 용(用)이 됩니다.

남자의 사주에 결혼을 안 해서 자식이 없고, 20대 중반의 남자로서 앞으로의 직장에 관하여 물어본다면 용(用)으로 통변해야 합니다. 계(癸)수일간의 남자에게 무(戊)토는 정관이 되는데, 무토는 큰 산이고, 천간에 드러난 정관이라 사람들이 다 알만한 그런 직장이고 조직이니 국가 기관, 대기업, 공기업 등으로 통변할 수 있습니다.

천간의 마음이고 내가 이루고자 하는 욕망이 드러난 모습과 같습니다.
무토 정관에 들어가기 위한 마음이 간절하고 또 본인이 그 자리에 적임자라고 생각(戊癸合)하지만 년간의 비견 계(癸)수와 합이 되어 있으니 내 사주에 정관이 있지만 없는 것과 다름이 없습니다. 당당하게 입사하고 싶어서 수년간 도전과 실패를 거듭했지만, 그 자리는 내 자리가 아닌 다른 경쟁자들(비견)의 몫이었던 것입니다.

가수 이용의 노래 가사처럼 이룰 수 없는 꿈은 슬픕니다. 그렇게 20대가 지나가고 어느덧 30대에 접어들어 천간의 정관을 내려놓고 눈높이를 낮추어 지지에 현실적으로 조그마한 무역 회사에 입사하여 다니는 분의 실제 사주입니다.

가정하여 이 청년의 년간에 계(癸)수가 없었다면 어떠했을까요? 어쩌면 원하는 대기업, 공직, 공기업에 들어가서 잘 활약했을 수 있습니다. 그러다가 세운으로 계(癸)수가 왔을 때 승진 등을 경쟁자에게 밀리거나, 대운으로 계(癸)수가 왔을 때, 지방으로 좌천되거나 직장에 사직서를 제출할 것으로 통변되는데 월간의 무토는 일간과 무계합이 되어 있지만 지지와 통근하고 있지 않으니 언제든지 흔들릴 수 있는 모습이었기 때문입니다. 계수는 생활력과 생명력이 강하니 쉽게 직장을 그만두지는 않고 대운으로, 세운으로, 월운으로 재합(再合), 재재합(再再合)으로 무계합이 되었을 때 회사를 그만둘 가능성이 높다고 보았습니다. 그렇다면 시간을 되돌려서 취업 초기의 이 청년에게 당신의 사주로는 대기업 입사가 불가능하니 눈높이를 낮추어서 작은 회사로 지원하라고 말할 수 있을까요? 그렇게 말했다가는 왠지 한 대 맞을 것 같습니다.

이룰 수 없는 꿈이 슬프고, 이룰 수 없는 사랑이 더 애절하니 사주팔자도, 사랑도 다르지 않은 것 같습니다.

4) 천간합–쟁합(爭合)에 관하여

예전에 감명 깊게 본 영화 중에 유지태와 김하늘 주연의 〈동감〉이란 영화가 있었습니다. 1979년을 사는 대학생 소은과 2000년을 사는 같은 학교 대학생 지인의 이야기로, 무선 햄 통신을 통해 다른 시간을 사는 두 학생이 우정과 사랑을 키워 나갑니다. 같이 무선 통신을 하여 같은 공간 학교 시계탑에서 만나기로 했지만, 둘은 만날 수 없었습니다. 왜냐하면 두 사람의 공간은 같지만, 서로의 시간이 21년이나 떨어져 있었기 때문입니다. 뜬금없이 영화 〈동감〉 이야기를 꺼낸 것은 쟁합을 쉽게 설명하기 위해서입니다.

(1)

辛丙辛○(남명)

□□□□

: 이와 같은 구조로 되어 있을 때 천간합 중에서 쟁합(爭合)이라고 합니다. 그리고 쟁합의 구조라면 병신(丙辛)합이 안 된다고 많은 책에서 언급합니다. 과연 그럴까요? 허주는 결론은 맞지만 과정은 다르게 전개된다고 생각합니다. 일간과 월간의 병신(丙辛)합은 이루어집니다. 사주팔자는 근묘화실로 흘러가고, 초년, 청년, 장년, 중년으로 순차적으로 가기 마련입니다.

많은 분이 명리학에 처음 입문할 때 근묘화실을 배웁니다. 사주팔자의 글자는 초년, 청년, 장년, 중년의 근묘화실에 따라서 흘러간다고 말입니다. 이는 자연의 순환법칙으로 누구도 피해갈 수 없는 진리입니다. 그런데 실제 사주를 볼 때는 근묘화실을 고려하지 않는 경우가 많습니다.

앞의 천간합의 하나인 쟁합을 근묘화실의 시간의 흐름에 적용해 보면 일간 병(丙)화와 월간의 신(辛)금은 병신합을 합니다. 둘의 합을 먼 시간의 신(辛)금이 방해할 수가 없기 때문입니다. 사주팔자로 보면 1㎝도 안 되는 간격이지만, 동감의 소은과 지인처럼 십수 년 이상의 시간을 격하고 있기 때문입니다.

일간과 월간의 병신(丙辛)합은 시간의 신(辛)금이 등장하면서 깨집니다. 젊은 날의 사랑도 식고, 새로운 애인인 시간의 아리따운 신(辛)금이 나타난 거죠. 새로운 사랑에 불타오르지만 합을 이룰 수는 없습니다. 월간의 본처 신(辛)금이 눈을 부릅뜨고 지켜보고 있기 때문입니다.

명리 이론으로 쟁합을 보고 있지만, 인간의 삶에서 많이 봤던 익숙한 모습입니다.

사랑해서 결혼하고 부부생활을 잘하던 중년의 남자에게 어느 날 소위 '심쿵'한 젊은 여자가 나타납니다. 새로운 설렘에 가슴이 불타오르고 사랑에 빠지지만, 현실적인 문제와 자식, 자신을 놓지 않으려는 아내로 인해 이혼도, 새 출발도 할 수 없는 성공한 위치의 중년 남자의 모습입니다. 이것이 허주가 보는 쟁합의 모습입니다. 결론적으로 사랑했던 조강지처와 새롭게 가슴을 뛰게 한 애인 사이에서 딜레마에 빠져있는 모습이지만, 과정은 확실합니다. 월간과의 병신합이 이루어졌고 꽤 오랜 시간을 함께했습니다.

시간의 새로운 젊은 애인으로 인해 월간의 병신합은 깨지게 되었지만, 월간의 견제로 인해서 일간과 시간의 병신합은 방해받는 모습이 됩니다. 일간 병(丙)화를 놓치지 않으려는 월간 신(辛)금 아내, 역시 일간 병(丙)화와의 합을 유지하고 싶은 젊은 애인으로 인해 남자는 이러지도 저러지도 못하는 상황이 될 것이고 생각보다 쟁합의 상태는 오래 지속될 것입니다. 그리고 근묘화실에 의해서 세 사람은 점차 지치고 시들어가게 될 것입니다. 젊은 애인과 사랑의 도피 중인 유명 영화감독이 생각나는 건 왜일까요?

"그때는 틀리고 지금은 맞다."

형충회합파해(刑沖會合破害)
− 파도치는 인생이 펼쳐진다

　지지(地支)는 우리의 현실이자 삶의 터전이기도 합니다. 천간은 하늘의 구름처럼 수시로 변하고 달라지지만 지지는 현실이니 쉽게 변하지 않습니다. 또한, 천간의 의지와는 상관없이 수시로 찾아오는 운에 의해 형충회합파해로 변화가 생기니 그 흐름을 예측하기가 어렵습니다. 동양에서 미래를 예측하는 학문에는 주역과 명리학이 있는데, 주역은 철저하게 지지만을 살펴봅니다. 명리학은 천간의 마음까지 살펴봅니다. 어떤 학문이 좋고 우월한가를 따지는 것이 아니라 주역과 명리학의 성향을 알아볼 수 있습니다.

　사주의 원국은 태어날 때부터 타고 받은 것이라 그 자체의 변화가 심하지 않지만 대운과 세운 등의 운으로 여러 가지 기운이 찾아와 형충회합파해를 하면서 인생에 파도가 치고 변화가 생기며 오르막길과 내리막길을 걸어가곤 합니다. 이는 전적으로 용(用)의 영역에 해당합니다. 우리가 사주를 감명받는 것은 앞으로 삶이 어떻게 흘러가고, 어떤 것을 주의하고, 어떤 부분에 에너지를 쏟아야 하는지를 알아보는 용(用)을 살피는 것입니다. 첫 번째 방합(方合)부터 마지막 해(害)까지 차근차근 알아보도록 하겠습니다.

1) 방합(方合)-피는 물보다 진하다

- 인묘진(寅卯辰)-봄
- 사오미(巳午未)-여름
- 신유술(申酉戌)-가을
- 해자축(亥子丑)-겨울

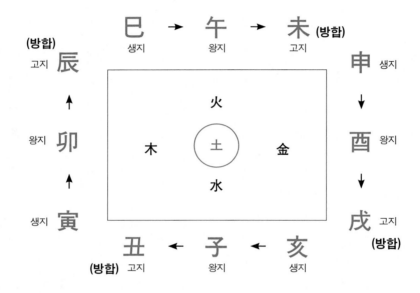

〈**그림 18**-방합(方合)의 생지, 왕지, 고지〉

방합(方合)은 같은 계절에 속하는 그룹의 모임을 의미합니다. 형충회합파해에서 회(會)에 해당합니다.

인묘진(寅卯辰)의 글자는 어디를 가더라도 목(木)의 성향을 나타나게 됩니다. 마치 한국인이 외국에 여행을 가거나, 혹은 이민을 가서 살더라도 김치를 찾고, 같은 한국인들끼리 교류하는 방합적인 성향을 보여 주게 되는 것과 같습니다. 방합은 삼합(三合)과 많이 비교되는데, 방합은 가족의 합, 피의 합, 공동체의 합이고 같은 목 운동을 하는 모습이니 일관성이 있지만, 삼합은 목적을 위하여 뭉치는데, 주로 돈을 목적으로 모이니 일종의 주식회사, 글로벌 회사로 보시면 이해가 빠릅니다.

194

지지에 방합으로 구성된 사람은 돈이 목적이 아닌 공동체의 이념과 이상을 위해서 일하는 경우가 많습니다. 크게는 세계, 국가, 지자체부터 작게는 단체, 협회, 동창회, 향우회, 종친회, 가족 등을 위해서 활동하려고 합니다. 많은 분이 방합보다는 삼합을 더 좋아하십니다. 방합이 돈과는 무관하다는 이유 때문일 것인데 꼭 그렇지도 않습니다. 국가를 위해서 장관으로 일하면 장관의 급여와 연금을 받습니다. UN 사무총장으로 일하면 세계의 평화와 안정을 위해서 일하는 모습인데, 거기에 걸맞은 보수와 의전을 받습니다. 즉, 돈을 목적으로 하지 않는다는 것이지 돈을 못 번다는 의미는 아닙니다.

방합은 가족의 합이니 지지에서 형충파해의 위기가 올 때 더욱 단단하게 뭉치게 됩니다.

어머님이 병환으로 쓰러지거나, 집안에 큰 위기가 닥쳤을 때 그간 불화했던 형제들이 다시 뭉치는 모습을 우리는 많이 볼 수 있습니다. 방합의 합력은 삼합보다 강하니 "피는 물보다 진하다."라는 말은 이러한 방합을 잘 표현하고 있습니다.

반면에 삼합의 합은 목적을 위한 합이니 지지에 형충파해의 위기가 오면 깨지고 와해되기 쉽습니다.

집안은 위기 시에 형제들이 다툼을 멈추고 뭉치지만. 회사는 위기가 오면 각자 이직을 알아보는 등 각자도생을 꿈꾸는 것이 자연스러운 모습입니다.

인묘진(寅卯辰)의 방합이 지지에 구성되어 있다면 목 기운이 가장 강한 세력이 되고 격이 됩니다.

수(水)일간이라면 식상격이 되고, 금(金)일간이라면 재격이 됩니다. 사주원국에 월지는 본부 역할을 하기 때문에 월지에 왕지의 글자인 묘(卯)목으로 구성된 인묘진이라면 사주원국을 뒤흔드는 강력한 세력이 됩니다. 하나의 힘이 너무 강해지면 반드시 다른 미약한 세력들이 피해를 보기 마련입니다.

금(金)일간인데 지지에 월지 묘목을 포함 인묘진으로 방합을 이루고 있다면 재성의 세력이 강대해지고 반대편에 있는 미약한 인성과 비겁이 피해를 볼 수 있으니 사주는 균형과 조화가 중요함을 알 수 있습니다.

195

(1)

○庚○○(남명)

□寅卯辰

표-1

: 월지에 인묘진의 왕지 글자인 묘(卯)목이 들어가 있는 방합이니 가장 강력한 방합이 됩니다.

지지에 방합이 있다면 다들 강하다고만 말하는데 왕지의 글자가 월지에 있을 때가 가장 강한 방합이 됩니다. 지지의 방합도 글자의 위치에 따라서 클래스와 레벨이 달라집니다.

(2)

○庚乙○(남명)

□寅卯辰

표-2

: 월지에 인묘진의 왕지 글자인 묘(卯)목이 들어간 방합이니 이미 충분히 강한데 월간에 을목이 투출되어 있으니 더욱 막강해진 모습입니다. 너무 지나친 강함은 부족함만 못합니다. 재성이 엄청나게 강해지니 이를 통제해야 할 일간이 약해지게 되고, 인성도 피해를 보는 재극인 현상이 일어나니 체로써는 모친과 돈 문제로 불화할 수 있고, 용(用)으로는 돈돈하니 사람들의 인심을 잃게 되고 구두쇠라고 욕을 먹을 수 있습니다. 지지에 방합으로 구성되어 있는데, 천간에 방합의 글자가 있으면 극강해지니 그 힘의 조절이 필요하겠습니다.

(3)

○庚○○(남명)

□辰卯寅

표-3

: 역시 사주원국의 본부인 월지에 묘(卯)목이 있으니 강한 방합이 됩니다.

그런데 표-1과 비교해 보면 생지와 고지(묘지)의 글자가 바뀌었습니다. 어떤 차이가 있을까요?

이 방합은 초년, 청년기가 강한 방합이지만 일주의 시기에 오면 기운이 줄어드는 합이 됩니다. 일지에 인묘진 방합의 운동을 마무리하는 고지(묘지)가 있기 때문입니다. 반면에 표-1은 일지가 생지가 되니 결혼 이후 방합의 기운이 더 활성화되는 모습입니다.

(4)
○辛○庚(남명)
□卯酉申
표-4

: 신(辛)금일간인데 지지에 신유술의 방합 중에서 왕지+생지의 글자인 유(酉)금과 신(申)금이 있습니다.

그런데 년간에 경(庚)금도 투출되어 있으니 금 기운이 무척 강한데 이 사주에는 비겁이 됩니다. 일지에 묘목이 편재인데 사방에 비겁의 기운이 강하니 명리학의 용어인 군겁쟁재(群劫爭財)의 모습이 됩니다. 이는 다수의 비겁이 재성을 얻기 위해 경쟁한다는 의미인데, 체(體)로써는 묘목 편재가 내 아내이니 남자가 아내를 극하거나 방치하기 쉽고, 용(用)으로써는 작은 재성을 얻으려고 많은 비겁(자기와 같은 무리)과 경쟁하는 모습이니 외판원, 노점, 경쟁이 치열한 상권에서 장사를 하는 등의 모습으로 나타나게 됩니다.

2) 삼합(三合)-최고의 조합, 돼지고기, 홍어, 묵은지

사람과 사람의 관계에도 궁합이 있듯이, 음식에도 궁합이 있습니다. 짜장면에는 느끼함을 덜어주는 상큼한 단무지가, 냉면에는 메밀의 속 쓰림을 줄여주는 삶은 달걀이 짝꿍이고, 돼지고기에는 소화를 촉진하고 균을 죽이는 새우젓이 최고의 궁합입니다. 명리학의 삼합을 보면 늘 홍어 삼합이 생각납니다. 탁주를 겸하여 홍어에 묵은지, 삼겹살을 엮어서 한잔하면…. 캬! 천국을 아직 안 가봤지만, 그런 느낌이 아닐까 합니다. 허주가 빈배(虛舟)가 아니라 빈술(虛酒)인 까닭입니다.

너무 숨 가쁘게 달려온 것 같아서 오늘은 음식 이야기로 한 호흡 쉬어갈까 합니다.

명리 공부를 하다 보면 삼합에 대해 많이 듣게 되는데, 앞서 설명한 방합이 체(體)의 영역이라면 이번에 설명할 삼합은 용(用)의 영역인데 사주 상담은 용의 영역이니 아주 중요합니다. 체도 중요하고 용도 중요합니다. 체가 음양오행, 천간지지, 방합이라면 용은 십신, 형충회합파해, 삼합의 모습이 됩니다. 체가 안의 모습이라면 용은 겉의 모습이 되니 겉과 속 중에서 어디가 중요하다고 말할 수 있겠습니까? 그래도 체가 좀 더 중요합니다. 자기 내면의 모습이기 때문입니다. 소크라테스의 "너 자신을 알라."는 명리학의 기본입니다.

다시 음식 이야기로 돌아갑니다. 삼합의 대장은 누구일까요? 당연히 홍어가 됩니다. 대장인 홍어가 빠지면 그냥 흔해 빠진 돼지고기와 묵은지일 뿐입니다. 돼지고기는 냄새로 구미를 일으키니 생지가 되고, 묵은지는 개운하게 마무리하니 고지가 됩니다. 이렇게 돼지고기와 묵은지를 먹고 있다가도 홍어(왕지)가 오면 귀하고 맛난 음식인 홍어 삼합이 되니 음식의 수준이 달라집니다. 이처럼 우리도 살다 보면 인생이 크게 요동을 치고 큰 변화를 겪게 될 때가 있습니다. 이는 생지+고지로 구성되어 있는데, 삼합의 왕지 글자가 대운으로 들어올 때입니다. 방합도 마찬가지입니다. 지지에서 삼합을 구성하니 그 여파가 천간까지 미치고, 사주의 격도 바뀌게 되기 때문입니다.

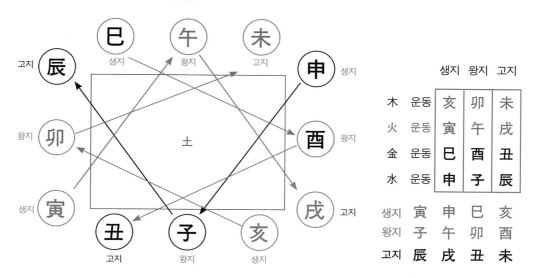

〈**그림 19**-삼합의 생지, 왕지, 고지〉

이 그림은 삼합의 모습을 그려놓은 것입니다. 모든 도표는 체(體)의 방합표를 기준으로 구성됩니다.

하나씩 살펴보도록 하겠습니다. 방합과 마찬가지로 12지지의 글자 중에서 3글자로 묶으니 삼합도 4개가 됩니다.

● 목(木)의 운동-해(亥) 묘(卯) 미(未)
● 화(火)의 운동-인(寅) 오(午) 술(戌)
● 금(金)의 운동-사(巳) 유(酉) 축(丑)
● 수(水)의 운동-신(申) 자(子) 진(辰)

목화금수가 나오면 항상 오행의 색깔[목-녹색(청색), 화-붉은색, 금-흰색(회색), 수-검은색을 칠하는 것은 색깔을 보면서 목의 푸르름과 시작, 화의 열정과 확산, 금은 침착과 단절, 수의 어둠과 응축, 휴식을 자연스럽게 느끼면 좋겠다는 생각 때문입니다. 저는 '물들임'이란 말을 좋아하는데, 초보자분들도 자연스럽게 명리학에 물들기를 바라는 마음입니다. 다들 삼합을 그냥 외우신 분들이 많을 것 같습니다. 하지만 명리학은 이해와 고찰이 필요하고 구성의 원리와 작동의 원리를 알아야 제대로 활용할 수 있습니다.

(1)
삼합   생지 왕지 고지

목(木)의 운동-묘(卯)

화(火)의 운동-오(午)

금(金)의 운동-유(酉)

수(水)의 운동-자(子)

: 삼합은 목적이 있는 합을 의미합니다. 가족의 합, 형제의 합, 공동체의 합인 방합과는 달리 삼합의 합은 혈연과 무관합니다. 양재역에 LG의 스마트폰 R&D 연구소가 있는데, 점심때가 되면 내국인은 물론이고 인도인, 흑인, 백인 등 다양한 국적의 사람들이 목에 모두 LG의 사원증을 차고 나와서 삼삼오오 근처의 식당으로 향하는 것을 볼 수 있는데, 이는 삼합의 모습입니다.

스마트폰을 개발하고 출시하기 위한 목적을 가지고 모인 합이 됩니다. 인도인, 독일인, 미국인 등 각국의 다양한 전문가들이 합으로 모여 있지만 그 합의 주체는 한국인이 됩니다.

앞의 목 운동을 보면 인묘진 방합의 왕지 글자인 묘(卯)목이 오게 됩니다. 코카콜라, 삼성전자, 맥도널드 등 글로벌 기업이고 다국적 기업이라도 주체는 확실합니다. 화 운동을 보면 사오미 방합의 왕지 글자인 오(午)화가 오게 되고, 금 운동에는 유(酉)금이, 수 운동에는 자(子)수가 왕지의 글자로 주도권을 잡습니다.

자오묘유(子午卯酉)는 각 삼합의 왕지의 글자들로 주도권을 잡고 강력하게 리드하는 모습입니다.

(2)

삼합	생지	왕지	고지

목(木)의 운동-해(亥) 묘(卯)
화(火)의 운동-인(寅) 오(午)
금(金)의 운동-사(巳) 유(酉)
수(水)의 운동-신(申) 자(子)

: 목 운동을 보면 생지에 해(亥)수가 들어왔는데, 목 운동(봄)의 이전 운동인 수 운동(겨울)의 생지의 글자가 목 운동의 생지가 됩니다. 이전 계절의 생지를 스카우트해 온 모습입니다.

화 운동에는 인(寅)목이 생지인데, 마찬가지로 화 운동(여름)의 이전 운동인 목 운동(봄)의 생지의 글자가 화 운동의 생지가 됩니다. 이미 지난 계절의 생지의 글자이니 젊고 추진력이 좋은데 가성비도 좋은 선수를 스카우트한 셈입니다. 같은 원리로 금 운동에는 이전 운동인 화 운동(여름)의 생지의 글자인 사(巳)화가, 수 운동에는 이전 운동인 금 운동(가을)의 생지의 글자인 신(申)금이 생지로 오게 됩니다.

인신사해(寅申巳亥)는 각 삼합의 생지의 글자로 활발하게 시작하니 삼합 운동에 활력을 불어넣어 줍니다.

(3)

삼합	생지	왕지	고지

목(木)의 운동-해(亥) 묘(卯) 미(未)
화(火)의 운동-인(寅) 오(午) 술(戌)
금(金)의 운동-사(巳) 유(酉) 축(丑)
수(水)의 운동-신(申) 자(子) 진(辰)

: 삼합의 고지(묘지)의 글자가 들어오면서 삼합이 되었습니다.

목 운동을 보면 목 운동(봄)의 다음 계절인 화 운동(여름)의 고지(묘지)의 글자인 미(未)토를 스카우트해 왔습니다. 백전노장이시고 노련하게 목 운동을 마무리해 주실 분이라 몸값이 비쌉니다. 토(土)로서 움직임이 크지 않으니 웬만한 몸값으로는

15. 형충회합파해(刑沖會合破害)-파도치는 인생이 펼쳐진다

움직이지 않으시지만 목 운동의 완성을 위해 초빙한 모습입니다. 같은 원리로 화 운동(여름)은 다음 운동인 금 운동(가을)의 고지 글자인 술(戌)토를 초빙했고, 금 운동(가을)은 다음 운동인 수 운동(겨울)의 고지 글자인 축(丑)토를, 수 운동(겨울)은 다음 운동인 목 운동(봄)의 고지 글자인 진(辰)토를 초빙하니 이로써 삼합의 생지, 왕지, 고지의 글자가 완성되었습니다.

진술축미(辰戌丑未)는 각 삼합의 고지의 글자로 삼합 운동을 마무리하게 됩니다.

삼합의 구성 원리는 이와 같습니다. 무턱대고 외우면 여전히 선생의 지식이지만 구성 원리를 이해하고, 생지, 왕지, 고지의 활용을 깨달으면 내 지식이 됩니다.

3) 삼합(三合)-삼합의 의미, All for one, One for all

삼합은 목적이 있는 합이고 사회적인 활동이나 직업을 보는 데 활용되기 때문에 많은 사람이 관심을 가지고 자기 사주에 그러한 구성이 되어 있는가를 살펴보게 됩니다.

앞서 지장간에서 배웠듯이 지장간의 중기는 사회적인 활동과 하는 일, 즉 직업과 관련이 깊습니다.

삼합의 그러한 지장간 중기에 같은 오행으로 이루어졌을 때 합이 됩니다.

목(木)의 삼합은 해묘미(亥卯未)인데 다음에서 보는 것처럼 지장간 중기가 모두 목(木)으로 되어 있습니다.

- 해(亥)수 속의 지장간 무(戊), 갑(甲), 임(壬)
- 묘(卯)목 속의 지장간 갑(甲), 을(乙), 을(乙)
- 미(未)토 속의 지장간 정(丁), 을(乙), 기(己)

이처럼 해묘미가 지지에 구성되면 모두 지장간의 중기가 목 운동을 하므로 셋이 모여서 시너지 효과가 생기게 됩니다. 인오술이 모여 있으면 화 운동을 잘할 수 있고, 사유축이면 금 운동을, 신자진이면 수 운동을 잘할 수 있으니 원국에 이렇게 삼합이 구성되어 있을 때 해당 기운을 잘 쓰면 좋습니다.

또한, 노력 대비 가성비가 높아지게 됩니다. 삼합의 구성을 살펴보았는데, 앞서 생지, 왕지, 고지를 강조한 것은 삼합의 구성이 되더라도 어떤 구성이냐에 따라서 상당한 차이가 생기기 때문입니다.

(1)

○辛○○(남명-35세)

□亥卯未

: 신(辛)금일간인데, 지지에 해묘미 삼합이 되어 있으니 목 기운이 무척 강합니다. 특히 사주의 본부인 월지에 해묘미 삼합의 왕지 글자 묘(卯)목이 있으니 더욱 그렇습니다. 목 기운과 음양이 다른 토 기운과 금 기운이 미약하다면 피해를 보기 쉽습니다. 십신으로 보면 신(辛)금일간에게 해묘미는 재성이 되니 반대편의 십신인 인성이나 비겁이 피해를 보기 쉬운데, 한쪽의 기운이 너무 강해지면 좋은 점도 있지만 반면에 음양의 비율처럼 미약한 기운이 피해를 볼 수 있습니다.

(2)

○辛○○(남명-35세)

□亥未卯

: 월지에 고지의 글자인 미(未)토가 있으니 삼합이지만 약한 삼합이 됩니다.

미토는 목 운동을 마무리하니 년지 묘(卯)에서 왕성하게 키워 보려고 하지만 이미 미(未)토에서 목은 시들어 가는 모습이 됩니다. 마무리되었던 목 운동을 다시 일지에서 시작하려고 꿈틀거리니 뭔가 손발과 타이밍이 맞지 않은 모습입니다.

(3)

○丙壬○(여명-55세)

寅申子辰

: 병화일간으로 지지에 신자진 삼합을 구성했는데 월지에 삼합의 왕지 글자인 자(子)수가 있으니 무척 강한 삼합이 됩니다. 수 운동을 강하게 하는데, 월간에도 임(壬)수가 있으니 더 막강하게 수 운동을 합니다. 병화일간에게 수 기운은 관성이 됩니다. 한쪽의 기운이 강해지면 음양의 원리로 반대편의 기운이 약해지게 됩니다.

15. 형충회합파해(刑沖會合破害)-파도치는 인생이 펼쳐진다

일간 병화는 천간지지의 강한 관성으로 인해 약해지고 시지의 인(寅)목은 쓰나미 같은 파도에 휩쓸려가기 쉽습니다.

(4)

○庚戌○ 대운 임(壬)

□□辰申 ← 자(子)

: 경금일간으로 월지가 진(辰)토인데 월간에 무토가 있는 구성입니다. 서로 같은 토로 구성되어 있으니 토의 기운이 강해지는데 경금일간에게는 토 기운이 인성이고 음양이 같으니 편인이 됩니다. 사주의 가장 강한 세력이 격이 되니 편인격으로 살아가게 되는데, 대운에서 자(子)운이 들어왔습니다. 왕지의 글자가 들어와서 신자진(申子辰) 삼합이 구성되어 가장 강한 세력이 되니 수 기운은 경금일간에게 식상이 됩니다. 편인격에서 식상격으로 바뀌었고, 이처럼 수 기운이 강해지면 식상 중에서도 상관의 성향이 더 잘 나타나게 됩니다. 이렇듯 삼합은 반합으로도 작동을 하지만 생지, 왕지, 고지의 세 글자가 모여야 진가를 발휘할 수 있으니 뒤마의 소설 『삼총사』의 슬로건을 부제로 쓰게 되었습니다. 위기에 처한 조국 프랑스를 영국으로부터 지키기 위해 뭉친 것이기 때문입니다.

4) 반합(半合)—완벽함을 목적으로 하지 않아도 좋다

반합은 삼합의 글자 중에서 한 개의 글자가 빠진 모습입니다. 많은 직장인이 회사와 갈등을 할 때, '나 없으면 회사가 안 돌아갈 거야.'라고 생각하지만, 착각인 경우가 많습니다. 본인이 빠지면 동료, 선배, 또는 임시 직원을 채용하여 다 돌아가게끔 되어 있습니다. 이가 없으면 잇몸으로 살 수 있듯이, 반합도 그러합니다. 삼합의 글자 중에서 하나가 빠졌다고 하여 삼합의 기능을 못 하지는 않습니다.

반합이면 삼합보다 합력이 약하지만 때로는 삼합처럼 강한 영향력을 보여 주면서 팔자를 뒤흔드는 반합도 존재합니다. 대표적인 것이 왕지+생지로 구성된 반합을 의미합니다. 인오(寅午)반합과 인술(寅戌)반합이 같을 리가 없고, 지지의 위치가 어디냐에 따라서도 크게 달라지게 됩니다. 가장 강력한 반합은 사주팔자의 본부인 월지에 왕지의 글자가 있을 때입니다. 또한 천간에 반합이 되는 오행의 글자가 있다면 위아래에서 더욱 강력한 힘을 발휘할 수가 있습니다. 천간의 글자와 지지의 글자가 서로 조응하니 마음과 현실에서 해당 오행의 기운이 넘치게 됩니다. 그 종류를 살펴보면 인오술(寅午戌)의 화 운동을 하는 삼합이 있을 때 총 6개의 반합이 구성됩니다.

인오(寅午)반합, 오인(午寅)반합, 인술(寅戌)반합, 술인(戌寅)반합, 오술(午戌)반합, 술오(戌午)반합입니다.

"어? 인오(寅午)반합이나 오인(午寅)반합은 엎어치나 메치나 같은 것 같은데, 오타 아닌가요?"
"오타가 아닙니다."
순서만 바뀌었지 같은 글자이니 같은 반합처럼 보이지만, 지지의 위치에 따라 다르고 근묘화실의 흐름에 따라서도 달라지니 세밀하게 살펴보는 것이 중요합니다.

(1)
○甲○○
□寅午□

: 생지+왕지의 조합인 인오(寅午)반합이니 반합 중에서도 강한 반합이 됩니다. 사주팔자의 본부인 월지를 다른 말로 월령(月令)이라고 하는데, 월지에서 명령을 내린다는 의미이니 월지의 위력을 짐작할 수 있겠습니다. 이처럼 반합이건, 삼합, 방합에서도 월지에 어떤 글자가 있는가에 따라서 그 합력이 상당한 차이를 보이니 잘 살펴야 합니다.

(2)
○甲○○
□□戌午

: 고지+왕지의 조합인 술오(戌午)반합인데 위의 반합보다 약한 반합이 됩니다. 초년기에 왕지이니 왕성한 화 운동을 하다가 청년기에 접어들어 고지이니 위축되

15. 형충회합파해(刑沖會合破害)-파도치는 인생이 펼쳐진다

고 약해지는 모습이 됩니다. 그러다가 운으로 생지의 글자인 인(寅)이 온다면 다시 화 운동을 점화하게 되는 모습입니다.

그래도 월지에 고지 술(戌)토가 위치하니 합력이 일반적으로 생각하는 인오술 삼합과는 비교가 안 됩니다.

(3)

○甲○○

□寅戌□

: 생지+고지의 조합인 인술(寅戌)반합인데, 왕지가 빠져있고, 월지도 고지가 차지하고 있으니 무척 약한 반합의 모습입니다. 일부 학파에서는 반합으로 인정하지 않는 곳도 많습니다. 회사에 신입 사원들(생지)과 원로 또는 고문들(고지)의 합이니 컨트롤 타워가 없어 신입사원들은 뭔가 해 보려고 해도 방향성을 잃고, 원로들은 움직일 생각을 않고 눈치만 보니 중구난방인 모습이라 반합의 역할을 제대로 하기 어려운 것이 맞습니다.

그래도 우리가 주목해야 하는 것은 대운이나 세운으로 오(午)가 올 때입니다.

오너이자 리더인 왕지의 글자 오(午)화가 오면 오합지졸 같은 생지의 글자가 신나서 활동을 전개하고, 꾸물꾸물 느렸던 고지의 글자가 서포트를 시작하니 대운으로 들어오면 가장 강한 세력이 되어 사주의 격이 바뀌고, 세운으로 오면 그해에 많은 변화를 경험하게 됩니다. 갑목일간에게 인오술(寅午戌)은 식상이 되고 가장 확산성과 전파가 넓은 화의 식상이니 그해에 한하여 많은 일이 생겨나고 전개되게 됩니다.

(4)

○甲○○

午寅□□

: 앞에 예시했던 왕지+생지의 조합인 오인(午寅)반합인데 월지를 포함하지 않고 있으니 월지가 포함된 오인(午寅)반합보다 약합니다. 일지가 인(寅)목 생지이고 시지가 오(午)화 왕지가 됩니다. 생지는 시작한 에너지를 시지의 왕지에게 넘겨주는 모습인

데, 일지(본인)이 시지(자식)을 생해 주는 모습이 됩니다.

일지+시지의 개인적인 작은 규모의 사이즈로 년지+월지의 국가, 사회적인 큰 규모보다 작습니다.

내가 시작했지만, 자식이 이어받아서 더욱 왕성하게 키워 가는 모습이 됩니다.

(5)

○甲○○
寅午□□

: 생지+왕지의 조합인 인오(寅午)반합이 되는데, 마찬가지로 월지를 포함하지 않고 있으니 포함된 반합보다 약하고 사이즈가 작은 모습입니다. 내가(일지)가 왕성하게 화 운동을 하고 있지만 시지(자식)로 흘러가면서 다소 약해지는 모습이 됩니다. 내가 왕성하게 키웠지만 자식 대에 사그라지는(고지) 만큼은 아니지만, 더 키우지는 못하고 현상을 유지하거나 줄어드는 모습이 됩니다. 근묘화실의 흐름에 따라 왕지-생지로 흐르기 때문입니다. 시지+일지가 인오(寅午)반합이니 자신이 벌인 작은 규모의 사업을 자식과 함께하는 모습으로 통변할 수도 있습니다. 반합 역시 목적이 있는 합이기 때문입니다.

(6)

○甲丙○
□午寅□

: 오인(午寅)반합으로 비교적 강한 반합인데, 월간에 병(丙)화가 투출된 모습이니 화 기운이 무척 강한 모습입니다.

천간에 병화는 지지의 오인(午寅)반합의 지원을 받으니 천간에서 영향력을 행사할 수 있고, 지지의 오인(午寅)반합은 그들의 입장을 대변해 줄 든든한 병(丙)화가 있으니 역시 든든하고 자신감이 생깁니다.

천간과 지지는 클래스도, 레벨도 다르니 천간의 병(丙)화가 국회의원이라면 지지의 오인(午寅)반합은 강력한 지지층의 모습입니다. 강력한 지지를 받고 있으니 국회의원은 소신껏 압력에 굴하지 않고 지지층의 민심을 대변할 수 있고, 지지층에서는 국회에 자신들의 이익과 의견을 잘 대변해 주는 국회의원이 있으니 서로 상부상조

하는 막강한 세력으로 자리 잡은 모습이 됩니다.

5) 삼합과 방합–우리는 서로 가는 길이 다르다

방합(方合)은 공간적인 개념이 들어간 합이 됩니다.

가족, 종친, 학교, 군대, 지역, 국가 등 동일한 공간 속에서 느껴지는 혈연과 지연, 학연으로 인한 합을 의미합니다. 그러므로 방합이 강한 사람은 매사에 개인보다는 단체 및 조직을 내세우고 대의를 강조하며, 공동체의 이념을 추구하는 경향을 가지게 됩니다. 사주원국의 격이 크지 않다면 향우회, 전우회, 안동 김씨 ◇◇파의 종친 모임, □□대학 동창회 등의 결성과 유지에 신경을 쓰고, 격이 크다면 지자체, 국가, 또는 UN이나 WHO(세계보건기구)나 국경없는의사회, 유니세프 등의 전 세계적인 단체나 기구의 이념에 공감하면서 파견되어 일하거나, 자비를 들여서 국제봉사단체에서 근무하기도 합니다.

반면에 삼합(三合)은 시간의 개념이 들어간 합이 됩니다.

어떠한 목적을 가지고 같은 시간에 목적을 위한 일을 하게 됩니다. 주식회사, 글로벌 회사 등이 그러한 삼합의 모습에 가장 가까운데, 회사에서 영업팀, 회계팀, 관리팀, 자재팀 등 서로의 공간과 하는 일은 다르지만 같은 시간에 일하고 퇴근합니다. 일반적으로 기업이 추구하는 것이며 보편적인 목적은 이윤 추구입니다. 그래서 보통 삼합과 관련하여 돈을 많이 언급하는데 사실, 꼭 돈만을 의미하는 것만은 아닙니다. 삼합의 십신이 식상이라면 활발하고 강력하게 식상 활동을 하게 되는데 차면 넘친다고 왕성한 식상 활동은 재성으로 연결되기 때문입니다. 왕성하게 인성 활동을 하더라도 마찬가지입니다. 삼합은 사회적인 활동이므로 인성 활동(학문, 창작, 발명, 기획, 출판) 등에 재성이 자연스럽게 따라오기 때문입니다.

방합은 글자의 고유성을 유지하면서 합력을 유지합니다.

한국 사람은 어디를 가도 한국 사람인 티가 납니다. 해외에서도 김치를 찾고, 한국말을 쓰면서 한국 사람들의 모임을 만들려고 합니다. 해외의 코리아타운을 통해서도 알 수 있지만, 오랜 세월 동안 외국인들과 같이 살아가면서도 한국인의 고유성을 잃지 않으려 합니다. 물론 그러한 점에 거부감을 느껴서 외국인들과 더 많이 어울리고 그들의 생활과 습관을 따라 하려는 사람도 있지만, 결정적인 순간에는 한국인 특유의 성향과 기질이 발현되곤 하는데, 방합이 그러한 성향을 가지고 있습니다.

인묘진(寅卯辰)의 경우 인(寅)목의 지장간은 무(戊)토, 병(丙)화, 갑(甲)목인데 말기가 갑(甲)목으로 체의 모습은 목(木)이지만, 하는 일은 화(火) 운동을 합니다. 진(辰)토 역시 지장간이 을(乙)목, 계(癸)수, 무(戊)토인데, 말기인 체(體)의 모습은 무(戊)토이지만 중기는 계(癸)수이므로 하는 일은 수(水) 운동을 합니다. 오로지 왕지의 글자인 묘(卯)목만 지장간이 갑(甲)목, 을(乙)목, 을(乙)목이니 체의 모습도 목(木)이고 하는 일도 목(木) 운동을 하는 모습입니다.

인(寅)목과 진(辰)토는 각각 화 운동과 수 운동으로 하는 일은 다르지만, 인묘진(寅卯辰)의 가족 모임에 왔으면 하던 일에 대한 생각을 내려놓고 경조사, 제사, 벌초 등 집안의 행사에 따라야 합니다.

반면에 삼합은 글자의 고유성을 많이 상실하면서 합력을 유지합니다.

LG R&D 연구소에는 한국인, 인도인, 미국인, 러시아인 등 수많은 인종이 모여서 쓰는 말도 다르고 음식도, 생활습관도 다르지만, 기업 안에서 하나의 목표를 위해서 모두가 힘을 모으게 됩니다.

글로벌 기업에서 공동의 목표를 잊고 인도인끼리, 미국인끼리 파벌을 만들거나 분란을 일으킨다면 회사의 입장에서는 용납할 수 없으니 직원들은 주의하게 되고 협업에 저해가 되는 고유성은 갈무리하게 됩니다. 사유축(巳酉丑)의 삼합이 되면 각 글자는 금(金) 운동을 하기 위하여 각자의 고유한 기운을 갈무리하고 금 운동을 하는 데 전력을 다해야 합니다. 사(巳)화는 고향의 엄마가 생각나고 고향 음식이 그리워도 참고 견디며 금 운동을 해야 합니다. 축(丑)토는 고향에 두고 온 보드카 생각에 입맛을 다셔도 참고 금 운동을 마무리하여 완성하는 데 집중해야 합니다. 물론 이들은 한국 드라마 〈미생〉을 통해서 잘 알고 있습니다. "회사가 전쟁터라고? 버텨라. 밖은 지옥이야." 진리는 국경을 가리지 않는 것 같습니다.

15. 형충회합파해(刑沖會合破害)-파도치는 인생이 펼쳐진다

방합은 초년, 노년 시절과 관련이 깊으며 위기에 강합니다.

방합의 공간적인 모습에 따라, 피의 합이고, 가족의 합, 형제의 합의 모습이라 어린 시절에는 방합의 영역에서 더 많은 시간을 보내게 됩니다. 아이는 학교에 있는 시간보다 집에서 가족과 보내는 시간이 더 많습니다. 그러다가 대학을 가고 사회생활을 하면서 방합의 영향이 줄어들고 사회적인 활동, 직업의 영역인 삼합의 영역이 커지게 됩니다. 그러다가 은퇴를 하고 노년기에 접어들면 다시 방합의 영역이 커지게 됩니다. 방합과 삼합도 마찬가지로 음양의 비율처럼 방합의 영역이 커지면 상대적으로 삼합의 영역이 줄어들고 반대로 삼합의 영역이 커지면 방합의 영역이 줄어들게 됩니다.

방합은 위기가 오면 불화했거나 불편했던 가족도 단합하여 위기를 극복하려고 합니다. 1997년의 IMF 위기, 2008년 서브 프라임 금융 대란, 2020년 코로나 대유행에서도 정부, 의료진, 국민이 하나가 되어 모범적인 방역의 모습을 전 세계에 보여 주니 대한민국이라는 방합의 합력이 강함을 우리 모두가 실감하게 되었습니다.

반면에 삼합은 청년, 장년 시절과 관련이 깊으며 위기에 취약합니다.

삼합은 사회적인 활동, 적성, 직업 등과 관련이 깊은데, 방합의 영역인 가정에서 자라고 배우던 어린이가 대학에 들어가는 청년기의 시절부터 삼합의 영역이 커지게 됩니다. 더 폭넓은 사회적인 활동이 시작되며 적성과 진로를 고민하게 되고, 졸업 이후에는 직장이건, 개인사업이건 활발한 사회적인 활동을 시작하며 돈을 벌기 시작합니다. 이전의 집안, 동창회, 전우회 등 사적 모임인 방합의 영역이 줄어들고 삼합의 영역이 커지는 시기가 됩니다. 음양의 비율과 같이 삼합이 영역이 커지면 방합의 영역이 줄어들게 됩니다. 그러다가 은퇴의 시기가 오면 점차 삼합의 영역이 줄어들게 되고, 노년이 되면 더욱 줄어들어 사회적인 활동보다는 가정의 일, 가문의 일, 동창회, 친구들 모임 등의 방합의 영역이 다시 증대하게 됩니다.

삼합은 위기에 방합보다 취약합니다. 평생직장의 개념이 사라진 지 오래이므로 회사에 경영적 위기가 오면, 직원들은 각자도생하기 쉽고, 이는 당연한 모습입니다. 방합으로 구성된 사주는 세운으로 충과 형이 오면 자극을 받아서 오히려 똘똘 뭉치려고 하지만, 삼합으로 구성된 사주는 세운에서 충과 형이 오면 상처를 받고 혼들리거나 합이 깨지기도 합니다. 그렇다면 대운에서는 어떨까요?

이미 말씀드렸습니다. 대운은 군왕이고 10년의 긴 시간 만에 찾아오는 환경과 같으니 삼합이건, 방합이건 대운으로 오는 형과 충은 피할 길이 없습니다. 물론 대운의 의지(against his will)에 따르지 않는다면 그렇습니다.

6) 육합(六合)-나무는 고요하고자 하나 바람이 그치지 않고…

육합은 지지의 합을 의미하는데, 같은 위도에 있는 글자의 합을 의미합니다. 지지의 합이므로 다른 말로 지합(支合)이라고 합니다. 같은 위도에 위치하니 기후가 비슷하여 멀리 떨어져 있어도 편안하고 안정감을 줍니다. 한국과 같은 위도에는 그리스, 이탈리아, 스페인 등이 있는데, 비슷한 기후를 가지고 있고 자연의 풍경이 닮아 있어서 편안한 느낌을 줍니다. 한국에서 출발할 때 입었던 옷을 그대로 입어도 되니 긴장감이 누그러지게 됩니다. 육합은 이와 같이 자축합이나 오미합처럼 가깝거나, 진유합, 묘술합처럼 멀더라도 합이 주는 포근함과 편안함을 느낄 수 있습니다. 육합의 종류는 다음과 같습니다.

- 자축합(子丑合) 토(土)
- 인해합(寅亥合) 목(木)
- 묘술합(卯戌合) 화(火)
- 진유합(辰酉合) 금(金)
- 사신합(巳申合) 수(水)
- 오미합(午未合) 무(無, 태양)

천간합처럼 지지의 글자도 합하여 새로운 기운을 만들려고 합니다.

예를 들어 자(子)수와 축(丑)토가 자축(子丑)합을 하여 토(土)를 만들려고 합니다. 앞서 배운 천간합의 합화처럼 지지 육합의 합화 역시 까다로운 조건이 맞추어져야만 합화가 가능합니다. 일단 천간에 합화가 되는 기운이 강할 때 합화의 가능성이 커집니다. 돈과 시간의 여유가 있어서 얼마든지 세계여행을 갈 수 있지만, 천간에서 그러한 기운이 생기지 않으면 떠나지 않습니다. 천간은 드러난 마음, 생각, 의지, 욕망이니 그러한 기운이 강하거나 운으로 들어올 때 비로소 세계 여행을 떠날 수 있을 것입니다. 좀 더 구체적으로 방합표에서 살펴보면 다음과 같습니다.

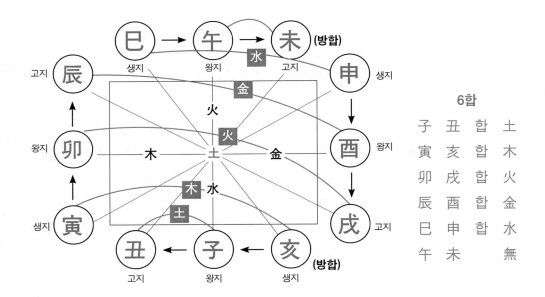

〈**그림 20**-육합(六合)〉

육합은 또한 태양계의 모습이기도 합니다. 우리는 지구과학 시간에 태양으로부터 가장 가까운 행성의 이름부터 외울 때, 수금지화목토천해명으로 외웠는데, 맨 위의 오미(午未)합이 태양입니다.

다음이 사신(巳申)합으로 수(水)이니 수성, 진유(辰酉)합으로 금(金)이니 금성, 지구는 그 자체이니 열외하고, 묘술(卯戌)합으로 화(火)이니 화성, 인해(寅亥)합으로 목(木)이라 목성, 마지막으로 자축(子丑)합하여 토(土)가 되니 토성이 됩니다. 오미부터 일렬로 연결하면 수성, 금성, 지구, 화성, 목성, 토성으로 연결되는데, 오미(午未, 태양)으로부터 가장 가까운 사신(巳申)합 수성이 가장 뜨겁고, 가장 멀리 있는 자축(子丑)합 토성이 가장 춥습니다.

(1) 육합(六合)의 의미

합(合)은 합한다. 묶인다는 뜻이고 합의 본성은 사랑입니다. 먼저 육합이 되면 묶여진 글자의 고유한 기운을 잘 쓰기가 어렵습니다. 인성이 묶이게 되면 부동산의 매매가 잘 안 되고, 식상이 묶이면 하는 일이 지연되거나 장애가 생깁니다. 재성이 묶이면 남자의 경우 체(體)로써는 배우자가 되는데, 결혼이 잘 안 되는 모습입니다. 이는 나에게 있는 글자이지만 합으로 묶여 있으므로 글자의 고유한 기능을 잘 못 쓰는 모습이 됩니다. 결혼을 하면 배우자와 합이 되는데 미혼 시절처럼 자유롭게 여행을 다니거나 친구를 만나기가 쉽지 않습니다. 남편의 역할이 중요하기 때문에 자식, 형제, 친구의 역할이 줄어들고 약해집니다. 이는 아내와 합으로 묶여 있기 때문입니다. 여자의 경우 자식이 생겨서 식상과 합이 되면 역시 부모의 역할이 중요해지기 때문에, 회사에서 일하다가도 아이가 아프거나 무슨 일이 생기면 달려가야 하니 역시 합으로 묶여 있는 모습입니다.

그렇게 묶이니 답답함을 느낍니다. 그러면 합이 되면 안 좋은가? 그렇지는 않습니다. 세상 만물에 음양이 공존하듯이 합에도 음과 양, 부정과 긍정이 존재합니다. 합으로 묶이면 형충파해로부터 보호를 받을 수 있고 안정감과 포근함, 사랑의 즐거움이 생기게 됩니다. 톨스토이의 『사람은 무엇으로 사는가』에서처럼 인간에게는 사랑이 정말 중요하기 때문입니다. 부모님의 사랑, 연인과의 사랑, 자식에 대한 사랑이 없다면 삶이 무미건조해지고, 삶의 목적도 불투명해질 것입니다.

육합으로 묶여 있으므로 이것을 푸는 것은 강한 강도의 형(刑)과 충(沖)이 운으로 들어올 때 풀리게 됩니다.

합이 안 되어 있는 글자는 운에서 형과 충을 하는 글자가 올 때 피해를 볼 수 있지만, 합으로 되어 있는 글자는 피해는 보지 않고 다만 합이 풀리게 됩니다. 합이 풀리면 글자의 고유한 기능을 잘 쓸 수 있지만, 합이 풀리면 사랑이 사라지는 아픔을 겪어야 합니다. 일지+월지가 육합으로 구성되어 있는 사람은 6대운에서 월지가 대운과 충을 할 때 부모와의 합이 풀리므로 이별의 아픔을 경험하기도 합니다.

15. 형충회합파해(刑沖會合破害)-파도치는 인생이 펼쳐진다

(2)

○乙○○

□酉□辰

: 기본적으로 천간합이나 지지합(방합, 삼합, 육합)은 이와 같이 떨어져 있으면 합력이 생기지 않습니다.

만세력을 보면 글자 사이가 1㎝도 안 되니 뭔가 작용할 것 같고 합력이 생길 것 같지만, 인생의 기간으로 보면 일지와 시지는 15~20년의 공백이 있습니다. 하물며 년지와 시지의 합력을 주장하는 역술인이 있는데 이는 일고의 가치가 없습니다. 30~40년의 공백을 무시하는 이야기입니다. 실제 합력이 있다고 하여도 극히 미약하니 고려할 가치가 없습니다. 움직일 수 없는 현실인 지지는 더욱 그렇습니다.

(3)

○辛○○

□丑子□

: 신(辛)금일간인데 원국에서 지지가 자축합으로 되어있습니다. 육합이기도 하지만 해자축 방합의 일원이기도 하니 육합 중에서 합력이 강합니다. 그럼 같은 방합의 일원이자 육합인 오미(午未)와는 어떨까요?

당연히 자축합이 더 합력이 강합니다. 오미(午未)는 기본적으로 여름이고 양의 성향이 강하니 확산되려는 성향이지만, 자축합은 겨울이고 응축하려고 하니 더 강합니다. 추운 겨울날에 서로를 의지하며 꼬옥 껴안고 있는 모습이 자축합이 됩니다. 축(丑)토는 편인이고 자(子)수는 식신인데 합이 되어 있으니 글자의 고유한 기능을 잘 쓸 수가 없습니다. 그래도 원국에 있는 육합은 오랜 세월 합이 되어 묶여 있는 모습으로 살아왔기 때문에 본인은 답답함을 잘 못 느낄 수 있습니다.

(4)

○辛○○ 대운

□□子□←축(丑)

: 대운으로 축(丑)토가 들어와서 월지 자(子)수와 자축합이 되었습니다. 운으로 들어와서 육합이 되니 답답함을 실감하게 됩니다. 체(體)로 보면 축토는 편인, 자수는

식신인데, 예를 들면 어린 시절 자기를 버리고 새 출발을 했던 친모가 오랜 세월이 지나 늙고 병든 모습으로 나타나 자식에게 의존하려는 모습일 수 있습니다. 천륜이라 내칠 수도 없고, 받아들이자니 병수발로 인해서 내 일에 지장을 받는 모습입니다. 용(用)으로 자수의 식신을 잘 쓰고 있었는데, 어느 날 갑자기 사이비 종교(편인)에 빠져서 하는 일도 내팽개치고 종교에 몰두하는 모습이니 편인으로 인해 식신이 도식(倒食, 자기 밥그릇을 뒤집어버림)된 모습입니다.

(5)
○辛○○ 무(戊) 6대운
□丑子□←오(午)
: 일지+월지가 육합이 자축합으로 되어 있는데 6대운 무오대운으로 접어들었습니다.

오(午)화가 대운으로 들어오면 반대편의 자(子)수는 피하여 숨어야 하니 축(丑)토와의 자축합이 풀어지게 됩니다.

합이 풀어지니 축(丑)토와 자(子)수의 고유 기능을 잘 쓸 수 있지만, 합(사랑)이 풀어지는 아픔을 겪어야 합니다. 오(午)대운이 지나가면 다시 자축합이 될 수 있지만, 그때는 마치 "나무는 고요하고자 하나 바람이 그치지 않고, 자식이 부모에게 효도하고자 하나 부모는 기다려주지 않는다."라는 구절처럼 덧없는 일일 것입니다.

7) 충(沖)-내게 새로운 환경이 찾아왔다

지지에는 12글자가 있어서 두 글자씩 짝을 이루는 육합과 같은 원리로 충(沖)도 6개로 육충(六沖)이 됩니다. 방합표에서 살펴보았듯이 생지는 생지끼리, 왕지는 왕지끼리, 고지(묘지)는 고지끼리 충(沖)을 하게 됩니다.

15. 형충회합파해(刑沖會合破害)-파도치는 인생이 펼쳐진다

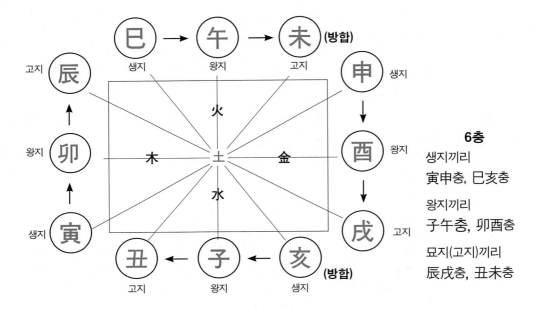

〈**그림 21**-육충(六沖)표〉

6충

생지끼리
寅申충, 巳亥충

왕지끼리
子午충, 卯酉충

묘지(고지)끼리
辰戌충, 丑未충

앞의 표처럼 겨울의 방합 해자축(亥子丑)에서 자(子)수 왕지의 글자는 여름의 방합 사오미(巳午未)의 왕지의 글자인 오(午)화와 충을 하게 됩니다. 즉, 정반대에 위치한 글자끼리 서로 충을 하게 됩니다.

봄의 방합 인묘진(寅卯辰)의 왕지 묘(卯)목은 가을의 신유술(申酉戌)의 왕지 유(酉)금과 서로 충을 하게 됩니다. 같은 원리로 생지 인(寅)목은 신(申)금과 인신(寅申)충을, 사(巳)화는 해(亥)수와 사해(巳亥)충을, 고지의 글자는 고지끼리 진술(辰戌)충, 축미(丑未)충을 구성하게 됩니다.

- 자오(子午)충(겨울의 왕지+여름의 왕지끼리)
- 묘유(卯酉)충(봄의 왕지+가을의 왕지끼리)
- 인신(寅申)충(봄의 생지+가을의 생지끼리)
- 사해(巳亥)충(여름의 생지+겨울의 생지끼리)
- 진술(辰戌)충(봄의 고지+가을의 고지끼리)
- 축미(丑未)충(겨울의 고지+여름의 고지끼리)

명리를 배우시는 초보자분들이 가장 걱정하는 것이 이런 충이기도 합니다. 사주 상담을 받아보신 분이라면 어느 시기에 충이 생기니 조심하라, 충이 생기니 직장을 잃거나, 이혼을 하거나, 돈을 잃을 수 있다는 등의 상담을 받아 보신 적이 있으실 것입니다. 다 맞는 이야기입니다. 실제로 충이 발생하면 이런 현상이 생겨날 수 있습니다. 그러나 실제로 충은 드물게 발생합니다. 천간합으로 인하여 합화가 되는 것이 어렵듯이, 지지의 충 또한 생각보다 드물게 생겨납니다. 마치 고속도로 위를 수많은 차량이 달리고 있지만 그중에서 교통사고가 나는 경우가 드문 것을 생각하시면 됩니다. 드물게 생겨나지만, 그래도 생겨나니 충에 대해서 알아두고 조심하면 나쁠 것이 없습니다. 충이 생겨나는 이유는 군왕과 같은 운의 의지에 따르지 않을 때(against his will) 생겨나게 됩니다.

충이 드물게 생겨나는 이유는 사람은 누구나 살기 위해 본능적으로 위험을 피하려 하기 때문입니다.

미국의 플로리다주에는 해마다 허리케인이 찾아오는데, 그중에서 초대형 허리케인이 올 때가 있습니다.

2018년경에 초대형 허리케인 플로렌스가 찾아왔을 때, 약 500만 명의 주민들에게 대피령이 내려졌습니다. 2017년의 어마, 2005년 카트리나 때도 마찬가지였습니다. 아이들의 손을 잡고 수백 킬로미터가 넘는 길을 피난을 해야 하니 그 고생이 얼마나 심했을까요? 훗날에 역술가가 이러한 시기에 충이 있었는데 힘들지 않았냐고 물어본다면 그 당시의 고생을 떠올리며 "아! 충이 있어서 힘들었다."라고 말할 것입니다.

실제로 충을 당하는 사람들은 대피하지 않고 있다가 죽거나 다친 사람입니다.

대피령이 내려져도 꼭 말을 듣지 않는 사람이 있기 때문입니다(플로렌스로 인해 약 33명 사망)

(1) 충(沖)의 본질적인 의미

충은 자오(子午)충에서처럼 정 반대편 계절의 글자이니 떨어져 있으면 충을 당하지 않습니다.

또한 원국에 자(子)수가 있는데, 대운으로 오(午)가 들어오면 운이 군왕과 같으므로 오(午)의 글자에 맞게 행동하면(with his will) 충이 생기지 않습니다. 기초 편에서 이해하기에 어려우니 심화 편에서 다루도록 하겠습니다. 겨울이 오면[자(子)수] 겨울 옷을 입고 빙수 가게를 접고 붕어빵을 팔면 되고 반대로 여름이 오면[오(午)화] 붕어빵을 접고 빙수를 파는 등, 계절에 맞게 움직이면 충을 당하지 않고 오히려 충을 나의 경쟁력으로 활용할 수 있습니다.

내게 다른 환경이 찾아온다는 것을 의미하니 미리 대처하여 그 계절에 맞는 장사를 생각하고 준비를 잘해둔다면 찾아온 환경(運)이 변화와 경쟁력으로 작용할 수 있습니다. 소수의 사람들이 이렇듯 미래를 준비하고 대처하여 앞서가게 됩니다. 대부분의 사람은 다른 환경이 찾아오면 어쩔 수 없이 수동적으로 기존에 하던 것을 정리하고 그 계절의 흐름에 맞는 것을 하려고 찾지만, 나뿐만 아니라 다른 사람들도 마찬가지니 크게 좋지도, 크게 나쁘지도 않은 모습으로 살아가게 됩니다. 수동적인 변화이니 힘들고 충을 맞았다고 생각할 수도 있습니다. 허리케인이 와서 어쩔 수 없이 피난을 가면서 고생하는 사람들의 일반적인 모습입니다.

가장 안 좋은 것은 다른 환경이 찾아왔는데도 변하지 않고, 예전에 하던 것을 계속한다든가 오히려 늘려갈 때 충을 맞게 됩니다. 그러한 이유가 비겁의 기운이 강해 고집이 세거나, 주변의 부추김이 있거나, 관성의 기운이 강해 남들의 시선과 체면을 중시하여 약한 모습을 보여 주기 싫어하여 예전의 것을 고수하니 자연은 가차 없이 충의 쓰라림을 선사하게 됩니다. 허리케인으로 사망한 케이스가 가장 안 좋은 충의 모습이 됩니다. 죽고 나면 더 이상 음양 운동(호흡)을 할 수 없으니 재성(돈)도, 관성(자식)도, 인성(명예)도 아무 의미가 없기 때문입니다.

8) 충(沖)-충은 경쟁력이다

충의 다양한 모습과 실제 통변을 살펴보기 전에 간단히 정리해 보고 진행하도록 하겠습니다.

① 충은 서로 반대가 되는(음과 양) 글자의 충돌, 싸움을 의미합니다.

② 충은 12지지의 글자가 2개씩 짝을 이루어 충을 하니 육충(六沖)이 됩니다.

③ 생지는 생지끼리[인신(寅申)충, 사해(巳亥)충], 왕지는 왕지끼리[자오(子午)충, 묘유(卯酉)충], 고지는 고지끼리[진술(辰戌)충, 축미(丑未)충] 충을 하는데, 이 중에서 왕지끼리의 충이 가장 강력하고, 자오충은 겨울과 여름으로 음양의 차이가 크니 가장 강한 충이 됩니다.

④ 충은 내게 정반대의 환경과 기운이 찾아오는 것을 의미하니 그 환경에 따르면 (with his will) 충을 피할 수 있고 적극적으로 준비하고 대처하면 경쟁력으로 쓸 수 있습니다.

⑤ 사주원국에서 충으로 구성되어 있거나 운으로 충이 되는 글자가 들어오면 충을 당하는 글자가 떨어져 있으면 충을 피할 수 있습니다. 싸우려고 해도 상대방이 도망가면 싸울 수 없는 이치입니다. 이는 자세를 낮추고 일을 벌이지 않으며 수성의 모습으로 지내는 것이 좋다는 말입니다.

⑥ 충을 당하는 이유는 운의 명령에 따르지 않을 때(against his will) 생겨나게 되며 원국의 충을 당한 글자의 지장간이 개고가 되어 천간으로 튀어나오니 한 바탕의 소동, 소란, 사건, 사고 등이 생겨나게 됩니다.

(1)

○丙○○

□□午子

: 사주원국에서의 자오충의 모습입니다. 사주원국의 본부는 월지 오(午)화이니 년지의 자(子)수는 떨어져 있거나 보이지 않는 곳에 있어야 충을 피할 수 있습니다. 보이지 않는 곳은 실내를 의미하며 드러나지 않아야 함을 뜻합니다. 년지+월지의 충인데 여름과 겨울의 글자로 음양의 차이가 커서 먼 거리를 오감을 뜻하니 초년 시절의 고생을 의미합니다. 초년, 청년 시절의 본인과 부모, 조상의 모습이니 같이 있으면 다툼이 있고 충돌이 많아 떨어져 있는 것이 팔자의 모습에 맞습니다. 초년, 청년 시절의 충은 힘들지만, 경쟁력으로 작용할 수 있습니다. 아이가 부모와 떨어져 있으면 스스로 자신의 문제를 해결해야 하니 생각이 깊어지고 이내 어른으로 성장하게 되기 때문입니다. 반면에 부모의 품을 떠나지 못하면 마마보이처럼 나이가 들어도 부모에게 의존하게 됩니다.

15. 형충회합파해(刑沖會合破害)-파도치는 인생이 펼쳐진다

(2)

○丙○○

□子午□

: 사주원국에서 일지+월지와의 자오충의 모습입니다. 월지 오(午)화가 본부이니 자(子)수는 오(午)화의 명령에 따라야 합니다. 자(子)수는 떨어져 있거나 보이지 않는 곳(실내)에 있으면 됩니다. 드러나면 오(午)화에게 충을 당하여 지장간의 글자가 개고가 되는 소동, 소란, 사건, 사고 등이 생겨납니다. 원국의 글자는 태어날 때부터 가지고 태어나는 것이라 어느 정도 자연스럽게 떨어져 있게 됩니다. 결혼, 직장, 이사 등으로 독립하여 사는 게 좋은데, 현실의 여건이 좋지 않아 부모와 같이 산다면 갈등과 충돌 등의 어려움이 있습니다. 떨어져 있으라는 자연의 명령을 어겼기 때문입니다(against his will).

(3)

6대운

○丙○○

□子午□←자(子)

: 음과 양은 같은 비율로 음이 늘어나면 양이 줄어들고, 양이 늘어나면 음이 줄어드는 것이 자연의 이치입니다. 월지가 사주원국의 본부가 되지만 대운 앞에서는 복종해야 합니다. 6대운으로 자(子)수가 들어왔습니다. 일지의 자(子)수가 힘이 생기고 드러나지 않게 실내에 있다가 드디어 세상에 드러날 수 있습니다. 반면에 월지 오(午)화는 자(子)수 앞에서 실내에 숨어야 하고 대운의 기간 동안 드러나면 안 됩니다. 드러나는 순간 자오충을 당하여 오화 속의 지장간이 천간으로 튀어나오는 개고를 경험할 수 있기 때문입니다.

체로써는 부모의 자리이니 부모의 신상에 변동이 있을 수 있고, 용으로써는 직장이 되니 직장에서의 은퇴 등 직업상의 변동이 있을 수 있습니다. 월지의 충은 이사람에게 6대운이 왔음을 의미하고 누구나 6대운에서 월지의 충을 경험하게 됩니다. 이처럼 사주원국에 이미 자오충을 구성하고 있는데, 운으로 다시 충이 되는 글자가 들어오는 것을 재충(再沖)이라고 합니다. 충을 두 번 구성함을 의미하니 현실적으로 충이 생겨날 가능성이 높아집니다. 대운은 10년의 기간인데, 그 기간에 충을 형성하니 세운에서, 월운에서 그리고 일운(일진)으로 충이 생기면 삶의 큰 변화를 겪게 됩니다.

9) 형(刑)-변하지 않으면 도태될 수밖에 없다

지지에서 일어나는 형충회합파해 중에서 첫 번째는 형(刑)입니다.

형이란 한쪽으로 치우쳐져 있고, 편도되어 있는 것을 수정하고 교정하려는 자연의 의지가 됩니다.

이런 형의 수정과 교정은 수시로 발생하며 잔소리, 비아냥, 핀잔, 충고, 훈계의 작은 것부터 체벌, 기합, 과태료, 벌금, 벌점 등의 상당한 형과 질병, 수술, 징역, 사형 등 강력한 형태로도 나타납니다. 교정하고 수정하기 위한 일환으로 나타나지만, 현실상에서는 이로 인한 소란, 소동, 트러블, 갈등, 소송, 수술, 교화 등을 동반합니다. 형벌의 의미도 있지만 큰 의미로는 수정, 교정의 의미가 됩니다.

형의 작용으로 인해서 반드시 좋아지는 것은 아니며 오히려 사주의 구성에 따라 상황이 나쁘게 작용할 수 있습니다.

공부를 게을리하는 수험생 자녀를 아빠가 불러놓고 야단을 호되게 쳤는데(刑), 자녀가 형을 받아들여서 다시 학업에 박차를 가할 수도 있지만(형의 글자 옆에 합으로 구성된 경우) 반면에 역효과를 내서 반항하거나 문을 닫고 방 안에서 안 나온다든가 일탈 행위를 한다면 좋지 않은 방향으로 흘러갈 수도 있습니다. 형의 글자 옆에 충(沖)이나 파(破)나 해(害)로 구성된 경우가 그렇습니다. 형의 작용으로 수정, 교정이 이루어지면 업그레이드로 쓸 수 있지만, 형의 작용을 거부하거나 반발하면 말 그대로 형벌로 작용합니다. 교도소의 죄수 중에는 반성하고 참회하여 출소 후에 새로운 인생을 사는 사람도 있지만, 반면에 나와서 여전히 사회의 악으로 존재하는 사람도 있는 것은 이러한 형(刑)의 작용에 대한 반응이 각자의 팔자에 따라 다르기 때문입니다.

15. 형충회합파해(刑沖會合破害)-파도치는 인생이 펼쳐진다

형(刑)의 종류는 다음과 같습니다.

- 인신사(寅申巳) 삼형(三刑)
- 축술미(丑戌未) 삼형(三刑)
- 자묘(子卯) 상형(相刑)
- 진진(辰辰), 오오(午午), 유유(酉酉), 해해(亥亥)-자형(自刑)

(1) 인신사(寅申巳) 삼형(三刑)

생지의 글자인 인신사해(寅申巳亥)에서 해(亥)가 빠진 삼형이 됩니다. 앞서 배운 것처럼 각 계절을 시작하는 생지의 글자이니 시작하려는 의욕이 앞서서 서두르고 재촉하는 과정에서 생기는 형이 됩니다. 마치 100m 달리기에서 출발선 앞에 선 모습입니다. 인신사형을 다른 말로 지세지형(持勢之刑)이라고도 하는데, 자기의 세력과 의욕만을 믿고 경거망동하다가 형을 당한다는 의미가 됩니다. 급하게 결과를 내려는 목적으로 속도를 내다 보니 때로는 과정과 절차를 무시하여 한쪽으로 치우치게 되는데, 자연이 이를 바로잡으려고 하는 모습입니다. 과속, 속도위반부터 건설 현장의 공사 기간을 단축하기 위해서 안전 수칙 위반으로 인한 사고, 제출 서류의 미비, 급하게 걷거나 뛰다가 넘어지는 사건, 사고, 급체 등 삶에서 다양한 형태로 생겨납니다.

사주원국에 없더라도 운으로 형이 되는 글자가 들어오면 생겨날 수 있습니다. 사주원국에 인신사 삼형이 있는 사람은 직업적으로 물상 대체를 하면 좋은 개운(開運)법으로 쓸 수 있습니다. 학생들을 가르치고 잘못된 것을 수정해 주는 교사, 환자를 치료하는 의사, 물건을 수선하는 기술자 등 뭔가를 고치고, 수정, 개선, 수리, 수선을 하는 모든 직업이 해당합니다.

(2) 축술미(丑戌未) 삼형(三刑)

고지(묘지)의 글자인 진술축미(辰戌丑未)에서 진토를 뺀 나머지 글자가 축술미 삼형이 됩니다.

고지의 글자이니 노인을 의미하며 활동력이 떨어집니다. 노인은 경험과 지혜가

풍부하지만 때로는 그러한 경험과 지혜가 독이 되기도 합니다. 축술미 삼형을 다른 말로는 무은지형(無恩之刑)이라고 하는데 은혜를 모르는 배신의 형이라는 뜻입니다. 축술미의 글자는 모두 토의 글자이니 믿고 의지하지만, 지장간 중기를 살펴보면 축토는 금의 운동을, 술토는 화의 운동을, 미토는 목의 운동을 하니 서로 추구하고 지향하는 바가 다름으로 오는 형의 작용을 의미합니다.

믿음에 대한 배신은 꼭 타인에 관련된 것만이 아닙니다. 흔히 많이 듣는 "내 몸은 내가 알아." 등이나 꼰대 어르신들이 많이 하시는 "내가 왕년에 해봐서 아는데…" 등의 자기 건강에 대한 과신, 자기 실력에 대한 과신, 운전 실력, 경험, 지식 등 모든 과신에 대한 것이 포함됩니다. 과신하니 방심하게 되고, 부주의하게 되니 이로 인한 형의 작용이 발생하게 됩니다. 역시 인신사 삼형처럼 원국에 축술미 삼형이 있는 사람은 수정, 수리, 교정, 치료, 개선하는 직업을 가지면 잘 쓸 수 있습니다.

(3) 자묘(子卯) 상형(相刑)

자묘형은 서로에게 형(刑)을 가한다는 의미가 됩니다. 다른 말로 무례지형(無禮之刑)이라고 합니다.

무례하다는 뜻이니 서로에 대한 예의가 없고 사회 도덕적으로 풍기문란이나 과도한 애정행각 등으로 인한 형을 의미합니다. 자묘는 모두 자오묘유(子午卯酉)의 왕지 글자끼리의 만남이 됩니다.

왕지는 힘이 왕성하고 기가 충만하니 다른 의미로 도화의 기운이 강한 글자입니다.

자수는 한겨울이고 어둠의 글자이니 어둠 속에서 벌어지는 형이 됩니다. 앞의 인신사, 축술미보다는 약한 형이고, 사주 내에 어둠을 밝히는 화의 기운이 강하다면 거의 형의 작용이 발생하지 않기도 합니다.

반면에 사주에 수 기운이 강하여 춥고 어둡다면 자묘형이 강하게 작용하게 됩니다.

한강 고수부지에 텐트를 치면 낮에는 2면을 개방해야 하고, 일몰 이후에는 접어야 한다는 행정 명령은 공공장소에서 은밀히, 스릴감 있게 애정행각을 벌이는 것을 방지하기 위해서입니다. 스릴도 좋지만 걸리면 부끄러움은 당신의 몫이니 자묘형이 작용하는 분들은 주의하시는 게 좋겠습니다.

고대는 남성 위주의 사회이고 성인지(性認知)가 희박했던 시대라서 이러한 상형을 가볍게 보았지만, 최근에는 미투(me too) 사건에서처럼 시대가 달라졌으니 가볍게 볼 수 없습니다.

형이 구성되면 작용하는 삼형과는 달리, 자묘형 같은 상형(相刑)이나 다음에 설명할 자형(自刑)은 그대로 작용하는 것이 아니라 사주원국의 구성에 따라서 강하게 작용할 수도, 약하게 작용할 수 있으니 사주원국의 구성을 살펴서 간명해야 하니 옵션을 살펴야 합니다.

(4) 진진(辰辰), 오오(午午), 유유(酉酉), 해해(亥亥)-자형(自刑)

자형은 글자 그대로 자기에게 스스로 형을 가하는 모습입니다. 명리학에서 추구하는 것은 균형과 조화인데, 같은 글자 두 개가 모여 있으면 치우침이 생기게 됩니다.

여름의 왕지 글자인 오오(午午)가 있으면 폭발하는 다혈질적인 성향을 가지게 되고 가을의 왕지 글자인 유유(酉酉)가 있으면 차갑고 염세적이며 독설을 하기도 합니다. 해해(亥亥)는 겨울의 생지 글자이니 고독, 우울증이 생기기 쉽고, 진진(辰辰) 역시 쓸데없는 고집과 엉뚱한 행동으로 주변을 놀라게 할 수 있습니다.

자묘형처럼 사주원국의 구성에 따라서 이러한 자형이 잘 나타날 수도 있고 덜 나타날 수도 있습니다.

해해(亥亥)형이 있는데 원국에 화 기운이 있어서 따뜻하다면 형이 미약하게 나타납니다.

오오(午午)형이 있는데 원국에 수 기운이 강해서 선선하다면 형이 미약하게 나타납니다.

유유(酉酉)형이 있는데 원국에 목 기운이 강해서 부드럽다면 형이 미약하게 나타납니다.

진진(辰辰)형이 있는데 원국에 진토와 합이 되는 글자가 붙어있다면 자형이 미약하게 나타납니다.

10) 형(刑)—형(刑)은 업그레이드다

형의 다양한 모습과 실제 통변을 살펴보기 전에 간단히 정리해 보고 진행하도록 하겠습니다.

① 형(刑)은 한쪽으로 치우쳐져 있고 편향되어 있는 것을 교정하고 수정하려는 자연의 의지입니다.

② 형(刑)에는 삼형(三刑)인 인신사(寅申巳)형, 축술미(丑戌未)형과 상형(相刑)인 자묘(子卯)형, 자형(自刑)인 진진(辰辰), 오오(午午), 유유(酉酉), 해해(亥亥) 등이 있으며 삼형이 가장 강하게 작동하고 상형, 자형은 강도가 약합니다. 특히 자묘형과 자형은 사주원국의 구성에 따라서 강하게 또는 약하게 나타나게 됩니다.

③ 형(刑)은 충과는 달리 오랜 시간에 걸쳐서 작용하며 그 여파도 오래가게 됩니다. 충이 급성질환이라면 형은 만성질환입니다. 충이 오늘 일어난 교통사고 환자라면 형은 오랜 세월 이어온 천식 환자나 당뇨 환자와 같은 모습입니다.

④ 형(刑)은 내 사주에 치우쳐져 있는 것을 고치고 개선하라는 자연의 의지이니, 그 의지에 따라(with his will) 형을 통해 생각, 습관, 건강, 능력을 수정, 개선, 보완하면 삶을 업그레이드하는 데 쓸 수 있습니다.

⑤ 사주원국에서 형으로 구성되어 있으면 태어날 때부터 있었고 서서히 오랜 세월 동안 통해 작용하는 것이라서 잘 못 느낄 수 있지만 운으로 형이 되는 글자가 들어오면 형의 작용을 실감하게 됩니다.

운으로 형의 글자가 들어오기 전에 미리 점검하고(건강, 차량, 신용, 안전, 서류, 식생활) 개선하면서 개운(開運)할 수 있습니다. 또는 고치고 개선하는 일을 직업으로 하면 형의 작용이 많이 감소합니다.

그것을 물상 대체, 또는 직업 대체라고 합니다.

⑥ 형(刑)을 당하는 이유는 수정, 개선하라는 운의 명령에 따르지 않을 때(against his will) 생겨나게 되며 충과 마찬가지로 형을 받는 원국의 글자의 지장간이 개고가 되어 천간으로 튀어나오니 한바탕의 소동, 소란, 사건, 사고, 수술, 소송, 재판, 형벌 등이 생겨나게 됩니다. 만성질환처럼, 오랜 시간 지속되는 재판처럼 형은 길고 지루하게 오랜 시간 작용하며 충처럼 깔끔하지도 않고 후유

15. 형충회합파해(刑沖會合破害)-파도치는 인생이 펼쳐진다

증을 남기곤 합니다.

⑦ 형에 의한 개고는 주로 삼형살(寅申巳 丑戌未)에서 발생하며 상형인 자묘(子卯)형과 자형인 진진(辰辰), 오오(午午), 유유(酉酉), 해해(亥亥) 등은 약한 형이라 거의 개고가 생겨나지 않지만, 최근 미투와 성인지의 부재로 인한 사건이나 우울증으로 인한 불행한 선택에서 보듯이 형이 중첩되면 발생하기도 합니다.

(1)

○丙○○

□寅申巳

: 지지에 인신사(寅申巳) 삼형으로 구성되어 있습니다. 같이 삼형으로 묶여있는 글자는 한 글자만 움직여도 같이 움직이니 그 여파가 상당합니다. 근묘화실로 살펴보면 초년+청년기에는 사신형으로 작동합니다. 사신(巳申)은 육합도 되고 형도 되는 조합인데, 지장간을 살펴보면 초반에는 둘 다 지장간이 무(戊)토로 가깝고 지장간 중기는 사화는 경(庚)금이고 신(申)금은 임(壬)수로 금생수를 해 주는 모습으로 좋다가, 후반부로 가면 지장간의 말기가 사(巳)화는 병(丙)화이고 신(申)금은 경(庚)금이 되니 화극금의 모습으로 바뀌니 형으로 불화하는 모습입니다.

예를 들면 아이가 학교에서 좋은 성적을 받아서 기분 좋게 외식을 하러 갔는데, 식사 중에 스마트폰에 집중하는 아이에게 아빠가 몇 마디 잔소리를 하니 아이가 심통이 나서 숟가락을 던지고 뛰쳐나가는 모습으로 생각하시면 쉽습니다. 청년+중년의 시기는 인신(寅申)충이 됩니다. 어렸을 때는 독립할 수 없으니 같이 살았지만, 성인이 되니 아빠의 잔소리와 꼰대 짓이 싫어서 나온 모습입니다. 충이면 떨어져 있으라는 자연의 의지입니다. 사주원국에 있고 몇십 년이라는 오랜 시간을 걸쳐서 진행되니 본인은 잘 실감하지 못할 수 있습니다.

(2)

○辛○○ 세운

□丑戌□←미(未)

: 사주원국에 축술형이 있는데 세운으로 미(未)토가 들어와서 축술미 삼형이 구성되었습니다.

이전에 축술형은 청년기와 중년기의 오랜 세월을 보내왔으므로 축술형을 잘 실감하지 못하지만, 세운으로 들어오면 그해에는 삼형의 작용을 실감하게 됩니다. 형의 작용도 충과 마찬가지입니다.

운이 군왕과 같으니 원국의 축토와 술토 역시 미토의 명령에 따라야 하며 그 의지에 거역하면(against his will) 형을 당할 수 있습니다. 미(未)토는 여름의 토이고, 술(戌)토는 가을의 토이니 그래도 덜하지만, 정 반대편의 축(丑)토는 큰 손상이 올 수 있습니다.

만약에 삼형에 의해서 개고가 된다면 어떻게 될까요?

미(未)토의 정 반대편에 있고, 충을 구성하고 있는 축(丑)토가 개고가 되는데. 미(未)토가 들어오면 반대편의 축(丑)토가 가장 약해지기 때문입니다. 축토 속의 지장간의 글자들이 개고가 되어 나와 천간의 글자와 합치면서 많은 소동, 소란, 사건, 사고 등으로 시끄럽게 됩니다.

(3)

庚辛壬辛(남명)

子卯申亥

: 사주원국에서 일지+시지에 상형인 자묘형이 구성되어 있습니다. 그런데 전체를 살펴보니 사주에 화 기운인 병정(丙丁)화나 오(午)화, 사(巳)화가 없으니 자묘형이 강하게 작용하게 됩니다(단, 대운은 제외하고 사주원국만 볼 경우). 천간에 비겁이 강하고 지지에는 식상이 강하니 남의 눈치를 보지 않고 제멋대로 하다가 무례지형(無禮之刑)인 자묘형을 호되게 경험하게 됩니다.

(4)

丙乙丁辛(여명)

午卯亥亥

: 원국에 해해로 자형을 가지고 있는데, 전체를 보면 천간에 병화 정화, 지지에 오화까지 있으니 사주원국의 본부인 월지가 해(亥)수로 초겨울이지만 춥지는 않습니다.

이런 경우에 해해(亥亥) 자형이 잘 나타나지 않습니다. 나타나더라도 미약하니 고려할 바가 아닙니다.

11) 파(破)-어차피 인생의 바다는 출렁거린다

형충회합파해에서 파(破)는 '깨트릴 파'의 뜻을 가지고 있습니다. 단건업 선생이 체계화한 맹파명리에서는 파해를 중요하게 다루고 있는데, 파(破)의 뜻은 손상, 파손, 불화, 배신, 질투, 세대 갈등 등 인간세계의 다양한 모습으로 나타나게 됩니다. 땅의 글자 12지지에서 두 글자씩 짝을 지어 파가 되니 파 역시 6개의 파가 됩니다.

- 인해(寅亥)파(생지끼리)
- 사신(巳申)파(생지끼리)
- 자유(子酉)파(왕지끼리)
- 묘오(卯午)파(왕지끼리)
- 축진(丑辰)파(고지끼리)
- 술미(戌未)파(고지끼리)

이와 같이 6개의 파가 있습니다. '아! 이것을 또 외워야 하나?' 아닙니다. 명리학은 암기하는 학문이 아닙니다. 원리를 이해하고 느끼며 체화하는 학문입니다. 6파를 보면 일관성을 가지고 있습니다. 6충에서 배웠던 생지는 생지끼리, 왕지는 왕지끼리, 고지는 고지끼리처럼 같은 성향의 글자끼리 파를 구성하고 있습니다. 그러니 쉽습니다. 충(沖)이 정반대 계절의 글자끼리 만나는 모습이라면 파(破)는 바로 옆 계절의 글자를 만나는 것을 의미합니다.

봄의 인묘진의 생지 글자인 인(寅)목은 이전 계절인 겨울 해자축의 생지 글자인 해(亥)수를 만나서 인해(寅亥)파가 됩니다. 육합에서 합이기도 하니 합도 되고 파도 되는 인해(寅亥)입니다. 봄과 겨울을 시작하는 글자인 생지의 글자의 만남이니 이중적인 성향을 가지게 됩니다. 파가 생기는 기본적인 원리는 간단히 말하면 세대 차이입니다. 부모는 나를 정신적, 물질적으로 지원해 주지만, 부모와 자식 간에는 어느 정도 가치관, 삶의 방식의 차이가 존재하니 세대 간의 갈등을 의미합니다. 충과 같이 서로 반대 계절이라면 오직 극함만이 있지만, 겨울에서 봄으로 이어지니 인해(寅亥)와 같이 합도 되지만 파도 되는 모습입니다. 부모와 아무리 관계가 돈독해도 세대와 삶의 방식에서 차이점이 생기는 것은 어쩔 수 없습니다.

가을의 신유술의 생지 글자인 신(申)금은 이전 계절인 사오미의 생지 글자인 사(巳)화를 만나서 사신(巳申)파가 됩니다. 사신(巳申)은 앞서 배운 것처럼 합도 되고(6합), 형도 되고[사신(巳申)형], 파도 되니 이 글자들의 만남은 많은 파란과 소동, 소란을 동반하게 됩니다. 일전의 레스토랑의 일화처럼 자식이 상장을 받아서 기분 좋게 외식하러 갔는데(합의 모습), 식사 도중에 먹는 둥 마는 둥 스마트폰을 만지작거리는 자식에게 아버지가 그러지 말라고 잔소리를 하고(형의 모습), 자식이 그 소리에 발끈하여 뛰쳐나가는 모습(파의 모습)을 갖추고 있습니다. 역시 세대 간의 갈등 및 가치관의 다름으로 인한 갈등을 동반하고 있는 모습입니다.

겨울의 해자축의 왕지 글자인 자(子)수는 이전 계절인 가을 신유술의 왕지 글자인 유(酉)금을 만나서 자유(子酉)파가 됩니다. 음 운동을 하는 왕지끼리 만났으니 응축이 더 강화되는 모습입니다. 금전거래(매매 등)가 깨질 수 있고, 계약, 협의가 깨지거나 진행이 안 되는 모습입니다. 각 계절의 대장이니 왕지의 글자는 스스로 잘난 척을 하고 담대하니 육친과의 인연이 약할 수 있습니다.

여름의 사오미의 왕지 글자인 오(午)화는 이전 계절인 봄의 인묘진의 왕지 글자인 묘(卯)목을 만나서 묘오(卯午)파가 됩니다. 양 운동을 하는 왕지끼리 만났으니 확산이 더 강화되는 모습입니다. 양의 모습으로 키우고 확산하려고 하니 내실이 부족해지고 실속이 떨어집니다. 외형과 속도감을 중시하니 급하게 서두르다가 파(破)가 생겨납니다. 과시, 거만, 위세, 질투, 지나친 경쟁으로 인한 어려움이 있을 수 있습니다.

봄의 인묘진의 고지 글자인 진(辰)토는 이전 계절인 겨울 해자축의 고지 글자인 축(丑)토를 만나서 축진(丑辰)파가 됩니다. 고지의 글자들의 만남인데, 응축의 절정인 축토와 막 확산하려는 진토와의 만남이 됩니다. 무리하고 성급한 시도로 인한 어려움, 사업 실패, 재물의 손상, 가정의 불화 등의 가능성이 있습니다. 기본적으로 고지의 글자들의 만남인데, 이 고지의 글자는 지장간의 구성을 통해서 알듯이 9일, 3일, 18일처럼 지장간의 말기, 즉 체의 영역이 강한 글자입니다. 그러므로 축진파 등이 구성되면 사회적인 활동, 직업 등의 용(用)보다는 부모, 형제, 배우자, 자식 등의 체(體)에 손상이 오는 경우가 많습니다.

가을의 신유술의 고지 글자인 술(戌)토가 이전 계절인 여름 사오미의 고지 글자인 미(未)토를 만나 술미(戌未)파가 됩니다. 앞서 배웠던 축술미(丑戌未)중에 술미(戌未)이니 형도 되고 파도 되는 모습입니다.

술토 속의 지장간 여기는 신(辛)금이고 미토 속의 지장간 여기는 정(丁)화이니 만나자마자 정(丁)화가 신(辛)금을 화극금하는 형의 모습이 발동합니다. 문서상의 오류, 배신, 배반, 오해, 모함 등의 모습인데, 축술미 삼형의 형태가 믿었던 것에 대한 배반을 의미합니다. 그러한 환경 속에 놓인다는 것을 의미하니 배반을 당할 수도, 배신을 당할 수도 있는데, 술미파와 같이 깨어지는 아픔을 동반합니다.

구체적인 현상들은 술미의 지장간 속의 신(辛)금과 정(丁)화의 십신이 무엇인지를 살피면 알 수 있습니다.

(1) 파(破)의 종합적인 통변

사주원국에 파가 있거나 운으로 들어와 파를 구성하면 이러한 손상과 파손, 이별, 갈등 등이 생길 수 있음을 의미합니다. 원국에 있는 사람은 재활용 제품이나 중고 제품, 전시 제품 등 약간의 흠이 있어서 싸게 팔거나, 중고 제품을 선호하는 경향이 있습니다. 리폼 제품, 의류 수선, 전자 제품 및 기기의 수리, 수선과도 관련된 직종을 가지기도 합니다. 각 학파의 여러 가지 파에 대한 통변과 이론이 있겠지만 먼저 자연의 모습을 보시면 큰 흐름의 파를 이해할 수 있습니다.

생지는 생지끼리, 왕지는 왕지끼리, 고지는 고지끼리 만나서 파가 되는데, 정 반대편의 충이 되는 글자가 아니니 이들의 만남은 인해(寅亥)파처럼 겨울에서 봄으로 이어주는 생함이 있으면서도 분명히 겨울과 봄이라는 입장, 가치관, 세대의 차이가 존재하고 그러한 갈등의 모습이 파입니다. 그러한 기본 전제하에서 생지, 왕지, 고지의 개별적인 특성이 가미됩니다. 파(破)가 깨지다, 손상되었다는 뜻이니 안 좋게 볼 수 있지만 그렇지 않습니다. 음과 양이 공존하듯이 긍정과 부정, 장점과 단점이 있으니 파 역시 글자의 쓰임에 맞게 잘 쓰시면 됩니다. 재정이 넉넉하지 않으면 가격 대비 품질이 좋은 중고차를 사서 쓰는 것도 나쁘지 않습니다. 오래된 청바지를 잘 리폼하여 입으면 훌륭한 빈티지 청바지가 될 수 있습니다. 대운으로 세운으로 형충회합파해가 되는 글자가 계속해서 들어오니 파(破)의 반대 개념인 정상적인 글자는 없습니다. 작건, 크건 인생이 고요하지 않고 어느 정도 출렁거리거나 파도가 치게 됩니다.

파가 되는 글자의 지장간을 살펴보면 파의 현상들이 사회적 활동, 직업 등의 용(用)에서 발생하는지, 가족, 배우자, 자녀와의 체(體)에서 발생하는지를 구체적으로 알아볼 수 있습니다.

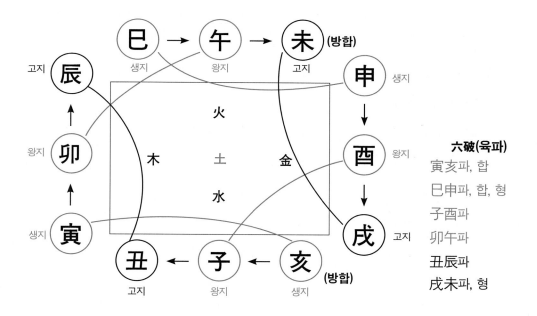

〈**그림 22**-6파(破)〉

15. 형충회합파해(刑沖會合破害)-파도치는 인생이 펼쳐진다

12) 해(害)-에이, 지지. 이건 못 쓰는 거야. 정말?

해(害)는 '끼칠 해'라는 뜻이고 해로운, 피해를 준다는 의미가 있습니다. 부분부분 깨져서 손상이 있지만 그래도 쓸 수 있는 파(破)와는 다르게 해(害)는 해로우니 쓰기가 쉽지 않습니다. 엄마가 김밥을 만들다 보면 그중에서 터지거나 잘 말리지 않은 김밥이 한두 줄 생겨나게 되는데, 모양만 그렇지, 먹는 데는 지장이 없습니다. 이는 파(波)의 모습입니다. 그렇지만 보관이 잘못되거나 오래되어 김밥이 상했다면 아예 먹을 수 없게 됩니다. 그것이 해(害)의 모습인데 이것이 파와 해의 차이점입니다.

합(合)은 앞서 말한 것처럼 사랑입니다. 로미오와 줄리엣, 이몽룡과 춘향, 심청과 심학규의 합을 방해하는 건 원수 같은 양가, 변학도, 뺑덕어멈 같은 빌런(Villain)들의 모습이니 해(害)도 그렇게 보시면 됩니다. 해는 합을 방해하는 글자가 되기 때문입니다.

- 자미(子未) 해(害)
- 축오(丑午) 해(害)
- 인사(寅巳) 해(害)
- 묘진(卯辰) 해(害)
- 신해(申亥) 해(害)
- 유술(酉戌) 해(害)

어렵게 생각하지 않으셔도 됩니다. 합을 방해하지만 6합 중에서 3개의 합만 기억하시면 됩니다.

자축합, 인해합, 묘술합입니다. 이 글자들과 충을 하는 글자가 해(害)가 됩니다.

자축(子丑)합이 있을 때 자축합을 방해하는 글자, 즉 자(子)수와 충을 하는 오(午)화, 축(丑)토와 충을 하는 미(未)토가 해가 됩니다. 그리하여 자미(子未)해, 축오(丑午)해가 됩니다.

인해(寅亥)합이 있을 때 인해합을 방해하는 글자, 즉 인(寅)목과 충을 하는 신(申)금, 해(亥)수와 충을 하는 사(巳)화가 해가 됩니다. 그리하여 인사(寅巳)해, 신해(申亥)해가 됩니다.

묘술(卯戌)합이 있을 때 묘술합을 방해하는 글자, 즉 묘(卯)목과 충을 하는 유(酉)금, 술(戌)토와 충을 하는 진(辰)토가 해가 됩니다. 그리하여 묘진(卯辰)해, 유술(酉戌)해가 됩니다.

해(害)가 그 의미만을 살피면 해를 끼친다는 뜻이니 좋은 의미가 아니지만, 그 원뜻보다는 합을 방해하니 해가 된다는 의미를 뜻합니다. 그 뜻은 합이 좋다는 전제를 깔고 있지만 우리는 앞서 배우면서 합의 음과 양, 긍정과 부정, 장점과 단점을 배웠으니 해라고 해서 나쁜 것만 있는 것이 아닙니다.

해가 되는 글자가 있거나 들어오면 합이 안 되니 그 글자의 고유한 기능을 잘 쓸 수 있습니다.

해에도 음과 양, 긍정과 부정, 장점과 단점이 있으니 그 점을 잘 살펴야 합니다.

춘향전에 변학도가 없다면 춘향과 이몽룡의 사랑이 빛나지 않습니다. 시련과 아픔을 이겨낸 사랑이기에 더욱 빛나고 오래도록 전승된 것입니다. 심청과 심청의 아버지인 심학규의 사이에도 뺑덕어멈이란 해가 있었기에 궁중에서의 부녀 상봉이 더욱 눈물겹고 감동적이게 된 것이니 해(害)라는 글자에 얽매이지 않고 글자의 용도와 쓰임을 잘 살펴야 하겠습니다.

또한, 우리는 그 이후를 생각해 볼 필요가 있습니다. 로미오와 줄리엣이 해피엔딩이라면 양가의 성향이 크게 다르니 한때는 뜨겁게 사랑했지만 서로의 가치관과 지향점이 달라 이혼할 수 있고, 이몽룡의 자식을 낳은 춘향은 서얼 출신으로 힘들어하는 자식으로 인해 고통받을 수 있으며, 눈을 뜬 심학규가 권력에도 눈을 떠 부원군으로 권력을 휘두르는 폐단을 저지를 수도 있으니 말입니다.

통근(通根)과 투출(透出)

- 하늘의 뜻이 땅에 닿을까, 지상의 꿈이 하늘에 펼쳐질까?

앞서 천간의 합과 지지의 형충회합파해를 살펴보았습니다. 운이 들어오면 천간은 천간끼리, 지지는 지지끼리 먼저 작용을 하게 되는데, 천간에서 천간합, 천간극으로, 지지에는 형충회합파해의 모습으로 다양하게 나타나게 됩니다. 천간은 드러난 마음, 생각, 의지, 욕망 등이고, 지지는 나의 현실과 상황이 됩니다. 천간과 지지는 무척 다른데, 그 차이는 하늘과 땅 차이입니다. 천간은 하늘이고 지지는 땅이기 때문입니다. 이번에 배울 통근(通根)과 투출(透出)은 천간과 지지와의 상호 관계를 보는데 그 기준이 오행이 됩니다. 통근은 '통할 통', '뿌리 근'이라는 의미이니 천간의 입장에서 지지를 본 것이고, 투출은 '투할 투', '날 출'이라는 의미이니 지지의 입장에서 천간을 바라본 것을 의미합니다.

1) 통근과 투출

통근과 투출을 살피는 이유는 천간지지의 오행의 구성을 살펴서 일간이 강한지(신강, 身强), 일간이 약한지(신약, 身弱)를 보는 전통적인 방법이기 때문인데, 최근에는 오행이 아닌 천간의 입장에서 흘러가는 지지의 흐름을 살피는 새로운 12운성으로 인해서 통근과 투출만으로 보면 통변에 어려움을 겪을 수 있습니다. 통근과 투출을 살피어 강약(强弱)을 살피고, 새로운 12운성을 통해서 왕쇠(旺衰)를 살펴서 감명하는 것이 좀 더 정확성을 높일 수 있다고 생각합니다. 앞서 지지의 글자 속에 담겨있는 지장간을 배웠는데, 지장간의 글자들이 이런 통근, 투출과 관련이 있습니다. 실제 샘플을 통해서 살펴보도록 하겠습니다.

(1)
○甲○○
□□未□
정(丁), 을(乙), 기(己)
: ① 월지 미(未)토 속의 지장간 중기에 을(乙)목이 있습니다.
 ② 일간 갑(甲)목은 월지 미토와 통근하고 있습니다. 반면에 미(未)토는 일간에 투출되어 있습니다.
 ③ 미(未)토 속의 지장간의 비율은 한 달 기준 정(丁)화(9일), 을(乙)목(3일), 기(己)토(18일)가 됩니다.
 ④ 통근을 했지만 고지이고 중기라 미약한 모습인데, 그것을 떠나서 봄의 대장인 갑목이 곧 가을로 가고 있으니 약해지는 모습이 됩니다. 해묘미(亥卯未) 삼합으로 갑목에게는 미(未)토가 고지가 됩니다.

(2)
○庚○○
□□酉□
경(庚), 신(辛), 신(辛)
: ① 월지 유금 속의 지장간에는 경(庚), 신(辛), 신(辛)이 있습니다.
 ② 일간 경(庚)금은 월지 유금과 통근하고 있습니다. 반면에 월지 유금은 투출되어 있습니다.
 ③ 경(庚)금은 월지의 글자와 모두 통근하고 있으니 강한데, 가을의 대장인 경금이 자기 계절을 만난 모습이니 힘 있게 쓸 수 있습니다.

(3)
○庚丁○
□□巳□
무(戊), 경(庚), 병(丙)

: ① 월지 사(巳)화 속 지장간에는 무(戊)토, 경(庚)금, 병(丙)화가 있습니다.

② 천간에 경(庚)금에도 투출하고 있고, 월간 정(丁)화에도 투출하고 있습니다.

③ 경금과 정화 중 어느 쪽이 뿌리가 더 강할까요? 월간 정(丁)화입니다. 지장간의 비율이 생지이므로 7일, 7일, 16일이 됩니다. 지장간 말기와 통근하고 있는 정화가 더 강하게 뿌리를 내린 모습입니다.

④ 경금은 사(巳)월에서 통근하고 있는데 새로운 12운성으로 장생이니 지장간 중기 속의 경(庚)금의 후원을 받는 모습이 됩니다.

(4)

○庚○○

□□午□

병(丙), 기(己), 정(丁)

: ① 월지 오(午)화 속 지장간에는 병(丙)화, 기(己)토, 정(丁)화가 있습니다.

② 경(庚)금은 오화 속의 지장간에는 금 기운이 없으니 통근하지 않았습니다. 그래서 기존에는 약하다고 했습니다.

③ 경(庚)금은 사(巳)화, 오(午)화, 미(未)토를 지나서 신(申)금에 오면 자기 계절을 만나게 되니 점차 강해지게 됩니다.

④ 그러므로 사(巳)화보다는 오(午)화에서 좀 더 강하게 됩니다.

⑤ 그러한 모습을 통근과 투출만으로는 알 수 없으니 새로운 12운성을 살피게 됩니다.

⑥ 경(庚)금은 어쨌거나 월지 오(午)화와 통근이 된 바는 없으니 사(巳)화일 때보다는 지지의 지원이 약해집니다.

갓 태어난 장생의 어린 시절은 부모나 주변의 관심과 도움을 받으면 성장하지만, 중·고등학생만 되어도 부모의 도움과 간섭을 거추장스럽게 여기며 자기 의지로 살고자 하는 마음이 강해지는 모습이 됩니다.

(5)

丁丙甲壬

酉寅辰子

: ① 일간 병(丙)화는 일지 인(寅)목과 통근하고 있습니다.

② 인(寅)목은 지장간이 무(戊), 병(丙), 갑(甲)인데 일간 병화와 시간의 정화에, 월간의 갑목에 투출되어 있습니다.

③ 인(寅)목 속의 말기인 갑목에서 투출된 월간이 뿌리가 더 단단합니다.

④ 시지 유(酉)금인데, 천간에 금 기운이 없으니 투출되지 않았습니다.

⑤ 월지 진(辰)토인데, 지장간 속이 을(乙), 계(癸), 무(戊)인데, 중기 계(癸)수가 년간에 임(壬)수로 투출되었고, 을(乙)목은 월간에 갑(甲)목으로 투출되어 있습니다.

⑥ 년간에 임(壬)수는 년지의 자(子)수와 통근하고 있고, 년지의 자(子)수는 년간에 투출되어 있으니 수 기운이 강합니다. 이처럼 년주가 같은 오행으로 되어 있는 것을 간여지동(干如支同), 또는 물상결합(物象結合)이라고 하는데, 간여지동은 천간과 지지가 같은 오행으로 같다는 뜻이고, 물상결합은 천간은 마음이고 지지는 현실이니 마음과 현실이 같다는 의미가 됩니다. 이렇게 간여지동, 물상결합으로 구성되어 있으면 같은 공간에 마음과 현실이 일치하니 더 강해지게 됩니다.

2) 통근과 투출의 정리

통근과 투출은 천간과 지지의 관계를 오행으로만 살핀 것입니다. 천간의 글자와 지지의 글자가 같은 오행으로 되어 있으면 그 해당 오행의 십신이 강해지게 됩니다. 하지만 오행만으로는 천간지지의 관계를 세밀하게 알 수 없습니다. 인간관계의 모습을 오행으로 구분한 육친(六親, 비겁, 식상, 재성, 관성, 인성)이 십신(十神)보다는 더 단순하고 세밀한 부분을 보기 어렵다는 것을 알았습니다. 육친이 386PC라면 십신은 펜티엄급 PC이고, 육친이 갤럭시 S5라면, 십신은 갤럭시 S20 정도의 차이가 있기 때문입니다.

오행만으로만 힘의 강약을 살피는 통근과 투출도 마찬가지입니다. 음양오행은 체(體)의 모습이니 강약의 구분은 체의 구분이 됩니다. 튼튼하게 태어난 아이, 허약하게 태어난 아이로 강약을 구분할 수 있습니다. 하지만 그것만으로는 아이의 모습을 알 수 없습니다. 태어난 아이가 20대, 30대, 40대가 되면 왕(旺)해지고 50대, 60대, 70대로 흘러가면 쇠(衰)해지니 그러한 흐름을 살펴볼 수 있습니다.

그러한 왕쇠의 모습은 왕상휴수사(旺相休囚死)와 새로운 12운성으로 볼 수 있는데, 글자 수로 눈치채셨겠지만 왕상휴수사는 오행을 기존으로 천간과 지지의 관계를 살핀 것이니 정확성이 떨어지게 되어 요즘에는 잘 안 쓰이고 있지만, 체(體)의 영역이니 초급자분들은 공부를 하시고 넘어가는 것이 좋습니다.

새로운 12운성은 오행을 음양으로 나눈 10천간으로 살펴보니 더 정확하고 실제 감명에 유용하게 쓰일 수 있습니다. 육친보다는 점차 십신으로 바뀌어 가고, 왕상휴수사가 점차 새로운 12운성으로 바뀌어 가는 것은 그만큼 인간의 삶이 복잡해져 간다는 의미이고, 명리학이 좀 더 발전해 간다는 모습이기도 합니다.

왕상휴수사(旺相休囚死)

– 절반은 맞고 절반은 틀리다

　　초급자분들이 많이 헷갈려하시는 것이 강약(強弱, 강하고 약하고)과 왕쇠(旺衰 왕성하고 쇠퇴하고)의 구분인데, 이는 기존의 역학인들이 명확한 구분 없이 써 왔기 때문입니다. 물론 강약과 왕쇠는 다릅니다. 다시 한번 정리해 보면 강약은 오행의 통근과 투출로 구별합니다. 예를 들어, 천간지지에 같은 오행이 많고 통근과 투출되어 있는 갑(甲)목일간이 있다면 강합니다. 그런데 대운이 신유술, 해자축으로 60년 흘러간다면 어떨까요? 갑(甲)목은 꽃을 피우고 잎을 틔우고 싶지만 큰 환경인 대운이 가을과 겨울로 흘러가니 그러한 갑목의 꿈은 요원할 수 있습니다. 갑(甲)목은 신강(身强)하지만, 대운에서는 쇠(衰)한 모습이 됩니다. 물론 이것도 양간의 입장에서 말씀드리는 것이니 음간의 입장에서는 다릅니다. 추후 명리 심화 편에서 자세히 설명하도록 하겠습니다.

　　일간이 지지의 글자와 같은 오행으로 통근하고 투출되어 있으면 강하고, 그렇지 않으면 약한 모습이 됩니다. 왕쇠는 천간의 입장에서 지지에 어떤 글자가 있을 때 왕한지, 쇠한지를 보는데 이 역시 양간의 기준으로 바라본 것입니다. 강약도 마찬가지입니다. 왕상휴수사는 오행을 중심으로 바라본 것인데, 각 오행이 갑(甲)목이건, 을(乙)목이건 상관하지 않고 같은 목(木)으로만 살피니 오행을 음양으로 나누어서 살펴본 새로운 12운성에 비해 정확성이 떨어질 수밖에 없습니다. 그래도 앞으로 배울 새로운 12운성을 배우기 전 단계로서 살펴보는 게 좋습니다. 마치 십신을 배우기 전에 육친을 배우는 것과 같은 이치입니다.

　　천간은 오행 운동을 하니 왕상휴수사(5개)지만, 지지는 사계절 운동을 하니 왕상휴수(4개)가 됩니다.

　왕상휴수사는 각 오행이 어떤 계절을 만났을 때 어떤 모습인가를 살펴보는 것입니다.

　목(木)은 자기 계절인 봄에 강해지니 왕(旺)이 됩니다. 왕(旺)은 '성할 왕'이니, 왕성하다는 뜻입니다.

　목(木)은 다음 계절인 여름이 오면 자기의 일을 마치고 쉬어야 하니 휴(休)가 됩니다. 이제 막 자기 일을 끝냈으니 힘이 어느 정도 남아있는 모습입니다. 목(木)은 반대 계절인 가을이 오면 힘이 가장 약해지니 수(囚)가 되는데, '가둘 수'이고 가장 약해지는 시기이니 활동을 멈추고 갇혀 있는 모습으로 있어야 합니다. 마치 감옥에 갇힌 죄수의 모습인데 죄수의 수가 이 수(囚)이기도 합니다. 목(木)은 이전 계절인 겨울이 오면 장차 자신의 활약할 계절이 찾아오니 미리 준비해야 합니다. 그것을 상(相)이라고 하는데, 대기 상태를 의미합니다. 그러한 왕상휴수(旺相休囚)를 다른 오행도 넣어서 표로 만들어 보면 다음과 같습니다. 토는 화토동법을 적용하여 화와 동일합니다.

〈표 13-왕상휴수(旺相休囚)〉

	木	火	土	金	水
봄(木)	왕(旺)	상(相)	상(相)	수(囚)	휴(休)
여름(火)	휴(休)	왕(旺)	왕(旺)	상(相)	수(囚)
가을(金)	수(囚)	휴(休)	휴(休)	왕(旺)	상(相)
겨울(水)	상(相)	수(囚)	수(囚)	휴(休)	왕(旺)

　인간관계를 오행을 기준으로 육친으로 본 것과 오행과 음양으로 나눈 십신과는 디테일과 세밀한 부분에서의 차이가 있지만, 러프하게 본다면 아주 틀리거나 그렇지는 않습니다. 다만, 자연의 모습을 오행(지구는 사계절)으로 구분하여 왕쇠를 구분한 왕상휴수사는 음간의 성향을 양간과 같이 설명했으므로 절반(양간)은 맞고, 절반(음간)은 틀리게 되니 예전에는 이렇게 왕쇠를 보았다는 정도로만 이해해시면 좋을 것 같습니다. 그리하여 현대 명리학에서는 왕상휴수를 잘 안 쓰게 되는데, 이러

한 문제점이 지속해서 드러났기 때문입니다.

왕상휴수는 앞의 설명처럼 사람들의 눈에 보이는 봄의 목(木)의 모습, 여름의 화(火)의 모습, 가을의 금(金)의 모습, 겨울의 수(水)의 모습처럼 눈에 보이는 모습과 현상을 표현한 것인데, 보이지 않는 음간[을(乙)목, 정(丁)화, 기(己)토, 신(辛)금, 계(癸)수]을 양간과 같다고 설명하니 통변에서 반은 맞고 반은 틀리게 됩니다. 다음으로 소개할 새로운 12운성은 자연 속에서 양간과 음간의 모습과 그 활동을 잘 표현하여 구체적이고 정확한 왕쇠를 알아볼 수 있습니다.

(1) 새로운 12운성에 들어가기에 앞서서

앞서 왕상휴수사(旺相休囚死)를 통해서 왕쇠(旺衰)를 살폈는데, 지구는 사계절 운동(봄, 여름, 가을, 겨울)을 하니 지구에서는 왕상휴수(旺相休囚)의 모습이었습니다. 그러나 오행을 기반으로 갑(甲)목과 을(乙)목을 같은 목(木)으로 취급했기 때문에 문제가 많았습니다. 갑(甲)목은 양으로써 목 운동을 시작하고, 을(乙)목은 음으로써 목 운동을 마무리하는데 큰 테두리에서는 목 운동이고 양 운동을 하지만, 세부적인 역할이 다르므로 같을 리가 없습니다. 그러한 문제로 인해 현대 명리학에서는 효용이 떨어진 과거의 이론이 되었습니다.

왕상휴수가 단순히 지지를 사계절로 쪼개서 왕(旺)하고 쇠(衰)한 것을 봤다면 기존의 12운성은 지지의 모습을 12개로 쪼개어 발생 이전과 잉태로부터 성장, 성숙, 노쇠와 사멸에 이르기까지를 12단계로 나누어 관찰하니 좀 더 세밀한 통변을 가능하게 했습니다. 하지만 역시 왕상휴수가 가지고 있는 오행의 한계를 벗어나지 못하니 음간 부분의 통변에서 많은 오류가 생겨나게 되었습니다. 그로 인해 기존의 12운성에서는 양간만을 본다는 역학자들도 생겨나니 이는 음과 양이 대등하고 같이 공존한다는 본질과 기본에 어긋나는 일일 것입니다.

새로운 12운성은 자연 속의 음간[을(乙)목, 정(丁)화, 기(己)토, 신(辛)금, 계(癸)수]의 속성을 깊이 이해하여 양간[갑(甲)목, 병(丙)화, 무(戊)토, 경(庚)금, 임(壬)수]과 다른 역할을 하면서 사계절 운동을 한다는 명확한 이론을 제시하고 있습니다. 천간에서 목운동

241

을 하는 갑(甲)목과 을(乙)목은 같은 목 운동 아래에 있지만, 갑(甲)목이 시작하고 을(乙)목이 마무리하니 양과 음의 모습이라 서로 반대의 역할을 하게 됩니다. 그러한 모습을 통해서 갑(甲)목일간과 을(乙)목일간이 사오미(巳午未) 여름을 지날 때, 서로 다른 모습으로 나타나게 되는데, 새로운 12운성을 통하여 그러한 모습을 살펴보고자 합니다.

사주 감명은 운(運)을 살피는 것입니다. 사주원국의 분석은 체의 영역이니 물론 중요합니다.

사주원국의 8글자는 그 사람의 체이니 중요하지만, 감명을 받는 본인이 더 잘 알고 있습니다. 내가 어떤 사람이고, 어떤 성향이 강하고, 뭘 좋아하는지 스스로 잘 알고 있다는 뜻입니다.

원국을 분석하여 그 사람의 격과 성향, 기질을 알려주는 것은 몰라서 알려준다기보다는 사주를 감명하는 역술인의 기본적인 감명 실력을 알려주는 것입니다. 그래야 상담자가 인정하고 받아들여 앞으로 흘러갈 운에 대해서 믿음을 가질 수 있기 때문입니다. 지난 세월 동안 흘러왔고, 앞으로 흘러갈 운의 모습을 보는 것이 새로운 12운성입니다. 그러니 실제 사주 상담에서 무척 중요합니다. 사람들이 정말 알고 싶은 것은 체(體)가 아닌 용(用)이기 때문입니다.

새로운 12운성(十二運星)

1) 새로운 12운성(十二運星)—사주는 운(運)을 보는 것이다

　하늘의 기운이 지구 지축의 기울기(23.5°)로 인하여 온전히 내려오지 못하니 지구에 사계절이 생기고 각 계절에 따라서 하늘의 기운이 다르게 적용됩니다. 이를 12개로 나누어 살펴본 것이 새로운 12운성이 됩니다.

- 절(絶)-태(胎)-양(養)
- 장생(長生)-목욕(沐浴)-관대(冠帶)
- 건록(建祿)-제왕(帝旺)-쇠(衰)
- 병(病)-사(死)-묘(墓)

　앞서 배웠던 12지지와 새로운 12운성, 앞으로 배울 12신살의 12라는 숫자는 지지와 관련이 있음을 의미합니다. 12운성은 사계절 12지지의 모습과 같이 3개씩 나누어지는 모습입니다.

　영혼이 육체가 없이 떠도는 절(絶)부터 음과 양이 만나 생명이 잉태되는 태(胎), 엄마 뱃속에서 무럭무럭 자라는 양(養), 사랑과 관심 속에서 갓 태어난 아이인 장생(長生), 배우고 성장해가는 목욕(沐浴), 성장하여 세상에 첫발을 디디는 관대(冠帶), 사회의 중추적인 위치로 성장하는 건록(建祿), 최고 정상의 자리에 오르는 제왕(帝旺), 은퇴하고 쇠(衰), 늙고 병(病), 죽어서 사(死), 묘지로 들어가는 묘(墓)까지, 인생의 생로병사를 12단계로 나누어서 설명하고 있습니다.

보통 사람의 수명이 80세라고 하면 세운으로 12운성이 6번 넘게 순환하니 단순히 용어 그 자체보다는 용어 속에 함축된 의미를 이해하는 것이 바람직합니다. 쉽게 말하면 건록-제왕-쇠지이니 좋고 병-사-묘니 안 좋다는 단순한 이분법적인 생각은 명리 공부에 방해가 됩니다. 왜냐하면 건록-제왕-쇠지에도 음과 양이 있듯이, 긍정과 부정, 장점과 단점이 공존하기 때문입니다. 안 좋게 보는 병-사-묘도 마찬가지입니다. 또한, 새로운 12운성의 용어의 가장 큰 문제점은 고전 명리학이 다들 그렇듯이 양간을 중심으로 용어를 기재했기 때문에 음의 영역 용어의 부정적인 의미로 인하여 실제 통변 시에 오해하는 경우가 많습니다. 추후 용어의 명칭을 개정하여 음과 양의 균형을 잡을 계획입니다.

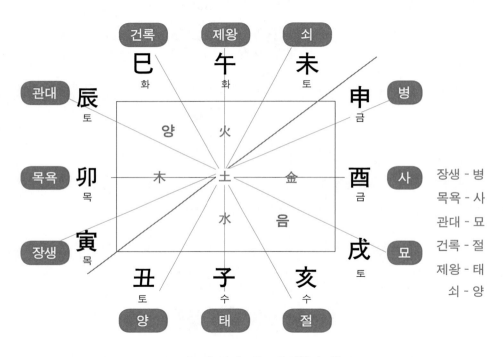

〈**그림 23**-새로운 12운성(음과 양)〉

위 표와 같이 장생-목욕-관대, 건록-제왕-쇠는 양 운동을 하는 영역이고 병-사-묘, 절-태-양은 음 운동을 하는 영역입니다. 앞서 배운 방합의 인묘진(봄), 사오미(여름)가 양 운동을 하고, 신유술(가을), 해자축(겨울)이 음 운동을 하는 것과 같습니다. 양이 좋고, 음이 나쁘고가 아니니 양의 모습인 장생~쇠지까지는 양의 모습으로 활용하고, 병~양까지는 음의 모습으로 활용하면 좋겠습니다.

2) 새로운 12운성(十二運星)-각 운성의 모습과 성향

(1) 절(絶)

음과 양이 만나기 전을 의미하는데, 뜻은 '끊을 절'로 혼과 육체가 분리된 상태를 말합니다. 지지에 존재하므로 절지라고도 합니다. 아직 수정되지 않은 상태이니 혼란스럽고 불안정합니다.

육체가 없고 혼만 있으니 고도의 정신력을 가지는 시기인데, 음과 양의 모습으로 절지의 반대편에는 건록이 있습니다. 이 의미는 음의 영역에서는 절이 건록과 같다는 뜻입니다. 변덕스럽고 감정 기복이 심하며 세상 물정에 어두우니 남들에게 속기 쉽습니다. 고도로 정신력이 발달한 모습이라 연구, 사색, 분석, 종교, 철학 등 전문 분야에서 잘 활용할 수 있습니다. 절지이니 헤어지고 끊어지는 이별의 아픔을 동반합니다.

(2) 태(胎)

음과 양이 만나서 수정이 되어 생명이 잉태된 모습입니다. 막 수정된 태라 앞으로 어떻게 될지 모르니 불안합니다. 그래도 절만큼의 혼란은 없습니다. 배 속의 아이이니 전적으로 엄마를 의지해야 합니다. 순종적인 모습입니다. 성별이 모호한 태아라 이성적인 면에서는 숙맥 같기도 합니다.

음과 양의 모습으로 반대편에는 제왕이 있습니다. 태는 음의 영역에서는 제왕과 같습니다. 생존이 우선하므로 이기적인 모습이 있고, 절지처럼 세상 물정에 어두운 경우가 많습니다. 온실 속의 화초와 같으니 세파에 견디기 힘들지만 차분하고 신중하며 생각이 깊습니다. 때론 잔머리를 잘 굴리기도 합니다.

(3) 양(養)

태지를 벗어나서 만삭의 모습으로 곧 태어날 날을 기대하는 모습입니다. 기대와 희망으로 설레는 모습인데, 앞으로 살아갈 세상에 대해 근거 없는 자신감이 가득

한 모습입니다.

역시 절지, 태지처럼 세상 물정에는 어두우니 순수하여 남에게 속기 쉽습니다. 출산을 하면 모체와의 분리를 의미하니 이별의 모습이기도 합니다. 양의 영역인 독립성, 리더십, 투쟁심, 도전 의지 등이 약하지만 음의 영역인 기획, 준비, 아이디어, 계획성은 뛰어납니다. 음과 양의 모습으로 반대편에는 쇠지가 있으니 음의 영역에서 쇠지의 모습과 같습니다. 흔히 양자(養子)와 상속(相續)의 별이라고 합니다.

(4) 장생(長生)

부모를 포함한 많은 사람의 기대와 관심 속에 태어난 아이의 모습입니다. 태어난 아이를 보러 친지들과 지인들이 찾아오니 관심과 사랑을 한 몸에 받는데 사랑을 받고 자란 아이는 남을 사랑할 줄 압니다. 착하고 순하고 정이 많으니 인기가 많습니다. 새로 태어나서 뭔가를 해 보고 싶은 마음도 강하니 추진력, 창의성, 진취적인 모습이 있습니다. 그러나 어린아이이니 남들과 다투고 투쟁하는 것을 좋아하지 않습니다. 음과 양의 모습으로 반대편에는 병지가 있는데 장생이 본격적인 양의 운동을 시작할 때 반대편의 병지는 본격적인 음의 운동을 시작합니다. 태, 양, 장생일 때는 의욕만 있지, 실제 사회 경험은 부족할 수 있으니 든든한 후견인 또는 멘토가 필요합니다.

(5) 목욕(沐浴)

초·중·고등학교 학창 시절의 모습을 생각하시면 이해가 빠릅니다. 말 그대로 목욕의 시기이니 목욕하여 때를 벗고 사회에 나갈 준비를 하는 모습입니다. 일전에 배운 왕상휴수를 보면 앞으로 자기의 계절을 기다리는 상(相)의 시기와 같습니다. 청소년기이니 사회생활에 필요한 학문과 기술을 배우기도 하지만 이성에 눈뜨고, 외모와 패션에 민감해질 시기입니다. 그러므로 목욕의 시기에는 배우기도 하지만 풍류를 즐깁니다. 부모의 말도 잘 안 들으니 천방지축 잘난 척하고 호기심도 많은 시기입니다. 한마디로 질풍노도의 시기라고 할 수 있는데, 우리는 누구나 그러한 시기를 거쳐 왔으니 나쁘게 볼 일은 아닙니다. 음과 양의 모습으로 반대편에는 사지가 있는데, 본격적인 양의 운동에 대한 준비가 무르익은 시기로서 반대편의 사지 역시 본격적인 음의 운동에 대해 깊어지는 모습입니다.

목욕은 흔히 말하는 이팔청춘으로 꽃봉오리를 피울 시기니 가장 아름답고 눈길이 가지만 사지의 시기가 오면 남들의 관심이 없는 독거노인과 같으니 서로 음양의 관계가 됩니다. 물론 이것도 양의 입장입니다.

(6) 관대(冠帶)

관대의 뜻은 예전에 벼슬을 할 때 사모관대를 썼다는 의미에서 나왔습니다. 명리학이 지배 계층과 밀접한 관련을 가지고 있으니 사회생활은 곧 벼슬을 함을 의미합니다. 의관을 갖추었고 벼슬 활동을 하니 자신감이 충만하고 의욕이 앞서는 모습입니다. 어깨에 힘이 잔뜩 들어가니 실수하기 쉽습니다. 용감하고, 고집도 강하며, 썩어빠진 관료 세계를 바꾸어 보겠다는 정의감에 불타오르는 시기입니다. 의욕적이지만 노련미가 부족하고 좌충우돌하는 시기입니다. 음과 양의 모습으로 반대편에는 묘지가 있습니다. 양 운동이 활발해지는 시기에 반대편의 묘지는 음 운동이 활발해지는 모습입니다.

(7) 건록(建祿)

양 운동의 절정인 제왕의 최고의 자리에 오르기 전의 모습인데, 관대의 시절을 보내고 노련미도 어느 정도 갖추어진 모습입니다. 사회에서는 중견 간부의 모습으로 상하의 조율을 잘하고 왕성한 활동력과 커리어를 자랑하며 장차 제왕을 꿈꾸며 쉼 없이 전진하는 모습입니다. 독립심과 자존심이 강하니 타인의 도움을 원치 않으며 스스로의 힘으로 노력합니다. 책임감이 강하고 때로는 상부의 눈치를 보기도 해야 하니 다소 뻣뻣한 느낌이 있습니다. 음과 양의 모습으로 반대편에는 절지가 있는데 양 운동의 최정상을 향해 달려가는 모습이고 정상에 오르면 이내 내려가야 하니 오히려 더 나을 수 있습니다. 반대편에서는 절지가 음 운동의 최절정인 태지를 향해 가고 있습니다.

(8) 제왕(帝旺)

최고의 자리, 최고의 모습을 의미합니다. 더 이상 오를 수 없는 모습이기도 합니다.

노련하고 완숙하며 리더의 자리이니 책임감이 강하고 강인하며 리더십이 강하니

247

많은 이가 따라옵니다. 때로는 독선적이고 아집이 강한 모습을 보이기도 합니다. 정상에 올랐으면 이제 곧 내려가야 함을 의미합니다. 사주원국의 그릇에 따라 제왕의 모습이 달라지는데, 제왕의 왕은 진짜 왕(王)이 아니라 성할 왕(旺)이므로 자기 사주의 그릇에 따라서 가장 왕한 모습입니다. 누군가에게는 부장이 제왕일 수도 있고, 누군가에게는 대령이 제왕일 수도 있습니다. 음과 양의 모습으로 반대편에는 태지가 있는데 제왕이 양 운동의 절정이라면 태지는 음 운동의 절정이 됩니다. 서로 영역이 다르니 좋고 나쁨의 비교가 무의미합니다.

(9) 쇠(衰)

정상은 오르기도 어렵지만 오르더라도 오래 머물러 있을 수 없으니 이내 내려와야 합니다.

쇠지의 모습이 그러한데, 부장으로 은퇴를 하더라도 옛 직장 후배들이 부장님이라고 불러 줍니다. 이제 막 정상에서 내려온 모습이니 아직은 힘이 남아 있습니다. 금감원이나 검찰청의 퇴직자들을 대형 로펌에서 서로 스카우트하려는 이유는 아직도 이러한 영향력이 남아있기 때문입니다. 전관예우로 생각하시면 이해가 쉽습니다. 권력의 무상함을 깨달았으니 초월한 듯 여유로우며 제왕에서 자신을 누르던 큰 짐을 덜어놓으니 편안해 보이지만, 한편으로는 쓸쓸함이 담겨 있습니다. 모험을 하지 않고, 행동력은 떨어지지만 잘 참고 인내하며 안정과 화합을 추구하는 등, 노련한 모습을 보여줍니다. 음과 양의 모습으로 반대편에는 양지가 있는데, 희망에 부푼 양지와는 다르게 쇠는 마무리하고 정리하는 모습입니다. 하지만 이것이 끝이 아닙니다. 제2의 인생을 설계하기도 합니다. 전성기를 화려하게 보낸 프로 야구 선수가 은퇴 후 코치나 감독을 준비하고, 정부의 고위직 인사가 은퇴 후 로펌이나 기업에서 스카우트를 받아 자문을 하는 모습도 됩니다. 양 운동의 시기를 지나서 음 운동의 시기에 접어드니 인생 2모작의 시기가 열린 것입니다.

(10) 병(病)

병지의 의미는 병들었다는 의미인데, 물론 양간의 입장에서 붙인 것이니 용어 자체에 크게 신경을 쓰실 필요는 없습니다. 은퇴 후 한동안 찾아오던 후배들과의 관계가 끊어지고, 로펌과 기업의 러브콜도 끊어진 모습입니다. 메인에서 아웃사이더로 빠지니 생각이 많아지고, 예전에 제왕의 자리에 오르려다가 자신과의 경쟁에서 밀린 동료, 선배들이 생각나니 후회와 연민의 마음이 듭니다. 흔히 병지를 역지사지의 별이라고 하는데 정신적인 교감 능력이 뛰어납니다. 인정이 많으며 소통력이 좋고, 경쟁하기보다는 협의하려는 마음이 강합니다. 중개, 교육, 의료, 상담, 서비스직, 전문 소매업(옷가게, 보석, 골프, 낚시)에서 잘 활약할 수 있습니다. 음과 양의 모습으로 반대편에는 장생이 있습니다. 많은 사람의 관심과 기대, 사랑을 받는 장생과 반대편에 있으니 병은 외로움을 잘 느끼고 늘 사람들과 함께하려는 성향이 강합니다.

(11) 사(死)

사지는 말 그대로 죽었다는 의미인데 역시 양간의 입장에서 쓰다 보니 음의 영역의 글자들이 대부분 부정적이고 음울합니다. 그래서 사람들에게 고정관념을 심어주게 됩니다. 장생, 건록, 제왕은 좋고 병지, 절지, 태지는 안 좋다는…. 양간의 입장에서는 그렇게 봐도 무방합니다. 하지만 음간의 입장에서는 그렇지 아니하니 중립적인 용어의 정립이 필요하다는 것을 새삼 느낍니다. 음의 영역이 확장된 모습입니다. 인문학, 종교, 사상, 철학에 큰 관심을 가지며, 사색하고 명상을 좋아합니다. 정신적인 영역을 확장하여 쓰기에 좋습니다. 세속의 물질에 관심이 적으며 형이상학적인 면을 추구합니다.

음과 양의 모습으로 반대편에는 목욕이 있는데, 세상사에 호기심 많은 천방지축 목욕이 남들을 의식하고 외면을 추구한다면 사(死)는 반대편에 있으니 세속과 물질에 관심이 적고 내면을 추구하는 성향을 보여 주게 됩니다.

(12) 묘(墓)

묘지입니다. 이미 죽어서 관에 들어가 묘지로 들어가는 모습입니다. 한평생 잘 살다가 후회 없이 갈 것 같은데, 사람이라는 게 삶의 마지막이 다가오면 집착하게 됩니다. "늙으면 죽어야 한다."라는 말이 3대 거짓말에 들어가는 이유입니다. 이렇게 뭔가에 집착하는 모습으로 나타나게 되는데, 그것이 돈이나 사물, 하는 일, 사람일 수도 있겠습니다. 알뜰살뜰하고 돈에 집착하는 모습을 보이는데, 치밀하고 저장, 보관을 잘합니다. 심해지면 저장 강박관념을 가진다고 합니다. 계산적이기도 하고 모험을 하지 않으며 침착하게 현상을 유지하려고 합니다. 음과 양의 모습으로 반대편에는 관대가 있는데. 시작이 있으면 끝이 있듯이 새로운 12운성의 마지막은 묘지가 되고 끝이 있는 곳에 시작이 있다는 절처봉생(絶處奉生)처럼 다시 절(絶)로 시작하게 됩니다. 자연이 끊임없이 순환하듯이, 새로운 12운성도 순환하게 됩니다.

3) 새로운 12운성(十二運星)-사계절 속 10천간의 모습

초급자분들은 뭔가 새로운 것이 나오면 당황하게 되는데, 새로운 12운성의 12개의 운성도 마찬가지일 것입니다. 용어의 낯섦과 외워야 한다는 강박관념으로 인해 브레이크가 걸리게 됩니다.

하지만 걱정할 필요는 없습니다. 우리가 배웠던 방합의 모습과 새로운 12운성의 모습이 다르지 않고 새로운 12운성의 음양 관계 역시 방합표에서 써 왔던 6충과 같습니다.

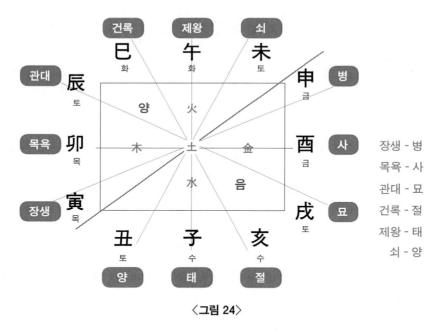

〈그림 24〉

양 운동을 시작하는 장생과 음 운동을 시작하는 병지가 서로 반대편의 음양이 됩니다. 방합으로는 인(寅)목과 신(申)금의 모습이니 인신(寅申)충의 모습이 됩니다.

양 운동이 본격화되는 목욕과 음 운동이 본격화되는 사지는 서로 반대편의 음양이 됩니다. 방합으로는 묘(卯)목과 유(酉)금의 모습이니 묘유(卯酉)충의 모습이 됩니다.

양 운동이 더욱 강해지는 관대와 음 운동이 더욱 강해지는 묘지는 서로 반대편의 음양이 됩니다. 방합으로는 진(辰)토와 술(戌)토의 모습이니 진술(辰戌)충의 모습이 됩니다.

양 운동의 정상을 달려가는 건록과 음 운동의 정상을 달려가는 절지가 서로 반대편의 음양이 됩니다. 방합으로는 사(巳)화와 해(亥)수의 모습이니 사해(巳亥)충의 모습이 됩니다.

양 운동의 최절정인 제왕과 음 운동의 최절정인 태지가 서로 반대편의 음양이 됩니다. 방합으로는 오(午)화와 자(子)수의 모습이니 자오(子午)충의 모습이 됩니다.

양 운동의 기세가 꺾여 내려오는 쇠지와 음 운동의 기세가 꺾인 양지가 서로 반대편의 음양이 됩니다. 방합으로는 축(丑)토와 미(未)토의 모습이니 축미(丑未)충이 됩니다.

새로운 12운성의 음양을 정리하면 다음과 같습니다.

- 장생↔병
- 목욕↔사
- 관대↔묘
- 건록↔절
- 제왕↔태
- 쇠↔양

방합표를 기준으로 생지, 왕지, 고지로 나누어 보면 절, 장생, 건록, 병이 인신사해(寅申巳亥)로 생지이니 시작하고 움직임이 많다는 것을 알 수 있습니다.

목욕, 제왕, 사, 태지는 자오묘유(子午卯酉)로 왕지이니 강하고 자존심이 강한 것을 알 수 있습니다.

양, 관대, 쇠, 묘는 진술축미(辰戌丑未)의 고지이니 새로운 변화의 시기라는 것을 알 수 있습니다.

목(木) 운동(봄)을 살펴보면 봄에 강하고 가을에 약합니다. 잉태되는 태지인 유(酉) 금에서 점차 커져서 제왕인 묘(卯)목에서 가장 왕성하게 활동합니다. 이렇게 유(酉) 금에서부터 묘(卯)목까지 목(木) 운동을 키우는 것은 갑(甲)목이 담당합니다. 갑(甲) 목은 양간이니 목(木) 운동을 시작하고 키웁니다.

제왕 묘(卯)목에서 왕성한 목(木) 운동은 점차 약해지고 줄어들어서 유(酉)금에 이르러서는 가장 작아지고 축소됩니다.

이렇게 묘(卯)목에서부터 목(木) 운동을 줄이는 것을 을(乙)목이 담당합니다. 을(乙)목은 음간이니 목(木) 운동을 마무리하고 줄입니다. 음양은 반대 개념이니 을(乙)목은 갑(甲)목이 제왕인 묘(卯)목에서 태지가 되고, 갑(甲)목이 태지인 유(酉)금에서 제왕이 됩니다.

화(火) 운동(여름)을 살펴보면 여름에 강하고 겨울에 약합니다. 잉태되는 자(子)수에서 점차 커져서 제왕인 오(午)화에서 가장 왕성한 활동을 합니다. 이렇게 자(子)수에서부터 오(午)화까지 화(火) 운동을 키우는 것은 병(丙)화가 담당합니다. 병(丙)화는 양간이니 화(火) 운동을 시작하고 키웁니다.

오(午)화에서 왕성한 화 운동은 점차 약해지고 줄어들어서 자(子)수에 이르러 가장 작아지고 축소됩니다.

이렇게 오(午)화에서부터 화(火) 운동을 줄이는 것을 정(丁)화가 담당합니다. 정(丁)화는 음간이니 화(火) 운동을 마무리하고 줄입니다. 음양은 반대 개념이니 정(丁)화는 병(丙)화가 제왕인 오(午)화에서 태지가 되고, 병(丙)화가 태지인 자(子)수에서 제왕이 됩니다.

토(土) 운동은 천간에는 오행 운동을 하지만 지지에는 사계절 운동을 하므로 별도의 토 운동이 없습니다.

오행 중에서 토의 성향과 가장 비슷한 화 운동과 같다고 보는 화토동법(火土同法)을 적용합니다.

금(金) 운동(가을)을 살펴보면 가을에 강하고 봄에 약합니다. 양이 강해지면 외형이 커지고 확산되지만 음이 커지면 작고 단단해지며 응축됩니다. 잉태되는 태지 묘(卯)목에서 점차 강해져서 제왕인 유(酉)금에서 가장 왕성한 활동을 합니다. 이렇게 묘(卯)목에서부터 유(酉)금까지 금(金) 운동을 작고 단단하게 응축하는 것은 경(庚)금이 담당합니다. 경(庚)금은 양간이니 금(金) 운동을 시작하고 응축합니다.

유(酉)금에서 왕성한 금(金) 운동은 점차 약해지면 응축이 풀려서 확산되고 커지는데 묘(卯)목에 이르러 크게 확산되고 커져 갑니다. 이렇게 유(酉)금에서부터 금(金) 운동을 확산하는 것은 신(辛)금이 담당합니다. 신(辛)금은 음간이니 금(金) 운동을 마무리하고 외형을 키우는데, 갑(甲)목이 봄에 확산하여 밖에서 외형을 키울 때 음간인 신(辛)금은 내부에서 커져가며 확산되는 목의 내부에 금 기운을 불어넣어 줍니다. 음양은 반대 개념이니 신(辛)금은 경(庚)금이 제왕인 유(酉)금에서 태지가 되고, 경(庚)금이 태지인 묘(卯)목에서 제왕이 됩니다.

수(水) 운동(겨울)을 살펴보면 겨울에 강하고 여름에 약합니다. 양이 강해지면 외형이 커지고 확산되지만 음이 커지면 작고 단단해지며 응축됩니다. 잉태되는 태지 오(午)화에서 점차 강해져서 제왕인 자(子)수에서 가장 왕성한 활동을 합니다. 이렇게 오(午)화에서 자(子)수까지 수(水) 운동을 더 작고 더 단단하게 응축하는 것은 임(壬)수가 담당합니다. 임(壬)수는 양간이니 수(水) 운동을 시작하고 더 응축합니다.

자(子)수에서 왕성한 수(水) 운동은 점차 약해지면 응축이 풀려서 확산되고 커지는데 오(午)화에 이르러 크게 확산되고 커져갑니다. 이렇게 자(子)수에서 수(水) 운동을 확산하는 것은 계(癸)수가 담당합니다. 계(癸)수는 음간이니 수(水) 운동을 마무리하고 키웁니다. 병(丙)화가 여름에 확산하여 밖에서 외형을 키울 때 음간인 계

(癸)수는 내부에서 외형이 커지고 확산되는 화(火)에게 수 기운을 공급해줍니다. 무더운 여름에 초목이 살아가기 위해서는 이러한 계수가 필요하고, 여름철에 습도가 높은 이유는 공기 중에 분포된 수 기운의 영향입니다. 음양은 반대 개념이니 계(癸)수는 임(壬)수가 제왕인 자(子)수에서 태지가 되고, 임(壬)수가 태지인 오(午)화에서 제왕이 됩니다.

이렇게 10천간의 12운성의 설명을 표로 정리해 보면 다음과 같습니다.

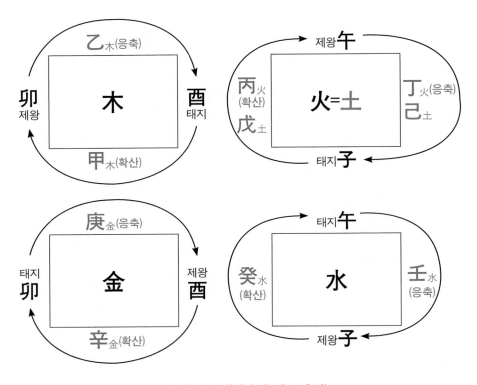

〈**그림 25**-10천간의 새로운 12운성〉

4) 새로운 12운성(十二運星)-어떻게 활용하는가?

새로운 12운성은 용(用)을 살피는 것이니 다음에 배울 체(體)를 살피는 12신살과 더불어 사주 간명에 중요한 열쇠가 될 것입니다. 단순히 일간만을 보는 것이 아니라 재성, 관성, 식상, 인성 등의 흐름을 두루 살펴볼 수 있으니 유용합니다. 또한 12운성은 자연의 모습을 살핀 것이니 삶의 모습인 십신을 같이 적용하면 더욱 정확한 간명이 가능해집니다.

(1)
○辛壬○
□丑子亥

: ① 일간 신(辛)금의 상관은 임(壬)수입니다.

② 상관 임(壬)수는 해자축(亥子丑)의 겨울일 때 자기 계절을 만나니 건록, 제왕, 쇠지로 왕(旺)한 모습입니다.

임(壬)수는 더 작아지고, 더 응축하니 쇠구슬처럼, 씨앗처럼 단단하고 실속 있는 모습입니다.

양간이니 밖에서 잘 활약할 수 있습니다.

③ 일간 신(辛)금은 해자축(亥子丑)에 장생, 목욕, 관대가 됩니다. 신유술(申酉戌) 가을에 양간의 경(庚)금이 맹활약을 할 때 유(酉)금에서 태지로 잉태되어 성장하며 해자축(亥子丑)에 장차 자신이 맹활약을 하는 인묘진(寅卯辰)을 대비하는 모습입니다.

(2)
○丙辛○
□□亥□

: ① 병(丙)화 일간에게 신(辛)금은 정재가 됩니다.

② 신(辛)금 정재에게 해(亥)수는 새로운 12운성에서 장생이 됩니다.

③ 새로운 시작과 출발을 의미하니 삶에 변화가 생기는데, 그 변화는 긍정적인 변화를 의미합니다.

④ 병(丙)화일간에게는 해(亥)수가 편관인데 새로운 12운성으로 절지가 됩니다.

화려한 것을 좋아하지만 절지이니 중앙의 본사보다는 지사에서 잘 활약할 수 있습니다.

하지만 병화의 본성은 드러내고 뽐내는 것이니 맘에 안 들 것 같습니다.

(3)

○乙戊○

□□午□

: ① 을(乙)목일간에게 무(戊)토는 정재가 됩니다.

② 무(戊)토 정재는 월지 오(午)화에서 새로운 12운성으로 제왕이 됩니다. 화(火)와 토(土)를 비슷하다고 본 화토동법(火土同法)을 따른 것입니다.

③ 무(戊)토 정재는 오(午)화에서 제왕이니 밖에서 잘 활용할 수 있습니다.

④ 을(乙)목일간에게는 월지 오(午)화가 새로운 12운성으로 목욕이 됩니다. 목욕은 을목이 장차 맹활약할 신유술(申酉戌)을 준비하는 기간이니 중·고등학생처럼 생산적인 지출이 많은 시기입니다.

⑤ 질풍노도의 시기이니 미래를 준비도 하지만 유흥과 풍류를 즐기는 시기이기도 합니다.

(4)

○甲丙○대운

□□辰□ 진(辰), 또는 술(戌)

: ① 갑(甲)목일간에게 병(丙)화는 식신이 됩니다.

② 월지 진(辰)토는 갑(甲)목에게 편재가 되고 새로운 12운성으로 쇠지가 됩니다.

③ 제왕을 막 지난 쇠지이니 노련하며 투자가 감소하고 산출이 증가하니 제왕의 시절보다 실속이 있습니다. 갑(甲)목은 월지 진(辰)토일 때 밖에서 사업 등을 하면서 노련하고 실속 있게 쓸 수 있습니다.

④ 대운으로 편재 진(辰)토가 오면 월지가 더 강해지니 더욱 강하게 쓸 수 있습니다.

⑤ 대운으로 편재 술(戌)토가 오면 새로운 12운성으로 양지가 됩니다. 양지는 아직 배 속의 아이이니 독립적, 주도적으로 뭔가를 추진하는 시기가 아닙니다. 갑(甲)목은 실내에서 머리를 쓰면서 사업을 진행하는 것이 맞습니다. 같은 편재이지만 진(辰)토에서는 쇠지, 술(戌)토에서는 양지이니 전혀 다른 형태로 쓰이는 모습이 됩니다.

5) 새로운 12운성 안에서 10천간의 모습

새로운 12운성의 운은 간명에 있어서는 기본적인 원칙이 있습니다.

음과 양의 원칙인데, 양은 드러나고 음은 감추어지는 성향을 의미합니다.

양간[갑(甲)목, 병(丙)화, 무(戊)토, 경(庚)금, 임(壬)수)는 각 계절의 대장이 되니 밖에서 활약하는데 이는 드러난 모습입니다.

음간[을(乙)목, 정(丁)화, 기(己)토, 신(辛)금, 계(癸)수)는 각 계절의 양간을 서포트하니 안에서 활약하게 되는데 이는 감추어진 모습입니다.

생욕대(장생-목욕-관대의 줄임말)와 녹왕쇠(건록-제왕-쇠의 줄임말)의 시기에는 양운동을 하는 시기이니 밖으로 드러나 육체적인 활동을 하는 것이 유리합니다. 양간이나 음간이나 상관없습니다.

병사묘와 절태양의 시기에는 음 운동을 하는 시기이니 안으로 들어와 정신적인 활동을 하는 것이 유리합니다. 역시 양간과 음간이나 상관없습니다.

〈표 14-양간과 음간의 12운성 음양 관계〉

양간과 음간의 12운성 음양 관계	같은 계절	반대편 계절	이전 계절	다음 계절
양간[갑(甲)목, 병(丙)화, 무(戊)토, 경(庚)금, 임(壬)수]	록왕쇠 (祿旺衰)	절태양 (絶胎養)	생욕대 (生浴帶)	병사묘 (病死墓)
음간[을(乙)목, 정(丁)화, 기(己)토, 신(辛)금, 계(癸)수]	절태양 (絶胎養)	록왕쇠 (祿旺衰)	병사묘 (病死墓)	생욕대 (生浴帶)

위와 같이 양간과 음간은 음양 관계로 정반대에 위치하게 됩니다.

예를 들어 양간인 갑(甲)목이 록왕쇠일 때, 음간인 을(乙)목은 절태양의 시기를 보내게 되고, 갑(甲)목이 생욕대일 때, 을(乙)목은 병사묘의 시기를 보내면서 서로의 역할이 중복되지 않게 잘 수행하는 모습입니다.

다른 병(丙)화-정(丁)화, 무(戊)토-기(己)토는 화토동법에 따라서 같이 움직이고, 경(庚)금-신(辛)금, 임(壬)수-계(癸)수도 같은 원리로 12운성의 반대편에 위치하면서 각자의 역할을 수행합니다. 좀 더 구체적으로 구분하면 다음과 같습니다.

〈표 15-10 천간의 새로운 12운성표〉

천간-계절	봄(寅卯辰)	여름(巳午未)	가을(申酉戌)	겨울(亥子丑)
갑(甲)목	록왕쇠(祿旺衰)	병사묘(病死墓)	절태양(絶胎養)	생욕대(生浴帶)
을(乙)목	절태양(絶胎養)	생욕대(生浴帶)	록왕쇠(祿旺衰)	병사묘(病死墓)
병(丙)화	생욕대(生浴帶)	록왕쇠(祿旺衰)	병사묘(病死墓)	절태양(絶胎養)
정(丁)화	병사묘(病死墓)	절태양(絶胎養)	생욕대(生浴帶)	록왕쇠(祿旺衰)
무(戊)토	생욕대(生浴帶)	록왕쇠(祿旺衰)	병사묘(病死墓)	절태양(絶胎養)
기(己)토	병사묘(病死墓)	절태양(絶胎養)	생욕대(生浴帶)	록왕쇠(祿旺衰)
경(庚)금	절태양(絶胎養)	생욕대(生浴帶)	록왕쇠(祿旺衰)	병사묘(病死墓)
신(辛)금	록왕쇠(祿旺衰)	병사묘(病死墓)	절태양(絶胎養)	생욕대(生浴帶)
임(壬)수	병사묘(病死墓)	절태양(絶胎養)	생욕대(生浴帶)	록왕쇠(祿旺衰)
계(癸)수	생욕대(生浴帶)	록왕쇠(祿旺衰)	병사묘(病死墓)	절태양(絶胎養)

12신살(神殺)
– 삶의 흥망성쇠를 논하다

1) 12신살-살(殺)은 경계(警戒)와 주의를 의미한다

12신살(神殺)의 '살'은 '죽일 살'이란 뜻이니 다소 심각하고 위협적입니다. 동양의 학문은 글자 속에 많은 의미를 함의(含意)한 경우가 많습니다. 명리학도 마찬가지이니 초급 편에서 일일이 그 뜻을 풀이하는 것은 글자 속에 담긴 뜻을 생각하게 하여 용어를 이해하는 데 도움을 받기 위함입니다.

12신살은 12운성, 12지지와 같이 12라는 뜻이니 지지와 관련이 있고 지지에서만 일어나는 변화를 의미합니다. 12운성이 운의 흐름을 살피는 용(用)의 영역이라면 12신살은 체(體)의 영역이 됩니다.

허주라는 사람 그 자체가 체(體)라면 강의를 하면 강사가 되고, 책을 쓰면 작가, 사주 감명을 하면 역술인이 되듯이 하는 일, 즉 용(用)에 따라서 각기 다른 모습으로 보이게 됩니다.

옛사람들이 12신살이나 기타 신살에서 살(殺)의 의미를 넣은 것은 일종의 경계와 주의를 의미합니다.

일례로 12신살 중에 망신살(亡身殺)의 의미는 남들에게 주목을 받으니 부끄러워지는 모습으로 나타나는데 선행을 하거나 의로운 일을 하여(用) 남들의 칭찬과 칭송을 받으면 손사래를 치면서 별일 아니라고 말하니 쑥스러워하는 모습이지만, 부정을 저지르거나, 살해, 사기 등 타인에게 피해를 끼쳐서(用) 검찰청의 포토존에 서면 역시 부끄러워서 머리카락으로 얼굴을 가리고, 고개를 숙이니 같은 환경에 처함을 의미합니다. 용(用)을 어떻게 쓰는가에 따라서 같은 모습이지만 의미가 크게 달라지게 되니, 잘못되고 그릇된 행동의 종말을 살(殺)로 경계(警戒)했던 것입니다.

일부 그릇된 역학인들 중에는 이러한 경계를 강조한 옛사람들의 뜻을 오역하여 12신살의 살(殺)의 의미를 죽음으로 몰고 가서 부적을 판다던가, 굿을 하는 등 영리 목적으로 악용한 사례가 예로부터 많아서 명리학이 음지로 들어가고 미신과 잡스러운 학문으로 변질되는 해악을 끼쳤습니다.

다시 정리하지만 어떠한 시기에 내가 하는 행동에 따라서 이는 체에게 좋게 작용하기도 하고, 나쁘게도 작용하니 그 점을 살펴야 합니다. 12신살 중에 부정적인 용어가 많은 것은 인간사에서 생길 수 있는 여러 가지 흉함을 경계한 것입니다. 살다 보면 좋은 일보다 나쁜 일이 많은 것처럼 말입니다.

(1) 12신살의 범위—현실 속에서의 흥망성쇠를 말하다

12신살은 오로지 지지에서 생겨나는 반응을 설명하고 있습니다. 새로운 12운성은 천간과 지지와의 관계를 보고, 천간에 있는 일간이면 일간, 관성이면 관성을 기준으로 잡고, 지지에서의 모습이나 운의 흐름을 살핀다면 12신살은 년지 또는 일지를 기준으로 잡고 사회적인 활동, 즉 삼합을 살펴서 12신살의 흐름을 살피게 됩니다. 천간은 마음이고 지지는 현실이니 12신살은 내 마음과 상관없이 현실 속에서 생겨나는 여러 가지 모습과 현상을 보여 주게 됩니다. 명주의 사회적인 활동을 살펴보는 삼합이 기준이니 누군가가 사회활동을 전혀 하지 않는다면, 12신살의 적용이 무의미하게 됩니다.

(2) 12신살의 기준—어디가 기준이 되는가?

12신살의 기준은 명확합니다. 근묘화실에 의하여 해당되는 시기의 삼합을 살피면 됩니다.

명리학 서적에서는 년주를 기준으로 하기도 하고, 일주를 기준으로 하기도 합니다. 그러한 기준 속에서 12신살을 설명하는데, 만약 그 기준이 틀렸다면 뒤죽박죽 엉망이 됩니다.

년주를 기준으로 잡는 것은 오랜 전통입니다. 명리학이 왕실과 상류층의 문화로 내려왔기 때문에 옛날에는 내 능력보다는 내 가문이 더 중요했고 그에 따라서 신분이 결정되고 지위가 정해졌기 때문입니다. 년주를 12신살의 기준으로 보는 것은 그러한 오랜 전통을 중시하는 학파의 선택입니다.

일주를 기준으로 잡는 것도 일리가 있습니다. 결혼과 함께 한 가정을 이루면서 부모의 영향력에서 벗어나 후반전의 삶의 열리게 됩니다. 전통적인 신분 사회가 아니라 나의 능력과 나의 활동이 중요하니 일주의 삼합을 기준으로 보는 것이 지극히 타당합니다.

허주의 기준은 황희 정승과 같습니다. 년주도 맞고, 일주도 맞다는 논리입니다. 또한 월주도 맞고, 시주도 맞습니다. 그것은 그 사람이 지금 어느 시기에 있는가를 보기 때문입니다.

초년기에는 년주의 삼합을 기준으로 12신살을 살핍니다.

결혼 전 청년기에는 월주의 삼합을 기준으로 12신살을 살핍니다.

결혼 후 한 가정을 꾸린 이후에는 일주의 삼합을 기준으로 12신살을 살핍니다.

자식이 장성하고 손주가 생긴 후에는 시주의 삼합을 기준으로 12신살을 살핍니다.

(3) 12신살의 확립-근묘화실 시기의 사회적인 활동을 살핀다

사주원국의 네 개의 기둥(년주, 월주, 일주, 시주)을 배울 때 적용했던 근묘화실을 동일하게 적용하여 12신살을 살펴봅니다. 그러니 년주와 일주로 나누어져 있는 학파의 논쟁은 무의미합니다. 초년, 청년, 장년, 중년처럼 각 기둥에서 사회적인 활동이 달라지니 근묘화실로 12신살을 살피는 것이 타당합니다. 공부하다가 막히면 다시 기본으로 돌아가 살피면 답을 찾을 수 있습니다.

근묘화실은 초보자 때 기초로 잠깐 배우고 끝나는 것이 아니라, 12신살과 세운, 월운의 흐름을 살피는 등 모든 부분에서 효과적으로 사용할 수 있습니다.

2) 12신살(神殺)-새로운 12운성과 흐름을 공유한다

12신살과 12운성은 사주 감명을 하는 용(用)의 영역에 해당하는데, 그 안에서도 또다시 체와 용으로 나뉘게 됩니다. 12운성이 용이라면 12신살은 체가 되는데, 이는 앞서 설명했습니다. 또한 12운성과 12신살의 용어는 비슷한 의미와 흐름을 가지고 있는데, 둘 다 삶의 생로병사, 흥망성쇠를 다루었기 때문입니다. 하나씩 그 용어 속에 함축된 의미를 살펴보도록 하겠습니다.

12신살의 용어는 다음과 같습니다. 겁살-재살-천살-지살-년살-월살-망신살-장성살-반안살-역마살-육해살-화개살.

(1) 겁살(劫殺)

겁살에는 글자 그대로 '위협하다', '빼앗다'라는 의미가 있습니다. 빼앗길 수도 있고 빼앗을 수도 있습니다. 빼앗기지 않으려면 다툼을 피하고 보이지 않는 곳에 숨는 것이 상책일 수도 있습니다. 인신사해(寅申巳亥)의 생지의 글자에 해당하니 움직임이 있습니다. 재물을 겁탈당하거나 흉한 일의 발생, 일의 진행이 끊어지고 중단됨을 경계하고 있습니다. 일주를 기준으로 인오술(寅午戌) 삼합일 때 인(寅, 지살)-오(午, 장성살)-술(戌, 화개살)이 되므로 술(戌)토 화개살 다음에 오는 해(亥)가 겁살이 됩니다.

반대편의 충을 하는 글자가 사(巳)화가 망신살이 되고 12운성으로는 절지와 비슷합니다. 겁살(절)↔망신살(건록)

(2) 재살(災殺)

재살은 다른 말로 수옥살(囚獄殺)이라고 하는데 감옥에 갇힌다는 의미가 있습니다.

겁을 먹고 도망치다가 잡히게 되었는데, 모든 것을 내려놓고 감옥에 들어가니 차라리 마음이 편할 수도 있습니다. 재살에는 관재, 송사, 감금, 납치 등이 발생할 수 있고 진퇴양난으로 발이 묶일 수 있음을 경계하고 있습니다. 일주가 인오술(寅午戌) 삼합일 때 인(寅, 지살)-오(午, 장성살)-술(戌, 화개살)이 되므로 술(戌)토 화개살 다음다음인 자(子)가 재살이 됩니다. 자(子)수 재살의 반대편에는 충하는 오(午)화가 장성살이 되니 음양 관계가 되는데, 12운성으로는 태지와 비슷합니다. 재살(태지)-장성살(제왕)

(3) 천살(天殺)

재살의 기간이 끝나면 풀려나게 되는데, 막상 나와 보니 전과자의 딱지가 붙어서 앞날이 막막하여 하염없이 하늘만 쳐다보게 됩니다. 자신이 할 수 있는 일이 없고 오로지 하늘의 뜻을 기다리는데, 통변하여 무언가 절대적인 힘에 의지할 수밖에 없는 상황을 의미합니다.

최선을 다했다면 좋은 일이 생기고, 부실하고 부끄러운 일을 했다면 질병, 마비, 놀람, 스트레스 등이 생길 수 있음을 경계하고 있습니다. 일주를 기준으로 인오술(寅午戌) 삼합일 때 인(寅, 지살)-오(午, 장성살)-술(戌, 화개살)이 되므로 인(寅)의 지살 전 단계의 글자인 축(丑)이 천살이 됩니다. 축(丑)토 천살의 반대편에는 충하는 미(未)토가 반안살이 되니 음양 관계가 됩니다. 12운성으로는 양지와 비슷합니다. 천살(양지)↔반안살(쇠지)

(4) 지살(地殺)

지살이 오면 생동감 있게 할 일을 찾아서 분주하게 움직이게 됩니다. 흔히 잘 돌아다닌다는 의미로 역마살이라고 하는데, 역마살이 타의에 의해 쫓겨나듯 움직이는 것이라면 지살은 자발적으로 움직이는 모습이니 결과는 같지만, 동기는 크게 다릅니다. 지살의 시기가 오면 창업, 취업, 이사, 이직 등 변화가 많아집니다. 일주를 기준으로 인오술(寅午戌) 삼합일 때 인(寅, 지살)-오(午, 장성살)-술(戌, 화개살)이 되므로 삼합의 생지 글자 인(寅)이 지살이 됩니다. 인(寅)목 지살의 반대편에는 충하는 신(申)금이 역마살이 되는데 타의에 의해 움직인다는 뜻입니다. 12운성으로는 장생과 비슷합니다. 지살(장생)↔역마살(병지)

(5) 년살(年殺)

본격적으로 할 일을 찾아 나서 면접을 보려 하니 옷도 잘 입어야 하고 메이크업도 하면서 면접관들의 시선을 받아야 합니다. 년살은 다른 말로 도화살(桃花殺)

19. 12신살(神殺)-삶의 흥망성쇠를 논하다

이라고 하는데 남들의 시선을 받고 인기가 많아지는 시기입니다. 씻고, 꾸미고, 가꾸고, 치장을 반복적으로 하게 됩니다. 탈선, 일탈 행위, 이성 간의 분쟁, 불륜 등을 경계하고 있습니다. 일주를 기준으로 인오술(寅午戌) 삼합일 때 인(寅, 지살)-오(午, 장성살)-술(戌, 화개살)이 되므로 인(寅)목 지살 다음에 오는 묘(卯)목이 년살이 됩니다. 묘(卯)목 년살의 반대편에는 충하는 유(酉)금이 육해살이 되는데 사람들의 관심에서 잊혀짐을 의미합니다. 12운성으로는 목욕과 비슷합니다. 년살(목욕)↔육해살(사지)

(6) 월살(月殺)

월살이 되어 일자리를 얻으면 초급자의 시련이 시작됩니다. 의욕은 앞서지만 노련미가 부족하니 좌충우돌합니다. 달빛 아래에서 길을 걷듯이 조심하며 걸어야 한다는 뜻을 가지고 있습니다. 군대에 입대한 신병, 기업에 입사한 신입 사원은 하루하루 침이 마르고 긴장하게 되니 다른 말로 고초살(枯草殺)이라고 했는데 풀이 바짝 마른다는 뜻입니다. 고집에 의한 과욕과 무리한 일의 추진, 기고만장, 허세 등을 경계하고 있습니다. 일주를 기준으로 인오술(寅午戌)이 삼합일 때 인(寅, 지살)-오(午, 장성살)-술(戌, 화개살)이 되는데 인(寅, 지살)이 앞으로 두 칸 움직인 진(辰)토가 월살이 됩니다. 진(辰)토 월살의 반대편에 충하는 술(戌)토가 화개살이 되니 음양 관계가 됩니다. 12운성으로는 관대와 비슷합니다. 월살(관대)↔화개살(묘지)

(7) 망신살(亡身殺)

입대하여 상병 말년의 시기가 되고, 과장 말호봉이 되면 능력도 좋아지고 여유가 생깁니다. 자신감에 넘쳐서 상부의 지시를 무시하고 제멋대로 움직이다가 낭패를 보기도 합니다. 또한 상부에서는 선임병으로 임명할지, 팀장으로 승진할지를 검토하니 검증이 필요합니다. 청문회에 나간 장관 후보나 선거에 출마한 후보자들은 청문회와 선거 유세 등으로 온갖 추측과 비난, 과거 행적에 대해 호된 평가를 받는 모습입니다. 하지만 그러한 과정이 있어야 장관이 되고, 국회의원의 장성살로 올라갈 수 있으니 반드시 거쳐야 하는 시기입니다. 비밀 누출로 인한 분쟁, 남녀 간의 이성 문제가 드러나서 일어나는 망신, 수술, 치료 등으로 환부가 노출되거나, 수단과 방법을 가리지 않고 영리를 추구하는 행위 등을 경계하고 있습니다. 일주를 기준으로 인오술(寅午戌)이 삼합일 때 인(寅, 지살)-오(午, 장성살)-술(戌, 화개살)이 되므로 오(午, 장성살)의 바로 이전 단계인 사(巳)화가 망신살이 됩니다. 사(巳)화 망신살의 반대편에는 충하는 해(亥)수가 겁살이 되는데 음양 관계가 됩니다. 12운성으로는 건록과 비슷합니다. 망신살(건록)-겁살(절지)

(8) 장성살(將星殺)

말 그대로 대장군의 모습인데 모든 것이 완숙하고 절정에 오른 모습입니다. 생각하고 행동하는 것이 물 흐르듯 거침이 없고 노련합니다. 나의 목표가 이루어져 최고의 자리에 올라 전체를 지휘하고 리드하는 모습이지만, 때로는 자신의 의견을 밀어붙이는 고집스러운 모습을 보이기도 합니다. 하지만 정상에 오르면 반드시 내려와야 합니다. 일주를 기준으로 인오술(寅午戌)이 삼합일 때 인(寅, 지살)-오(午, 장성살)-술(戌, 화개살)이 되므로 삼합의 왕지 글자인 오(午)가 장성살이 됩니다. 오(午)화 장성살의 반대편에 충하는 자(子)수가 재살이 되는데 음양 관계입니다. 12운성으로는 제왕과 비슷합니다. 장성살(제왕)↔재살(태지)

(9) 반안살(攀鞍殺)

정상의 자리에서 은퇴하여 막 물러난 상태를 의미합니다. 전쟁을 치른 장수가 승리하여 많은 포상을 받고 고향으로 내려가는 모습이기도 합니다. 은퇴를 하면 퇴직금이나 전별금, 연금 등이 많으니 경제적으로 여유가 있습니다. 하지만 현업에서 손을 놓으니 쓸쓸한 마음이 드는 것은 어쩔 수 없는데, 소모적인 지출이 많아지고, 허무함이 시작됨을 경계하고 있습니다. 일주를 기준으로 인오술(寅午戌)이 삼합일 때 인(寅, 지살)-오(午, 장성살)-술(戌, 화개살)이 되므로 오(午)화 장성살 다음에 오는 글자이니 미(未)가 반안살이 됩니다. 미(未)토 반안살의 반대편에는 충하는 축(丑)토가 천살이 되는데 음양 관계입니다. 12운성으로는 쇠지과 비슷합니다. 반안살(쇠지)↔천살(양지)

(10) 역마살(驛馬殺)

정상에 올랐으면 반안살의 시기에 자연스럽게 물러나야 합니다. "박수칠 때 떠나라."라는 말의 실천이 어려운 것은 욕심과 미련 때문입니다. 반안살에 떠나지 않았

265

다면 역마살의 시기에 강제로 떠밀리듯 떠나게 됩니다. 일주를 기준으로 인오술(寅午戌)이 삼합일 때 인(寅, 지살)-오(午, 장성살)-술(戌, 화개살)이 되므로 인(寅, 지살)과 충을 하는 신(申)이 역마살이 됩니다. 인오술(寅午戌) 화(火)국에서 신자진(申子辰) 수(水)국의 생지 글자가 찾아오니 앞으로 대피하고 피하라는 의미를 담고 있습니다. 신(申)금 역마살의 반대편에는 충하는 인(寅)목이 지살이 되는데 자발적인 움직임을 의미하며 음양 관계입니다. 12운성으로는 병지와 비슷합니다. 역마살(병지)↔지살(장생)

(11) 육해살(六害殺)

육해(六害)는 여섯 가지의 해로움이 있다는 뜻입니다. 세상이 나를 필요치 않아서 역마살로 인해 떠나며 점차 사람들에게 잊혀지고 소외되며, 육체적으로 피곤하고 몸도 예전 같지 않게 됩니다. 나의 힘이 약해지고 나를 해할 수 있는 힘을 가진 존재들이 즐비하니 어려움이 있겠지만 반대로 이들에게 잘 보이면 편안한 권세를 누릴 수 있다는 뜻도 있으니 음과 양을 같이 살펴야겠습니다. 사고나 질병, 구설수, 실직, 사기 등이 찾아올 수 있음을 경계하고 있습니다. 일주를 기준으로 인오술(寅午戌)이 삼합일 때 인(寅, 지살)-오(午, 장성살)-술(戌, 화개살)이 되므로 술(戌, 화개살)의 바로 이전 단계인 유(酉)금이 육해살이 됩니다. 유(酉)금 육해살의 반대편에는 충하는 묘(卯)목 년살이 있는데 타인에게 인기가 많고 주목받는 년살과 잊혀지고 소외되고 외로움을 느끼는 육해살이 서로 음양 관계가 됩니다. 12운성으로는 사지와 비슷합니다. 육해살(사지)-년살(목욕)

(12) 화개살(華蓋殺)

화개(華蓋)는 화려함을 덮는다는 뜻입니다. 지금까지 벌려 왔던 일들을 마무리해야 하는 시간을 뜻합니다. 잘나가던 화려했던 시절도 빛바랜 앨범 속의 사진으로 남아있게 됩니다. 학자는 공부했던 것을 저서나 논문으로 남기고, 사업가는 벌려놓았던 사업을 정리하고 단속해야 합니다. 종교, 철학, 학문, 예술 등 정신적인 세계, 형이상학적인 분야를 추구하는 시기가 됩니다. 일주를 기준으로 인오술(寅午戌)이 삼합일 때 인(寅, 지살)-오(午, 장성살)-술(戌, 화개살)이 되므로 술(戌)토가 화개살이 됩니다. 술(戌)토 화개살의 반대편에는 충하는 진(辰)토 월살이 있는데 새롭게 시작하고 출발하는 사회 초년생이 고초를 겪는 월살과 그간의 모든 일을 마무리하고 완숙한 모습의 화개살이 서로 음양 관계가 됩니다. 12운성으로는 묘지와 비슷합니다. 화개살(묘지)-월살(관대)

이와 같이 겁살로 시작하여 화개살에 이르기까지 삶의 흥망성쇠를 보여주는 12신살은 12지지와 같이 지지로 흘러가게 됩니다. 12신살의 살(殺)은 그 안에서 벌어지는 여러 가지 일을 경계하고 주의해야 함을 옛 선인들이 경고하고 있습니다. 최소 60세 인생이라면 지지의 12신살은 세운으로 5번은 지나갑니다. 초년, 청년기에는 12신살의 경고를 무시하거나 방심할 수 있지만 세 번, 네 번 흘러가도 여전히 12신살이 주는 경계와 주의를 이해하지 못하고 잘못과 실수를 반복한다면 바보입니다.

12지지와 12운성, 12신살의 도표는 다음과 같습니다.

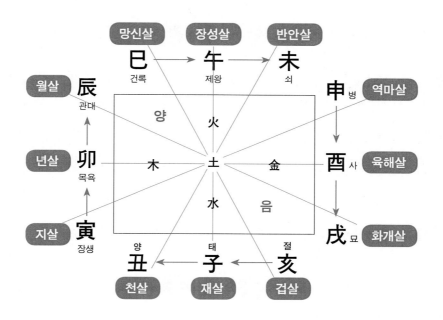

〈**그림 26**-12지지/12운성/12신살 대칭표〉

19. 12신살(神殺)-삶의 흥망성쇠를 논하다

중요한 신살(神殺) 정리

삼합을 기준으로 살펴보는 12신살 외에도 천간과 지지의 관계, 지지와 지지의 관계에서 생겨나는 다양한 인간의 삶의 모습과 길흉(吉凶)을 보여 주는 신살(神殺)의 종류는 대략 300가지가 넘는다고 합니다. 명리학이 생겨난 이래로 세월을 더해 가면서 쌓이고 쌓여 방대해졌는데, 그중에서는 서로 중복되는 개념의 신살도 많고 존립 이론이 박약한 것도 많으니 중요하고 실제 사주 감명에서 많이 쓰여 효용성을 인정받는 주요 신살 위주로 살펴보는 것이 좋겠습니다.

주요 신살로는 도화살, 홍염살, 백호살, 괴강살, 역마살, 지살, 삼재, 천을귀인, 현침살, 원진살, 귀문살, 고란살, 고신살, 과숙살, 곡각살, 탕화살, 양인살, 천라지망 등이 있는데 실제 사주 감명에 많이 쓰이고 있으니 그 의미와 작용을 잘 살펴보도록 하겠습니다.

1) 도화살(桃花殺)-나비의 꿈

도화살(桃花殺)이 있으면 풍류와 주색을 즐기는 경향이 있고, 멋을 부리며 사교적이고 타인들에게 시선을 받으며 주목을 끌게 됩니다. 적극적으로 이성에게 자신의 매력을 과시하는데 이는 왕지의 글자에 해당하니 강하고, 화려하면서, 호방하여 섹스 어필하는 면을 가지고 있습니다. 12신살의 년살(年殺)이기도 하고 또는 함지살(咸池殺)이라고도 하는데 과거에는 도화살이 있으면 안 좋게 보았지만, 현대는 식상의 시대이니 남들의 주목을 받고 매력이 많아 인기를 끄니 좋게 평가됩니다.

일지가 인오술(寅午戌) 삼합일 때, 인(寅)목 지살 다음에 오는 묘(卯)가 도화살(년살)이 됩니다.

일지가 사유축(巳酉丑) 삼합일 때, 사(巳)화 지살 다음에 오는 오(午)가 도화살(년살)이 됩니다.

일지가 신자진(申子辰) 삼합일 때, 신(申)금 지살 다음에 오는 유(酉)가 도화살(년살)이 됩니다.

일지가 해묘미(亥卯未) 삼합일 때, 해(亥)수 지살 다음에 오는 자(子)가 도화살(년살)이 됩니다.

이와 같이 도화살은 왕지의 글자인 자오묘유(子午卯酉)에 해당하고 일지의 삼합에 따라서 나누어집니다.

년지나 월지에 있으면 장내도화(牆內桃花)라 하는데 부부와 가족 사이에 사랑과 정이 두텁습니다.

일지나 시지에 있으면 장외도화(牆外桃花)라 하는데 배우자 외에 다른 이성과 염문의 가능성이 있습니다.

2) 홍염살(紅艶殺)-걸리면 죽는다

홍염살도 비슷한 성향을 가지고 있지만, 도화살이 왕지의 글자답게 능동적인 매력이라면 홍염살은 감추어진 은밀한 매력에 해당합니다. 도화살이 화려함과 매력을 자랑하며 꽃을 찾아다니는 나비와 같다면 홍염살은 있는 듯, 없는 듯 있다가 다가온 파리를 순식간에 덮치는 파리지옥과 같습니다.

도화살은 지지의 삼합으로 살피니 천간의 마음과는 관계가 없이 남들의 인기를 끌고 매력을 풍기지만, 홍염살은 천간과 지지와의 관계로 생기는 신살이라서 유혹의 의지를 담고 있습니다. 그리고 그 매력의 발산은 광범위하지 않고 한두 사람에게 집중됩니다. 파리지옥에 모르고 접근하는 곤충은 냄새, 색깔, 꿀로 유혹당합니다. 도화가 나비처럼 스스로 찾아가는 매력이라면 홍염은 은근하게 유혹하는 매력이 됩니다. 도화가 공성적인 매력이고, 홍염은 수성적인 매력이니 나이가 들고 체력이 부치면 도화의 색정은 사라지지만, 홍염은 에너지 소모가 적은 탓으로 나이가 들어서도 그 은근한 매력을 유지합니다.

일간을 기준으로는 다음과 같습니다.

〈표 16〉

일간	갑(甲)	병(丙)	정(丁)	무(戊)	경(庚)	신(辛)	임(壬)
지지	오(午)	인(寅)	미(未)	진(辰)	술(戌)	유(酉)	자(子)

3) 백호살(白虎殺)-당신 안의 맹수를 끄집어내라

백호살은 많이 알려진 신살이며 통변에도 많이 활용되는 신살인데 옛날에는 호랑이 같은 맹수에게 물려갈 수 있다고 통변했고, 맹수가 사라진 현대 사회에서는 자동차에 의한 사고 발생, 급사, 횡사, 전사, 익사, 추락사, 큰 수술 등의 피를 흘리면서 죽는다(血光死)는 뜻의 흉살로 여겨 왔습니다. 그 흉함이 크다고 하여 백호대살이라고 불리기도 합니다. 백호는 모두 7가지인데, 무진(戊辰), 갑진(甲辰), 정축(丁丑), 계축(癸丑), 임술(壬戌), 병술(丙戌), 을미(乙未)로 천간과 지지의 관계를 살피는 신살이며 지지가 모두 토(土)로 되어있음을 알 수 있습니다. 쉽게 설명하면 백호는 강한 에너지의 폭발을 뜻하는데, 강한 에너지(또는 압력)가 내부에서 쌓이고 쌓이다가 폭발하여 외부로 폭발하여 나오는 여러 가지 현상을 의미합니다.

년주, 월주, 일주, 시주 등 위치에 따라 작용하는 역할이 다른데, 년주는 조상, 월주는 부모·형제, 일주는 본인과 배우자, 시주는 자식과 관련이 있습니다. 백호살의 자리가 주변의 근처의 글자에 의해 형충파해, 원진, 귀문이 되면 백호살이 작동할 가능성이 높으니 백호살 주변의 글자를 살펴야 합니다. 또한 지장간에 편관, 겁재, 양인 등 살벌한 글자들이 같이 있다면 더욱 백호살의 흉의에 노출됩니다.

음과 양이 존재하듯이 백호살이 안 좋기만 한 것은 아니니 사주의 구성이 잘되어 있으면 백호살은 직업 및 사회생활에 좋은 역할을 하게 됩니다. 흔히 직업 대체라고 하기도 하고 물상 대체라고 하기도 합니다. 검찰, 경찰, 군인 등의 무관 직업, 교도관, 외과 의사 등이 좋고, 집념과 끈기, 승부 근성이 뛰어나 성공한 기업가나 정치인, 스포츠맨, 연예인 중에서도 백호살을 가진 사람이 많습니다.

〈표 17〉

천간	갑(甲)	을(乙)	정(丁)	병(丙)	무(戊)	임(壬)	계(癸)
지지	진(辰)	미(未)	축(丑)	술(戌)	진(辰)	술(戌)	축(丑)

4) 괴강살(魁罡殺)-내가 제일 잘나가

괴강살(魁罡殺) 괴(魁)는 '으뜸 괴', 강(罡)은 '별 이름 강'이니 으뜸가는 별자리라는 뜻입니다.

북두의 천괴와 천강을 합친 말로 우두머리라는 뜻을 담고 있습니다. 사주원명에 괴강이 있으면 용감, 총명, 카리스마, 과감성과 과격한 성향을 가지고 있으니 대중을 이끌고 리드하는 리더의 모습을 가지고 있습니다. 우두머리를 꿈꾸니 경쟁하고 다투게 됩니다. 특히 괴강살이 여자 사주에 있으면 좋지 않다고 하는데, 이는 남편에게 고개를 숙이지 않으려 하니 이별, 부부 불화를 초래한다고 여겨서 그랬지만 현대에는 여성들도 사회적인 활동이 많아지니 사회적인 활동으로 괴강살의 기운을 해소하면 좋습니다.

임진(壬辰), 임술(壬戌), 경진(庚辰), 경술(庚戌), 무술(戊戌)인데 보시는 바와 같이 지지가 모두 토로 구성되어 있습니다. 동물상으로 사납고 거친 용(辰)과 한번 물으면 놓지 않는 개(戌)의 물상인데 앞서 설명한 백호살처럼 강한 에너지와 투쟁의 기운을 담고 있습니다. 한번 시작하면 끝장을 보려고 하니 중도가 없고, 극단을 달리는 경향이 있습니다. 사주의 구조상 극도로 부귀하거나 극도로 빈천할 수 있습니다. 엄격하고 냉정하며 강인하니 군인, 경찰, 검찰의 무관(武官) 직업이나 의사, 간호사, 교도관 등의 직업적, 사회적인 활동 등으로 잘 활용하면 좋습니다.

5) 역마살(驛馬殺)-지살(地殺)-열심히 일한 당신, 떠나라

12신살의 한 자리를 차지하고 있는 역마살과 지살은 서로 반대편에서 충하는 글자이고 음양 관계가 됩니다. 흔히 역마살과 지살을 구분 없이 같이 쓰는 경우가 많은데, 그것은 두 신살의 결과가 같은 모습으로 나오기 때문입니다. 즉, 움직임이 있다는 것인데, 과정에 있어서는 정반대로 진행됨을 알 수 있습니다. 지살은 자발적으로 움직이는 것을 의미하고, 역마살은 타의에 의하여 떠밀리듯 움직이는 것을 의미합니다. 과거에는 사주 내에 역마살이 있으면 주거나 직장이 불안정하고 떠돌아다니거나, 부부 이별, 별거 등이 있어서 안 좋게 보는 점이 많았지만, 역동적인 현대 사회에서는 항공, 관광, 외교, 무역, 통신 등의 직업군에서 발군의 실력을 발휘할 수 있습니다. 자유롭게 이동하고 해외여행도 쉬운 요즘에는 역마살과 지살이 아니더라도 손쉽게 여행을 떠나고 이동하지만, 같은 모습이라도 떠나는 과정의 모습이 다르니 눈여겨볼 필요가 있습니다. 역마살이나 지살은 각 계절을 시작하는 생지의 글자인 인신사해(寅申巳亥)의 글자로 구성되어 있으니 생동감이 있고, 움직임이 많은 모습을 보입니다.

일지를 기준으로 인오술(寅午戌) 삼합일 때 인(寅)목 지살을 충하는 반대편의 글자 신(申)금이 역마살이 됩니다.

일지를 기준으로 사유축(巳酉丑) 삼합일 때 사(巳)화 지살을 충하는 반대편의 글자 해(亥)수가 역마살이 됩니다.

일지를 기준으로 신자진(申子辰) 삼합일 때 신(申)금 지살을 충하는 반대편의 글자인(寅)목이 역마살이 됩니다.

일지를 기준으로 해묘미(亥卯未) 삼합일 때 해(亥)수 지살을 충하는 반대편의 글자 사(巳)화가 역마살이 됩니다.

6) 삼재(三災)-에고, 아무 의미 없다

삼재(三災)는 세 가지 재앙을 말하는데, 연장과 도구로 인한 재앙, 전염병으로 인한 재앙, 기근으로 인한 재앙을 뜻합니다. 삼재는 신살의 한 종류로 명리학을 모르는 일반인들의 입에서도 회자될 만큼 널리 알려져 있는데, 대표적으로 잘못 알려진 신살 중의 하나이기도 합니다. 삼재는 오행의 삼합을 기준으로 방합을 적용하여 쓰입니다.

인오술(寅午戌)년생에 해당하면 신유술(申酉戌)이 삼재의 해입니다.
사유축(巳酉丑)년생에 해당하면 해자축(亥子丑)이 삼재의 해입니다.
신자진(申子辰)년생에 해당하면 인묘진(寅卯辰)이 삼재의 해입니다.
해묘미(亥卯未)년생에 해당하면 사오미(巳午未)가 삼재에 해입니다.

인오술(寅午戌)년생은 화 운동을 하는데 수 기운이 강해지는 해자축(亥子丑)의 해가 수(水)극화(火)로 가장 위험해지는 해이니 이전의 신유술(申酉戌)의 해에 미리 대비하라는 경고의 뜻을 담고 있습니다.

인오술생은 신유술해에 삼재가 됩니다. 이와 같은 원리로 사유축(巳酉丑)년생은 해자축(亥子丑)해가 삼재가 되고, 신자진(申子辰)년생은 인묘진(寅卯辰)이, 해묘미(亥卯未)년생은 사오미(巳午未)해가 삼재가 됩니다. 신살의 기본적인 지향점은 경계와 경고, 주의 등을 살(殺)이라는 강력한 어조로 말한 것인데, 후세의 그릇된 역술인들이 이를 오용하고 남용하여 개인의 사익을 취하는 데 악용하는 일이 많았습니다.

현대 명리학에서는 삼재가 가진 모순으로 인해 거의 활용하지 않는데 그것은 그 대상이 너무 많다는 것입니다. 전 인구의 1/4이 삼재에 해당한다는 것은 거의 전쟁

상태나 마찬가지이니 의미가 없고 언제나 양의 입장에서 음의 영역에 해당하는 병사묘, 절태양을 부정적으로 보았으니 음의 영역이 시작되는 병사묘의 시기를 재앙으로 본 것입니다. 삼재의 시기는 양을 활용한 사람에게는 재충전의 시기이고, 음을 활용하는 사람에게는 본격적인 활동을 알리는 시기일 뿐입니다.

세 가지 재앙, 삼재(三災)를 처음 작명한 이에게 이렇게 묻고 싶습니다. "너, 아무 생각 없이 지었지?"

7) 천을귀인(天乙貴人)-신살계의 슈퍼 히어로

12신살을 비롯하여 많은 신살이 삶의 행위에 대한 경계와 경고를 알려 언행에 대한 주의할 것을 알려 주지만, 한편으로는 여러 가지 좋은 의미의 신살도 존재합니다. 물론 그 수가 많지는 않습니다.

천을귀인, 천덕귀인, 월덕귀인, 문창귀인, 문곡귀인, 암록 등이 그러한데 그중에서도 천을귀인은 신살계의 히어로급입니다. 사주에 있으면 흉한 글자를 좋게 개선해 주고, 좋은 글자는 더욱 좋게 만들어주는 역할을 합니다. 10천간의 글자에서는 지지의 2글자가 천을귀인이 되는데 이는 음과 양으로 나누었기 때문입니다.

〈표 18〉

일간	갑(甲)목, 무(戊)토, 경(庚)금	병(丙)화, 정(丁)화	을(乙)목, 기(己)토	신(辛)금	임(壬)수, 계(癸)수
지지	축(丑)토, 미(未)토	해(亥)수, 유(酉)금	신(申)금, 자(子)수	인(寅)목, 오(午)화	사(巳)화, 묘(卯)목

신살계의 슈퍼 히어로 천을귀인의 놀라운 효능은 여기에 그치지 않습니다. 인생을 살면서 절체절명의 위기를 맞이할 때 누군가의 도움으로 어려움을 극복할 수 있습니다. 인성이 천을귀인이면 좋은 어머니를 만나 학문적 성취를 올리고, 식상이

면 식복이 있고 자신의 능력을 잘 발휘하고, 관성이면 직장에서 출세를 하고 좋은 남편을 만납니다. 재성이면 좋은 아내를 만나고 부를 쌓게 된다고 합니다.

근묘화실에 따라 년월일시의 어디에 있는가에 따라서도 그 효능이 달라지는데, 년지에 있으면 조상과 가문의 복덕이 있고, 월지에 있으면 부모와 형제의 복이 있습니다. 일지에 있으면 배우자의 복이 있고, 시지에 있으면 자식의 덕을 보게 됩니다. 이처럼 만병통치약 같고 슈퍼 히어로 같기도 하지만, 천을귀인이 형과 충이 되어 있고, 사주에 조후가 심하게 불균형한 경우에는 그 효용이 약해지게 됩니다. 일지의 귀인은 모든 흉함을 해소한다고 하여 일귀격(日貴格)이라고 하는데 계사(癸巳), 정해(丁亥), 정유(丁酉), 계묘(癸卯)일주가 해당합니다. 하지만 이 4개 일주인 분들이 모두 행복하게 사는 것이 아니니 원국과 대운의 상황을 살펴야 하겠습니다.

8) 원진살(怨嗔殺)-언니는 제가 맘에 안 드시죠?

원진살의 원(怨)이 '원망할 원'이고, 진(嗔)이 '성낼 진'이니 원망하고 성낸다는 의미를 가지고 있습니다.

12지지의 방합표에서 충을 구성할 때, 양은 한 칸 앞으로 가고, 음은 한 칸 뒤로 간 글자가 원진이 됩니다. 양의 인목(寅木)의 경우 충을 하는 신(申)금의 한 칸 앞으로 가니 유(酉)금과 인유(寅酉)원진이 됩니다. 반면에 음의 묘목(卯木)은 충하는 유(酉)금의 한 칸 뒤로 가니 신(申)금과 묘신(卯申)원진을 이룹니다.

12지지의 2글자씩 짝을 지으니 원진은 모두 6개가 됩니다. 물론 6개의 원진이 다 같지는 않습니다.

원진의 기본적인 성향에는 원망하고 성내며 미워하는 것도 있지만, 지장간 속에서 암합이 되어 있는 경우가 많아서 헤어지지도 못하는 모습으로 나타나게 됩니다.

자미(子未)원진, 인유(寅酉)원진, 진해(辰亥)원진이 강한 원진의 성향이 나타나고 묘신(卯申)원진, 사술(巳戌)원진, 축오(丑午)원진이 비교적 약하게 나타납니다. 특히 축오와 사술은 구성이 화가 토를 생해 주는 모습이라서 원진의 기운이 약합니다.

충이 직접 부딪쳐서 싸우는 전쟁이라면 원진은 직접 싸우지는 않지만, 끊임없이 신경을 쓰고 하는 일마다 시비와 태클을 거는 냉전과 같습니다. 충은 한바탕 싸우고 나면 속이 시원할 수 있지만, 원진은 오랜 시간 끊임없이 신경전을 벌이고 아니 꼽게 생각하니 더욱 피곤합니다.

모 방송사에서 여자 연예인들의 방송 분량 싸움과 신경전으로 나왔던 "언니는 제가 마음에 안 드시죠?"라고 비아냥거리는 멘트가 지역구에서 판사 선후배로 만난 여성 후보들 사이의 개표 방송에 다시 나와 화제가 되었습니다. 뭐 하나 주는 것 없이 밉고, 사사건건 내 앞에서 시비를 걸고 깐죽거리며 눈에 거슬리는 사람이 있다면 그 사람이 본인과 일지끼리 원진으로 되어 있을 가능성이 높습니다. 옛 고서에서도 당연히 안 좋게 보았는데, 년지+월지 원진이면 조부모와 부모 사이가 불화하고, 일지+월지면 내가 부모와 형제, 며느리와 시어머니의 고부간이, 일지+시지가 원진이면 배우자와 자식과의 인연이 짧다고 설명하는데, 6개의 원진 중에서 어떤 원진인가를 살펴야 하고 주변에 원진의 기운을 약화시키는 합의 기운이 있는지를 살펴야 하겠습니다. 사주에 원진으로 구성되어 있으면 직업적으로 고도의 집중력을 필요로 하는 연구, 검사, 분석 등에 쓰면 좋습니다.

9) 귀문살(鬼門殺)−위층에서 나는 소리가 나를 미치게 한다

귀문살은 귀문관살이라고도 하는데, 글자 그대로 귀신이 들락날락하는 문이라는 뜻이니 정신 및 심리 상태와 모습이 평범하지 않음을 의미합니다. 앞의 원진살과 비슷한 성향과 반응을 가지게 되는데, 원진살이 사람에 대한 것에 국한되었다면 귀문살은 사람을 포함하여 좀 더 폭넓은 분야에서 광범위하게 나타납니다. 신경쇠약, 정신이상, 히스테리, 집요, 편집증, 의처증, 의부증의 다양한 형태로 나타나는데, 대표적인 귀문의 모습이 층간 소음이 됩니다. 종종 비극적인 사건으로는 확전되는 층간 소음의 고통은 겪어 본 사람만이 알 수 있는데, 일반적인 사람은 잘 못 느끼는 소리도 귀문살이 강한 사람은 느끼니 힘들어합니다. 원진살처럼 고도의 집중력을 잘 쓸 수 있는 직업군에서 활용하면 좋습니다.

원진살인 진해(辰亥), 축오(丑午), 사술(巳戌), 묘신(卯申)에 자유(子酉), 인미(寅未)가 추가됩니다.

새로 합류한 자유(子酉)는 자수도 차갑고 유금도 차가우니 사주 주변에 화 기운이 없다면 귀문이 강해지고 얼어붙는 듯한 고통이 따르고, 인미(寅未)는 사막에 나무를 심어놓은 모습으로 사주 주변에 수 기운이 없다면 귀문이 강해지게 됩니다. 원진이 있을 때, 형이 있을 때도 항상 주변의 글자의 모습을 살펴야 하는 이유가 이러합니다.

10) 현침살(懸針殺)-너의 말 한 마디, 한 마디가 나의 뼈를 때린다

현침살은 천간과 지지의 글자 중에서 위에서 아래로 내리긋는 'l', 즉 마치 침처럼 뾰족하게 구성된 글자를 의미하는데, 갑(甲)목, 묘(卯)목, 신(申)금, 오(午)화, 신(辛)금 등 5개의 글자를 의미합니다.

침이나 바늘, 가위, 주사기 등의 날카롭게 뾰족한 기구를 다루는 의사, 간호사, 헤어디자이너, 의류 제작, 수선, 봉제 등의 직업과 관련이 깊습니다. 성향이 예민하고 섬세하며 날카롭고 비판적이라 기자, 언론인, 변호사 등의 직업군으로 활용하면 좋습니다. 반면에 안 좋게 사용하면 뼈 때리는 독설을 날려서 상대방을 아프게 할 수도 있고, 날카로운 기구에 다치기도 하는 등 사건, 사고를 경험하니 이를 경계하고 주의하라는 메시지를 주고 있습니다. 일지와 시지에 있으면 이러한 현침살의 성향이 더 잘 나타나게 됩니다.

11) 탕화살(湯火殺)-컵라면을 먹을 때는 화상을 조심하라

탕화살은 탕(湯)이 '끓일 탕'이고 화(火)가 '불 화'이니 뭔가 끓는 것과 불과 관련된 경계와 주의를 의미하는데 주로 화상 및 폭발 사고, 또는 약물이나 알코올, 마약류 등의 물질에 중독되는 것과 관련이 있습니다.

일지에 축(丑)이 있을 때, 시지나 월지에 오(午)화와 술(戌)토가 있을 때 작용하며 글자들이 붙어 있을 때 더 강하게 작용합니다. 떨어져 있으면 무시해도 무방합니다.

우리에게 친숙한 글자가 눈에 띄는데, 인신사(寅申巳) 삼형과 축술미(丑戌未) 삼형입니다.

치우쳐진 것을 수정하려는 작용이니 인신사 삼형처럼 급하게 서두르다가는 데이거나 화상을 입을 수 있겠습니다. 축술미 삼형처럼 자기 몸에 대한 과신으로 술과 약물을 과용하다가 형의 작용이 생길 수 있습니다. 오(午)는 뜨거운 글자이고 진(辰)토도 변화가 많고, 축(丑)토 역시 내부에 에너지를 응집한 글자이니 폭발 사고, 총기 사고 등과 연관이 있습니다.

일지가 인(寅)일 때 인(寅), 사(巳), 신(申)이 탕화살이 됩니다.
일지가 오(午)일 때 진(辰), 오(午), 축(丑)이 탕화살이 됩니다.
일지가 축(丑)일 때 오(午), 술(戌), 미(未)가 탕화살이 됩니다.

12) 고신살(孤身殺)−과숙살(寡宿殺)−남자는 배, 여자는 항구

신살 중에서도 좀 특이한 것이 있는데, 12신살도 그렇지만 많은 신살이 사회적인 활동, 즉 삼합을 기준으로 정해지는 데 비해서 고신살과 과숙살은 방합에 의해서 정해지는 신살입니다. 그것은 고신살과 과숙살에서 다루는 분야가 배우자의 체(體)에 대한 것이기 때문입니다.

- 인묘진(寅卯辰)−사(巳)
- 사오미(巳午未)−신(申)
- 신유술(申酉戌)−해(亥)
- 해자축(亥子丑)−인(寅)

보시는 것과 같이 방합의 앞글자는 인신사해의 생지의 글자이고, 역마살, 지살의 글자가 됩니다. 시작하는 기운이고 각 계절의 시작이니 분주하고 활발하며 움직임이 많은데, 여자들의 사회적 활동이 거의 없었던 옛날에는 이러한 움직임을 보이는 것은 당연히 양(陽)이 강한 남자였습니다. 그래서 고신살(孤身殺)을 남자에게 적용했던 것입니다. 방합은 가족의 합을 의미합니다. 방합을 이루지 못하고 떨어져 나가니 집을 떠나 객지로 나가서 사는 모습이라 외로우니 그것이 고신살입니다. 사주 내에 고신살이 있으면 부모·형제의 혜택을 못 받고 일찍 독립하는 경우가 많다고 봅니다.

과숙살(寡宿殺)은 여자에게 적용되는데. 과(寡)는 '적을 과'입니다. 숙(宿)은 '잘 숙'이니 적게 잔다는 뜻입니다. 잠을 적게 잔다는 뜻인데 나의 배우자와 잠을 적게 잔다는 뜻이니 외로움을 느낍니다.

남편이 역마살, 지살에 해당하여 출장이 잦거나 주말 부부인 경우에 해당하는데, 남편이 없다는 뜻이 아니라 경찰과 강도가 같은 편관의 환경 속에 놓여 있듯이, 과숙살의 여자도 마치 남편이 없는 것과 같은 환경에 놓인다는 것을 뜻합니다. 일주로 살펴볼 때 방합의 마지막 글자인 진술축미(辰戌丑未) 고지의 글자가 과숙살이 됩니다.

- 인묘진(寅卯辰)-축(丑)
- 사오미(巳午未)-진(辰)
- 신유술(申酉戌)-미(未)
- 해자축(亥子丑)-술(戌)

보시는 바와 같이 과숙살에 해당하는 글자가 진술축미 모두 지지의 토의 글자가 되는데 토(土)의 특성처럼 사시사철 항상 변함없이 그 자리에 있는 모습이 됩니다. 옛날 아내의 모습이 그러했는데 항상 그 자리에서 먼 길을 떠난 남편을 기다렸습니다. 항상 그 자리에 있는 토의 모습처럼 말입니다. 고신살, 과숙살의 글을 쓰면서 어떤 노래 제목이 떠올랐는데, 심수봉 님의 〈남자는 배, 여자는 항구〉가 고신살, 과숙살에 부합하는 제목과 가사 같다는 생각이 들었습니다.

여성의 사회활동이 늘어나니 점차 과숙살의 의미는 축소되어 가고 오히려 여성도 고신살을 적용하는 게 더 잘 맞을 것 같습니다. 능력 있는 전문직 여성이 늘어나는 현대 사회에서 집을 지키고 아이를 돌보는 남성들이 점차 증가하는 추세이기 때문인데, 신살의 의미도 이렇게 시대 상황에 따라서 변해 가는 것 같습니다. 태양과 달이 시시각각 변하듯이 변하고 변하는 역(易, 日+月)인 것처럼 고정관념을 버린다면 좀 더 현실에 맞는 통변이 될 것 같습니다.

13) 고란살(孤鸞殺)-애인이 있어요, 내 눈에만 보여요

고란살의 유래는 고란(孤鸞)이란 새가 있는데, 수컷이 없이 혼자서 외롭게 우는 모습에서 가져왔습니다. 여자에게만 적용하는 신살이고, 다른 말로는 남편으로 인해 신음한다는 신음살(呻吟殺), 혹은 남편 없이 빈방을 독수공방하며 지킨다고 하여 공방살(空房殺)이라고도 합니다. 적용 기준은 여자의 일주를 살펴봅니다.

총 5개인데 신해(辛亥)일주, 무신(戊申)일주, 정사(丁巳)일주, 갑인(甲寅)일주, 을사(乙巳)일주가 됩니다.

수백 가지가 되는 신살을 사주 감명에 적용하기가 어려운 것은 이론적인 근거가 부족하기 때문입니다.

때론 아예 신살을 보지 않는 역술가도 있는데, 그런 이유에서입니다. 하지만 이 5개의 고란살의 일주는 성립 근거가 확실한데. 신해(辛亥)일주의 경우, 일지의 해(亥)수가 상관이니 관성(남자)를 극하는 모습입니다.

을사(乙巳)일주의 경우에는 사(巳)화가 상관이 되고, 무신(戊申)일주는 신(申)금이 식신이 됩니다. 갑인(甲寅)일주는 천간지지 간여지동(干如支同)이라서 비겁이 강하며, 정사(丁巳)역시 간여지동으로 비겁이 강한데 비겁의 반대편에는 관성이 있으니 관성(남편)에 대항합니다.

공통점은 여자 사주에 있어서 식상이건, 비겁이건 관성의 반대편의 음양 관계이니 식상, 비겁이 강해지면 반대편의 관성이 약해지는데, 관성이 체(體)로써는 남편이 되니 남편과의 인연이 짧다고 본 것입니다. 그런 모습을 경계하고 주의를 주지만 현대 사회는 경쟁과 생존이 치열하여 맞벌이를 하는 경우가 늘어나니 이런 식상과 비겁의 강한 기운을 직장이나 사회에서 사용하면 좋은데 남자들도 은근히 여성의 사회적인 활동과 맞벌이를 권하는 경우가 많아졌으니 용(用)으로 잘 활용하시면 좋겠습니다.

14) 곡각살(曲脚殺)−2020년 6월 전국에 곡각살 주의보를 발령합니다

곡각살은 기(己), 사(巳), 을(乙), 축(丑)처럼 구부러지고 휘어져 있는 글자가 사주에 2개 이상 있는 경우인데. 현대에 와서 폭넓게 적용하면 골절, 관절염, 디스크 등의 근골격계 질환에 노출되기 쉬운 케이스를 말합니다. 비슷한 살로는 부정맥 등으로 다리를 전다는 급각살(急脚殺), 팔, 다리 등 수족이 부러지거나 상해를 입는 것을 의미하는 단교관살(斷橋關殺) 등이 있는데 사주 내 위의 글자들이 형충파해, 원진 등으로 구성되어 있는 분은 그럴 가능성이 더욱 높습니다.

그런데 사실은 내 사주에 곡각살이 있건, 없건 상관없이 사실 전 국민이 다 곡각살에 노출되어 있습니다. 그것은 스마트폰이 거의 모든 사람에게 보급되어 있기 때문입니다. 특히 스마트폰을 많이 쓰는 10대~30대분들에게 더 많이 생기고 있습니다. 본격적으로 스마트폰이 보급된 것은 채 10년이 지나지 않았음에도 말입니다. 오십견은 옛말이고 앞으로는 사십견, 삼십견이 올 수 있습니다. 문명의 이기이고 일상생활에서 떼려야 뗄 수 없는 스마트폰이 밝음의 모습이라면 거북목의 곡각질환, 눈의 피로, 각종 사고를 유발하는 것은 어두운 그림자라고 할 수 있겠습니다. 또한 스마트폰으로 인한 가족 간의 대화 단절도 역시 어둠이라고 할 수 있겠습니다. 2020년에도 곡각살 대란이 찾아오고 있고, 앞으로 더 많은 사람이 곡각살의 흉의에 시달릴 것으로 예상됩니다.

15) 양인살(羊刃殺)−그 사람의 숨겨진 칼날을 조심하라

일간을 중심으로 양간[갑(甲), 병(丙), 무(戊), 경(庚), 임(壬)]의 겁재를 양인(羊刃, 또는 陽刃)이라고 하는데 인(刃)이 '칼날 인'이니 칼을 찼다는 의미로 공격성과 호전성을 가지고 있습니다. 비겁이 강해지면 음양 관계인 관성이 약해지므로 피아를 구별하는 능력이 떨어져 타인에 대한 두려움과 겁재의 성향으로 과감해지고 거칠어지기 쉽습니다. 그래서 사주 내에 양인이 있으면 반드시 견제할 수 있는 관성이 있는지를 살피거나 강한 양인의 기운을 설기할 수 있는 식상의 기운이 있는가를 살펴야 합니다.

일간이 갑목(甲木)일 때, 양인살은 묘(卯)
일간이 병화(丙火)일 때, 양인살은 오(午)
일간이 무토(戊土)일 때, 양인살은 오(午)
일간이 경금(庚金)일 때, 양인살은 유(酉)
일간이 임수(壬水)일 때, 양인살은 자(子)

위와 같이 자오묘유의 힘이 강한 왕지의 글자로 구성되어 있습니다. 기본적으로 지지에 양인살이 있으면 일간이 강해지고, 특히 사주원국의 본부인 월지에 있다면 더욱 강해지니 음양 관계인 관성과 재성이 약해지게 됩니다. 남자의 경우에는 배우자(재성)를 극하게 하고 직장(관성)에서도 자기 힘을 믿고 통제에 거부감을 드러내니 어려움이 있으며 여자의 경우도 배우자(관성)에 대항하니 불화하기 쉽고, 시어머니(재성)와 고부갈등이 있을 수 있습니다. 이러한 현상은 양인살이 형과 충을 형성하면 더 심해지고, 합으로 묶이면 덜하게 됩니다. 과도하게 강해져서 자기 힘을 과시하고 뽐내는 것을 경계하고 경고하고 있습니다.

반면에 일간이 약할 때는 양인살이 도움이 되기도 하고, 양인살로 일간이 강한데 관성도 강하다면 신왕관왕(身旺官旺)의 모습으로 군, 경, 검찰 등의 공직에서 크게 성공할 수 있으며 식상의 기운이 강하다면 일간의 강한 기운을 자연스럽게 설기할 수 있으니 사업 등으로 잘 쓸 수 있습니다.

16) 천라지망(天羅地網)-누가 천라지망을 두려워하랴

남명(戌亥) 여명(辰巳)

천라지망은 술해(戌亥)를 천라(天羅)라고 하여 하늘의 그물을 의미하고, 진사(辰巳)를 지망(地網)이라 하며 땅의 그물을 뜻하니 하늘과 땅의 그물에 묶여서 옴짝달싹 못할 수 있음을 경계하고 경고하고 있습니다.

천라지망을 줄여서 라망이라고도 합니다. 남자 사주는 술해(戌亥)를 꺼리고, 여자 사주는 진사(辰巳)를 꺼린다고 전해집니다. 일지와 월지에 천라지망의 글자가 있으면 무엇을 해도 되는 일이 없이 지연되고 꼬인다고 하는데, 그 근거가 빈약합니다. 하늘과 땅의 그물에 걸리니 체포, 구금, 납치 등의 안 좋은 의미로 통변되기도 합니다. 반면에 사주의 구성이 좋다면 검찰, 경찰, 군인, 교정직에서 크게 활약할 수 있으며 여자의 경우에는 그러한 직업을 가진 배우자를 만나면 좋다고 합니다. 남자는 양(陽)으로 대표되는데, 술해(戌亥)의 시기는 음이 깊어지고 절정인 자(子)수에서 힘이 빠진 모습이고 여자는 음(陰)으로 대표되는데, 진사(辰巳)의 시기는 양이 깊어지고 절정인 오(午)화에서 힘이 빠진 모습이라 천라지망으로 경계한 것으로 보입니다.

천라지망이 사주에 있다고 걱정하실 필요는 없습니다. 체포, 구금은 나의 불법적인 행동, 행위에 대한 관성의 집행일 뿐입니다. 불법적인 행동을 안 하시면 되고, 납치 등은 전쟁 등으로 치안이 불안한 나라에는 방문하지 않으시면 됩니다. 어떤가요? 참 쉽죠?

17) 에필로그

앞서 중요한 신살을 살펴보았는데 300여 개가 넘는 신살 등은 오랜 세월 동안 전해져 내려오면서 역술가의 편의에 따라 추가된 것 같습니다. 비슷하거나 중복된 의미도 많고, 듣기에 민망하고 흉한 의미가 많은 것은 후대로 내려오면서 경고와 주의도 더해졌고, 일부 타락한 역술인들이 상담자를 겁박하고 위협하여 사익을 위해 부적이나 굿을 하게 하는 것으로 많이 악용해 왔기 때문입니다.

2020년의 시점에서도 부적이나 물품을 운명을 개운한다고 비싸게 판매하는 역술인들이 있으니 실로 안타까운 일이 아닐 수 없습니다. 명리학의 기틀을 잡아 왔던 고서나 어느 서적에도 그러한 이야기가 없고 또한 마음과 행동에 변화가 없는데, 그러한 굿이나 개운 물품의 구입으로 해결될 것이 아닌데 개인의 영리 목적으로 악용하는 것은 명리학의 양지화를 저해하고 다시 어두운 음지로 끌어내리는 해악이라고 생각됩니다. 명리 혁명을 읽어보시는 명리 도반분들은 그러한 점을 잘 살펴주시길 바랍니다.

기타 이론

1) 허자론–허주(虛舟)가 허자(虛字)를 논하다

사주팔자에는 눈에 보이는 여덟 글자(원국)를 간명한 후, 대운과 세운을 분석합니다. 그러나 보이지 않는 글자의 기운이 작용하는 경우가 있는데 이러한 글자를 허자(虛字)라고 합니다. 어떤 이는 허자 이론이 간명이 안 맞기 때문에 뭔가에 끼워 맞추려고 만든 이론이라고 하는 사람도 있는데, 이는 음양을 모르는 무지의 소치라고 생각합니다. 또 혹자는 허자 이론을 적극적으로 활용하여 많은 사주를 간명하려고 합니다. 이것 역시 음양의 근본적인 이치를 모르는 과잉 해석이라고 생각되는데, 지금부터 왜 그런지를 살펴보도록 하겠습니다.

허자의 종류에는 공협(拱挾), 비합(飛合), 도충(倒沖) 등이 있는데 항상 허주가 명리 이론을 분석할 때 제일 먼저 생각하는 게 있습니다. 보이지도 않는 글자 공협, 비합, 도충 등은 왜 생겨나게 되었을까?

어떤 이론을 분석하기 위해서는 그 이론이 왜 생겨났을까를 생각하면 생성 이유를 알게 되어 좀 더 분석이 정확해지기 때문입니다.

(1) 공협(拱挾)

공협은 지지에서 글자가 빠져있을 때, 빠져있는 글자를 불러들인다는 뜻인데 공(拱)은 '두손맞잡을 공', 협(挾)은 '낄 협'의 뜻입니다. 지지에 인(寅)목과 진(辰)토가 있다면 두 손을 맞잡고 빠져있는 가운데 글자인 묘(卯)목을 끌어온다는 이론입니다.

①
○戊○○
□寅辰□
 (卯)

②
○辛○○
□□酉未
 (申)

유(酉)금과 미(未)토 사이에는 두 글자 사이를 연결하는 신(申)금이 빠져있는데 여러 서적에서는 이러한 부족함을 메꾸기 위하여 허공에서 신(申)금의 기운을 불러온다고 했는데 논리적으로 맞지 않습니다. 내가 필요할 때 필요한 기운을 불러올 수 있다면 사람들이 왜 손꼽아 좋은 운을 기다리겠습니까?

앞서 언급한 바와 같이 지지에 인(寅)목이라는 글자가 있다면 이 글자 안에는 갑을병정무기경신임계의 10천간의 글자가 모두 들어가 있습니다. 태극에서 음양으로 나누어지고, 음양은 천간에서 오행으로 나누어지고 음양에 따라 10천간으로, 지지에서는 사계절 운동으로 나누어지고 음양에 따라 나누면 12지지가 되는 원리처럼 인(寅)목 속에는 10천간의 모든 글자의 기운이 들어가 있는데, 전면에 드러난 것은 갑(甲)목의 기운이고 가장 숨겨져 있고, 감추어진 기운이 신(申)금이 됩니다.

99개를 가진 부자가 완벽함을 채우기 위해 1개를 더 보탠다는 의미이니 공협의 적용은 큰 의미가 없습니다.

(2) 비합(飛合)
비합의 비(飛)는 '날 비'이니 날아다닌다는 의미이고 천간에서의 작용을 의미합니다.
또한 합(合)은 천간합, 즉 음양합을 의미합니다.

천간에 갑(甲)목이 있을 때, 음양합이 되는 기(己)토를 끌어들인다는 이론입니다. 어떤 남자가 갑인(甲寅)세운에 결혼을 했는데, 원국과 운을 아무리 찾아봐도 재성(土) 기운이 없을 때 이와 같이 해석하기도 합니다.

원국의 갑(甲)목이 음양합을 만들기 위해서 기(己)토를 불러온다는 것입니다.

①
(己)
○甲○○ (남명)
□□寅辰

비겁이 강한 사주인데 원국에 재성인 기(己)토가 없을 때 일간 갑목이 기(己)토를 끌어온다는 이론이 비합입니다. 나비가 꽃을 찾아가는 것이 자연의 이치이니 아주 틀린 말은 아닙니다.

②
(丙)
○辛○○ (여명)
□□子酉

신(辛)금일간 여명의 경우 일간의 신(辛)금이 음양합을 이루는 병(丙)화를 불러온다는 것입니다.

특별히 관성이 들어오지 않았는데 결혼을 하는 경우 이렇게 비합 이론을 쓰는 경우가 있습니다.

(3) 도충(倒沖)

도(倒)는 넘어진다는 뜻인데 어느 기운이 절정에 다다르면 반대편으로 넘어감을 의미합니다.

여름이 절정이 되면 가을로 넘어가고, 겨울이 절정이 되면 봄으로 이어짐을 뜻합니다.

아프리카에서는 건기가 계속되면 결국에는 비가 내리게 되고, 추위가 극심할 때에 일시적으로 날씨가 풀리는 경우는 우리가 자연이나 일상에서 늘 보는 현상이니 어렵지 않습니다.

사주원국에 오오(午午)로 구성된 뜨거운 사주는 도충의 기운으로 반대편의 자(子)를 불러온다는 것이고, 자자(子子)로 구성된 추운 사주는 도충의 기운으로 반대편의 오(午)를 불러온다고 합니다.

그런데 어디서 불러들이는 것일까요? 전면에 드러난 오(午)화의 깊은 심연 속에서 자(子)수를 끄집어냅니다.

『이방인』의 작가 알베르트 카뮈의 "깊은 겨울 속에서 마침내 내 안에 거역할 수 없는 여름이 있다는 사실을 알게 되었다."라는 구절은 카뮈가 명리학을 공부했을 리는 없겠지만 차갑고 냉정한(子) 자신의 내면에 용광로처럼 뜨거운(午) 화가 숨겨져 있음을 인지했다는 뜻입니다. 자연의 현상과 사람의 내면은 동서양이 다르지 않기 때문입니다.

①

己 辛 壬 壬 (남명)
丑 丑 子 子
(未) (午)

자(子)월에 태어난 신(辛)금일간인데 월간, 년간이 임(壬)수이고 지지도 자수와 축토로 되어 있으면 위로는 북극이고 아래로는 남극, 축(丑)토는 시베리아의 동토와 같은 모습이 됩니다.

왜 계속 추위를 강조하는가 하면 그만큼 이 사주에서는 조후가 절실하기 때문입니다.

도충 이론에 따르면 년월지의 자자(子子)에서는 오(午) 기운을 불러들이고, 일시지에서는 미(未)토의 기운을 불러옵니다. 그런데 어디서 불러오는 것일까요? 센스 있는 분은 눈치챘을 것입니다. 자자(子子)의 내부 깊은 곳에서 쉬고 있는 오(午)의 기운을 끄집어낸 것입니다. 왜일까요? 그것은 생존을 위해서입니다. 자자(子子)가 외부에서 활약할 때 내부 깊은 곳에서 불러들인 오(午)라 당연히 힘이 약하니 최소한의 생명 유지를 위한 보온에 쓰일 뿐입니다.

어렵게 느끼실 수도 있지만 사실 도충 이론은 우리도 잘 알고 있는 현상을 보여줍니다. 여름과 겨울의 우리의 몸을 생각해 보면 이해가 빠를 것입니다. 겨울에 밖의 온도가 영하로 떨어지면 우리의 몸은 생존을 위해서 따뜻해지는데, 우리의 몸 또한 음양으로 이루어졌으므로 몸속의 화기를 끌어내오는 것입니다. 반면에 여름에는 밖이 뜨거우므로 우리의 몸은 차갑게 유지하려고 합니다. 어른들이 여름에 이불을 잘 덮고 자라고 말했던 것은 그러한 이치를 알고 있었기 때문입니다.

초학자분들을 위해 정리해 보고자 합니다.

① 도충은 생존을 위해서, 비합, 공협은 완전함을 추구하기 위해서 존재한다.
② 도충, 비합, 공협의 불러들인 기운은 외부가 아닌 글자 내부에서 불러들인 것이니 그 기운은 미약하거나 미비하다(공협, 비합은 더욱 미비하니 고려할 바가 아니다).
③ 도충의 경우 내부에서 불러들인 글자를 쓰고 있다가 운으로 진짜 글자가 오면 불러들인 글자는 운에 순종하여 그 소임을 마치고 다시 내부로 들어가야 한다. 진짜가 왔는데 허자가 계속 설치고 있으면 안 된다.

(4) 공협(拱挾), 비합(飛合), 도충(倒沖)의 비교 비합(飛合), 도충(倒沖)의 비교

사주에 자인(子寅)이 있다면 가운데 축(丑)이 있을 것이라고 보는 공협은 이어지는 가운데 글자가 빠져있어서 완전함으로 가고자 하는 의지의 발현으로 자(子)의 글자 내에서의 축(丑)의 기운이, 인(寅)의 글자 내부에서의 축(丑)의 기운을 불러들인 것 뿐입니다. 마치 3:3 소개팅을 자인(子寅)이 나가는데, 한 명이 부족해 축(丑)을 끌고 오는것으로 보면 이해가 빠르겠는데 축(丑)은 얼떨결에 불려왔지만[자(子)와 인(寅)의 내부에서] 큰 의미가 없으니 들러리 같은 것입니다.

같은 이유로 비합도 사주의 글자가 자신의 부족한 부분을 채워서 완벽해지고자 하는 노력의 일환입니다. 갑기(甲己)합이니 갑(甲)목은 기(己)토를 불러들이고, 기(己)

토는 갑(甲)목을 끌어오고자 한다는 것인데, 이 역시 외부에서 불러들인다는 표현은 타당치 않으며 천간 갑(甲)목 내부에도 을병정무기경신임계의 기운이 있으므로 갑(甲)목이 합을 이루고자 내부의 기(己)토의 기운을 불러온다는 것이 맞습니다. 마치 남자친구가 없어서 영화나 드라마 속의 남자 배우를 선망하는 마음과 같으니 그런 정도로 이해하시면 될 것 같습니다.

큰 의미는 없으나 팬클럽 회장 등 후원을 열심히 하다가 연예인과 결혼하는 경우도 드물게 있으니, 전혀 불가능한 일은 아닙니다. 하지만 이는 일반적이지 않은 특수한 경우이니 참고는 하되 일반적인 적용은 어렵습니다.

허자 이론이 생겨난 이유는 명확한데, 실제 감명에서 도무지 해결되지 않는 상황을 설명하기 위하여 허자를 도입한 것입니다. 허자 중에서 그래도 의미를 부여할 수 있는 도충을 제외하고는 귀에 걸면 귀걸이, 코에 걸면 코걸이 식의 통변밖에 되지 않습니다. 예로부터 전해 내려온 허자 이론은 명리학의 기초가 약하다는 것을 방증하고 있습니다. 보이는 글자의 해석에 충실하지 못하고 답을 찾지 못하니 보이지 않는 글자를 가져오고 거기에 이론을 붙인 것이지만, 도충을 제외하고는 현실에서의 작용이 극히 미미하고 특수한 경우이니 학문적인 가치가 없다고 생각됩니다. 그리고 허자는 체(體)의 영역에서 생겨나는 것이니 사주원국에서 살펴볼 수 있으나 운에서는 의미가 없습니다.

2) 야자시(夜子時), 조자시(朝子時)-잘못된 만남

사주를 볼 때 보통 태어난 시간을 잘 모르거나 경계시라서 불분명한 경우가 있습니다. 그런데 특이하게 자신의 일주를 묻는 경우도 있는데 이는 태어난 시각이 23시 30분부터 24시 사이에 태어난 분들입니다.

천간은 오행 운동을 하면서 10천간이 되었고, 지지는 사계절 운동을 하면서 12지지가 되었습니다.

지지의 12지지를 적용하여 1년은 12달이고, 하루는 2시간을 하나의 지지에 배속하여 12개의 시(時)가 되었습니다.

사주를 감명할 때 적용하는 동경시를 기준으로 보면 다음과 같습니다.

해(亥)시는 21:30~23:30.
자(子)시는 23:30~01:30.
축(丑)시는 01:30~03:30.

인(寅)시는 03:30~05:30.
묘(卯)시는 05:30~07:30.
진(辰)시는 07:30~09:30.

사(巳)시는 09:30~11:30.
오(午)시는 11:30~13:30.
미(未)시는 13:30~15:30.

신(申)시는 15:30~17:30.
유(酉)시는 17:30~19:30.
술(戌)시는 19:30~21:30.

여기서 문제가 되는 것은 자(子)시가 되는데, 밤 11시 30분을 넘어서 다음 날 새벽 1시 30분까지가 되기 때문에 기존의 24시간의 서양의 시간 체계를 쓰는 일상에서는 혼란을 겪게 되었습니다. 서양 문명이 들어오면서 2시간씩 12지지로 보는 것이 아니라 1시간씩 24시간을 보는 문화가 정착되니 기존의 12지지로 보는 시간의 문화와 충돌이 생긴 것입니다.

①
임계경을(壬癸庚乙)-자(子)시 적용[1975. 4. 16. 양력 여(女)]
자사진묘(子巳辰卯)

②
임임경을(壬壬庚乙)-야자시 적용
자진진묘(子辰辰卯)

경계시가 달라지는 것은 큰 차이가 아니지만 이렇게 야자시를 적용하여 날짜가 변경되면 많은 변화가 생기는데, 야자시를 적용하여 하루가 안 지났다고 하여 임진(壬辰)일주인데 자시를 적용하면 하루가 지났으므로 계사(癸巳)일이 됩니다. 계사(癸巳)일주일 때 일지 사(巳)화가 정재, 월간 경(庚)금이 정인, 년간 을(乙)목 식신이지만 임진(壬辰)일주가 되면 일지 진(辰)토가 편관, 월간 경(庚)금이 편인, 을(乙)목이 상관이 되니 십신 위주로 간명을 본다면 전혀 다른 해석이 나오게 됩니다.

2019년 12월 31일 밤 23시 55분은 자시가 되는데, 2020년 1월 1일 01시 10분도 자(子)시가 되고[조자시(朝子時)], 2020년 1월 1일 23시 50분도 자시가 되니[야자시(夜子時)] 하루에 자시가 2개가 존재하는 이상한 결과를 초래했습니다. 이는 서양의 24시간의 체계이고 12시를 기준으로 날이 바뀌는 것을 명리학에 불필요하게 적용하여 초래한 결과입니다.

중국, 한국, 일본 중에서 서양 문명을 빠르게 받아들인 것이 일본이고, 그로 인해 빠른 발전을 이루어 아시아 국가들에게 피해를 주었듯이, 일제 강점기와 해방 이후에도 일본 역학에 많은 영향을 받았던 우리나라에도 이러한 조자시, 야자시 이론이 퍼져서 혼란을 가져왔던 것입니다. 오랜 세월 동안 전해져 내려오다 보니 이론의 성립에 문제가 있지만 대부분의 만세력 애플리케이션에 조자시, 야자시의 개념을 함께 넣었던 것도 이러한 이유에서입니다.

조자시, 야자시는 이를 적용해야 한다는 일부 역술인과 이를 인정하지 않는 대다수의 역술인으로 나누어지는데, 야자시, 조자시를 보는 개념은 하루의 시작을 자정, 즉 밤 12시로 보는 개념이고(소수설), 야자시, 조자시를 보지 않는 개념은 하루의 시작을 자(子)시(23시 30분)로 보는 개념입니다(다수설).

허주 역시 야자시, 조자시를 보지 않는데, 5음 1양인 자(子)시에서 1양이 생겨나기 때문에 자(子)시부터 새로운 하루가 시작되는 것이 맞다고 생각하기 때문입니다. 소수설이기 때문에 무시하거나 다수설이기 때문에 따르는 것이 아니라 자연의 흐름으로 살피면 자(子)시에서 새로운 양이 시작하므로 새로운 하루의 시작으로 보기 때문입니다. 또한 조자시, 야자시 이론은 오랜 세월 연구와 토론으로 이어져 내려온 것이 아니라 근대화 시기에 동양을 식민지로 지배했던 서양 문물의 우수성으로 인한 편고로 인하여 생겨난 이론이니 일본의 역학과 서양의 24시간 시간 체계와의 잘못된 만남이 오늘까지 이어져 내려온 것입니다.

야자시, 조자시에 대해서 여러 서적에 나온 글을 봤는데, 상당수가 이해하기 어렵게 쓴 것 같아서 다시 정리해 봤습니다. 남들이 이해하기 어렵게 쓴다는 것은 어쩌면 본인도 확실히 모른다는 의미일 수도 있습니다. 최근에도 종종 상담자분 중에서 야자시를 언급하시고 본인의 일주를 헷갈리시는 분들이 있어서 이를 바로잡고자 합니다.

3) 공망(空亡)에 관하여-채워지지 않는 빈자리

천간은 10천간이고 지지는 12지지이므로 천간과 지지를 묶어서 진행되는 육십갑자를 살펴보면 천간의 2글자가 부족하니 짝을 짓지 못하는 2개의 지지의 글자가 생기게 됩니다.

이렇게 짝을 짓지 못하는 2개의 지지를 공망(空亡)이라고 하는데, 비어있다는 뜻의 공과 망할 망이니 비어있어서 망했다는 의미가 됩니다.

앞서 공협, 비합, 도충 같은 허자는 없는 것을 있다고 하는 것이고, 공망(空亡)은 있는 것을 없는 것으로 치는 모습입니다. 허자가 가상현실(VR)이라면 공망은 왕따 같은 모습입니다.

공망은 내게 있는 것이지만 마치 없는 것과 같으니 잘 쓰지 못한다는 의미를 담고 있습니다.

사주에 공망이 있으면 아무리 노력해도 이루지 못하는 허망함이 있다고 통변합니다. 빈 공간을 채우기 위해서 노력하나 이루지 못하고 다른 곳에서 결실을 맺기도 한다고 합니다.

역술인 중에는 공망을 중요하게 쓰시는 분들도 있고, 공망은 맞지 않는다고 하시는 분들도 계십니다.

각자의 견해가 그러한데 사주원국에 글자가 공망이라 잘 쓰지 못한다는 것은 타당성이 적으며 이론적 근거도 빈약합니다. 틀리거나 원인을 알 수 없는 통변의 이유를 공망에서 찾는 것과 같습니다. 마치 원인을 찾지 못해서 허자에서 글자를 가져온 것처럼 말입니다. 그러나 공망(空亡)은 가까운 기간 내의 재판, 시험, 면접, 시합 등의 운을 보는 데 효과적입니다. 그래서 주역이나 육효 등의 점술을 보시는 분들은 공망을 많이 활용하기도 합니다.

공망을 구하는 방법은 간단합니다.

일단 지지와 천간의 글자에 숫자를 부여하는데 자(子, 1), 축(丑, 2), 인(寅, 3)으로 진행하여 해(亥, 12)가 됩니다.

천간은 갑(甲, 1), 을(乙, 2), 병(丙, 3)으로 진행하여 계(癸, 10)가 됩니다.

신축(辛丑)일주의 경우 축(丑, 2)-신(辛, 8)=-6인데, 여기에 12를 더하면 6이 나옵니다.

두 개씩 짝을 이루니 5와 6이 되는데, 진사(辰巳)가 공망이 됩니다. 신(辛)금일간이니 십신으로는 진(辰)토 정인과 사(巳)화 정관이 되니 보편적인 학문 또는 직장과의 인연이 짧음을 알려줍니다.

무인(戊寅)일주의 경우 인(寅, 3)-무(戊, 5)=-2인데 여기에 12를 더하면 10이 됩니다.

두 개씩 짝을 이루니 9와 10이 되는데, 신유(申酉)가 공망이 됩니다. 무(戊)토일간이니 십신으로는 신(申)금 식신과 유(酉)금 상관과 인연이 짧음을 알려줍니다. 숫자가 양의 숫자로 나오면 그대로 적용하면 됩니다.

쉽게 일주를 기준으로 공망을 찾아내는 법을 알려드렸고, 기본 공망표는 다음과 같습니다.

명리 혁명(The Revolution) 기초 편

〈표 19-공망표〉

1순	甲子	乙丑	丙寅	丁卯	戊辰	己巳	庚午	辛未	壬申	癸酉	공망	戌亥
2순	甲戌	乙亥	丙子	丁丑	戊寅	己卯	庚辰	辛巳	壬午	癸未	공망	申酉
3순	甲申	乙酉	丙戌	丁亥	戊子	己丑	庚寅	辛卯	壬辰	癸巳	공망	午未
4순	甲午	乙未	丙申	丁酉	戊戌	己亥	庚子	辛丑	壬寅	癸卯	공망	辰巳
5순	甲辰	乙巳	丙午	丁未	戊申	己酉	庚戌	辛亥	壬子	癸丑	공망	寅卯
6순	甲寅	乙卯	丙辰	丁巳	戊午	己未	庚申	辛酉	壬戌	癸亥	공망	子丑

체(體)와 용(用)

─ 명리학이 우리에게 들려주는 속삭임

『명리 혁명(The Revolution) 기초 편』은 처음부터 시작은 음(陰)과 양(陽)으로 시작하여 체(體)와 용(用)으로 마무리하려고 기획했습니다. 시작하는 음과 양이 중요한 것은 당연한 것이고 마무리하는 체와 용도 역시 중요하기 때문에 시작과 끝에 배치한 것입니다. 그리고 다소 어렵게 느껴질 수 있기에 앞의 내용을 공부하신 후에 배우시는 것이 좋다고 생각했습니다.

체와 용의 영역은 다양합니다. 태어날 때부터 누구나 가지고 있는 사주팔자(원국)는 체가 됩니다. 10년 단위로 사주팔자를 지배하는 대운 역시 큰 의미에서는 용에 해당하지만 해자축의 30년처럼 워낙 긴 시간을 머물러 있기에 체로 보기도 합니다. 이를 합하여 체운(體運)이라는 중립적인 용어를 쓰기도 합니다. 한 해마다 바뀌는 세운은 확실한 용(用)이 되며 용운(用運)으로 부르시는 역술인분들도 있습니다. 월운, 일운은 더 말할 나위가 없습니다.

자연이 체라면 인간의 삶이 용이 됩니다. 자연의 모습을 살피는 음양, 오행, 10천간, 12지지는 체가 되고, 인간의 모습을 살피는 육친, 십신, 새로운 12운성, 12신살 등은 용의 모습이 됩니다. 용어가 다르니 별개의 것처럼 생각할 수 있지만 그렇지 않습니다. 예전에 쓰던 육친은 오행을 인간의 삶에 대비하여 나눈 것뿐입니다. 오행을 음양으로 나눈 10천간 역시 인간의 삶에 대비하여 나누면 십신이 됩니다. 새로운 12운성은 10천간의 모습을 현실에서 흘러가는 12지지에 음양을 나누어서 삶의 생로병사를 다룬 것이고, 12신살은 지지에서 삶의 흥망성쇠를 비추어 본 것뿐입니다.

체와 용, 모두 중요합니다. 그렇지만 굳이 비중을 나누자면 체가 더 중요합니다.

왜냐하면 인간도 자연 속의 일부분이기 때문입니다. 다른 생명체와 다르게 자연을 개척하고 정복했다고 뽐내지만, 그렇게 잘난 척하는 인간들도 자연의 현상인 허리케인, 토네이도, 지진, 화산 등에는 속수무책이 되기 때문입니다. 사주팔자의 글자와 대운, 세운의 글자는 자연의 흐름과 기운을 글자로 표현한 것에 불과하니 체의 영역인 자연의 흐름을 잘 살핀 후 인간의 삶에 적용할 때 좀 더 정확한 통변과 해석이 가능해집니다.

허주라는 사람을 체로 본다면 용은 참으로 다양합니다. 물건을 사면 손님이 되고, 대중교통을 이용하면 승객이 됩니다. 강의를 하면 강사가 되고, 책을 쓰면 작가가 되고, 사주 상담을 하면 사주 상담가가 되는 것처럼 용을 어떻게 쓰는가에 따라서 모습이 달라집니다. 손님과 승객은 누구나 쉽게 할 수 있지만, 강사, 작가, 상담가는 오랜 시간 동안 체의 단련과 활용이 필요하니 체의 구성과 구조를 살펴야 합니다.

음양이 상대적이듯이 체와 용도 상대적인 모습입니다. 고속도로가 체라면 달리는 자동차는 용이 됩니다. 자동차가 체라면 운전자는 용이 됩니다. 사주팔자(원국)가 체라면 대운은 용이 됩니다. 사주팔자(원국)와 대운이 체라면 세운이 용이 됩니다. 12신살이 체라면 새로운 12운성은 용이 됩니다.

명리학을 공부하려고 입산수도하여 수련한 역술인이 30년 만에 하산하여 사주 상담을 하면 잘할 수 있을까요? 자연을 벗 삼아 공부하니 음양오행의 체의 모습은 탄탄하겠지만, 인간의 삶을 보는 용을 잘 볼 수 있을까요? 교사의 임용고시가 어떻게 진행되고, 군인의 정년은 언제까지이고, 학교의 학교폭력위원회는 어떻게 소집되고 어떻게 진행되는지 전혀 깜깜하다면 세상 물정을 모르는 백면서생에 불과하여 비웃음을 살 뿐입니다.

역술인에게는 체가 중요한데, 단순히 몸의 건강만을 의미하지 않습니다. 마음의 건강도 중요합니다.

22. 체(體)와 용(用)-명리학이 우리에게 들려주는 속삭임

사람을 살리는 활인업(活人業)이라고 자칭하면서 부적이나 굿을 한다던가, 일반 상식에 벗어난 고가의 상담료나 비법서의 판매로 폭리를 취한다면 살인업(殺人業)일 뿐입니다. 칼로만 사람을 죽이는 것이 아닐 것입니다. 송대의 서자평 선배가 우려했던 독사 같은 간교한 혀로 겁박과 위협으로 상담자를 좌절과 죽음에 이르게 할 수도 있기 때문입니다. 슬프게도 2020년 오늘날에도 현실에서 벌어지는 모습들입니다.

체는 단순히 몸의 건강만이 아닌 마음의 건강을 포함합니다. 치우침 없이, 마음의 속박과 억압 없이, 균형 잡힌 몸과 마음의 체를 쓴다면 용의 이로움이 저절로 따라오기 마련입니다.

"건강한 신체에 건전한 정신이 깃든다."라는 서양의 격언은 동서양을 떠나서 공통된 가르침이며 명리학을 배우시는 분들에게는 이정표가 됩니다. 또한, 반대로 "건전한 정신에 건강한 신체가 깃든다."라고 생각해도 무방합니다. 음양이 분리되지 않듯이, 체와 용 또한 분리되지 않기 때문입니다.

자연의 모습(體)을 통해서 인간의 삶(用)을 살펴보고, 인간의 삶(用)의 모습을 투사하여 자연의 흐름(體)을 살핀다면 명리학이 우리에게 들려주는 속삭임을 들을 수 있을지도 모릅니다.

자연스럽게 살아가라는 속삭임 말입니다.

The End.
-『명리 혁명(The Revolution) 기초 편』을 마치며

명리 에피소드

(The Episode)

1.

허주의 십신들 1편

- 5년 만에 소개팅하는 날

1) 등장인물

- 허주[신(辛)금, 대사가 거의 없다]
- 상관 1(년간에 거주)
- 상관 2(월간에 거주)
- 식신 1(년지에 거주)
- 식신 2(월지에 거주)
- 편인 1(일지에 거주)
- 편인 2(시간에 거주)
- 편인 3(시지에 거주)
- 정사(丁巳, 대운)
- 소개팅녀[임수(壬水)녀-속내를 알 길이 없다]

2) 등장 십신표

기(己, 편인 2), 신(辛, 일간), 임(壬, 상관 2), 임(壬, 상관 1),
축(丑, 편인 3), 축(丑, 편인 1), 자(子, 식신 2), 자(子, 식신 1)
정사(丁巳, 대운),

3) 내용

허주: "와! 5년 만에 해 보는 소개팅이네. 후배가 보내 준 사진 속 여자분은 엄청 미인이던데, 오늘은 왠지 좋은 인연을 만날 것 같아."

후다닥 소개팅 장소로 튀어 나간다.

상관 1: "애들아! 허주 또 발동걸렸다. 한동안 열심히 공부한다 싶더니…. 쯧쯧."

상관 2: "어쩐지 오래 간다 싶었다. 풋~! 무재(無財)사주가 그간 잘 참은 거지, 뭐."

편인 1: "야! 너희들, 무슨 얘기를 그렇게 해! 이번에 잘되길 다들 응원해야지. 허주가 너희들 얘기 들으면 진짜 섭섭하겠다."

상관 1: "어쭈. 늘 달라붙어서 다니더니, 허주 꼬봉 다 됐네. 소개팅? 잘될 것 같냐? 사주 보는 놈이 제 운명을 모를 것 같냐? 지금 인연이 아니라는 걸 지도 알면서도 걸떡거리면서 가는 거잖아? 안 그래?"

식신 1: "상관 1, 그만해라. 너는 왜 매사에 그렇게 삐딱선이냐? 기분 전환하려고 소개팅할 수도 있는 거지."

식신 2: "그래. 상관 1형, 그만하고 허주가 잘할 수 있게 우리가 서포트해 주자고."

상관 2: "어쭈, 식신 2. 너 진짜 많이 컸다. 상관 1형한테 충고도 하고, 얼마 안 있으면 한 판 붙겠네?"

식신 2: "상관 2형. 그만하시죠. 제가 십신 관리권을 물려받은 게 아니꼬우신 것 같은데, 한번 실력대로 해 볼까요? 누가 더 센지?"

편인 1: "아휴~! 그만 좀 해! 허주에겐 재성도 없고, 관성도 없고, 비겁도 없고 너희 식상 사 형제랑 우리 편인 세쌍둥이가 전부인데, 자꾸 투덕거릴 거야? 서로 돕고 협력해서 살아야지!"

편인 2: "편인 1형, 그만 하슈~! 저 상관들, 주둥이 놀리는 건 타고났다니까요. 뭘 해도 밉상이죠. 서로 지 잘난 맛에 사는 인간들, 아니, 십신들이라니까요?"

상관 2: "야, 편인 2! 너, 말 다 했냐? 이게 어디 핏덩어리들이 형님들한테 대들고 있어?"

편인 3: "웃기네! 너희야말로 토(土)극수(水) 한번 제대로 당해 볼 거야?"

상관 1: "토(土)극수(水)? 이게 서당 개 3년에 기문둔갑 점치는 소리 하고 있네. 자연은 힘센 놈이 장땡인 것 몰라? 어디 한번 해 봐라, 토극수. 정사(丁巳) 대운이 와서 내가 정임(丁壬)합으로 좀 묶여있기로서니 네가 겁을 상실한 것 같은데, 어이가 없네. 한번 해 봐라. 어디 무(戊)토도 아닌 기(己)토 나부랭이가…. 확!"

편인 1: "그만 좀 해! 편인 2, 편인 3, 너희들도 조용히 있어. 우리가 여기서 이렇게 한바탕하면 허주한테 영향이 안 갈 것 같아?"

그 무렵 허주는 지하철을 타고 소개팅 장소로 가고 있었다.

허주: "어…. 이상하다? 왜 이렇게 몸이 무겁고, 머리가 어지럽지? 어제 잠을 푹 잤는데…. 이상하네."

To be continued

2.

허주의 십신들 2편

– 그녀가 톡을 무시해요

1) 등장인물

- 허주[신(辛)금, 대사가 거의 없다]
- 상관 1(년간에 거주-제일 연장자)
- 상관 2(월간에 거주-성질이 더럽다)
- 식신 1(년지에 거주-별 도움이 되지 않는다)
- 식신 2(월지에 거주-서열 1위, 떠오르는 태양)
- 편인 1(일지에 거주-허주의 최고 도우미)
- 편인 2(시간에 거주-상관 1과 상관 2와의 말싸움 담당, 선봉대장)
- 편인 3(시지에 거주-편인 2를 서포트함)
- 정사[丁巳, 대운-관살, 몇 년 전에 들어온 이후로 계속 머무르며 십신들을 부려먹고 있다, 상관 1, 2를 시끄럽다고 혼낸 이후로(丁壬합) 상관들이 그나마 다소 조용해졌다]
- 소개팅녀[임수(壬水)녀-예쁘다, 간여지동으로 속내를 알 길이 없다, 어장관리녀]

2) 등장 십신표

기(己, 편인 2), 신(辛, 일간), 임(壬, 상관 2), 임(壬, 상관 1)
축(丑, 편인 3), 축(丑, 편인 1), 자(子, 식신 2), 자(子, 식신 1)
정사(丁巳, 대운)

3) 내용

상관 2: "드디어 만났네, 하하. 어디 보자, 어떤 십신들을 데리고 다니는 여자인
　　　 지."

식신 2: "와~! 그것도 알 수 있어?"

상관 2: "지지에 틀어박혀 있는 너야 모르겠지. 투출된 십신들끼리는 안테나로
　　　 서로 통하는 게 있어. 헉! 허주야, 안 돼! 얼른 자리에서 일어나!"

편인 1: "야! 무슨 일인데? 만난 지 10분도 안 됐는데, 일어나라니?"

편인 2: "형~ 상관 2 말이 맞아. 핑계라도 대고 빠져나오는 게 좋겠어. 나도 안테
　　　 나가 있잖아. 오늘 허주가 임자 만난 거야."

편인 3: "무슨 말이야? 답답하네. 알아듣기 쉽게 얘기해 봐. 임자를 만났다니?"

상관 2: "편인 아기들아. 저 여자는 임자(壬子)일주 간여지동(干如支同)에, 시주도
　　　 임자야! 임자 물기둥이 두 개라고! 더블 크러스트 양인이라고! 허주가 몇
　　　 년 전에 양인 겁재 여자 만나서 얼마나 힘들었는지 너희들도 알잖아. 양
　　　 인답게 고집도 더럽게 세고 남자 알기를 발가락의 때만큼도 생각 안 해."

식신 1: "알지. 허주 저 녀석, 신약해서 비견, 겁재가 중중한 여자를 만나면 오금
　　　 을 못 펴잖아. 평소에 잘하던 말도 베베 꼬이고, 아주 바보 같아지더라."

편인 1: "우리 허주 어쩌냐! 애들아, 각자 액션 좀 취해 보자. 상관 2 너는 현침신
　　　 공으로 독설과 재수 없는 말 좀 날려보고, 식신 2 너는 철학이나 종교, 뭐
　　　 복잡한 그런 것 좀 질문해 보고. 편인 2야, 너는 허주한테 음식값 내지 않
　　　 겠다는 뇌파 좀 흘려보내 봐."

상관 1: "어허~! 고마 해라! 허주 저 녀석, 벌써 넋 놓고 임자(壬子)녀 보고 있는 거
　　　 안 보이냐? 이미 우리 액션이 먹힐 타이밍이 지났다. 에효~!"

편인 3: "그래서 어쩌라고. 손 놓고 있자고? 저러다가 허주 은행 잔고 다 털리고
　　　 좌절해서 한강 가는 꼴 보려고 그래?"

상관 1: "요 호랑말코 같은 꼬맹이 녀석이, 어딜 대들어! 누가 손 놓겠대? 썩어도
　　　 준치 몰라? 촉이 예전 같지는 않지만, 들어올 때부터 눈치채고 정사(丁巳)
　　　 형님들에게 부탁해놨다. 이제 그만 밥값 좀 하시라고!"

편인 1: "아~! 다행이네 두 깡패, 아니 두 분 형님의 염상(炎上) 신공이면 게임 오

버지."

그로부터 1시간이 흘렀다.

허주: '아. 아까부터 몸에 열이 오르고, 머리가 어질어질하네. 왜 이러지? 소개팅
하러 올 때는 귀가 웽웽하더니, 이번에는 몸에 열이…. 앗, 몸이 불덩이 같
네. 이 상태로는 더 이상 못 버티겠다.'
"저기…. 임자녀 님! 아침 먹은 게 문제가 있었나 봐요. 죄송해요. 오늘은
이만 헤어지고 제가 다시 연락드릴게요. (어질어질) 여기 계산은 제가 할게
요. 택시 잡아 드릴 테니 타고 들어가세요. 집에 도착하시면 톡 꼭 주시고
요."

그녀를 태운 택시는 떠났고 1시간, 2시간… 4시간, 하루, 이틀, 사흘, 나흘…. 그
녀의 톡은 없었다.
아직도 집에 못 들어간 건가? 아님… 그녀는 혹시 노숙자?

To be continued

3.

허주의 십신들 3편
– 내 마음에 비가 내린다

1) 등장인물

- 허주[신(辛)금, 우울 모드, 반전 있음]
- 상관 1(년간에 거주-왕년에 청와대에 말을 잘해서 납품했다고 자랑한다)
- 상관 2(월간에 거주-다혈질이고 말이 엄청 빠르다)
- 식신 1(년지에 거주-뒷방 늙은이, 곤조 기질이 있다)
- 식신 2(월지에 거주-십신의 총사령부이나 잦은 하극상에 위기감을 느낀다)
- 편인 1(일지에 거주-허주와 가장 가깝게 소통한다)
- 편인 2(시간에 거주-편인 1과 편인 3의 지원을 받아 상관과 맞선다)
- 편인 3(시지에 거주-편인 2의 서포트를 위해 열과 성을 다한다)
- 정사[丁巳, 대운-관살, 10년 임대로 들어와서 십신들을 부하로 부려먹으며 탱자탱자 놀고 있다, 배후에 화사회(火死會)가 있어서 이러지도, 저러지도 못한다]
- 소개팅녀[임수(壬水)녀-예쁘다, 수 기운이 강하니 노련하고 속내를 알 길이 없다. 남자를 꼬시는 데 5분이면 충분하다며 10분씩 걸린다는 이효리를 비웃는다]
- 임자녀의 친구(엑스트라 섭외)

2) 등장 십신표

기(己, 편인 2), 신(辛, 일간), 임(壬, 상관 2), 임(壬, 상관 1)

축(丑, 편인 3), 축(丑, 편인 1), 자(子, 식신 2), 자(子, 식신 1)
정사(丁巳, 대운)

3) 내용

식신 1: "오늘 날씨가 왜 이래? 지금이 몇 시인데… 어두컴컴하게. 어쭈, 비도 오잖아?"

편인 1: "허주가 온종일 저기압이야. 우리도 자중하자."

식신 1: "아니, 소개팅에서 1시간 정도 만난 여잔데, 답장 없고 연락 없다고 저러는 거야? 허주 쟤는 멘탈이 쿠크다스야? 유리멘탈이었어? 대체 왜 그러는데?"

상관 2: "조용히 해! 잘 알지도 못하면서. 그 임자(壬子)녀… 수연(가명)이 닮았다. 그것도 아주 많이…"

편인 2: "맞아. 헤어스타일이고, 눈매고, 정말 소름 끼치게 많이 닮았더라. 허주가 임자녀를 보는 순간, 허주는 2008년도에 수연이를 만났을 때로 다시 돌아간 거야. 사랑의 열병에 들뜨던 그 시절로…"

편인 1: "우짜냐. 우리 허주…. 이거 오래가겠네. 음팔통 사주가 우울 모드에 접어들면 한동안 햇빛 보기 힘들겠네."

상관 2: "허주 생각해 주는 척하지 마! 허주가 옛 애인 잊지 못하고 힘들어하는 건 다 편인들 너희들 때문이잖아. 다 잊고 새 인연, 새 여자 만나야 하는데 너희들 편인들의 그 집착하는 성향 때문에 저러는 걸 몰라서 그래?"

편인 2: "어이, 상관 2! 너, 말 다 했냐? 정사(丁巳) 형님들에게 줘 터져서 얌전해졌나 싶더니 아직도 싸가지없이 독설(현침살) 날리는 버릇은 못 고쳤구나! 상관 너희들이 입 잘못 놀려서 파토난 게 한두 번이야? 그리고 잘 사귀고 있는데도 집중하지 못하고 딴 여자에게 관심 보이고 친절하게 대해 주다가 트러블 생겨서 여친과 헤어진 게 한두 번이냐고?"

상관 1: "어이? 참…. 어이가 없네? 저놈이 겁을 상실했구나. 어린놈이 한 번도 안 지고 말끝마다 대드는구나. 니네 부모가 그리 가르치더냐? 건방진 놈."

편인 2: "야, 늙다리! 너 벌써 치매 왔냐? 다 같은 허주의 십신들인데 부모가 어디
         있나?"

식신 2: "다들 그만 좀 해라! 분위기도 안 좋아서 자중하자고 했더니, 더하네."

상관 2: "와~! 오늘 뚜껑 열리네. 호적에 잉크가 마르지도 않은 어린놈이 상관 1
         형을 비난하네. 식신 2! 너, 말리지 마라. 내가 오늘 저놈이랑 끝장을 보런
         다. 토(土)극수(水) 어쩌고저쩌고 말도 안 되는 소리를 해대는데, 와라! 너
         오늘 한번 붙어 보자! 오늘을 네 제삿날로 만들어주고 매년 젯밥을 올려
         주마."

편인 2: "와라! 진정한 토(土)극수(水)를 보여 주마! 허주의 20~30대는 상관, 식신
         너희들이 다 망가트렸어! 부끄러운 줄 알고 반성하지는 못할망정, 어디서
         경거망동을 하는 거야?"

식신 1: "야! 왜 가만히 있는 우리까지 끌어들여! 너 미친 거 아냐? 돌았냐? 너희
         편인들이랑 상관이랑 힘이 균등해야 상관패인이 잘되니 우리 허주 잘되라
         고 중립을 지켰는데 그 공로를 몰라보고, 이제 막 대드네. 어이없네. 년지,
         월지, 더블 크러스트 수 기운으로 물상결합된 진정한 힘을 기(己)토 나부
         랭이가 감당할 수 있을 거라고 생각하냐? 네가 물에 휩쓸려 인천 앞바다
         까지 쓸려가 봐야 정신 차리지!"

다들 그만 좀 해!

상관 1: "헉! 누구 목소리냐? 편인 1, 너냐?"

편인 1: "아냐, 난 아니야. 뭐지, 이 메아리 같은 음성은? 아… 아… 이 목소리
         는…!"

맞아. 나야. 허주. 나 때문에 너희들이 다투고 싸우는 건 너무 싫다.

상관 1: "뜨아~! 허주… 너, 너, 우리의 존재를 느끼고 있었던 거야? 대박!"

**미안해. 3년 전, 새로운 12운성의 절지가 왔을 때, 눈 감고 명상하다가 나를 걱정
해 주는 편인 1의 한숨 섞인 독백을 들었어. 처음에는 내가 환청을 들었나 했는데,**

집중해서 들어 보니 환청이 아니더라. 더 명상을 하고 수양을 하니 다른 십신들의 음성도 들렸어. 내가 알면 너희들이 불편해할까 봐 그동안 모르는 척했었어. 미안해, 다 내 잘못이고 나의 부족함 때문에 그런 것이니 더 이상 안 싸웠으면 좋겠어. 우울 모드는 곧 떨쳐버릴 테니 너희들도 잘 부탁한다. 알았지, 응?

상관 1: "흠흠⋯. 편인 2, 그만하자. 허주의 부탁도 있고, 내가 이 나이에 핏덩이랑 싸우면 뭐하냐. 같은 인간, 아니, 같은 십신되는 거지. 그만하자."

편인 2: "저게, 끝까지⋯. 그래, 그만하자. 내가 너희들하고 토닥거릴 시간에 자평진전이나 한 번 더 읽겠다."

그로부터 몇 시간이 흘렀다.

카톡왔숑! 카톡왔숑!

임자녀: "허주님! 오랜만이에요. 답장이 많이 늦었네요. 죄송해요. 저도 그날부터 감기몸살이 와서 며칠 고생하다가 지금 정신이 드네요. 저녁 때 시간 되세요? 랍스터 잘하는 데 있는데, 제가 살게요~"

허주: "와우!"

덩실덩실~ 후다다닥!

임자녀 친구: "누군데? 아~! 며칠 전에 소개팅했다는 어리버리 남? 네 스타일 아니라며? 근데 왜 네가 랍스터까지 사 주려는 건데?"

임자녀: "내가? 랍스터? 미쳤냐. 딱 보니간 나한테 홀딱 빠졌는데, 그간 애간장 좀 태웠지. 랍스터도 자기가 사겠다고 박박 우길걸. 딱 사이즈 나오더라."

임자녀 친구: "근데 왜 만나려고 하는데? 네 취향도 아니라면서."

임자녀: "아, 몰라! 심심풀이 땅콩이랄까. 너도 따라와. 밤에 클럽 가서 놀기 전에 에너지 좀 보충하자. 뭘 그렇게 따져? 잘 데리고 놀다가 징징대면 미안보

호소에 맡기면 되지. 안 그래?"

The End

4

명리학을 오래 수양하면 생기는 초능력들!

명리학을 오랜 시간 동안 수양하면 자신도 모르게 초능력이 생긴다. 오랜 시간 수양한 허주도 마찬가지다.

명리학에 관심이 높아진 이 시점에서 그것을 처음으로 공개하고자 한다. 천기누설일 수도 있지만, 어차피 오랜 시간 동안 진실로 수양하면 얻을 수 있는 초능력이라 이참에 과감하게 공개하니 여러분도 수양에 힘써서 꼭 얻어 가시길 바란다.

1) 미래를 보는 능력(예지안)

작년 겨울에 송년회가 있어서 그간 못 보던 지방의 친구들을 만나게 되었다.

친구 A: "허주! 오랜만이네. 사주 봐주는 일은 잘 되어 가고?"

허주: "뭐 그럭저럭. 명리 칼럼 쓰고, 학생들 가르치면서 나름 바쁘게 보내고 있지."

친구 B: "난 교회 다녀서 잘 모르겠는데. 사주 배우면 뭐가 좋은데? 돈을 잘 버나? 하하."

허주: "돈? 훗~! 그런 게 중요한 게 아니야. 명리학의 깨달음을 얻으면 미래를 볼 수 있어. 가까운 오늘내일의 미래부터, 몇 달 후, 몇 년 후, 아니, 몇십 년 후의 미래를."

친구 C: "헉! 정말 허주 너 그 정도야? 뻥이지? 아니라면 우리가 알 수 있는 예언을 해 봐. 그럼 믿어줄게."

허주: "어렵지 않아. 바로 얘기해 줄 테니 잘 들어 봐. 지금 밤이지? 앞으로 10시
간이 지나면 아침이 오게 될 거야. 그리고 앞으로 3개월 후면 봄이 올 거
고, 6개월이 지나면 무더운 여름이 찾아올 거야. 그런데 더 중요한 건 말
이지, 먼 미래야. 30년 후에는 우리 모두 노인이 될 거야."

친구 A, 친구 B, 친구 C: "?!#@$@!?!?@!@#@@"

아침, 낮, 저녁, 밤, 봄, 여름, 가을, 겨울, 기해년, 경자년, 신축년, 임인년… 자연
은 잘도 흘러간다.

2) 투시력(透視力)

투시력은 막힌 물체를 환히 꿰뚫어 보거나 대상의 내포된 의미까지 보는 능력
이다.

보인다. 느껴진다. 새벽 4시, 어둠이 한껏 짙어지며 칠흑 같은 밤하늘이지만, 이
는 어둠의 마지막 저항처럼 느껴지고 운명처럼 아침이 어김없이 찾아온다는 것
을….

아침저녁으로 한기가 온몸을 감싸지만, 입춘이 지나고 조금씩 보이지 않는 사이
에 따뜻한 봄이 오고 있다는 것을….

산에 올라가 큰 나무의 기둥에 귀를 대고 있노라면 침잠해 있던 수 기운이 들린
다. 조금씩 나무를 따라서 올라오는 성성한 물소리가….

3) 사이코메트리(psychometry)

특정인의 사물, 즉 사진, 시계, 안경 등을 만져서 소유자의 정보를 읽어내는 능력을 말한다.

암호와도 같은 사주팔자, 대운, 세운을 보면 그 사람의 많은 정보를 알 수 있다. 천간의 드러난 마음과 지지에서 보이는 현실, 그리고 지장간을 통해 그 사람의 살아가는 모습을 낱낱이 알 수 있다.

그 사람은 욕망과 바람은 년간에서 월간으로, 시간으로 흘러가고 그 사람의 현실은 년지에서 월지로, 일지로, 시지로 흘러간다.

편인의 고독을 위로하고, 식신의 따뜻함을 칭찬하며, 편재의 유쾌함에 젖어 든다. 상관의 유창한 말솜씨를 경청하고, 정재의 상담비 할인 요청을 흔쾌히 받아들인다.

어떻게 살아왔고, 어떻게 살고 있고, 어떻게 살아가는지를 사주를 통해서 본다. 명리학을 수양하면서 생긴 능력이다. 사이코메트리.

이상이 명리학을 오랜 시간 수양하면서 생긴 초능력이다. 설레지 않는가? 이 늦은 시간에도 명리에 대한 갈증으로 사주 카페의 곳곳을 찾아다니면서 지식과 지혜를 쌓아가는 명리 도반들이야말로 미신이라는 오해와 편견, 사이비들로부터 사주 명리학을 지켜나갈 히어로들이 아닌가 싶다.

우리 모두가 초능력자인 것이다.

5

어떻게 하면 명리학을 잘할 수 있을까?

늘 듣는 질문이고 평생 따라다녀야 할 화두임이 틀림없다. 이 질문에 대한 답변의 기준은 나 자신이고, 명리학을 공부함에 있어서 성공적인 부분과 안 좋았던 부분을 뒤돌아보게 된다.

요새는 사주 카페도 많고, 유튜브를 열어보면 하루가 멀다 하고 새로운 분들이 명리 강의를 시작하고 있다. 정보의 홍수이다. 흔히 말하는 인성 혼잡의 시대를 살고 있다(정인, 편인은 들어오는 정보를 뜻한다).

정보가 없어서 철학관을 찾아가 배우기도 하고, 알음알음 선생을 통하여 비법서를 고액을 주고 구입하던 것이 불과 10년 전의 일이다. 격세지감을 느낄 수밖에 없다. 명리 공부에는 왕도가 없다. 부단히 노력하고 자기 수양을 게을리하지 않아야한다. 그럼에도 불구하고, 팁(Tip)이 필요하다. 사람마다 팔자가 다르니 어떤 이는 다음의 방법이 안 맞을 수도 있다. 그래도 기본적인 핵심 내용을 추려서 공통으로 적용되는 부분을 고려하여 썼으니 참고하시길 바란다.

1) 본인에게 잘 맞는 선생님 밑에서 집중적으로 배워야 한다

여러 선생님을 옮겨 다니면서 배우는 분들이 상당히 많다. 우리는 명리를 배우면서 혼잡의 폐단과 어려움을 배웠음에도 불구하고 그러한 행동을 반복한다. 물론 자신이 배우는 선생님이 자기와 잘 맞아야 한다. 유명하다고 해도 본인과 스타일이 안 맞으면 얻어가는 게 보잘것없고 회의감만 생길 것이다. 자기에게 맞는 스타일의 선생님을 찾아서 집중적으로 배우는 것이 좋다. 그 선생님의 가르침에서 정수를 얻은 후에야 비로소 자기의 학문 체계를 잡을 수 있을 것이다.

2) 본인에게 잘 맞고 이해가 빠른 서적을 10번 이상 정독하는 게 좋다

명리 공부를 하다보면 이런 책, 저런 책을 사다 놓고 앞에만 조금 읽다가 묵혀두는 일들이 태반이다.

많은 서적은 도움이 되지 않는다. 본인에게 잘 맞고 이해가 빠르며, 내용이 깊은 한 권을 찾아서 그 책을 10번, 20번 정독하면서 그 의미를 새겨보는 게 더 도움이 된다. 상관의 박학다식은 사실 도움이 안 된다. 식신이나 인성의 심학일식이 더 좋다. 기초가 탄탄하고 학문의 체계가 잡혀있으면 얼마든지 응용과 변용이 가능하지만, 기초가 약하고 수박 겉핥기식의 공부였다면 사상누각처럼 무너질 것이고 오히려 잡다한 지식으로 인해 정신세계에 혼란이 올 수 있다. 요즘 말로 '멘붕'이라는 것이다.

3) 혼자 공부하는 것보다 스터디 모임에서 공부하는 것이 좋다

온라인 카페 활동을 하고 있다면 모이기 쉬운 지역별 스터디 그룹에 나가서 공부하는 게 좋다. 명리학을 편인의 학문이라고 하는 것처럼 한쪽으로 치우쳐서 너무 나가버려 길을 잃으면 다시 출발점으로 돌아오는 데 오랜 시간이 걸리고 돌아오려다 지쳐서 자포자기하게 된다. 주변에 같이 공부하는 도반이 있다면 상호 간의 토론과 논의로 인해서 편인의 치우침을 예방할 수 있다. 그리고 일정한 장소에서 일정한 시간에 모임을 가진다면 연속성이 생긴다. 음과 양의 성향 중 하나가 끊임없이 순환되는 연속성이다. 명리학을 공부하는 사람이니 그런 음양의 이치를 담고 가면 좋겠다.

4) 독학으로 하는 것보다 선생에게 직접 대면 교육을 받는 게 좋다

요새는 동영상 플랫폼이 많이 발달해서 그것으로 충분하지 않은지 반문할 수도 있다. 물론 어느 정도는 가능하다. 그러나 충분하지는 않다. 왜냐하면 선생에게 질문하기 어렵기 때문이다. 동영상 강의는 강사의 일방통행이다. 그러니 수준이 낮거나 편협한 강사라면 잘못된 명리 지식을 심어줄 수 있다. 앞서 말한 샛길로 새게 되면 다시 돌아오는 데 너무 오랜 시간이 걸린다. 실제로 강의를 하면서 질문의 수준과 내용을 살펴보면 이 학생이 나의 강의를 얼마만큼 이해하고 있는지 알 수 있어서 강의 수준이나 단계를 다시 조정할 수 있다. 명리학은 주입식 교육이나 일방통행식 강의로 이루어져서는 절대 안 된다. 발전이 없다. 강의 시간에 나온 내용은 그냥 강사의 것일 뿐이다. 질문이 없고 토의가 없다면 절대 내 것으로 체화될 수 없다. 동영상 강의는 시간과 공간의 제약이 없어서 편하지만, 그러한 맹점이 있다. 또한, 명리학은 기(氣)의 학문이기 때문에 온라인 강의가 향기 없는 조화라면 대면 강의는 살아있는 생화이다.

5) 일반 학문과 명리학 공부는 달라야 한다

명리학을 배우면 본인의 사주를 보거나 타인의 사주를 감명해 주게 된다.

즉, 수학이나 철학처럼 공부하여 문제를 풀고 답안을 제출하는 것이 아니라 상담이 주가 된다. 그러므로 명리 서적을 볼 때는 반드시 소리 내어 읽어야 한다. 소리 내어 읽는 것은 그 자체로도 좋지만, 명리학에서는 더욱더 그렇다. 말로써 상담해야 하기 때문이다. 이것에 익숙해지지 않으면 3년, 5년을 공부해도 입이 안 떨어지는 경우가 많다. 분명히 머릿속에서는 내용이 맴도는데, 정리가 안 되고 진땀만 흐를 수 있다. 반드시 소리 내어 읽고, 읽을 때는 옆에 있는 가상의 누군가에게 설명하듯이 읽어 보자. 나중에 상담할 때나 혹은 강의할 때 큰 도움이 된다.

6) 배운 것은 반드시 써먹어야 한다는 것을 잊지 말자

배운 것은 반드시 써야 한다. 그렇지 않으면 발전이 없다. 이 말은 누군가의 사주를 봐줄 때는 프로의 정신으로 커피 한 잔이라도, 단돈 1만 원이라도 대가를 받고 봐주어야 한다는 뜻이다. 전에 썼던 "이제 그만 링 위로 올라오라."에서처럼 실전만큼 좋은 것이 없다. 서바이벌 게임 100번을 하는 것보다 피가 튀기고 살점이 떨어지는 현장 속에서 빠르게 성장하고 더 크게 각성할 수 있다. 허주는 명리학에 입문하고 4개월 차에 현업에서 종사하는 누님의 추천으로 건국대학교 근처 사주&타로 숍에서 실전을 경험했는데, 그때의 경험이 공부에 큰 도움이 되고 이를 통해 각성할 수 있었다. 현장은 전쟁터와 같아서 후방 같은 강의실에서 내가 뭘 준비해야 할지를 절실하게 깨달았기 때문이다.

7) 명리학을 공부하다가 막히면 잠시 책을 덮고 밖으로 나와 자연을 보자

학생 중에서 요즘 너무 공부가 안된다고 푸념을 하는 분이 계신데, 허주는 그럴 때면 웃으면서 그냥 당분간 쉬는 게 좋다고 조언해 준다. 농담이 아니다. 양의 기세로 세차게 달려왔다면 음으로써 휴식이 필요하니 균형이 생긴다.

사주원국의 여덟 글자와 대운, 세운의 글자들은 자연의 흐름을 글자로 표현한 것에 불과하다.

글자의 십신에 목을 매다 보면 그러한 자연의 흐름을 놓칠 수 있다. 공부를 하다 보면 난관이 여러 차례 찾아오는데, 가끔은 책을 덮고 밖으로 나와 밤하늘을 보고, 나무를 만지고, 먼 산을 보는 것이 좋다. 본격적인 뜨거운 여름으로 흘러가는 공기의 흐름도 느끼고 깊은 새벽의 어둠 속에서 아침이 다가오는 것을 두근거리는 가슴으로 느껴 보길 바란다. 선사가 달을 가리켰는데 선사의 손가락만 쳐다보는 우를 범하지 않기를 바라는 마음이다. 책이나 강의에서 배웠던 여러 현상이 우리의 삶에서 어떠한 모습으로 생겨나서 흘러가고 소멸되는지를 느낀다면 큰 진전이 있을 것을 믿어 의심치 않는다.

8) 에필로그

각자 팔자가 다르니 공부하는 방법도, 명리학을 대하는 태도도 다를 수 있습니다.

누군가는 취미로 배울 수도 있고 누군가는 직업으로 공부할 수도 있는데, 취미건, 직업이건 공통점은 한 가지입니다.

우리가 명리학을 공부하는 이유는 명리학을 잘해서 정확한 사주 간명을 하기 위함입니다. 앞서 말씀드린 방법들은 허주가 명리학을 시작했을 때부터 실천했던 방법들이고 남들이 10년 동안 할 공부를 2~3년으로 단축했던 방법이라 권해드립니다.

본인의 사주 구성을 참고하여 취사선택하기 바랍니다. 정상에서 기다리겠습니다. 같이 공부하는 도반분과 손 꼭 붙잡고 오시길 바랍니다. We meet Summit!

6.

이번에는 허주 선생을 국회로!

선거철이다. 각 당의 후보가 당선을 위해서 혼신을 다해 뛰고 있다.

물론 정치 이야기를 하려는 것이 아니다.

가끔 여론에 나온 지지율을 보면 당선권에서 한참 벗어난 후보들을 볼 수 있다. 10% 미만, 5% 미만인데도 끝까지 완주하고 승리를 장담한다.

이분들은 여론과 실제 표심은 다르다고 말하고, 막판 역전이 가능하다고 힘 있게 주장한다. 처음에는 이분들이 자기 지지층을 결집하려고, 지고 있다고 하면 자기 표가 사표가 될까 봐 이탈하는 사람들을 방지하기 위해 지고 있지만, 일부러 역전한다고 말하는 줄 알았다.

그런데 사실은 아니다. 놀랍게도 실제로 당선된다고 믿는 사람들이 많다. 왜 그럴까? 그것은 이 후보자들이 자신을 지지하는 비겁들에 둘러싸여 있기 때문이다. 비겁들이 후보자를 둘러싸고 외쳐댄다. "기호 ○번! 허주! 허주! 허주 선생을 국회로!" 비겁들의 연호를 받으니 정말 당선될 것만 같은 기분이 든다.

선거 운동 기간은 15일이다. 15일 동안 계속 같은 소리와 연호를 들으면 20%, 30% 뒤처진 것쯤은 당장에 역전할 수 있을 것만 같은 자신감과 에너지가 넘친다. 그런 자신감을 안고 거리로 나간다.

거리에서도 운동원들이 외쳐댄다. "기호 ○번! 허주! 허주! 허주 선생을 국회로! 아자아자!"

허주의 얼굴이 상기된다. 술도 마시지 않았는데….

허주를 알아보는 일부 지지자들이 찾아와 악수를 권한다.

"허주 님! 응원합니다. 꼭 당선될 거예요."

"네! 잘 부탁합니다. 꼭 투표하시고요. 기호 ○번, 허주입니다! ○번!"

"물론이죠. 꼭 찍을게요. 선생님이 쓰신 『명리 혁명』도 잘 읽고 있어요."

지지자들이 다가와 악수하고 본인의 이름을 연호한다. 비겁화된 관성들이다.

지역구 곳곳에서 선거운동을 하던 딤○나, EL□다이, 글○리아, 아○타가 속속 복귀해서 보고한다.

글○리아: "분위기가 좋아요. 악수한 분들이 다들 허주를 찍겠대요"-그럼, 인사하고 악수까지 했는데 다른 사람을 찍는다고 하겠는가?

아○타: "존경하는 선생님. 여론 조사는 너무 신경 쓰지 마십시오. 부동층이 25%나 되니 막판에 선생님에게 몰릴 거예요. 허주! 허주!"-다소 맹목적이기도 하다.

EL□다이: "선생님의 선거 전략이 너무 뛰어나요. 천재예요. 선거 구호도 머리에 쏙쏙 들어와요."

딤○나: "선생님. 그런데, 연설문에 오타가 좀 있어요. 그 점만 줄이면 51% 당선돼요."

희망적이고 긍정적인 현장의 표심을 전하는 비겁들…:

다시 이름을 연호하고 두 주먹을 불끈 쥐며 여론 조사 공표를 하지 않는 기간에 15%, 20% 뒤진 것을 단숨에 뒤집으리라는 집단 최면에 빠지게 된다. 마치 종교와도 같다. 그것이 투표 당일까지 지속되는데 이는 비겁들의 힘이다.

운이 다가와 운에 따르라고 하면 대부분 따라간다. 일부는 앞서가며 유리한 점을 선점하고 대부분은 마지못해서 따라간다. 그러나 일부는 따라가지 않고 버티거나 오히려 어려울 때 허세를 부리다가 충을 당하게 되는데, 가장 큰 원인이 이러한 비겁들 때문이다. 근거 없는 자신감, 그것이 비겁들이다.

2020년 4월 15일. 투표 종료.

허주 득표율 4.15%, 총 1,329표, 낙선.

비겁들에게 둘러싸인 결과는 이토록 참혹하다.

명리 혁명(The Revolution) 기초 편

신화로 기억될 위대한 승리!
– 삼복(三伏) 대첩

작계 645-0711 양(陽)나라 삼복(三伏) 대군 침공에 따른 경금(庚金)성 전투에 대한 보고서

대외비: 고 5221-0808호
보고자: 허주 조의선인

- 645년 6월 5일, 전국을 통일한 양(陽)나라가 세력을 더욱 키워 113만 대군으로 금(金)나라를 향해 진격함. 정금가도(征金假道)를 내세워 중립국인 무(戊)토국, 기(己)토국을 지나려 했으나 무토국의 반대에 부딪힘.

- 1차로 무(戊)토국과 전투 발발(6월 15일). 15일간의 밤낮없는 전투(열대야전)로 무토국왕 무진장(戊辰長)이 장렬히 전사, 무토성 함락. 양나라는 전열을 정비하여 기토국으로 진격했음.
  양나라 군대도 상당한 피해를 입고 전세가 크게 꺾였음.
  무토국왕은 세력에 굴복하지 않고 의기(義氣)를 지켰음.

- 2차로 기(己)토국과 전투 발발(7월 2일) 평소 양나라와 금나라의 눈치를 살피던 기토국은 초반에 전투하는 시늉만 하다가 양나라와 교섭하여 길을 내어 주고 안전보호조약을 체결함(7월 13일).
  기토국왕은 세력을 따라가며 의(義)와 인정을 버렸음.

- 3차로 양나라 군대와 첫 전투가 벌어짐. 초복(初伏) 대전(7월 16일~7월 17일) 금만춘 장군의 지휘 아래, 경금성은 양나라의 침략에 대비했지만 첫 전투에서 대병력에 겁을 먹은 병사들의 소극적인 전투로 인해 상당한 피해를 보면서 성의 외곽 쪽이 파괴됨.
- 후방을 지원하는 신유(辛酉)성에서 지원병을 보내려 했으나 금만춘 장군이 이르기를, "양나라 군대가 후방으로 우회할 수도 있으니, 후방을 단단히 지켜라."라고 함. 이어 경금성과 함께 뼈를 묻겠다고 사자후를 날림.

- 2차 중복(中伏) 대전 발발(7월 27일). 오랜 원정으로 지친 양나라 군대가 큰 피해를 봄. 전사자 11만, 부상자 22만 명으로 경금성의 주력 무기인 숙살전(肅殺箭)에 큰 피해를 입었지만 양나라 군세는 여전히 강력함. 경금성의 피해는 전사자 약 8,900명, 부상자 약 23,000명. 부상이 심한 자는 신유성으로 급히 이송했음. 상호 간에 피해가 커서 전열을 정비하느라 암묵적 휴전 상태가 되었음.

- 3차 말복(末伏) 대전 발발(8월 16일~8월 18일). 대규모 공성 무기를 동원하여 막바지 공세를 전개함. 열대야포(熱帶夜包), 지열전(地熱箭) 등으로 경금성을 공격, 금만춘 장군 휘하 장병들과 성의 백성들은 부채전을 쉴 새 없이 쏘고, 선풍(扇風) 발리스터를 날리는 등 목숨을 걸고 양나라 군대와 맞서서 2박 3일 혈전을 벌임. 8월 18일 축시가 지날 무렵 서쪽 성문이 뚫려서 함락의 위기가 있었지만, 때마침 구원병을 보낸 신유(辛酉)성의 추상(秋霜, 늦가을 서릿발) 장군의 지원으로 공세를 막아냄. 추상 장군이 날린 화살이 양나라 황제 염태종(炎太宗)의 왼쪽 눈을 관통하여 양나라 군대가 후퇴함.

- 8월 19일 아침. 무수히 많은 전사자를 남기고 양나라 군대가 후퇴함.
  양나라 전사자 약 230,400명, 포로 약 13,000명, 군마 약 6,700두 포획, 군량미 약 320,000석 확보(무토성에 10만석 지원함).
  경금성 전사자 약 12,600명, 부상자 약 34,560명, 신유성 전사자 2,334명, 부상자 4,320명.

이상 보고를 마침. 충(忠)!

포고령(布告令)

무재(無財) 사주인 허주 조의선인에게는 백성분들의 응원이 곧 재성(결과물)이 됩니다. 금(金)나라 백성분들이 보내 주신 재성은 경금성 전투의 전몰 유공자의 유족 지원과 전쟁 피해 복구에 쓰입니다.

8.

깡패에 대처하는 십신들의 자세
- 식신대살(食神帶殺)

어느 날, 평온하던 오행(Five Stream) 시장에 깡패들이 찾아왔다.
깡패(편관)들은 대놓고 보호비 명목으로 돈을 뜯으려고 한다.
그런 패악함에 여러 십신들은 어떤 모습을 보일까?

● 회피하려고 한다(일간-편관은 일간을 극한다)-"아, 놔! 내가 더러워서 피하지, 무서워서 피하냐?"

● 돈을 줘서 보내거나(정재-소극적 재생살)-"야! 얼마 줘서 보내자. 나는 쟤네 무섭단 말이야."

● 때론 깡패의 편에서 더 설치거나(편재-적극적 재생살)-"저 인간들이 떠오르는 강자인가? 쟤네 편에 서는 게 더 좋지 않을까?"

● 조용하게 쥐 죽은 듯 살고 싶어 하거나(양인-양인대살 할 수도 있다. 그러면 시장 사람들이 내가 양인이란 걸 알게 된다)-"아오~! 성질 다 죽이고 산다. 한주먹거리도 안 되지만, 한 번이라도 싸우면 나의 평온한 일상도 사라진다."

● 앞에서는 미소를 띠고 호시탐탐 기회를 엿보거나(상관-상관대살 할 수 있다. 깡패가 사라지고 나면 양아치가 남을 뿐이다)-"이것들이 감히 내 구역에서 설쳐대! 지금은 붙으면 안 되지만, 너희들이 술에 만취하면 가만 안 두겠어. 형님! 이 아우의 술을 한 잔 받으시죠! 원샷!"

● 또는 편관에게 상납받는 자도 있다(인성-살인상생이라 깡패가 보호비를 걷어서 경찰이나 더 큰 세력에게 묵인해달라고 상납한다)-"야! 적당히, 잡음 안 나오게 해! 너무 무리해서 뜯지 말고. 걸리면 나와는 무관한 거다. 알지?"

● 그 와중에 오직 식신만이 당당하게 깡패 앞에서 그의 불법과 무례를 따지고 물러날 것을 요구한다.

배짱과 뚝심으로 한 치도 물러서지 않고 논리적이고 이치에 맞게 이야기하니 깡패(편관)도 깨갱거리면서 물러나며 오히려 그 담대함에 존경을 표한다. 실로 식신대살이란 이런 것이다.

식신은 논리적이라 편관과 대치하여도 빈틈없이 편관의 허점을 파고드니 편관이 두 손, 두 발 다 들 수밖에 없다. 겁을 주고 을러대도 꿈쩍도 하지 않는다. 식신은 일관성과 논리성 그리고 두둑한 배짱이 있기에 편관을 능히 감당할 수 있다.

명리 혁명(The Revolution) 기초 편

9

병(丙)화 엄마 대 정(丁)화 엄마,
당신의 선택은?

　우리는 흔히 목을 근묘화실에 의하여 어린이로 분류한다. 좀 더 세분하면 갑(甲)목을 1~7살, 을(乙)목을 8~15세로 나누곤 하는데 역술인에 따라서는 약간 다를 수 있다. 통합하여 목에게는 병정화의 화기가 절실하게 필요하다. 화기가 없으면 목이 성장할 수 없기 때문이다. 물론 땅도 필요하고 물도 필요하지만, 병정화는 나무의 성장을 이끌어주고 소년을 남자로, 소녀를 여자로 바꾸어 가는 것이다.

　그런데 3대 고서인 『적천수』를 보면 목에게 필요한 것은 병화라고 설명하고 있다. 병화에 계수까지 더하면 금상첨화라고 했다. 과연 진짜 그런가? 허주의 학문적인 의심은 끝이 없는데, 이와 같은 편인스러운 의심은 나쁘지 않다.
　학문에 있어서 맹목적인 추종과 교조주의적인 가르침만큼 무서운 것은 없다. 허주의 글을 통해서 무언가를 배우거나 알았다고 해도 항상 의심하고 사유해야 한다. '저 사람의 말이 맞나?', '자연의 이치에 부합하는가?', '인간의 삶에서 투영되고 있는가?'를 말이다. 각설하고, 병화 엄마와 정화 엄마를 이야기하고자 한다.

　허주가 병화 엄마, 정화 엄마를 말하니 바로 태클이 들어온다. 목생화이니 자식이지, 무슨 엄마냐는 태클이다. 그런 관점으로 보지 말고 화를 목의 지향점으로 봐주길 바란다. 피터팬처럼 언제까지나 어린이로 머물러 있을 수는 없기에 목은 되려는 것은 성인인 화이며, 그래서 엄마라는 제목을 붙여 봤다.
　당신은 병화 엄마와 정화 엄마 중에서 어느 쪽인가?
　병화 엄마는 그야말로 태양이고 빛이다. 빛을 목에게 보내준다.

그 빛의 방향을 따라서 목은 자란다. 간접적이다. 더디지만 스스로 그 빛을 따라서 움직일 수 있게 해 준다. 아이가 스스로 숟가락질을 하고, 양말을 신고, 양치질을 할 수 있게 가르쳐 주고, 자기 스스로 할 수 있는가를 지켜봐 준다. 마치 중천에 떠 있는 태양처럼 말이다. 때론 매정하게 보일 수도 있다. 다소 권위적일 수도 있다(병화의 특징이다). 정화 엄마처럼 따뜻하지 않다. 다만 태양이 만물을 골고루 비추듯이 차별하지도 않는다.

정화 엄마는 그야말로 열이다. 난로와 같다. 열을 목에게 보내준다.

그 열의 강도에 따라서 목은 도움을 받기도 하고(조후), 때론 너무도 강한 열에 물기가 말라서 시들기도 한다. 정화의 엄마는 정이 많고 목에게 헌신한다. 직접적으로 아이를 도와주려고 한다. 늦은 나이에도 밥을 먹여 주기도 하고, 양말을 신겨 주기도 하며, 양치질을 해 주기도 한다. 아이를 지켜만 보기에는 왠지 안쓰럽고 답답하여 직접 도와주니 따뜻하게 보이지만, 아이의 성장은 더디게 된다. 정화 엄마의 보호를 벗어나면 아이는 스스로 할 수 있는 일이 없다. 즉, 엄마의 도움 없이는 아무것도 할 수 없는 아이가 된다.

병화 엄마가 좋고 정화 엄마가 안 좋다는 이야기는 아니다.

또는 정화 엄마가 좋고 병화 엄마가 안 좋다는 이야기도 아니다.

목의 성장기에 따라서 아주 어린 아이일 때는 당연히 정화 엄마가 좋다.

목의 유년기에 병화 엄마처럼 빛만 내려주고 직접적인 훈육과 지도가 없다면 아이는 사랑과 정을 못 느끼는 냉혈 인간이 될 수도 있다.

반면에 어느 정도 성장해서도 계속 정화 엄마의 역할을 한다면 아이는 마마보이가 되거나 주체적으로는 아무것도 할 수 없는 무기력한 사람이 될 수도 있다. 오행에 병정화가 있는 것은 각각 그 역할이 있기 때문이다. 자녀의 올바른 성장은 엄마의 기쁨이고 보람이다. 아이의 성장기나 발달 상황에 따라서 병화보다 정화가 필요할 수도 있고, 때로는 정화보다 병화가 필요할 수도 있다. 나이를 먹고 자식을 낳았다고 해서 다 부모가 되는 것은 아니다. 부모의 역할을 제대로 하기 위해서는 많이 배우고 생각해야 한다.

윌리엄 워즈워스의 명시 〈내 마음은 설레고〉로 글을 마무리하고자 한다.

하늘의 무지개를 바라볼 때마다 내 가슴 설렌다.
어려서도 그랬고, 어른이 되어서도 마찬가지,
늙는다고 내 가슴에서 이 설렘이
사라진다면 죽은 생명과 같은 것
아이는 어른의 아버지,
내 생의 나날을 자연의 경외감에 묻혀 살고파.

10.

인간과 나눈 이야기

신이 물었다.

"너에게 부탁할 게 있다. 시간이 되느냐?"

나는 대답했다.

"저의 시간은 유한합니다. 무엇을 부탁하시는지요?"

"나 대신 하루만 신의 역할을 맡아줘라."

"감히 감당할 능력이 안 됩니다."

"걱정하지 마라. 능력은 내 권능 그대로 쓸 수 있다. 단지 마음만 네 마음일 뿐이다."

나는 수락했다. 그 이후 100년이 지나갔고 신이 돌아왔다.

"그래, 어떠냐? 해 볼 만 하느냐?"

"저를 속이셨습니다. 하루만 맡아 달라시더니 100년이 지났습니다."

"신의 시간과 인간은 시간은 다르다. 그래, 해 보니 어떻더냐?"

"해 볼 만 하더이다."

"그래? 특이한 인간이구나! 다른 이들은 신의 무게를 견디지 못하고 다 정신이 붕괴되었느니라. 넌 어떻게 견뎌낼 수 있었느냐?"

"저 역시 처음 1년은 인간들의 아픔과 슬픔, 공포, 두려움으로 인한 울부짖음 때문에 밤잠을 이루지 못했습니다. 모든 구원의 기도에 귀 기울이고 들어주었지만, 제가 원하는 방향으로 가지 않았습니다. 돈을 갈구하는 자에게는 돈을 주었더니 그 돈으로 누군가에게 갑질을 하고, 돈의 힘을 믿고 남을 무시하고 비웃었습니다. 건강을 갈구하는 자에게 건강을 주었더니 건강을 되찾자마자 누군가를 죽이고 누군가를 때리고 협박했습니다. 결국 인간들의 삶에 제가 간섭하는 것이 정답이 아니라는 걸 깨달았습니다."

"그래? 그래서 그 이후에 어떻게 했느냐?"

"무심(無心)입니다. 신이 만든 자연의 섭리(道)에 맡겨놓는 것입니다. 신이 만든 것이니, 한 치의 오차 없이, 흔들림 없이 가는 것입니다. 자연의 이치에 순응하고 살아가는 인간은 내 뜻에 부응하니 마음에 평안과 행복이 가득할 것이요, 자연의 이치에 불응하고 살아가는 인간은 내 뜻에 저항하니 마음에 황폐와 고단함이 가득할 것입니다."

"그렇다면 자연의 이치에 맡기고 내가 준 신의 권능을 쓰지 않았다는 말이냐?"

"그렇지 않습니다. 100년의 세월 동안 그 간절함이 절실하고, 그 뜻이 고귀하며, 그 의지가 굳건한 자들에게는 신의 권능을 보여 주었습니다. 이들은 신의 권능을 오용하지 않으리라 생각했습니다."

"오! 생각보다 잘했구나. 며칠 더 해 볼 생각은 없느냐? 최고의 연봉과 주택. 기사 딸린 승용차를 제공하겠다. 기대가 되는구나."

"호의는 감사합니다만, 이참에 인간 세계로 내려가서 신의 역할을 하면서 느꼈던 것을 인간들에게 널리 알려 보고자 합니다. 인간들이 그 이치를 깨닫는다면 그들의 삶이 더욱 자연스럽고 행복해질 겁니다."

그 사람은 인간 세계로 내려와서 많은 이적(異跡)을 행했다. 누군가는 그를 석가모니라 불렀고 또 누군가는 그를 예수라고 불렀다고 전한다.

에필로그

닐 도날드 윌쉬의 『신과 나눈 이야기』에 대한 헌정의 글을 명리적인 입장에서 써 보았습니다.

인간의 삶에 대해 신이 느끼는 감정을 표현한 것이 '신과 나눈 이야기'라면 신의 삶에 대해 인간이 느끼는 감정을 표현해 본 것이 '인간과 나눈 이야기'입니다.

11.

궁합이 안 좋아서
이별을 생각하시는 분들께

　사주 카페에 많이 올라오는 문의나 상담 중 한 가지는 남녀 간의 궁합입니다.
　명리학은 음양을 공부하는 학문이고 음양의 조화를 중요시하기 때문에 남녀 간
의 궁합 문제는 명리학의 중요한 이슈입니다.

　실제로 사주 상담 시 가장 어려운 것이 첫 번째가 자녀 상담이고 두 번째가 궁합
입니다. 서로 뜨겁게 사랑하고 결혼까지 염두에 두고 있는 남녀의 궁합이 안 좋게
나왔을 때는 어떻게 상담을 해드려야 할까요?
　두 분의 궁합이 괜찮으니 잘 사실 거라고? 아니면 두 사람이 결혼하고 아이 낳고
살아가다가 불화가 생겨서 이혼하기까지 오랜 시간이 걸릴 테니 일단 괜찮다고 말
해두자고? 안 좋다고 말하면 분위기가 싸해지니깐 일단 위기를 모면하자고?
　많은 역술가분이 고민하는 문제입니다. 사실대로 말하자니 분위기가 싸해지고
불편해지고, 좋은 편이라고 둘러대자니 역술가로서의 양심에 걸립니다.

　허주의 경우는 사실대로 말해드리는 편입니다. 그 이유는 그분들이 저에게 덕담
을 들으러 온 것이 아니기 때문입니다.
　오히려 두 사람의 궁합을 제대로 알고 대처하는 게 좀 더 현명한 일일 것이라고
알려줍니다. 역술인에게 궁합에 대해 안 좋은 이야기를 들었다고 해서 사랑하는
이와 이별한다면 어차피 그 커플은 이미 이별의 전조를 느끼고 있었을 것입니다.
그것을 궁합으로 확인한 것뿐입니다. 일종의 확인 사살입니다.
　서로의 궁합이 좋지 않다는 것은 위기라고 볼 수 있는데, 현명한 커플들은 위기

의 순간에 더 협력하고 노력하여 사랑이 더 굳건해집니다. 역술가는 그냥 이유 없이 궁합이 좋은 편이 아니라고 말하지 않습니다. 두 사람의 추구하는 마음과 성격, 기질 등을 대비하여 조목조목 설명해 줍니다. 대운에서 비겁운이나 식상운이 왔을 때, 또는 서로의 대운이 사오미나 해자축처럼 반대로 갈 때, 어떤 변화가 올 것을 알려주고 어떤 점이 안 좋은가를 궁합 당사자들이 스스로 수긍하고 공감해야 변화를 시도할 수 있는 것입니다.

사주도 그렇지만 궁합을 보는 것도 역시 상대방에 대해 조금 더 이해하고 알아가는 과정인데, 본인의 성향과 기질 중에서 부부 생활을 저해하는 요인이 무엇인지를 알고 스스로 개선할 것을 알려 줍니다. 미리 알고 있어 대비하며 조심하는 것과 살다가 부딪치고 충돌하면서 느끼는 것과는 다릅니다.

부딪치고 충돌하는 것은 일종의 충(沖)인데, 충이 사라져도 모든 충(沖)은 감정에 앙금을 남깁니다. 즉 전혀 없었던 일이 될 수는 없는 것인데 그것을 미리 예방하는 것이 좋다고 생각합니다.

정말 두 사람의 궁합이 최악이고 양가에서도 두 사람의 결혼을 반대하고 있다면 결혼 전에 3~4개월 정도 동거를 해 볼 것을 권합니다. 사실 결혼해서 같이 살면 연애 시절에는 몰랐던 상대방의 사생활과 성향을 알 수 있습니다. 즉, 같이 살아 봐야만 알 수 있는 점도 반드시 있다는 것입니다.

옛날에는 감히 말할 수 없는 옵션이었지만, 현대에서는 가능하고 해 볼 만한 개운법이라고 생각합니다. 결혼해서 이혼하느니, 동거를 해 봐서 결혼 생활이 맞을지, 아닐지를 아는 것이 좀 더 현명한 선택이 아닐까 생각해 봅니다.

어떤 분은 이렇게 말씀하십니다.
"선생님! 우리는 연애를 오래 해서 서로 다 잘 알아요."
잘 안다고? 나 자신도 잘 모르겠는데, 상대방을 다 안다고? 과신이고 연애의 맹점인 것 같습니다. 다 알아서 결혼하는 게 아니라 결혼해서 서로를 좀 더 알아가는 과정이란 걸 모르시는 것 같습니다.

최근에 어떤 회원분이 궁합을 봤는데, 남자친구가 바람둥이 사주라서 고민하는 글을 보았습니다. 광고업이라는 본업이 따로 있어서 사실 명리 공부를 하고 글 쓰고, 강의하고 사주 상담도 하다 보니 몸이 두 개라도 모자랄 정도로 시간이 부족해서 제 글에 달린 질문 등에만 주로 댓글을 달아주었는데, 유독 그 질문에 눈이 갔습니다. 그래서 다음과 같은 답변을 달아주었습니다.

"바람을 피울 수도 있고, 안 피울 수도 있지만, 그건 미래의 일이고 호감을 느끼고 끌리는 것은 현재이니 현재에 충실하시는 게 좋겠습니다.

영화 〈마이너리티 리포트〉처럼 현재의 톰 크루즈에게 미래의 살인죄를 씌울 수는 없습니다. 미래는 알 수 없는 것이니까요."

사주 상담 시에는
역술가가 100% 유리하다. 그러나…

　현업 역술가가 상담자와 만나서 상담을 하면 거의 100% 역술가가 유리하다. 생각해 보라! 상담자가 도대체 지금까지 얼마나 많은 사주를 봤을까 하는 것을 말이다. 많아야 10번, 20번, 그래, 정말 많이 봐서 50번을 봤다고 해도 1년에 수백 명에서, 많으면 수천 명과 상담한 역술가와 대적할 수 있을까?

　상담을 많이 하다 보면 요령도 생기고 눈치도 빨라진다. 방문한 상담자의 행색이나 말투, 질문하는 것만 봐도 사이즈가 나오고, 또 상담자의 말속에 답이 있기 때문이다. 상대하는 상담자는 역술가보다 사주를 모르거나 단편적인 지식만이 있다. 그래서 허주가 만나본 현업 역술가들은 상당수가 자신만만해했다. 누가 오든지 상대할 수 있다고 생각한다. 심지어 얘기해 보면 명리 이론이 턱없이 부족한 분까지도 그렇다.

　이해는 된다. 수백 명이 넘는 용의자들을 취조한 형사나 검사 앞에서 민간인 용의자가 그들의 취조를 이겨낼 수는 없다. 기가 센 사람이라면 한동안 버티다가도 결국에는 "형사님. 담배 한 대 피워도 될까요?" 하면서 술술 털어놓기 마련이다.

　사주만으로는 그 사람의 인생과 미래를 100% 예측할 수 없다. 그렇더라도 비즈니스 차원에서 많은 현업 역술인은 본인의 실력을 장담하며, 잘 맞춘 것은 과장하고 '도사님', '술사님' 소리에 흐뭇해하면서 실제로 맞지 않는 부분에는 이것저것 다른 이유를 대면서 현상과 맞추려고 한다. 그래서 명리가 귀에 걸면 귀걸이, 코에 걸면 코걸이란 소리를 듣게 된다.

역술가는 신이 아니다. 본인이 틀릴 수도 있고 예측이 안 맞을 수도 있는데, 그것을 스스로 인정하기 싫어하는 마음은 이해는 한다. 하지만 틀린 것을 이런저런 이유를 들어서 뜯어 맞추거나 상담자가 뭘 잘못 알고 있거나 태어난 시간을 잘못 알고 있는 거 아니냐고 오히려 성을 내는 것은 옳지 않다. 의기양양해져서 상담자를 보내고 나면 본인은 위안을 받을 수 있지만, 돌아가는 상담자는 어떨까? 아마도 다시는 그 역술가를 찾지 않을 것이다. 어쩌면 경영학에서 말하는 입소문만으로 28명의 안티를 생겨나게 할 수도 있는 것이다. 그리고 불신감이 생기고, 그 불신감은 명리에 대한 것으로 이어져갈 것이다.

천하의 서자평, 서락오, 박 도사도 간명하다 보면 틀릴 수 있다. 당연하다. 그들은 신이 아니기 때문이다. 그러나 '선생님', '스승님', '도사님' 소리를 계속 듣다 보면 본인이 진짜 신선이 된 것으로 착각하는 사람들이 많다. 마치 교인이나 신도들의 맹목적인 칭송과 추종에 본인이 예수가 된 듯, 활불이 된 듯 착각하는 사이비 목사나 땡중처럼 말이다. 상담자가 명리 지식이 없거나 적은 경우가 많으니 사주 상담이나 간명지를 적어줄 때는 쉽게 풀어 주어야 하며 내용이 이해가 되는지, 어려운 부분이 없는지를 살펴야 한다.

사주가 다르니 서로의 생각이 다를 수 있음을 인정하듯이, 사주 간명 시에는 틀릴 수도 있고 잘못 볼 수도 있는 인간임을 인정하자. 귀신 같음을, 도사임을 포기할 때 명리가 그대(역술가)를 자유롭게 하리라.

13.

최초의 명리 법정 드라마,
편관은 허주를 변호인으로 선임합니다

　허주는 원래부터 편관(偏官)을 칠살로 부르는 것을 좋아하지 않았다. 일부 역술인들의 겁주는 통변과 상담을 좋게 보지 않았기 때문이다. 4대 흉신, 나쁜 신살 등으로 겁을 주는 데는 반드시 이유가 있다. 경제적인 이유 외에도 본인의 카리스마를 세우기 위함도 있고 역술인의 성향 등 여러 가지일 것이다.

　우주의 모든 것은 존재 이유가 있다. 어느 하나 불필요하게, 무의미하게 존재하는 것은 없다고 생각한다. 편관의 글도 그러한 관점에서 쓰게 되었다. 일간을 혹독하게 극하는, 그리하여 일간을 죽이는 일곱 번째 기운이라는 칠살(七殺)의 의미를 부여받은 흉신 중 하나인 편관을 변호하기로 했다. 편관이 내 사주에 존재하는 데는 반드시 이유가 있다. 이리저리 세간의 입에서 혹독하게 비판받아 힘들어하는 편관이 허주를 변호인으로 선임했다. 허주는 내 의뢰인을 위해서 최선을 다해서 변호할 것이다.

　자평진전의 4대 흉신 중 당당하게 서열 1위를 차지하고 있는 편관!

　편관이라는 말보다는 칠살이 입에 더 잘 붙는다고 즐겨 쓰는 Y모 역술인!

　고귀한 귀물(貴物) 취급을 받는 정관에 비해 제대로 대접도 못 받고 궂은일은 도맡아 하는 편관!

　일간을 죽인다는 오해와 음해에 시달려서 늘 눈치를 보며 생존의 압박에 시달려야 했던 편관!

　정작 우리의 생명을 지켜주는 경찰, 군인, 소방관들은 대부분 편관격이라는 아이러니!

허주는 최선을 다해서 편관을 위한 변호를 시작하고자 한다.

이 글을 읽는 여러분은 배심원이 된다. 글을 다 꼼꼼히 읽어 주시고 마지막에 댓글로 편관의 유무죄를 판단하여 남겨주시길 바란다. 배심원의 사주에 편관이 있을 수도 있고 없을 수도 있다. 편관격에게 시달렸을 수도 있고 아닐 수도 있지만, 최대한 객관적인 판단을 내려주시길 바라면서 편관의 이야기를 시작하고자 한다.

● 명리 법정 2738호. 편관의 일간 1급 살인죄의 국민참여재판(2020년 6월 19일 14:00)
- 재판장: 자평명리학의 서자평
- 배석 판사: 자평진전평주의 서락오, 제산 박재현(일명 박 도사)
- 검사(원고): 역술인 Y
- 변호인: 허주
- 피고인: 편관
- 배심원: 재판에 참여하는 명리학을 수양하는 도반들

서기: "판사님들이 입장하십니다. 전원 기립!"

서자평 재판장, 서락오 판사, 박재현 판사가 입장했다.

서기: "전원 착석! Y 원고께서는 이번 재판의 기소 내용을 설명해 주시길 바랍니다."

Y모 검사: "본 재판의 원고인 Y모입니다. 존경하는 서자평 재판장님, 두 분 배석 판사님들, 그리고 귀한 시간을 내어주신 배심원 도반분들께 진심으로 감사드립니다. 기소의 요지를 설명하겠습니다. 여기 계신 서자평 재판장님의 저서에도 잘 나와 있듯이 칠살은 4대 흉신 중에서 첫 번째인 흉신 중의 흉신입니다. 사주의 주인공인 일간을 무자비하게 공격하는…"

허주: "재판장님! 이의 있습니다. Y 원고는 공소장에 분명히 기재된 피고인의 공식적인 명칭인 편관을 그대로 부르지 않고 칠살이라는 비공식적인 용어를 쓰면서 배심원에게 은연중에 편관의 살의(殺意)를 강조하고 있습니다."

재판장: "인정합니다. Y 원고, 편관이라는 공식 명칭을 쓰도록 하세요."

Y 검사: "네, 알겠습니다. 다시 이어가도록 하겠습니다. 피고 편관은 배심원들도 알다시피 일간을 공격하는 흉신입니다. 여기 계신 배심원분들도 사주에 편관이 있으신 분들이 있을 겁니다. 편관으로 인해 얼마나 힘들고 스트레스를 받았습니까? 편관의 인정사정을 보지 않는 무자비한 극함으로 심지어는 극한 선택을 하는 경우가 많았습니다. 분명히 사주팔자에 함께 공존하면서도 핍박하고, 탄압하며, 강박관념과 스트레스로 얼마나 많은 고통을 일간에게 주었습니까? 많은 역학자가 편관을 칠살로 부르는 데는 그만한 이유가 있는 겁니다. 극도의 공포와 겁박으로 역사상 수많은 일간을 죽음에 이르게 한 피고 편관에게 1급 살인죄를 적용하여 사형을 구형합니다. 이는 합리적인 선택이며 무수히 선한 일간을 보호하기 위한 명리학적인 대의에 합당한 조치라고 생각됩니다. 이 땅 위에 핍박받는 일간들이 생기지 않도록 마땅히 편관을 사회적으로 분리해야 한다고 생각합니다."

재판장: "잘 알았습니다. 변호인! 준비되었으면 반론하세요."

허주: "존경하는 재판장님! 그리고 친애하는 배심원 여러분! 저는 오늘 이 법정에서 변론하면서도 솔직히 제가 왜 이런 말도 안 되는 재판의 변론을 하는지 자괴감이 듭니다. 편관이 일간을 극하고 죽인다고요? 도대체 원고가 음양과 오행을 제대로 이해하고 이런 기소를 했는지 의문이 듭니다."

Y 검사: "존경하는 재판장님! 이의 있습니다. 지금 변호인은 변론을 핑계로 저의 개인적인 명예를 더럽히고 있습니다."

재판장: "기각합니다. 변호인, 계속하세요."

허주: "감사합니다. 왜 그런지 배심원분들께 하나 질문하겠습니다. 혹시 여기 계신 배심원분들 중에 사주에 편관이 있으신 분은 손을 들어 봐 주십시오. 네, 거기 회색 양복을 입은 배심원님, 하나 묻겠습니다. 사주에 편관이 확실히 있으신 거죠?"

배심원 A: "네, 편관이 2개 있습니다."

허주: "그렇군요, 혹시 일간을 물어봐도 될까요?"

배심원 A: "네, 저는 무(戊)토 일간입니다."

허주: "그럼 편관이 갑(甲)목이 되겠군요. 솔직히 묻겠습니다. 편관 때문에 스트레

스를 많이 받고 계신가요?"

배심원 A: "법정이니 솔직하게 말씀드리겠습니다. 다소 스트레스가 있습니다. 아니, 좀 심한 편입니다."

허주: "솔직한 답변 감사합니다. 혹시 자녀분이 있으신가요? 그리고 직업을 물어봐도 될까요?"

배심원 A: (재판장의 눈치를 본다) "…."

재판장: "괜찮습니다. 편하게 답변하세요."

배심원 A: "고2 되는 아들놈이 하나 있고, 저는 지금 중학교 교사로 재직하고 있습니다."

허주: "그렇다면 체(體)로써는 아드님이 편관이시고, 재직하시는 학교가 용(用)이라고 봐도 되겠군요, 직설적으로 묻겠습니다. 재직하시는 학교를 퇴사하실 생각이 있으신가요?"

배심원 A: "아닙니다."

허주: "아니, 왜요? 선생님에게 심한 스트레스를 주는 편관인데요?"

배심원 A: "스트레스를 주는 것은 사실이나 교사는 제 직업입니다." (가슴을 드러내며) "힘들지만, 이 나라의 동량들을 키워낸다는 자부심을 가지고 있습니다."

허주: "아드님이 속을 많이 썩이시는 것 같은데, 실례지만 아드님이 이 세상에서 없어지길 바라는 것은 아닙니까? 예를 들면 교통사고라던지…."

배심원 A: "이보세요, 변호사님! 무슨 그런 흉측한 말을…. 세상에 그런 부모가 어디 있습니까?"

허주: "죄송합니다. 사과드리겠습니다. 진심 어린 답변 감사합니다. 자리에 앉으셔도 되겠습니다. 재판장님! 저 신사분에게는 편관이 아드님이고, 평생 몸을 담았던 학교가 편관입니다. 물론 이 두 편관은 저분에게 많은 스트레스를 줍니다. 저분을 공격한다는 뜻이죠. 그렇다면 저분의 아드님을 사형에 처하고 학교를 폐교해야 할까요? 다들 알고 계십니다. 그렇지 않다는 것을요. 이것이 바로 제가 왜 말도 안 되는 재판에 임하는지를 알려주는 팩트입니다. 그렇습니다. 편관은 누군가에게는 자식일 수도, 남편일 수도, 직장일 수도, 응대하는 고객들일 수도 있습니다. 이들은 일간에게 스트레

명리 혁명(The Revolution) 기초 편

스를 주고, 상처를 주며 때론 극도의 심한 고통을 주고 있습니다. 그렇다고 자식을, 남편을, 고객을 죽일 수 있을까요? 이것이 이 재판이 말이 안 되는 재판이란 이유입니다."

Y 검사: "재판장님! 지금 변호인은 논리의 비약으로 본질을 흐트리고 있습니다. 칠살, 아니, 편관을 변호하기 위해 육친에 대비하여 판사님들과 배심원들의 감정에 호소하려고 하고 있습니다."

허주: "그게 아닙니다. 저는…"

재판장: "변호인은 말을 멈추고, 원고는 계속 말씀하세요."

Y 검사: "이 사건의 본질은 일간을 무자비하게 극하고 괴롭혀서 극한의 스트레스로 일간을 병들게 하고 죽게 만드는 편관의 죄를 묻고자 열린 재판입니다. 육친상으로 편관이 자식이고, 남편이고, 고객이고, 직장이지만 얼마든지 다른 십신으로 대체할 수 있습니다. 남자 사주에 무관성이라고 해서 자식이 없는 게 아니고, 여자 사주에 무관성이라고 해서 남편이 없는 것이 아니지 않습니까? 얼마든지 다른 십신으로 대체할 수 있고, 적어도 그 십신들은 일간을 극하거나 심한 고통을 주지 않을 것입니다. 오행의 생극제화에 의하면 말입니다. 그렇지 않습니까, 변호인?"

허주: "말씀 잘하셨습니다. Y 원고의 말은 Y 원고의 말로 반박하겠습니다. 좋습니다. 피고 편관을 사형시켜서 세상과 분리한다고 합시다. 다른 십신이 편관의 역할을 대체한다고 합시다. 그렇다면 오행이 아닌 사행이 되는데, 이는 대자연의 균형이 깨지는 것이고, 세상의 기본 구조를 뒤틀어놓는 일대 사변입니다. 결코 세상이 존재할 수 없게 됩니다. 지구와 인류의 종말을 뜻하는 걸 모르시겠습니까? 우주의 모든 것은 존재 의미가 있습니다. 음과 양이 존재하는 이유는 그런 것입니다. 도둑이 있어야 경찰이 있고, 쓰레기를 버리는 사람이 있어야 이를 줍는 청소부분들이 일을 해서 먹고삽니다. 사주팔자의 모든 글자는 그 존재의 의미가 있고, 심지어 길가에 핀 이름 모를 꽃이나 돌멩이 하나도 그 존재 의미가 있습니다. 하물며 오행의 한 부분이고 세상의 구성 요소 중 하나인 편관을 없애겠다는 발상 자체가 명리학의 기초와 본질을 망각한 기소라고 생각합니다. 본 변호인이 편관이 일간을 심하게 극하고, 가혹한 스트레스를 준다는 것을 왜 모르겠

습니까? 하늘은 사람을 크게 쓰기 위하여 큰 시련을 준다고 했습니다. 편관이 내 사주에 있다는 것은 그런 시련을 통해서 강한 경쟁력을 만들고 더 단단해지도록 하기 위한 자연의 의지입니다. 그게 싫다면 직장을 안 다니면 되고, 결혼을 안 하면 되고, 자식을 안 낳으면 됩니다. 그러면 사주에 편관이 있어도 행동을 하지 않으니 작용하지 않을 겁니다. 정녕 그런 삶을 원하시는 겁니까? 제 변론은 여기서 마치겠습니다. 배심원들의 합리적이고 냉정한 판단을 기대하겠습니다."

재판장: "Y 원고, 마지막으로 하고 싶은 말이 있으면 해 보세요."

Y 원고: "제가 솔직히 허주 변호인의 언변을 감당하기 어렵군요, 저야 편인격을 쓰는 사람인데, 언변으로 먹고산다는 상관격의 변호인을 어떻게 말로 이기겠습니까? 하지만 배심원분들은 한 가지만 알아주시길 바랍니다. 편관이 주는 시련이 나의 경쟁력을 늘려준다고요? 자연이 나를 더 단단하게 만들기 위한 의지라고요? 내가 원했습니까? 누가 바랬습니까? 저는 솔직히 이 재판의 결과에 그다지 관심이 없습니다. 피고 칠살, 아니, 편관에게 무죄판결이 나더라도 대다수 명리인의 생각은 바뀌지 않기 때문입니다. 편관이요? 다들 앞에서는 편관으로 말하면서 실제로 통변하고 상담할 때는 칠살로 말할 겁니다. 왜냐고요? 일간을 극하는 흉신이기 때문입니다. 명리학의 중요한 격국론에서 살인상생, 식신대살, 양인대살, 상관합살, 온통 칠살로 쓰면서 이제 와서 부드럽게 편관으로 쓰자고요? 하하. 하나 묻겠습니다. 존경하는 판사님들, 그리고 친애하는 허주 변호사님, 여러분들은 어떠십니까? 늘 고상하게 편관으로 쓰자고 하면서 전혀 칠살이라고 안 쓰시는지 묻고 싶습니다. 진짜 그러신가요? 10년 후에도, 20년 후에도 일간을 죽이는 7번째 기운인 칠살은 격국으로, 통변으로, 상담으로 영원히 남아있을 것입니다. 나를 죽이는 7번째 기운, 그 명칭을 잘 기억해 주시길 바랍니다. 여기서 마치겠습니다."

재판장: "Y 원고, 허 변호인. 두 분 다 수고하셨습니다. 배심원분들은 배심원실에서 협의하셔서 피고 편관의 유죄, 무죄 여부를 알려주시길 바랍니다. 배심원들의 의견이 취합될 때까지 2시간 동안 휴정하겠습니다." 탕! 탕! 탕!

서기: "오랜 시간 동안 경청해 주신 배심원분들께 감사드리고 본인의 양심과 신념

에 따라 피고 편관의 유죄 및 무죄 여부를 댓글로 적어주시길 바랍니다. 1. 유죄, 2. 무죄. 본인의 고견과 함께 적어 주시면 감사하겠습니다. 판결은 다수결에 의해서 배심원들의 의견이 취합되는 대로 발표하겠습니다."

에필로그

무재(無財) 사주인 허 변호사에게는 배심원분들의 댓글이 곧 재성(결과물)이 됩니다.

1번 유죄, 2번 무죄. 고견을 https://cafe.naver.com/soulsaju/1420, 허주 명리학 사주 카페에 댓글로 남겨주시면 더 감사하겠습니다.

14.

명리 테마

- 절대 두려워하지 마라

명리학을 오랜 세월 동안 공부하신 분이 계십니다. 여러 선생님에게 배우기도 했고, 독학의 시절도 있었으며, 이론적으로도 상당히 높은 경지에 오르신 분입니다. 같이 명리에 대한 대화를 나누거나, 질문하는 내용을 들어 보면 알 수 있습니다. 또한 취미로 하신 것이 아니라 은퇴 후 현업 술사를 생각하신 분입니다. 부지런하시고 매 수업마다 항상 자리를 지키시는 분과 귀한 상담을 나누게 되었습니다. 그 내용을 기억을 되돌려 정리해 보았습니다.

"그렇군요, 실제 사주 간명도 많이 해 보셨겠군요?"
"아닙니다. 저와 제 가족, 가까운 지인을 합쳐서 30명이 채 안 됩니다."
"네? 9년 가까이 하셨는데요? 설마, 농담이시겠지요."
"농담 아닙니다. 실제로 그렇습니다. 아직 누군가의 사주를 간명하기에는 많이 부족합니다."

이분의 사주를 여쭈어보니 식신, 편인을 중히 쓰고 계신 분입니다. 식신의 완벽주의가 느껴졌습니다. 그러면서 또 물어보십니다.

"어떻게 하면 사주를 잘 볼 수 있을까요?"
"이론으로 충실히 공부하고(體), 실제 사주를 간명(用)하시면서 부족함을 채우면 좋겠습니다."
"저는 아직 누군가의 운명을 간명하기에 많이 부족합니다. 좀 더 공부를 많이 해서 제대로 된 간명을 해 주고 싶습니다."

"선생님! 그러면 늦지가 않습니다. 언제까지 서바이벌 게임에서 특등 사수를 자랑하시고 일급 요원으로 만족하시겠습니까? 피와 살이 튀는 현장 속의 전투와 안전한 강의실과 책 속의 서바이벌 게임은 전혀 다른 문제입니다."

"저도 알고 있습니다. 그런데 저는 두렵습니다. 제가 간명한 것이 맞지 않아서 한 사람의 인생이 잘못될까 봐 걱정됩니다. 누군가의 인생을 망칠 수도 있어서 더 조심스럽습니다."

"그렇지 않습니다. 뭔가 오해하고 계시는군요. 선생님의 간명은 신탁(신의 계시)도, 예언도 아닙니다. 그리고 간명을 받으시는 분이 어떤 관계인지는 모르겠지만, 전적으로 신뢰하지는 않을 겁니다. 그냥 참고할 뿐입니다. 선생님이 간명한 것에 의해서 이 사람이 전적으로 따르며 소송을 걸거나 사업에 자금을 투자하거나 혹은 이혼하지는 않습니다. 그냥 참고만 할 뿐입니다. 그러니 그러한 중압감은 내려놓으시는 게 좋겠습니다. 그런데 선생님, 지금까지 봐주셨던 분들은 복채를 받고 봐주셨나요? 적든, 크든 말입니다."

"아닙니다. 지인들이 많고, 저도 연습할 겸 해서 무료로 봐주었습니다. 그중에는 보고 나서 고맙다며 커피나 밥을 사 주는 지인도 있었고, 뭐, 대충 그렇습니다. 별도의 복채를 받고 하지는 않았습니다."

"그러면 더욱 선생님의 간명에 별다른 신경을 쓰지 않습니다. 타인의 운명이 잘못될까 걱정하지 않으셔도 됩니다. 그리고 복채는 꼭 받으시는 게 좋겠습니다. 적건, 많건, 단돈 1만 원이라도 받고 봐주시는 게 실력 향상에도 도움이 되실 겁니다."

"친한 지인 사이에 돈을 받는 게 좀 그렇습니다."

"돈 몇만 원이 중요한 게 아닙니다. 진지함 때문입니다. 그리고 프로와 아마의 경계선은 복채(돈)입니다. 무료로 봐주신다면 여전히 아마추어에 머물러 있게 되고, 장차 선생님이 꿈꾸시는 현업 술사, 즉 프로의 길은 요원합니다."

"아! 그런가요. 저는 활인(活人)의 정신으로 기꺼이 봐주었는데 그게 잘못되었군요."

"잘못되었다는 것이 아닙니다. 식신의 마음으로, 활인의 정신으로 지인분에게 도움을 주려고 봐주셨는데 그게 어찌 잘못된 일이겠습니까? 카페에 질문란에 여러 댓글을 달아주신 것을 보았습니다. 글 속에 정성스러움과 진지함이 느껴져서 좋았습니다. 단지 프로의 길을 생각하신다면 그것이 전혀 도움이 안 된다는 것을 말씀드린 겁니다."

"누군가 10만 원을 내고 사주 감명을 받는다면 받는 분의 마음가짐도 달라지고, 정말 간절함을 가지고 질문하게 되고, 감명받은 내용에 대해서도 좀 더 구체적이고 세부적인 변화와 그 이유에 대해서 물어보게 됩니다. 간절함과 진지함이 생기기 때문입니다. 20만 원, 30만 원짜리 감명이면 더욱 그렇습니다. 또한, 사주를 간명해 주는 사람 역시 그런 기운을 느끼고 더욱 집중하게 되고, 상담자의 기감을 공유하면서 상담하게 되니 그 간명 내용과 흐름에 그분의 인생의 시간표가 달라질 수도 있고, 변화가 올 수도 있습니다. 1만 원에 보더라도 무료로 봤을 때와 달라집니다. 선생님에게 적어도 1만 원어치 이상의 질문과 진지함이 생깁니다. 장난스럽지 않게 된다는 뜻입니다. 또한 무료로 봐주면 그 간명이 맞건, 틀리건 책임에서 자유로워집니다. 사주 카페에는 공개적으로 자기 사주를 올리고 고민에 대한 술사분들의 답변을 요청하는 글에는 이런저런 댓글들이 주렁주렁 달리는데, 이에 대해 아무런 책임이 없습니다. 맞건, 틀리건 말입니다."

"그렇군요, 저는 제가 현업 술사도 아닌데 복채를 받는 게 미안해서, 그리고 틀리면 받을 비난이 두려워서 무료로 봐주었던 것 같습니다."

"역술인이 신이 아닌데 어떻게 틀리지 않을 수 있습니까? 틀릴 수 있음을 인정하고 틀리더라도 겸허하게 받아들이면 됩니다. 명리가 학문이고 흐름인데, 다 틀릴 수는 없지 않습니까? 좀 더 구체적인 사건, 사고, 현상에서의 오류는 언제나 존재합니다. 그걸 인정하면 마음이 편합니다. 현업 술사를 꿈꾸시니 조금씩 실제 간명을 통해서 그 오류를 줄여 가시면 좋겠습니다."

"그렇군요. 감사합니다. 또 다른 조언을 주실 게 있으실까요?"

"오늘 나눈 대화의 진체(眞體)만이라도 실천에 옮기시면 더 좋아질 겁니다. 절대 두려워하지 마시기 바랍니다. 프로야구 선수는 10번 중 3번, 3할을 치면 뛰어난 선수로 인정받습니다. 현업 역술가는 10번 중 7번을 정확히 간명해야 뛰어난 역술인으로 인정받을 수 있습니다. 나머지 25%는 차츰 현장의 경험을 통하여 이론에 반영하고, 이론으로 체계화된 내용을 현장의 경험으로 발전시킨다면 선생님의 마음속의 큰 뜻을 이루리라고 생각합니다. 나머지 5%는 신의 영역으로 남겨놓겠습니다. 제 조언은 여기까지입니다. 원래는 계획이 없었는데, 선생님과 상담을 하고 마음이 바뀌었습니다. 오늘의 상담료는 ○○은행 계좌로 입금 부탁드립니다."
"아. 네. 알겠습니다."

　　며칠 후 이분에게 다시 연락이 왔다. 사주 간명을 요청한 지인분에게 3만 원 입금을 먼저 받고 사주 간명을 해 주었다고 한다. 확실히 집중하니 사주가 잘 보여 감명과 상담이 만족스러웠다고 하셨다. 이 선생님의 꿈인 은퇴 후 현업 술사의 꿈이 현실로 이뤄지길 기원한다.

15

음식점에서 빨리 달라고 재촉하지 마라!
– 식신의 곤조

르네상스를 대표하는 조각가이자 화가인 미켈란젤로는 1508년경에 교황 율리우스 2세의 명령으로 시스티나 성당의 천장화를 그리게 된다. 실제로 성당에 들어가 보면 알겠지만, 천장이 엄청 높다. 그 시기에 변변한 장비도 없이 그 높은 곳에 천장화를 그린다는 것 자체가 놀라운데, 4년 넘게 그렸다는 그의 끈기와 인내심, 치열한 작가정신에는 경의를 표할 수밖에 없다. 실제로 그는 사다리에서 떨어져 평생을 절름발이로 살았으며, 작업 중에 석회 가루가 눈에 들어가 한쪽 눈을 실명하면서까지 치열하게 작품을 그려 갔다고 한다. 한쪽 구석에 칠이 다 채워지지 않은 것을 보고 다시 올라가서 재작업을 하려고 하자 몸도 불편한 그를 걱정한 지인이 말했다.

"어허, 이보게. 4년을 넘게 그렇게 힘든 자세로 천장에만 매달려 있는 것이 힘들지 않나? 이만하면 완벽한 것 같은데, 누가 안다고 그 구석의 보이지도 않는 곳까지 그림을 그리는 건가?"

미켈란젤로가 말했다.

"내가 안다네."

그 그림이 바로 그 이름도 유명한 〈천지창조〉이다.
미켈란젤로에 대한 일화는 이 외에도 많은데 1533년경에는 클레멘스 7세로부터 시스티나 성당의 제단 위에 〈최후의 심판도〉를 그리라는 명령을 받았다. 391명의 인물이 그려진 이 작품은 1541년에야 완성되었는데 작품의 완벽함을 추구하는 그였기에 작품 완성 날짜가 한없이 길어지게 되자, 교황은 의전장을 보내 연거푸 재촉했다. 작품의 오른쪽 가장 아래에 뱀이 감고 있는 악마를 표현한 남자의 얼굴에 교황의 의전장 얼굴을 그려놓았는데 이는 미켈란젤로가 이것을 제작하던 중에 그가 이 부분이 마치 목욕탕이나 술집 같다고 비난한 것에 화가 나서 그의 얼굴을 그려놓은 것이라 한다. 여기서 미켈란젤로가 가지고 있는 식신의 '곤조'를 볼 수 있다. 그렇다. 오늘 하고 싶은 이야기는 식신이 가지고 있는 '곤조'에 대해서이다.

곤조는 고집이 세고 고약한 성질. 또는 그런 성질을 부리는 버릇이나 태도를 뜻하는 것으로 비표준어이다. 일본어로도 곤조는 근성, 성깔로 표기된다.

10개의 식신 중에서 비교적 강한 식신인 목화 식신과 금수 식신을 가진 이들에게서 보이곤 한다.

식신은 일간이 생하는 것 중에 음양이 같은 것을 뜻한다. 식신은 자기보호본능이 강하고 자기가 좋아하는 하나에 매진하는 경향을 가지는데, 다양한 주제와 화제에 관심을 가지는 상관과는 달리 한 우물을 파는 성향으로 각 분야에서 전문가로 활약하는 식신들이 많다. 상관이 박학다식하다면, 식신은 심학일식하다. 상관이 100m 달리기 스프린터라면 식신은 42.195km의 마라토너에 비유된다. 요식업, 창작, 예술, 음악, 교육, 학문 분야에서 두각을 나타내는데 이곳저곳에 한눈팔지 않고 한 우물을 파고 들어가는 전문가답게 자기 분야에 대한 자부심이 가득하다. 또한 완벽주의를 추구한다.

타인의 시선, 관심 등 외부로 향하는 상관과는 다르게 식신은 자기 내면의 세계에 몰두한다. 타인들이 좋다, 완벽하다고 말해도 자기가 맘에 안 들면 완벽하다고 생각하지 않는다.

고려 시대, 조선 시대의 도공 중에는 그러한 식신의 성향을 가진 도예가가 많았다. 남들이 보기에는 좋은 작품이지만 본인 마음에 안 들면 깨고 또 깨며 재작업을 하는 고집과 끈기가 있다. 그러한 식신이 선보이는 작품, 요리, 결과물은 그에 대한 자부심이 있다.

그런데 누군가 그런 작품을 비아냥거리거나 근거 없이 문제를 제기한다면 발끈하기도 한다.

　전문가로서의 자존심에 상처가 나는 것을 참을 수 없는데 개인의 인격과 성향에 대한 비난이 아닌 자신의 창작물에 대한 비난과 비평에 민감하다. 중국 음식점에 가서는 음식을 빨리 달라 재촉하지 말라고 한다. 요리사 중에는 식신격인 사람이 많은데, 안 그래도 최선을 다하려고 하는데 재촉하고 여러 가지 옵션으로 본인의 창작물(요리)에 태클을 걸면 발끈하는 곤조가 생긴다. 물론 극히 드물지만, 요리에 이물질을 넣어서 내보낸다는 괴담이 돌기도 한다.

　제대로 된 식신은 그렇지 않지만, 식신이 형충이 되거나 원진, 귀문으로 구성되어 있으면 전혀 없는 일도 아니다. 빨리 달라, 이러쿵저러쿵 구시렁거리는 것은 오히려 역효과다. 차라리 "늘 당신의 요리를 맛있게 먹고 있습니다. 오늘도 잘 부탁합니다." 라는 말은 어떨까? 그것이 식신격의 요리사를 잘 활용하는 방법일 것이다. 그날의 요리가 지금까지 먹었던 것보다 더 맛나는 최고의 성찬이 될 수도 있을 테니….

명리 혁명(The Revolution) 기초 편

16.

개명(改名)하면 인생이 바뀔까?

가끔 제게 개명이나 작명을 요청하시는 분들이 계십니다. 또한 역술인 중에는 상당수가 상담자에게 개명을 권하기도 합니다. 사주감명에 비해서 작명은 훨씬 간단하고 쉬운 학문인데, 난이도에 비해서 부가가치는 높습니다.

이는 사주 상담료에 비해 작명비가 더 높기 때문입니다. 10만 원, 20만 원, 30만 원, 유명한 분은 50만 원을 받으시기도 합니다. 저도 현업에 있으니 이해는 됩니다. 사주는 여러 번 볼 수 있지만 이름은 여러 번 바꾸기 어려우니 희소성이 있습니다.

무속인이 굿을 하라고 하는 것처럼, 현실에서 먹고살기 위해서는 어쩔 수 없습니다. 물론 무속인이 하는 굿이나 역술인이 하는 작명처럼 꼭 필요한 경우도 있습니다(이름의 어감이 이상해서 자존감이 떨어지는 경우 등). 그런데 저의 견해로는 대부분이 불필요한 경우가 많습니다. 개명으로 운이 바뀌는 것은 5% 미만, 3% 미만으로 적을 것 같습니다. 사실 솔직히 말하자면 더 적을 것 같습니다.

한번 생각해 보시면 됩니다. 어떤 사주에 목 기운이 부족해서 목 기운을 보충한 이름으로 개명하는 것과 일주일에 한 번씩 수목원에 가서 산림욕을 하는 것, 둘 중 어디서 목 기운을 잘 받을 수 있을까요? 목 기운을 보충한 이름으로 개명한 것과 목의 기운이 강한 음식을 꾸준히 먹는 것, 둘 중 어느 쪽이 목 기운을 잘 받을 수 있을까요? 저는 후자라고 생각합니다. 개명하여 목 기운이 보충된다는 것은 이름 속에 목의 글자를 넣었기 때문입니다. 그 이름을 부르면 음운 속의 기운이 파동이 되어 나에게로 옵니다. 그런데, 여러분은 요즘 하루에 몇 번이나 이름이 불리나요? 김 사장님, 김 과장님, 김 씨, 또는 닉네임 등으로 불리면서 이름이 불릴 기회가 적습니다.

이름을 개명하여 잘되는 분들도 계십니다. 가끔 뉴스에도 나오고 방송도 나옵니다. 그런데 개명한 분들 중에서 그냥 그렇거나 더 안 좋아진 분들은 뉴스나 방송에 안 나옵니다. 어감이 이상해서 바꾸시는 것은 좋습니다. 자존감의 문제이니까요. 그냥 부르기 좋고 어감이 좋으면 됩니다. 이름을 개명하면 주민등록증이나 여러 가지로 바꾸어야 할 것들이 있습니다. 그것을 바꾸면서 심기일전할 수 있기는 합니다. "난 앞으로 다른 인생을 살 거야." 그런 마인드가 삶을 변화시키고 정신력을 강화시켜 주는 경우도 있습니다. 그런 경우라면 하셔도 무방합니다.

그러나 근본적인 사주팔자의 흐름을 변화시키려면 풍수, 먹는 것, 본인에게 부족한 오행을 가지고 있는 분들과의 교류 등이 더 좋습니다. 운이 온다는 것은 어떠한 기운이 온다는 것입니다. 바닷가에 가면 수 기운이 밀려오고, 수목원이나 산에 가면 목의 기운과 토의 기운이 몰려옵니다. 사우나에 가면 뜨거운 화의 기운이 옵니다. 화 기운이 많은 분이 수 기운이 많은 사람 옆에 있으면 차분해지고 마음이 편안해집니다. 그래서 같이 있으면 시간 가는 줄 모르게 됩니다. 이러한 본원적인 이해를 가지고 개명하듯이 운의 흐름에 변화를 주시는 게 어떨까 합니다.

아이의 작명이나 개명을 제게 요청하면 저는 이와 같은 이야기를 해드립니다. 사랑하는 아이의 이름이니 부모님이 예쁜 이름으로 잘 골라서 지어주시는 게 어떠시냐고 말입니다. 자신들이 지은 아이의 이름이니 부를 때 더 사랑스럽고 애틋하지 않을까 생각해 봅니다.

한 어머님이 아이에게 토가 부족해서 이름난 작명가에게 이름에 토를 보충하는 글자를 넣어 개명했다고 자랑하길래 다음과 같이 말씀드렸습니다. 이름에 토의 글자를 넣는 게 무에 그리 중요하겠습니까? 그렇게 아이의 이름을 돈을 들여서 개명하고 부모로서 최선을 다했다고 말씀하시고 싶은 겁니까?

그런 것보다 주말에 아이 손을 잡고 같이 가까운 산에 가는 게 훨씬 좋습니다. 토의 기운을 흠뻑 느낄 수 있고 산행을 통해서 마음의 안정도 생길 겁니다. 스마트폰, 게임이나 유튜브에 몰두한 아이에게는 이것이 정서적으로도 더 좋다고 말씀드렸습니다. 자녀와 함께하면서 쌓이는 친밀감과 유대감은 보너스와 같다고 말입니다.

전문 작명원을 하시는 분이나 역학 선배들에게 욕을 먹을 수도 있겠습니다.
그래도 명리학자로서의 소신이 중요하지 않겠습니까?
저희 동네에는 배달 중국집이 있는데 이름이 몇 년마다 바뀝니다.
새로운 이름으로 전단지를 보내면 사람들은 새로 생겼나 하고 맛은 어떤가 하며 주문하는 경우가 종종 있습니다.
맛은 10년째 한결같습니다. 맛없습니다.
중국집도… 정당도… 사람도… 그렇습니다.

17

지금까지 착하고 정직하게 살아왔는데, 왜 이렇게 힘들죠?

상담자 K모 과장(44세, 남): "선생님! 저 나름대로 착하고 정직하게 살아왔다고 생각되는데, 왜 이렇게 사는 게 힘들죠? 아내는 늘 제게 불평불만이고, 아이들(두 자녀)은 엄마 편이며, 아빠를 보면 데면데면합니다. 회사에서는 부장한테 늘 까이고, 치고 올라오는 후배들이 두렵기도 합니다. 누구를 때린 적도, 돈을 떼어먹은 적도, 사기를 친 적도, 누군가를 음해한 적도 없습니다. 착하고 성실하게 살아왔다고 생각하는데 이젠 지치네요. 모든 것을 내려놓고 싶습니다."

허주: "K 선생님! 많이 힘들고 지치신 것 같습니다. 아이들을 생각해서 힘내셔야죠."

상담자 K: "왠지 좀 억울해서 그렇습니다. 남을 음해하고, 모략질하며, 경쟁자를 깎아내리고, 자신을 과장하고, 윗사람들에 지문이 닳아 없어지도록 아부하던 동기 녀석은 차장으로 승진하고 저는 만년 과장입니다. 언제 승진할지 앞날을 알 수가 없습니다."

허주: "정말 많이 지치셨군요. 힘내십시오. 내년에 선생님의 대운이 바뀌는데, 지금까지 본인을 힘들게 했던 재생살구조도 사라지고 한결 편한 마음으로 생활하실 수 있습니다. 그러한 환경으로 바뀌어 가고 있습니다. 대운으로 오는 인성운이니 승진도 할 수 있습니다."

상담자 K: "얼마 전에 선생님이 쓰신 글을 카페에서 읽어 보았습니다. '명리학은 부귀(富貴)와 빈천(貧賤)만을 논하는 학문인가?'라는 글이었습니다. 명리학의 인과응보와 사필귀정에 관해 쓰셨더군요. 맞습니다. 죄를 지었으면 언젠가는 꼬리가 잡히겠죠. CCTV, 블랙박스, 몰래카메라, 녹음기, 스마트폰 등은 꼬리잡기 좋은 현대 과학의 산물이죠. 그런데 선생님, 착하고 정직하게 살면 어떻게 되나요? 보답을 받게 되나요? 사람들에게 인정을 받게 됩니까? 제가 생각하기에는 아닌 것 같습니다. 호구 취급 안 받으면 다행 아닙니까? 인과응보, 사필귀정을 말씀하시면 그 반대로 착하고 정직하게 살아온 사람들이 잘 살 수 있는 논리도 말씀해 주셔야 하는 것 아닌가요?"

허주: "착하게 살면 잘 살 수 있다? 전 그런 취지의 글을 쓴 적이 없습니다."

상담자 K: "네? 아니라고요? 제가 잘못 본 건가요? 아니면 죄만 짓지 말고 살라는 뜻입니까?"

허주: "명리학은 자연의 흐름을 읽어 가는 학문입니다. 우리가 보통 자연스럽다는 말을 쓰지 않습니까? 겨울이 오면 겨울옷을 꺼내서 입고, 여름이 오면 여름옷을 꺼내서 입고, 늦가을이 되면 낙엽이 떨어지는 것은 자연스러운 것입니다. 연인이 서로 사랑하고, 부모가 자식을 키우고, 선생이 학생을 가르치고, 선배가 후배를 아끼며, 후배가 선배를 존중하는 그러한 모습이 참으로 자연스럽지 않습니까? 연인이 서로를 증오하고, 자식이 부모를 때리고, 학생이 선생을 모욕하며, 선후배가 뒤섞여서 원수같이 싸운다면 그것이 어떻게 자연스러운 모습이겠습니까?"

상담자 K: "선생님, 너무 교과서적인 말씀입니다. 누가 자연스러운 것을 모르겠습니까? 하지만 현실은 다르지 않습니까? 늘 신문과 방송에 실리는 악행과 죄악, 불륜과 패륜을 보고도 그런 말씀을 하시는 겁니까? 네?"

허주: "지금처럼 혼란스러웠던 전국 시대에 한 제자가 공자에게 물었습니다. 세상이 왜 이렇게 혼탁하고 혼란스럽냐고. 공자가 대답했습니다. 명(名)이 서지 않았기 때문(正名)이라고 말입니다. 제자가 다시 묻자 공자가 말했습니다. '군군(君君) 신신(臣臣) 부부(父父) 자자(子子)'라는 말로 표현하는데, 이 말은 '임금은 임금답게, 신하는 신하답게, 아비는 아비답게, 자식은 자식답게'라는 말입니다. 한자의 명(名)과 명(命)은 다르지만, 큰 틀에서의 의미는 비슷합니다. 자신의 명(命)의 이치(理)를 알고 자연스럽게 살며 행하는 것이 안되었기 때문에 세상의 혼란이 생겨난 것이라고 생각합니다. 세상 사람들이 자신의 명리(命理)를 알고 분(分)을 지킨다면 이러한 혼란은 많이 줄어

들 것으로 생각됩니다."

상담자 K: "머리가 복잡해집니다. 좀 더 쉽게 설명해 주실 수는 없나요?"

허주: "착하고 정직하게 사는 것은 자연스러운 순환입니다. 착하게 살았다니 남의 것을 강탈하지도 않았고, 베풀면서 살았으니 좋은 일이요, 정직하게 살았다는 것은 남을 속이거나 마음에 거리낌 없이 살았으니 역시 좋은 일입니다. 하지만 명리에서는 한 가지를 더할 것을 알려줍니다."

상담자 K: "그게 뭡니까?"

허주: "나아갈 때(攻)와 물러설 시기(守)를 아는 지혜입니다. 겨울을 대비하여 양곡을 비축하고, 아침과 낮의 활동을 위하여 저녁과 밤에 휴식하는 지혜를 알기를 명리는 바랍니다. 착하고 정직했던 사람들이 어렵게 살고 힘든 시절을 보내는 것은 이런 명리의 이치를 깨닫지 못했기 때문입니다. 쓸쓸한 가을의 논밭에는 씨를 뿌리고 가꾸는 노력을 하더라도 곡식은 자라지 않습니다. 태풍이 오는 바다에 배를 띄운다면 그 어려움은 가중될 것입니다. 이분들이 착하고 정직하지 않아서 힘든 것이 아닙니다. 자연, 즉 명리가 알려주는 자연의 흐름을 깨닫지 못하고 거역하거나 그 변화를 인지하지 못했기 때문입니다."

상담자 K: "그분들이 자연의 변화와 흐름에 맞추지 못해서 어렵고 힘들었다는 얘기로군요."

허주: "그렇습니다. 맞습니다. 선생님이 말씀하신 그 동기분도 사내의 그러한 변화에 민감하게 반응하고 이를 잘 따랐던 것입니다."

상담자 K: "윗분들에게 아부하고 선물 공세를 하는 게 잘했다는 뜻입니까?"

허주: "선생님이 나쁘게 말하니 아부이지만, 다른 각도에서는 칭찬이고 존중입니다. 적당한 가격대에 적절한 시기(승진, 생일선물)였다면 그것은 뇌물이 아니고 기쁜 선물입니다. 물론 가격대가 높거나 승진을 위한 금품이었다면 앞서 말한 현대 과학의 기물에 포착되어 대가를 치르지 않았겠습니까?"

상담자 K: "선생님의 얘기를 들어보니 뭔가 느낌이 옵니다. 남편으로서, 아빠로서, 회사의 과장으로서 제가 맡은 역할을 다 했는지 다시 한번 생각하게 됩니다. 노력은 했다고 생각했지만 부족했다는 생각이 드는군요."

허주: "전에 제가 쓴 '육십갑자 일주론'을 읽어 보셨지요? 선생님이 달아주신 댓글

로 짐작해 보았습니다. 일주에 대해서 이런저런 성향과 특징을 썼지만, 제가 늘 댓글로 붙이는 설명은 사주 내 글자를 볼 때는 항상 주변에 어떤 글자가 있는지를 살피시라고 말씀드렸습니다. 생각나십니까?"

상담자 K: "네, 반복해서 읽고 댓글을 달아서 기억이 납니다. 중요하다고…"

허주: "맞습니다. 주변에 어떤 글자가 있느냐에 따라서 합이 되기도 하고, 충이 되기도 하며, 형이 되기도 합니다. 원진이 되기도, 귀문이 되기도, 백호가, 괴강이 되기도 합니다. 물론 나의 일주 글자가 중요합니다. 세상에서 나만큼 중요한 게 어디 있겠습니까? 하지만 내 주변의 소중한 글자들이 있습니다. 육친상의 체(體)로만 보면 월지는 부모의 자리이니 애틋하고, 일지는 내 배우자의 자리이니 중요하며, 시지는 내 자식의 모습이니 소중합니다. 그 글자들에 따라서 나의 역할(用)이 달라집니다. 충으로 멀리 떨어져 있는 부모님에게는 안부를 묻는 따뜻한 전화 한 통이 용신이 되고, 합으로 붙어있는 자녀에게는 용돈보다는 휴일에 잠시나마 같이 놀아 주는 것이 용신이 될 수 있겠습니다. 부부도 마찬가지입니다. 서로 존중하고 사랑하며, 더 많은 대화를 나눈다면 결혼식장에서 사랑의 맹세를 하던 그 시절의 느낌을 오래 기억하지 않을까 합니다."

상담자 K: "아! 그렇습니다. 그간 스트레스로 인해서 소중한 것을 놓치고 있었던 것 같습니다. 감사합니다. 생각난 김에 어머님께 전화 한 통 드리고, 아! 빨리 집에 가야겠군요. 갑자기 아내와 아이들이 보고 싶어졌습니다. 선생님, 먼저 가 보겠습니다."

허주: "네, 잘 들어가십시오. 멀리 배웅 안 나가겠습니다."

그리고 조용히 문을 닫고 상담 일지에 상담 평을 간단하게 기재했다.

이후 K 선생님은 가족의 소중함을 새삼 느끼게 되었고, 나는 좋은 명리 칼럼 소재를 챙기게 되었다.

2019년 9월 16일, 어느 가을 햇살이 눈부신 오후에…

18

명리신(命理神)과의 인터뷰
– 세상에 나쁜 사주는 없다

나른한 주말 오후, 따뜻한 봄볕 아래에서 명리신이 일광욕을 즐기며 망중한을 보내고 있는데, 옆에서는 비서가 일정을 보고하려고 시립하고 있었다.

명리신: "비서, 오늘 스케줄 비워 놔. 어제 과음을 해서 그런지, 아침부터 찌뿌둥하네."

비서: "신이시여! 황송하오나 오늘 면도칼과의 스케줄이 잡혀있습니다. 두 달 전부터 예약되어 있던지라…."

명리신: "아, 나. 주말에 쉬지도 못하네. 걘 왜 상담하려고 하는데?"

비서: "지금 밖에서 대기 중이오니 들어오라고 하겠습니다. 들어오시오!"

주춤주춤 주변을 살피면서 면도칼이 들어선다.

면도칼: "위대하시고 위대하신 명리의 신을 뵙습니다."

명리신: "됐고, 용건부터 말해라. 나 바쁘다."

면도칼: "궁금한 게 있어서 왔습니다. 제 사주가 안 좋은 것 맞죠? 사는 게 너무 힘들어요, 흑흑."

명리신: "아, 나. 꿀 같은 주말 낮부터 질질 짜면서 하는 소리가 그따위야? 비서, 쟤 만세력 돌려봐."

비서가 면도칼의 만세력을 돌린다. 상단의 모니터에 면도칼의 사주원국과 대운,

세운이 나온다.

명리신: "사주는 괜찮은데, 뭘 안 좋다고 시비야! 관성이 잘 잡혀 있으니 백수는 아닐 거고, 인성도 적당히 있고, 금 기운의 식상이 기둥이네. 야! 괜찮은데, 뭐가 불만인데?"

면도칼: "흑흑…. 명리신이여. 백수는 아니지만, 직장생활이 너무 힘듭니다. 위에서 주는 압박이 너무 심해요. 일 못한다고."

명리신: "응? 그럴 리가. 네 식상이 위아래 기둥으로 세워져 있는데 일을 못한다고? 잠깐, 너 어디서 일하지?"

면도칼: "키친(부엌) 주식회사에서 야채 다듬는 일을 하고 있습니다."

명리신: "아, 나. 환장하겠네. 암마! 네가 부엌에서 왜 나와~!"

면도칼: "네? 뭐가 잘못됐나요?"

명리신: "면도칼을 면도하는 데 써야지, 부엌에서 야채 다듬는 데 쓰면 그게 다듬어지냐?"

면도칼: "아! 그런 거군요. 위대한 요리사셨던 사시미 아버지가 어렸을 적부터 저를 요리사로 키우고 싶어 하셨어요."

명리신: "으그그…. 모자멸자(母慈滅子)가 아니라 부자멸자(父慈滅子)네. 됐고, 그 회사 당장 때려치우고 욕실 쪽으로 일할 만한 회사 알아봐."

면도칼: "아! 감사합니다. 어쩐지, 어릴 적부터 왠지 부엌에 들어가기가 싫더라고요. 과도니, 식칼이니, 살벌한 애들도 무섭고. 참, 명리신이시여! 한 가지만 더 물어봐도 될까요?"

명리신: "또 뭔데?"

면도칼: "제가 부엌 주식회사에 다닐 때는 여자들이 많아서 힘들어도 좋았는데, 욕실 주식회사로 옮기면 거긴 다 남자들밖에 없다는데…. 전 남자들이 싫어요. 그런데 여자들은 면도를 안 하잖아요…. 흑흑."

명리신: "아가야. 너무 걱정하지 마라. 천간에 정재가 있는데, 지지에 없었지. 너 말년 대운에 재성이 들어오니 인연이 생긴다. 그때쯤이면 여자도 다리나 겨털에 면도를 할테니 희망을 잃지 말고 여유 있을 때 칼이나 잘 갈아봐."

면도칼: "아! 아! 감사합니다. 명리신이시여!"

면도칼이 퇴장한다.

명리신: "비서, 어때? 나 상담 잘했지? 하하."

비서: "퍼펙트하십니다!"

명리신: "근데 전에 신계에 와서 하루 동안(인간의 시간으로 100년) 신의 대행자를 했던 그 애는 요즘 뭐하나?"

비서: "천신의 추가 연장 근무를 거절하고 인간계로 내려가서 명리학을 전파한다고 들었습니다."

명리신: "그래, 그 이상한 친구. 천신의 그 좋은 조건을 마다하고 험하고 거친 인간계로 내려갔지. 이름이 뭐더라? 허… 허…."

비서: "허당입니다. 이름 때문에 신계에서 유머 소재로 사용됐습죠. 무재에, 무관에 자유로운 영혼이라서 천신의 스카우트도 사양한 것 같습니다. 요즘 지상의 온·오프라인에서 잘나간다는…."

명리신: "그래, 신계에 있을 때 몇 번 찾아와서 명리를 배워가곤 했지. 문득 기억이 나서…. 요즘 상담이 부쩍 늘어서 천계로 불러와 상담 아르바이트라도 시키려고 했더니 안 되겠군. 음…. 일광욕하기 딱 좋은 날씨야."

명리 혁명(The Revolution) 기초 편

19.

명리 레전드 서자평 선배와의 인터뷰 1부

(꾸벅) "선배님. 뵙게 되어서 영광입니다. 속세의 후학 허주라고 합니다."

"그래. 속세의 인간은 오랜만이구나. 이렇게 저승의 사람에게 인터뷰까지 요청하는 것을 보면 참으로 별난 인간이구나. 하하"

"제가 상관의 기운이 충만해서 좀 엉뚱한 일을 저지르기도 합니다. 인터뷰에 앞서서 레전드 서자평 선배님을 모르시는 초학자들이 있어서 잠시 소개하면 명리학의 레전드이시며 명리학의 근간이 되는 일간 위주의 현대적인 간명과 격국론, 지장간 이론을 창시하셨고 선배님이 쓰신 『명통부』는 고법(삼명학)과 신법(자평명리학)을 나누는 분수령이 되었으며 허주가 꿈에서도 뵙고 싶어 하던 선배님이십니다. 바쁘신 것 같은데, 먼저 뵙게 되면 물어보고 싶었던 것 몇 가지를 먼저 질문하도록 하겠습니다."

"허~! 저승의 시간은 무한하다. 천천히 물어봐도 된다."

"헤헷! 죄송합니다. 사실은 제가 좀 바빠서…. 본업도 있고, 상담도 밀려 있고 해서…." (끄적끄적)

"정말 특이하구나. 요즘 애들이 다 너와 같더냐?"

"뭐 다들 저 같지는 않지만, 아무래도 자기주장이 있고 윗사람 눈치 안 보는 경향이 예전보다 뚜렷해진 것은 사실입니다. 각설하고, 자평 선배님의 『명통부』 이후로 고법(삼명학)과 신법(자평명리학)으로 나누어졌는데, 어떤 계기로 신법 자평명리학을 만드시게 되었는지 궁금합니다."

"그냥 심심해서 만들었다. 낙향하고 별로 할 일도 없고 해서."

"네? 심심해서라고요? 정말인가요?" '어, 이런 식의 답변이면 방송 분량이 안 나오

는데…'

"하! 하! 하! 농담이다. 네가 하도 까불거려서 내가 농을 한 것이다. 흠흠…. 너도 명리학을 수양하고 있으니 당나라가 망하고 북방 오랑캐들이 중원을 유린한 5대 10국의 혼란기를 알고 있겠지?"

"네. 역사를 배워서 알고 있습니다. 굉장한 혼란기였고, 잦은 전쟁과 기근으로 어렵고 힘들었던 시기라고 배웠습니다."

"그렇다. 네가 알고 있는 것보다 더 참혹했다. 백성들은 전쟁과 기근, 전염병으로 죽어 나가 길가에 백골이 나뒹구는 모습이 다반사였단다. 잦은 전쟁과 도적들의 발호로 백성들은 공포와 두려움에 떨었고, 운명처럼 찾아오는 죽음의 위협 앞에서 사악한 뱀 같은 도사와 술사들의 좋은 먹잇감이 될 수밖에 없었다."

"도사와 술사들이요? 그들이 사악한 뱀 같았다고요?"

"그렇다. 이허중 선배의 명서(907년)가 나온 이후로 당나라 시대에 유행했던 각종 신살을 내세워 안 그래도 불안에 떨던 백성의 남은 고혈을 빼먹었던 것이다."

그 말을 하면서 자평 선배는 부르르 떨었다.

"서로 눈 흘기며 원망하고 저주한다는 원진살, 온갖 잡귀신이 침입하여 미치광이가 되어 머리를 풀어 헤치고 시장 바닥을 돌아다닌다는 귀문살, 색욕과 욕정에 온몸이 바짝 말라 죽는다는 도화살, 홍염살 등 듣도 보도 못한 각종 신살(神殺)로 백성들을 위협하여 개운을 핑계로 거액의 복채를 받아내고, 부적을 쓰고, 굿을 하며 개운 비방이라 아녀자를 능욕하는 패악을 행하니 차마 눈 뜨고 보기 힘들었다."

"명리학과 무속이 혼잡했던 시절이군요. 사람의 운명을 예측하여 삶의 이정표를 알려주는 명리학이 일부 도사와 술사를 사칭하는 자들에 의해서 심하게 오염되어 버렸군요."

"그렇다. 낙향하여 내려온 동래현에서도 악행이 비일비재하여 내 명리학의 근본을 바로잡고자 하늘과 땅의 변화와 그에 따라 변하는 인간들의 삶을 대비하여 자평명리학의 기틀을 잡는 『명통부』를 집필하게 되었던 것이다."

"선배님, 너무 대단하세요. 보국안민하려는 지사의 뜨거움이 느껴집니다. 인터넷도 없고 같이 명리학을 수양하는 도반도, 대도서관도 없던 척박한 환경에서 새로

명리 혁명(The Revolution) 기초 편

운 명리학의 지평을 여는 자평명리학의 길을 닦으셨군요. 천재이신 듯합니다~!"

"흠흠…. 뭐 대단한 일을 했다고. 자고로 사람의 운명을 알고 싶어 하는 미래학에는 매력이 있기에 많은 천재가 자신의 능력을 가늠해 보고 싶어서 뛰어들었느니라. 『주역』에 심취하셨던 공자님도 그렇고, 나도 그렇고, 후배의 서대승도, 심효첨도, 서락오도…."

"아, 선배님! 말씀을 끊어서 죄송한데, 1부 인터뷰는 여기까지 하고, 한 번 끊고 가겠습니다. 2부는 조금 쉬었다가 하려고 합니다."

"왜 그러냐? 하는 김에 후다닥 끝내버리지, 뭘 끊고 다음에 해? 필 받아서 감정선 잘 타고 있는데? 이것 참~!"

"아뇨, 요즘 사람들은 인터뷰 내용이 늘어지면 바로 스킵(Skip)하거나 보다가 나갑니다. 자평 선배님뿐만 아니라 레전드 귀곡자, 낙록자 선배님들이라도 마찬가집니다. 자, 카메라 철수하고 녹음 기계 다시 점검해 주세요. 아까 원진살 부분에서 잡음이 섞인 것 같은데, 필터링 좀 해 주시고요. 서 선배님도 15분 쉬셨다가 2부 갑니다. 선배님, 괜찮으시죠?"

"……."

"서 선배님! 혹시 삐치셨어요? 원래 인터뷰가 다 이래요. 괜찮아요?"

"아니다. 알았다."

"광고팀! 10초 광고 하나 내보내 주세요~! 숏으로요."

광고

허주의 '명리 4부작' 출간 예정! Coming soon!

제1부. 명리 혁명(The Revolution) 기초 편: 명리학의 대혁명을 예고한다! 이 책의 출간 이전과 이후로 역사가 바뀐다!

제2부. 명리 혁명(The Revolution) 심화 편: 명리의 파도를 헤쳐나갈 등대, 명리학의 바이블(Bible)로 등극하다!

제3부. 명리 혁명 리로딩(The Reloading): 기존 명리 이론의 재해석과 확립으로 명리학을 양지의 학문으로 올리다!

제4부. 명리 혁명 유토피아(The Utopia): 명리학은 우리의 미래다! 어떻게 변화시킬 것인가? 변화를 체감하라!

"레전드 서자평 선배와의 인터뷰 2부는… 60초 후에 공개하겠습니다."

서자평: '아, 나. 뭐지, 이 느낌? 왠지 새가 된 느낌은?'

명리 혁명(The Revolution) 기초 편

명리 레전드 서자평 선배와의
인터뷰 2부

"서 선배님! 2부 인터뷰를 시작하려고 합니다."

"너 혼자서 북 치고 장구 치는구나. 나는 덩실덩실 춤만 추면 되겠네."

"선배님! 그런 썰렁 개그 하시면 독자들이 바로 스킵(Skip)하거든요. 자제 바랍니다."

"알았다…."

"1부에서 선배님의 자평명리학의 기원과 탄생에 관해서 잘 들었습니다. 그런데 선배님의 저서에서 배제했던 12신살이나 중요한 신살(역마살, 도화살, 백호살, 괴강살)은 현대에서도 현업 역술인들이 빈번하게 쓴다는 것을 알고 계시죠? 어떻게 생각하시나요?"

"알고 있다. 저승에서도 다 모니터링하고 있단다. 내 의견을 듣고 싶은 게로구나. 당나라 말기를 거쳐 5대 10국과 송대에 이르기까지의 혼란기에 명리학은 체(體)로서 확고함이 없었다. 즉, 학문으로서의 가치를 인정받지 못하고 길거리의 가담항설이나 도사, 술사의 비기에 불과했단다. 그러한 위치에 이른 것에는 당대에 유행한 300개가 넘는 각종 근거 없는 신살의 영향력이 컸다고 본다. 나는 명리학이 이현령 비현령의 잡술로 치부되는 것을 참을 수 없었다."

"그 점은 저도 공감하고 있습니다. 하지만 그렇다고 해도 12신살을 포함한 중요 신살들마저 잡술로 치부하는 것은 학자로서 모순이 있지 않을까요? 저는 12신살과 중요 신살의 살(殺)을 선인들이 후세에 들려주는 경계와 경고라고 해석하고 있습니다. 새로운 12운성의 용(用)의 모습을 어떻게 쓰는가에 따라서 12신살의 체(體)가 달라지는데, 긍정보다는 부정의 모습이 좀 더 쉽게 나타나니 주의해야 하는 것을 5대 10국 시대의 사이비 술사와 도사들이 악용하지 않았는가 생각하고 있습니다. 철저한 검증과 근거 및 논리의 제시로 명리학의 좀 더 디테일한 부분의 통변을 가능하게 만드는 요소로 만들어 가면 어떨까요?"

"잘 알고 있구나. 네가 도사나 술사가 아닌 명리학자를 표방하고 다닌다니 그 근거와 논리를 체계화시켜 보도록 해라."

"서 선배님이 도와주셔야 합니다. 제 능력으로는 가당치 않습니다."

"원, 녀석. 마음에도 없는 소리 하지 마라. 월지에서 투출된 임(壬)수 상관을 격으로 쓰는 허주 아니더냐? 상관 패인이 되었어도 상관의 천상천하유아독존의 기질은 내면에 갈무리되어 있으니 부단히 노력하고 연구하면 가능할 것이다."

"선배님! 이거 칭찬인 거죠? 아리송합니다. 하하. 아무튼 노력하겠습니다. 추가로 물어볼 것이 있습니다. 최근 명리학계에 기존의 자평명리학과 다른 자신만의 독창적인 이론을 내세우며 이전의 명리학은 맞지 않고, 10년~20년을 배워도 헛되고 무용하니 자신의 이론을 배우라고 하는 이들이 있습니다. 용○론, ○신론 등으로 다양합니다. 어떻게 생각하시나요?"

"사람마다 팔자가 다르니 생각하는 것도 다르고 자기만의 독특한 이론을 내세울 수 있다. 그럴 수 있다. 서로 다름을 인정한다. 하지만 그것이 정도(正道)인지, 사도(邪道)인지는 살펴야 한다. 나의 자평명리학도 초기에는 소수였다. 그러다가 학문적인 근거와 실전 적용에서의 신뢰로 인해 이전의 년주 중심의 삼명학보다 좀 더 과학적이고 체계적인 학문으로 자리를 잡게 되었다. 새로운 이론은 자연의 흐름에 반하면 안 되고 확실한 근거 이론 및 실전 적용에서 인정을 받아야 한다. 또한, 단지 자신의 명예나 축재를 위한 도구가 되어서는 안 된다. 이는 명확하다."

"선배님의 고견 감사합니다. 기해년의 해수 천문의 시기에 접어들어서 많은 사람이 명리학에 관심을 가지고 동영상이나 오프라인 강습을 통해서 명리학을 배우고 있습니다. 이들에게 맞는 조언을 부탁드립니다."

"허주 너도 명리 수업을 하고 있느냐?"

"많지는 않지만, 소수의 분들과 문답 형식의 스터디를 하면서 함께 수양하고 있습니다."

"그렇구나, 공자를 만나면 공자를 죽이고, 서자평을 만나면 서자평을 죽이고, 허주를 만나면 허주를 죽여라. 그것이 나의 조언이다."

"아! 무슨 뜻인지 이해했습니다. 그래도 후학들이 이해하지 못할 수도 있으니 부연 설명을 부탁드려도 될까요?"

"이해했다면 네가 설명해 주면 될 것 아니냐?"

"아닙니다. 명리학계의 태두이자 레전드인 서 선배님의 깊은 고견을 듣고자 합니다."

"고얀 놈~! 나와의 인터뷰라고 하지만, 독자들이 이 모든 내용이 허주 너의 생각이란 걸 모를 것 같으냐! 차도살인지계로구나. 하하. 그래, 원하니 답변을 해주마. 명리학을 수양하는 학인으로서 고서와 스승의 가르침을 존중하고 힘써 배우되, 이것을 신봉하거나 얽매이지 말고 합리적인 학문적 의심과 고찰, 폭넓은 사고와 진리 탐구로 명리학의 내연과 외연을 확장하여 과학적이고 체계적인 학문으로 이끌어주길 바란다는 뜻이다."

"감사합니다. 2부 인터뷰는 여기서 마치도록 하겠습니다. 많은 가르침에 거듭 감사드립니다."

"됐고, 해븐뱅크 096-21-0489-521. 서자평이다."

"선배님! 이건 뭐죠? 해븐뱅크?"

"허주야! 세상에 공짜란 없단다. 나와 인터뷰를 해서 소기의 성과(재성)를 얻었으면 마땅히 그에 따른 대가를 지불해야 하지 않겠니? 이번 주 내로 입금 부탁한다. 네가 늘 말했듯이, 난 레전드거든. 레전드급으로 부탁한다. 전에 했던 1부 인터뷰비도 포함이다."

"네…."

"너, 혹시 삐졌냐?"

"아닙니다. 삐지긴요. 하하. 저승에 은행이 있다고 해서 놀랐습니다."

"사람 사는 곳은 저승이나, 이승이나 다 비슷하단다. 그래, 기대하마. 이번에 하는 것을 보고 귀곡자 선배나 임철초, 심효첨, 서락오 같은 후배들과의 인터뷰도 주선해 보마. 하하하."

"네! 감사합니다. 레전드 서자평 선배와의 2부 인터뷰를 마치도록 하겠습니다."

'이런…. 망했다. 얼마를 보내야 하나…. &$%$%$%$…'

"광고팀! 10초 광고 하나 내보내 주세요~! 롱으로요."

"레전드 서자평 선배와의 인터뷰 3부는… 2부 인터뷰의 조회 수와 제1부.『명리 혁명(The Revolution) 기초 편』의 판매량의 추세를 보면서 추가로 편성하도록 하겠습니다. 열독해주셔서 감사합니다."

서자평: "헐~! MLB의 요기 베라의 말이 생각나는군. 허주야! 끝날 때까지 끝난 것이 아니란다. 하하."

- 덕연 저, 2015, 『지천명리: 입문편』, 서울: 지천명.
- 맹기옥 저, 2019, 『(나이스) 사주명리: 이론편』, 서울: 상원문화사.
- 박청화 저, 2018, 『신살론』, 부산: 청화학술원.
- 한동석 저, 『우주 변화의 원리』 서울: 대원출판